匡亚明 主编 中国思想家评传丛书

成吉思汗忽必烈评传

杨建新 马曼丽 著

南京大学中国思想家研究中心
南京大学出版社

中国思想家评传丛书

成吉思汗像

元世祖忽必烈画像

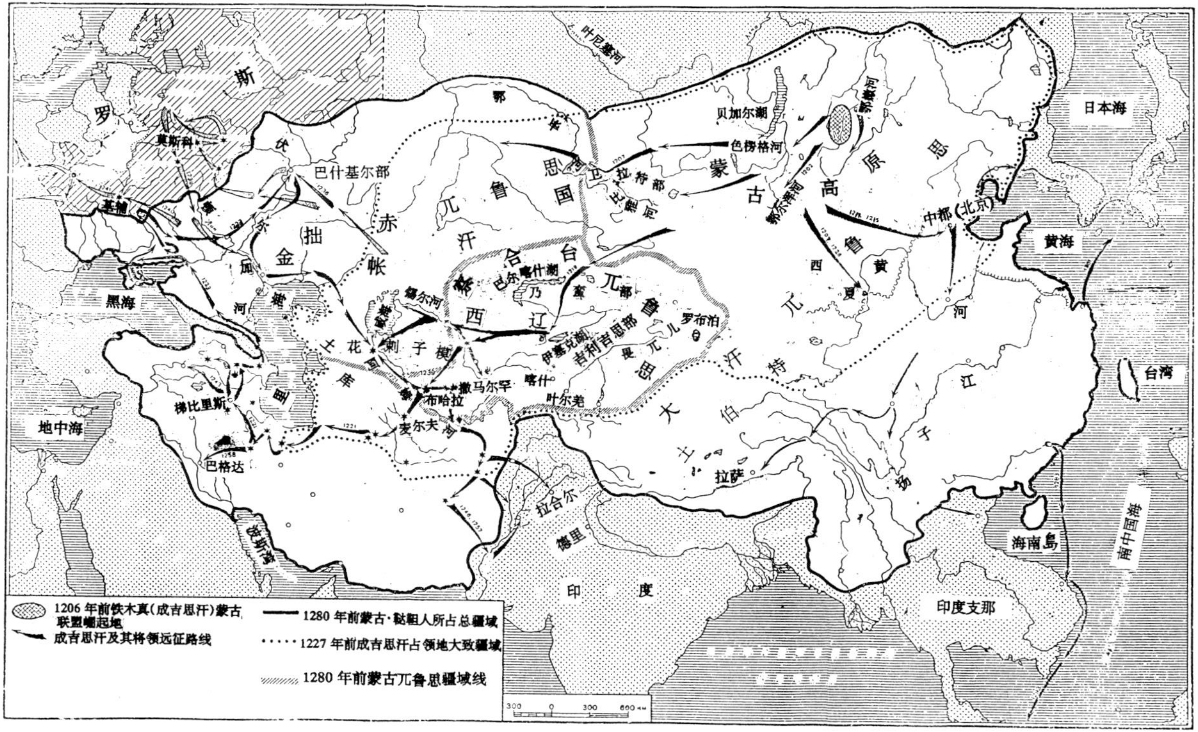

13世纪成吉思汗所占疆域示意图

成吉思汗碑
（藏列宁格勒冬宫博物馆）

成吉思汗行宫

成吉思汗族旗

《中国思想家评传丛书》序

匡亚明

伟大的中华民族在长达五千年连绵不断的曲折发展过程中，像滚滚东流的长江那样，以磅礴之势，冲破了重重险阻，奔腾向前，现在更以崭新面貌，雄姿英发，屹立于世界民族之林。这是人类历史上的一个奇迹。产生这一奇迹有诸多原因，其中十分重要的一点，就是我们勤劳、勇敢、智慧的各族人民，在长期的生产活动、社会活动、思维活动和对外交往以及抗击外来侵略过程中，逐渐创造、积累、发展了具有以生生不息的内在思想活力为核心的优秀传统思想文化。这是一种伟大、坚强的精神支柱，是我们民族凝聚力和生命力之所在，是历史留给我们所有海内外炎黄子孙引以自豪的无价之宝。

当然，和各国各种不同传统思想文化一样，在中华民族的思想文化传统中，也是既有精华，又有糟粕，因而全盘肯定或全盘否定,不对;一知半解、信口开河或裹足不前、漠然置之,也不对。郑重而严肃的态度应该是对它进行实事求是的科学的研究和分析,取其精华,弃其糟粕,继承和弘扬这份瑰宝,振兴中华,造福人类。人类历史发展的连续性,就是在不断去粗取精、继往开来和改革创新过程中实现的。继往是为了开来,开来不能离开继往。民族虚无主义和复古主义,都是违背历史发展的辩证规律的。

现在我们国家正处在一个新的继往开来迈向四化的关键时刻。继往就是继民族优秀传统之往,开来就是开社会主义现代化建设之来。对中国传统思想文化从广度和深度上进行系统研究,实现去粗取精的要求,正是继往开来必须完成的紧迫任务。我认为这是中国各族人民,首先是文化界、学术界、理论界义不容辞的光荣职责。但面对这一时间上长达五千年,内容上涉及人文科学、自然科学等各个领域的传统思想文化,将从何着手呢?毛泽东同志早在1938年就说过:“从孔夫子到孙中山,我们应当给以总结,承继这一份珍贵的遗产。”①这是很有远见而又切合实际的英明建议。从孔子到孙中山这两千余年是中国历史上思想文化最丰富的时期,如果总结了这段历史,也就基本上总结了五千年传统思想文化的主要内容。当然,基本上不等于全部。孔子以前和孙中山以后的情况,可以另行研究。因此,我认为首先最好是在时间上从孔子开始到孙中山为止,方法上采取《中国思想家评传丛书》的形式作为实现这一任务的开端。这就是从这段历史的各个时

① 毛泽东《中国共产党在民族战争中的地位》,《毛泽东选集》第2卷,人民出版社1952年版,第522页。

期、各个领域和各个学科(包括文、史、哲、经、教、农、工、医、政治等等)有杰出成就的人物中,遴选二百余人作为传主(一般为一人一传,少数为二人或二人以上合传),通过对每个传主的评述,从各个侧面展现那些在不同时期、不同领域中有代表性人物的思想活力和业绩,从而以微见著、由具体到一般地勾勒出这段历史中中国传统思想文化的总体面貌,揭示其积极因素和消极因素的主要内涵,以利于开门见山、引人入胜地批判继承、古为今用,也为进一步全面系统地总结中国传统思想文化打下基础。自从毛泽东同志提出上引建议后,半个世纪以来,不少专家学者已从各个方面做了许多工作,但对全面完成这个任务来说还远远不够,还要在深度和广度上继续努力。作为"抛砖引玉",本《丛书》只是这个继续努力所应完成的工作的一部分。《丛书》凡二百部,约四千万言,自 1990 年开始陆续出版,争取十到十五年全部出齐。

《丛书》所以用"中国思想家评传"命名,主要是考虑到中国传统思想文化中的核心是生生不息的内在思想活力,而历史事实也反复证明,凡是在各个不同时代不同领域和学科中取得成就者,大多是那些在当时历史条件下自觉或不自觉地认识和掌握了该领域事物发展规律的具有敏锐思想的人。他们取得成就的大小,取决于思想上认识和反映这些规律的程度如何。思想并非先验之物,它所以能反映和掌握这些规律,主要是通过社会实践和对前人思想成果的借鉴和继承。思想一旦形成,反过来在一定程度上又对实践起决定性指导作用。韩愈说的"行成于思,毁于随"①,列宁说的"没有革命的理论

① 韩愈《进学解》,中华书局《四部备要》东雅堂本《韩昌黎全集》卷十二第3页。

就不会有革命的运动”①,这些话,虽所处时代和所持立场不同,所要解决的问题的性质也不同,但就认识论中思与行、理论(思想的高度概括)与实践的关系而言,确有相通之处,即都强调思想对实践的指导意义和作用。因此我们以“中国思想家评传”命名,就是力图抓住问题的核心,高屋建瓴地从思想角度去评述历史人物,以便对每个传主在他所处时代的具体情况下,如何在他所从事的领域中,克服困难,施展才华,取得成功,做出贡献,从思想深处洞察其底蕴。历史上各个时代富有思想因而能在有关方面取得成就的人,直接阐述自己思想观点的论著虽亦不少,但大量的则是其思想既来自实践(包括对前人、他人实践经验的吸取)、又渗透在自己创造性实践之中,集中凝聚在他自己的业绩和事功上,而没有留下论著。另一些人却只留下著作而无其他功绩,对这些人来说,他那些有价值的著作就理所当然地是他的伟大业绩和事功。如果论述一个人的思想而不联系他的业绩(包括著作),必将流于空洞的抽象;同样,如果只讲一个人的具体业绩而不结合他的思想活动,又必将成为现象的罗列。评价思想和评价业绩,两者不应偏废。而不断在实践中丰富和深化的思想活力则是经常起主导作用的因素,强调这个因素,引起人们的正视和反思,正是我们的主旨和目的。当然,思想和思想家,思想家和实践家,都是既有区别又有联系的不同概念,忽视这一点是不对的。《丛书》的重点则是放在两者的联系和结合上。至于如何使两者很好联系和结合而又着意于剖析其思想活力,各占多少篇幅或以何种方式表达,则自当由作者根据传主的具体情

① 列宁《怎么办》,《列宁选集》第1卷,人民出版社1976年版,第241页。

况创造性地作出妥善安排。

自从人类历史上产生了马克思主义，不仅全人类解放和发展有了划时代的明确方向，学术研究也有了更严密的科学方法，即辩证唯物主义和历史唯物主义的世界观和方法论。根据这一科学方法，在研究和总结中国传统思想文化，特别是联系到《丛书》的撰著时，我认为下列几点应特别引起重视。

一、坚持实事求是的原则。实事求是是贯串在马克思实际活动和理论研究中的主线，离开了它也就离开了马克思主义。只有切实掌握了客观情况，才能得出正确的认识和判断。前者为"实事"，后者为"求是"，二者相结合，就叫实事求是。事不实则非夸即诬。为了弄清情况，就必须对情况的本质与现象、整体与局部、真与伪、精与粗，作出区别、梳理和取舍，这样才能掌握情况的实质，达到"实事"的要求；然后进一步加以分析研究，找出事物本身固有的真相而非主观臆测的假象，并验证其是否符合人民利益和人类历史前进方向，是否反映科学、技术、文化、艺术的发展规律，这样才能得出正确的认识和判断，达到"求是"的要求。实事求是是治学的基本功夫，是对每个传主的功、过、是、非作出公正评价的必要前提。不论古今中外，对历史人物过高或过低的不公正评价，大都由于未能认真坚持实事求是原则的缘故。

二、坚持批判继承的原则。马克思主义学说就是批判的学说，而批判是为了继承、发展和创新。这就需要我们在实事求是的基础上，既要继承发扬传主业绩和思想中的积极因素，又要批判清除其消极因素。凡传主业绩和思想中体现了诸如爱国主义、民主意识、科学见解、艺术创造和艰苦奋斗、克己奉公、追求真理的精神，即在符合历史前进要求的"立德"、"立功”、“立言”诸方面有显著成就等积极因素者，必须满腔热情地加以继承和弘扬，并紧密结合当前社会主义建设实际，使之深入人心，蔚然成风；凡反映有诸如封建迷信、专制独裁、愚昧落后、丧失民族尊严和违背科学进步等消极因素者，必须以历史唯物主义的观点加以批判，清除其一定程度上至今尚起作用的消极影响，而消极因素经过彻底批判后可转化为有益的教训；凡积极因素和消极因素相混者，更当加以认真清理和扬弃，既发扬其积极因素又摒弃其消极因素。我们力求一点一滴、切实认真地探索各个传主思想和业绩中珍贵的积极因素，使之成为全国各族人民正在从事的继往开来伟大历史工程的组成部分。

三、坚持“百花齐放”、“百家争鸣”的原则。“百花齐放”和“百家争鸣”，是发扬学术民主、促进学术繁荣的正确原则和巨大动力。前者强调一个“齐”字，后者强调一个“争”字，是表示学术上平等、民主和自由的两种不同状态；前者突出的是统一与和谐，后者突出的是区别与争论；两种状态又统一于不断地相互促进和相互补充、转化的持续发展提高过程之中。“百花齐放”、“百家争鸣”的原则体现在撰著评传时，应从“齐放”和“争鸣”出发，综合中外各个时期对有关传主的不同评价，吸取符合客观存在的对的东西，摒弃其违反客观存在的不实的东西，然后创造性地提出经过自己独立思考的、赶前人或超前人的一家之言。同时，对整个《丛书》而言，也有个共性、个性又统一又区别的问题。这就是一方面作者应把“实事求是”、“批判继承”和“百花齐放”、“百家争鸣”这几点作为大家的共性（统一与共识）；另一方面，对每部评传的立意、结构和行文（文体、文风和文采等），则主要是作者的创造性思维劳动和雅俗共赏的文字表达艺术的成果，是彼此的个性（区别），不宜也不应强求一律。评传作者都有充分自由去发扬这一个性，力求在对每一传主的评述中探索和展示其积极因素，使之和正在变革中国面貌的伟大社会主义建设实践融为一体，丰富其内容，促进其发展，而不是仅仅停留在对传主思想业绩的一般性诠释上。

我认为，以上三点大体上可以表达《丛书》所遵循的主要指导思想，但也不排除用其他思想和方法得出的有价值的研究成果。

感谢所有关心和支持《丛书》工作的单位和个人，特别感谢《丛书》的名誉顾问和学术顾问。他们的热情关心、支持和指教，使《丛书》工作得以顺利进行。更要感谢所有承担评传撰著任务的老中青学者，他们都以严谨的治学态度，作出了或正在作出对学术，对民族，对历史负责的研究成果。没有他们的积极合作，《丛书》工作的开展是不可能的。《丛书》副主编和中国思想家研究中心、南京大学出版社，在制定《丛书》规划，约请和联系国内外学者，审定书稿以及筹划编辑出版等方面，克服重重困难，做了大量工作，他们的辛勤劳动是《丛书》能按预定计划出版的必要前提。

现在《丛书》开始出版了，我作为年逾八旬的老人，看到自己迫于使命感而酝酿已久的设想终于在大家支持合作下实现，心情怡然感奋，好像回到了青年时代一样，体会到“不知老之将至”的愉悦，并以这种愉悦心情等待着《丛书》最后一部的问世；特别盼望看到它在继承中华民族传统思想文化的珍贵遗产方面，在激励人心、提高民族自尊心和爱国主义思想方面，在促进当前建设有中国特色的继往开来的社会主义现代化物质文明和精神文明的历史性伟大事业中，能起到应有的作用。我以一颗耄耋童心，默默地祝愿这一由一批老中青优秀学者经长年累月紧张思维劳动而作出的集体性学术成果能发出无私的熠熠之光，紧紧伴照着全民族、全人类排除前进道路上的各种障碍，走向和平、发展、繁荣、幸福的明天！

热诚欢迎国内外同仁和各界人士不吝赐教，以匡不逮。是为序。

1990 年 10 月 7 日

内容简介

成吉思汗既是一位创建了伟大的历史功业的政治家、军事家，同时又在向西扩张中犯有屠杀无辜的罪过。本书以历史唯物主义的基本观点，对成吉思汗的成长过程及其战胜札木合、王罕，招降西域，速灭西辽，统一北中国，继而攻夏克金、西征中亚的历史过程，进行了全面的梳理和分析。着重指出了成吉思汗如何由少年铁木真时期的简单复仇思想，依靠“黄金家族”团结精神的发扬以及对“长生天”的敬畏，艰苦创业，不断学习邻邦邻族的先进文化和重用各族优秀人才，逐渐形成了建军、治军、用军三位一体的军事思想，重视牧业、手工业、农业以及交通、商业发展的多元经济思想，强调以礼治民、以法治国的政治法律思想，和以忠、孝、信、义为主要内容的伦理思想，以诚配天和允许各种宗教合法存在的宗教思想，从而使自己从“天赐之君”成为“世界征服者”的过程。

A Brief Introduction

Genghis Khan is a controversial figure in history who initiated great historical achievements and, at the same time, committed crimes in slaughtering innocent masses in his time when he expanded his power towards west. With a basic viewpoint of historical materialism, the book tries to make a comprehensive sorting out and analysis of Genghis Khan's life of frustrations and trials, and the historic progress of his defeat of Zamuhe and Wanghan, his summon the western Regions to surrender, his quick destroy of Western Liao, and the unification of North China, his defeat of Western Xia and Jin Dynasty, and finally his conquer of Central Asia. The book emphatically expounds and proves the simple vindictiveness of young Temujin and his carrying forward the spirit of solidarity by relying on the "Golden Clan" and the reverence toward "The Immortal Divinity". The formation of Genghis Khan's three-in-one military conception of building up army, administering army and operating army; his comprehensive principles to promote and develop animal husbandry, handicraft industry, agriculture, transportation, commerce and trade; his thought concerning politics and law that the people be treated with courtesy and the state be governed with law; his moral principles with loyalty, filial piety, sincerity and justice as its central part, and his religious belief that the Divinity be revered with honesty and various religions be legally allowed to exist at the same time and finally Genghis Khan turned himself from a "Good Favored Ruler" into the "World Conqueror"; all these aspects are also the main points discussed by the author.

内容简介

本书系统研究了忽必烈由蒙古游牧草原贵族,逐渐转变为一个思想开明,能适应中原封建地主经济发展要求的封建统治者的过程;阐述了忽必烈作为一个少数民族卓越政治家学习"汉法",推行"汉法",统一中国,创新、改革的贡献。同时本书也指出,游牧草原贵族出身的忽必烈,其改革思想和推行"汉法"有极大的局限性。他是一个带有很深游牧草原贵族烙印的伟大的少数民族出身的中国皇帝。

A Brief Introduction

This book shows the systematic research on Kublai Khan, whose whole changing process from a Mongolia nomadic noble to an open-minded feudal dominator met the needs of the feudal economical development in Central Plains of China. It describes Kublai Khan as a minority predominant politician, who made a lot of contribution in all kinds of fields, such as studying and practicing the method of Chinese rule, uniting China, operating the innovation and reform. Meanwhile, this book also indicates, due to came from Mongolia nomadic noble, Kublai Khan had a lot of limitation in his reform thoughts and policies in pushing the method of Chinese rule. Briefly, he was a great minority Chinese emperor who had a deep nomadic noble background.

目　次

成吉思汗评传

忽必烈评传

A CRITICAL BIOGRAPHY OF GENGIS——KHAN AND KHUBILAI

CONTENTS

CONTENTS

成吉思汗评传

马曼丽　著

绪　论

成吉思汗是中国历史上蒙古民族政权的可汗。蒙古族是在中华大地上生息、劳动和繁衍起来的民族。《旧唐书》明确记载,蒙古族的祖先是中国唐朝辖内东胡语系室韦的一支,又称鞑靼、萌古子。蒙古族起源地额儿古纳河流域及其西迁后的活动地三河流域,包括成吉思汗出生地斡难(鄂嫩)河上游,唐代属燕然都护府(后改翰海都护府和安北都护府)管辖。

蒙古族英雄人物成吉思汗确如刮自漠北的凛冽飓风,席卷欧亚,其兵锋所到之处,如横扫落叶,所向披靡。我们认为,他在统一蒙古高原的基础上,西征南伐,客观上恢复了汉唐以来各西域都护府管辖的中国西北历史疆域,[①] 又为中国元朝的大统一,包括西藏的正式归入中国版图,奠定了基础。他作

① 参见马曼丽主编《中国西北边疆发展史研究》理论部分及汉唐疆域部分,黑龙江教育出版社 2001 年版。

为成功的“征服王朝”的代表人物，留给世界的值得挖掘的精神财富也是丰富的。尤其是各国蒙古族，把他看作本民族至高至圣的精神领袖，把他经过无数磨难终于取得辉煌成功的人生历程，把他从孤儿到世界征服者的奇迹般的生活道路，当作蒙古族英雄主义的象征。虽然他为追杀敌人，也的确超出了惩罚仇敌的范围，犯下扩大征讨、屠杀无辜的严重错误，但综观主流，他仍是一个功大于过、叱咤风云的世界性历史巨人！本书将成吉思汗定位为一位可与秦皇汉武媲美的、功业迈往古的中国大一统元朝的奠基人；一位丰富了世界思想文化宝库的、威名震欧亚的中国蒙古族杰出政治家。这一定位与以前的成吉思汗研究有颇大差别。以前国内外研究成吉思汗的视角，可以简单归结为几个代表性时期：

早期论述成吉思汗的权威著作，如《史集》、《世界征服者史》等书，主要是从世界征服者的角度论述成吉思汗的。他们虽然或被钦定史书的性质所局限，或被一切归于天意的唯心观所束缚，或带有不同信仰的偏见，但无法否认，在这些早期著作中都包含有许多第一手的宝贵资料。① 而《蒙古秘史》、《蒙鞑备录》、《元史》等蒙汉文史籍，则多把成吉思汗作为明君英主或英雄人物来描述，虽难免会有溢美之嫌，不过从总体上看，史实来源也是较为可靠的，尤其是《蒙古秘史》这本 13 世纪流传下来的珍贵典籍，对成吉思汗的生平活动，言行表现，包括军事战略战术，可谓记述得淋漓尽致。对上述这两类史

① 拉施特自序其史实多出于成吉思汗同时代，“各民族著名书籍中所见记载，这些记载出自家喻户晓的口头传说，出自各民族的权威学者、贤人按自己观点所述的一切”（引自拉施特《史集》汉译本序，商务印书馆 1983 年版）。

籍，如细致研究，完全可以发掘出不少反映成吉思汗作为蒙古族杰出思想家代表的言行和思想脉络。

近代，日本、前苏联和西欧等国外学者们，尽管对成吉思汗贬多于誉，但仍无法否定成吉思汗在军事上的成功，因此他们多从军事家的角度及其战略战术上研究成吉思汗。① 至于国内学术界因解放后受"只识弯弓射大雕"的论断之影响，较长时间也仅从军事家和蒙古族英雄人物的角度进行成吉思汗研究，并与蒙古国、前苏联就成吉思汗时期的蒙古社会制度问题进行过不少争论与探讨。以上各类研究成果，尽管观点与我们有一定距离，但都从不同方面提供了宝贵史料，帮助了本书的写作。

近二三十年来国内有关成吉思汗的研究已经开始突破"只识弯弓射大雕"的观念禁区，尤其是韩儒林先生的论著中对成吉思汗的相当积极的评价，以及台湾札奇斯钦先生对成吉思汗杰出素质与成功因素的分析，对笔者有很大启发。

总体上看，成吉思汗是属于以其实践与伟大业绩体现其思想的那类人物。众所周知，亚洲的历史上，形成过不少强盛一时的游牧民族国家，其活动的根据地，多在大漠南北的广阔草原；其首领武力均不可一世，往往都是拥有百万雄师的一代枭雄。如匈奴单于国、突厥汗国、回纥汗国等等。可它们多半迅起迅落，充其量是对中国边疆地区有过直接的影响，而对中原本土则影响不大。有的游牧民族也曾进入长城以内建立国家，如鲜卑建北魏、契丹建辽朝、女真建金朝，但这些古代民族既没能对统一中国有多大积极影响，更谈不上对世界有多大

① 参见本书附录中代表性中西文论著。

作用。他们所建的“渗透王朝”、“征服王朝”后来都销声匿迹，连同其本族都退出了历史舞台。惟有成吉思汗却能使原来谁也不注意的、连固定名称也没有的蒙古族突然崛起，震惊世界。蒙古帝国不仅没有迅起迅落，而且由于成吉思汗赋予了蒙古族以新的文明和生命力，因此在世界文明史上烙下了特有的痕迹，使其至今仍是蒙古草原的主人和一个世界性的现代民族。它终于与史长存，而成了世界“征服王朝”中的佼佼者。这使我们有理由去发掘成吉思汗的成功背后与前述一代枭雄们不同的思想文化内涵。

论规模，在历史上没有出现过能与成吉思汗帝国媲美的国家，它远远超过了亚力山大大帝马其顿的铁蹄、罗马军的利剑、拿破仑的大炮所达到的地域；论帝国的后继发展，成吉思汗也比另一位与他可媲美的天才的胜利者——亚历山大马其顿更为成功。马其顿曾以密集队形等飞速的军事行动侵人其东方诸国，在这里又使希腊文明广为发展。可是这位征服者死后的历史却难以与成吉思汗相比了：亚历山大大帝一死，他的高官都奢望帝王宝座而相互斗争，帝国分裂，这位大帝的儿子不得不落到了逃亡的处境；而成吉思汗死后，没有任何高官、权臣背叛他或企图谋害其儿孙以推翻帝国。近现代已有近百个国家成立专门机构，日益关注对成吉思汗及其思想影响的研究。而且成吉思汗通过一次次战争实践亲自培养起来的儿孙，真可谓是一个比一个精干的文武全才。后来只是由于其后代自身之间的相互争斗，才导致帝国灭亡，但他们也前后统治过半个世界达一个多世纪。这也启发我们去研究成吉思汗超越众多世界征服者的成功背后所蕴藏的思想文化因素。显然，并不是所有具有军事实力的人，都能达到成吉思汗这种成功的。史实证明,成吉思汗在内政、外交、治国、用人等不少方面所建树的突出功业,有的即使现在看来,也是很不平凡的,这些都与他的思想素质、思想经历有关。例如当时的外国旅行家们也证实,成吉思汗竟然能把一个伦理无影、盗贼无罚的混乱社会,治理得道路安全、骚乱止息,甚至出不闭户,路不拾遗,这不能不说是令人赞叹的治国奇迹。①

成吉思汗根植于落后的蒙古游牧社会的思想观念,如何能闪烁出治国治军的奇光异彩呢?本书以为,成吉思汗的思想是经过了较大变迁与较特殊的跃进式发展的。其间大致经历了几个大的转折与发展时期。

12世纪七八十年代是成吉思汗少年立志与青年时代品格培育阶段。这一时期,以少年成吉思汗杀异母弟为转折点,在其母诃额仑夫人痛斥严教之下,他逐渐改变了当时杀掠成性的游牧社会烙下的凶残和狭隘,加上以后全家孤儿寡母屡被仇部追杀的种种磨难,使他认识了弱肉强食的残酷现实,终于树立起团结御敌、振兴祖业的观念和目标。于是他忍辱负重,认王罕为父,与王罕、札木合结盟,甚至寄人篱下。在此过程中,他逐步培养起敬天至诚,事母至孝,交友至忠,关怀他人,信守诺言,恩仇必报,公正严明等优良品格,奠定了他发展为政治家的素质基础。

12世纪80年代后期成吉思汗第一次称合罕,到13世纪初统一蒙古,是成吉思汗青年立业阶段,也是其军事、政治路

① 参见《多桑蒙古史》上,汉译本,第157页,中华书局1962年版。成吉思汗曾说:"然至我统一此种民族于我治下以后,我首先着手之事,则在使之有秩序及正义。"可见,这种治国奇迹是其治国思想的杰作。

线在统一蒙古过程中形成确立的阶段。这一阶段以 80 年代后期他从札木合手下收回旧部,并脱离札木合为转折,标志着成吉思汗从团结可以团结的力量以报世仇并壮大自己的路线,转变为不论门第、唯忠是用的群众性政治路线,从平民百姓,甚至奴隶和降将中提拔了大批那可儿和新将领,表现了他超过同时代人的雄才大略和独特用人思想的巨大生命力。同时在这一阶段的一系列著名战役中,他的以少胜多、用兵如神的军事天才脱颖而出,开始形成他建军、治军、用军三位一体的科学军事思想体系,终于消灭了一个个高原霸主、草原枭雄,统一了蒙古高原。

1206 年立国到 1219 年成吉思汗会见长春真人前,是成吉思汗吸收异邦异族多元思想文化,促使蒙古族走向文明的阶段,也是他的武功文治登峰造极而成为世界征服者的鼎盛时期。这阶段以其立国学习封建中央集权、分封新贵族、宣布畏兀儿文并创蒙古文、设置断事官等为转折,标志着成吉思汗思想向文明与多元化方向变迁。随着南伐中原,西征中亚,他吸收中亚、汉地农耕文化,制定商业税收等政策,组织战时经济;向汉人学习造船制炮等技术及灭金之策;了解各种宗教,制定宗教自由政策;吸收各族人才及降将,组织智囊团,终于成了善于运用与整合当时各种先进文化技术的明君和所向无敌的世界征服者。

1219 年会见长春真人到 1227 年去世是成吉思汗的思想成熟和反省期。这阶段以他听长春真人说并无长生之术为转折,面对衰老与死亡的威胁,成吉思汗表现出秦皇、汉武无法与之相比的惊人理智,终于作出了战死沙场、保住帝国、避免内乱、反省自我的一系列临终决策。可惜,这一阶段过于短暂,使他的反省屠杀、预防帝国分裂等有所表现的成熟思想,未能得到明确实践,在我们看来,这应是这位历史伟人最大的遗憾。

本书特别强调一代天骄成吉思汗绝非一介武夫,他不仅是世界最杰出的军事家,而且是擅长治国治民的第一流的政治家。他向各族人士求计求策,纳谏如渴,吸收各种文化的积极态度,他具有至死驰骋疆场必达既定目标的坚毅精神等诸多方面,都表明他是一位气度非凡的明智之君。所以他才能不仅威震欧亚,还能把国家治理得几无盗贼,井然有序。

我们认为,成吉思汗的思想是经历了前后变迁的,似不像以前一般研究家所强调的那样,他“从始至终是一个草原人”,或“一直按生来的原样信仰萨满”[①]。虽然他本人不识字,尽管他没有完全放弃蒙古主义及其主体文化意识,但他和他的帝国却是凝聚了世界先进多元文化和当代智者精思卓见的结晶,他的治国札撒、宗教政策、用人观念、经济思想、战略战术等等方面都证明他是不可多得的政治家、军事家。他敬天、崇祖、孝母、爱女、终身体恤受辱之妻,虽拥有大半个世界,却仍与奢侈、腐化无缘。一件故宫博物馆中陈列的成吉思汗穿过的布衣,象征着人们对他的人格与价值观之高度敬仰:这位世界征服者本应是无限富有的,然而他却清廉、简朴。这样的历史人物,怎能不取得成功!他的名字怎能不牵动中华儿女和

① 较典型的如小林高四郎先生的有关评价:“一言以蔽之,就是,他的一生从始至终都是一个草原人,既不为绚丽的中国文明所诱惑,也不屈从于畏吾儿文明,更不醉心于西方伊斯兰文明。终生没学外国语,按生来的原样信仰萨满”(小林高四郎著,阿奇尔译《成吉思汗》第217—218页,内蒙古人民出版社1983年版)。

千千万万世界蒙古族后人的感情和心声！

由此可见，《中国思想家评传丛书》将成吉思汗作为二百部思想家评传的传主之一，意在深远。为不负重托，笔者在系统探讨主人公的思想时，尽力对有关成吉思汗研究中的一系列需要回答的问题或有争论的问题，写出自己的看法和粗浅心得。不过，对成吉思汗从思想的角度开展研究，毕竟才起步，本书所作的工作也只能是初步的尝试，抛砖引玉，敬祈指正。将来有朝一日，当成吉思汗创造成功奇迹的丰富思想内涵，被更加深入研究并得到全面揭示时，人们必将充分肯定成吉思汗留下的精神财富在世界历史上的地位及其指导人生的价值，也将会以人无完人的宽容仰视成吉思汗这位中国少数民族的历史巨人。

第一章　成吉思汗生活的时代背景

一、成吉思汗的家族

成吉思汗生活的年代是公元 12、13 世纪。在那个时代，一个杰出人物要取得较大的成功，必须进行适合时代要求的家族地位方面的宣传，关于成吉思汗的家族和他本人也都有神奇的传说。传说他的家族——孛儿只斤氏族是金色神人与美女阿阑·豁阿的后代，[①] 传说成吉思汗出生时就是手握凝血、不同一般的奇婴。这类传说为他的家族和他本人树立了

① 《元史》卷 1《太祖本纪》说阿阑·豁阿"夜寝帐中，梦白光自天窗中入，化为金色神人，来趋卧榻"，于是生下成吉思汗的祖辈，意指其家族为神人之后裔。

神圣的形象和舆论基础。

成吉思汗幼名铁木真，出生于蒙古孛儿只斤·乞颜氏贵族世家，据拉施特《史集》记载，距今一千多年前，蒙古人曾经被突厥人赶往额尔古涅昆的地方；经过四百多年后，他们已繁衍分成几十个分支集团，共同走出了额尔古涅昆一带，总称为“迭儿列勤蒙古”。其中有个部落联盟的首领叫孛儿贴赤那。据17世纪蒙古史学家罗卜桑丹津说，孛儿贴赤那辖下的人称为“蒙古”[①]。《蒙古秘史》称此人是奉天命而降生的，是成吉思汗的祖先。[②] 孛儿贴赤那的后代把活动地域逐渐从斡难河源不儿罕山扩展到斡难、怯绿连、土剌等三河流域。[③] 传至孛儿贴赤那12代孙朵奔蔑儿干，其妻阿阑·豁阿与他生有二子。朵奔死后，阿阑·豁阿又生三子，传说是感圣洁神光而生，他们“都属于特殊种类”，“要成为万民的君主和汗”[④]。凡出自这三子的后裔均称“尼伦”（意“圣洁”）部，表示他们是感神光受胎的。三子分别为：不合秃·撒勒只兀惕、不忽·合塔吉和孛端察儿。成吉思汗是孛端察儿的直系后裔，虽传说是阿阑·豁阿感光而生，但由于阿阑·豁阿是朵奔的妻子，所以成吉思汗系既被认为是朵奔的著名祖先孛儿贴赤那的后代，又被视为是神人的神裔。

---

① 罗卜桑丹津：《蒙古黄金史》第6页，乌兰巴托版。汉籍中“蒙兀”一词最早见于《旧唐书》。

② 《蒙古秘史》第1节，策·达木丁编，谢再善译，中华书局1956年版。

③ 迁三河的时间，史学界意见不一。《多桑蒙古史》与《秘史》认为约在8世纪中叶（冯承钧中译本《多桑蒙古史》，中华书局1962年上海版上册，第32页）；洪钧《元史译文证补》光绪二十三年版认为是在朵奔时，则约10世纪中叶。

④ 《蒙古秘史》，第21—35节。

从史书记载分析,到孛端察儿(约10世纪前半叶)的儿子土敦—蔑年之妻莫拿伦时期(约10世纪后半叶),似还有母权制残余,因为当时她被称为“答儿衮”(意谓有力),表明妇女尚有尊崇的美称和地位,而其时的经济状况则“畜牧饶富”,“牲畜遍野”①。后来,莫拿伦及其八个儿子均被札剌亦儿人杀害,只有未在场的幼子海都和其叔纳真幸免于难。到“海都稍长,纳真率八剌忽怯谷诸民,共立为君。海都既立,以兵攻押剌伊而,臣属之,形势浸大。列营帐于八剌合黑河上,跨河为梁,以便往来。由是四傍部族归之者渐众”②。看来,这时的成吉思汗六世祖海都,(11世纪前半叶)已是部落联盟的汗,因为纳真所率已有“巴剌忽怯谷诸民”这些非蒙古系部落在内。而且他战败札剌亦儿人后,屠杀了其男性,而“他们的妇女儿童全成了莫拿伦的儿子海都(引者按:有人认为应为孙子,笔者据《史集》作儿子)的奴隶。若干被杀的札剌亦儿人,他们的儿子被留下来作了俘虏,并做了家族奴隶……这个札剌亦儿部落一直是斡脱古—孛斡勒”③,这些说明了阶级分化的加剧。

成吉思汗是海都长子伯升豁儿的后代,海都的次子察剌合及孙子必勒格,即成吉思汗的五世、四世叔祖,曾臣属于辽王朝,官至令稳、详稳。至海都以后,成吉思汗祖辈中被公认称过汗的还有合不剌、俺巴孩、忽图剌等人,他们都是部落联盟的首领。成吉思汗曾祖合不勒(公元1101—1148?年)被蒙

① 均见《元史译文证补》卷1上。

② 《元史》卷1《太祖本纪》。

③ 拉施特《史集》第1卷第2分册,第19页,苏联科学院出版社1952年俄文本,莫斯科——列宁格勒。此句汉文译文表达不清楚,故引俄文本,汉译本见第20页。

古忽里勒台推举为汗，时已在12世纪初。[①] 合不剌汗死后，泰亦赤兀部的俺巴孩和乞颜·孛儿只斤部的忽图剌相继被选为汗，其时约当12世纪50—60年代。前者俺巴孩汗在送女成亲途中，被塔塔儿部执送金朝钉死，死前口谕由孛儿只斤部忽图剌作其继承人。其后，忽图剌多次征讨塔塔儿部，未能报仇雪耻而死。忽图剌之后实际上是其侄儿——成吉思汗之父也速该继而统辖了当时的蒙古部。[②]

一般认为，孛儿只斤与札答兰、泰亦赤兀等部出自共同祖先，他们组成的蒙古尼伦部当时游牧于克鲁伦河和鄂嫩河流域。成吉思汗所出生的孛儿只斤部活动于肯特山一带；他后来的劲敌札木合出身的札答兰部主要活动在鄂嫩河流域；最早与他争夺汗位的泰亦赤兀部的基本牧地被认为在贝加尔湖东侧；此外还有一些较小的部落。

除了蒙古尼伦部以外，后来组成蒙古族的大小各部，据载有几十个之多[③]。其中较大的各部的分布情况是：蒙古部以东有塔塔儿部、弘吉剌部。塔塔儿部落联盟占据着呼伦、贝尔两湖富饶的草原，其南到哈尔哈河一带则是弘吉剌部活动地域；蒙古部南面有汪古部，居住在阴山山脉以北一带；蒙古部的西边，有克烈部落联盟，游牧于鄂尔浑河和土剌河流域，有蔑儿乞部游牧于鄂尔浑河到色楞格河流域，还有克烈部以西、活动在杭爱山到阿尔泰山间广大地区的乃蛮部落联盟；蒙古部以北则与“森林”诸部落相连，其中尤以蔑儿乞部以西的斡

① 《蒙古秘史》称“众达达百姓，合不剌皇帝管来着”。

② 拉施特《史集》第1卷第2分册，汉译本，第95—96页。

③ 陶宗仪《南村辍耕录》第12—13页，记载为七十二个，中华书局1959年版。

亦剌部较著名,斡亦剌部占据着草原牧民与森林猎民之间的重要中枢位置。

这些部落当时多数为突厥化的部落联盟,后来被成吉思汗统一后,成为蒙古族的重要组成部分。他们活动的蒙古高原的大体地域范围是:东起外兴安岭,南达阴山山脉,西逾阿尔泰山,北至西伯利亚。一般指称的蒙古高原之位置,为东经70—140度、北纬40—60度之间的地带。

在蒙古崛起前,这一蒙古高原,东南为女真所建金朝和与之对峙的南宋,西面为畏兀儿与西夏,再往西则是西辽和花拉子模。蒙古高原前述各部,在历史上对金朝都有过臣属或朝贡关系,但往往时服时叛。金朝则利用各部之间的矛盾与仇恨,唆使臣服于己的各部攻打反叛自己的部落,使蒙古高原的形势更为复杂,复仇与权益之争混杂,形成群雄争逐、战乱频繁的局面。成吉思汗的父亲也速该在世时,由于在对塔塔儿部、蔑儿乞部的战争中战功显赫,尚能维持对蒙古尼伦各部的统治,尽管泰亦赤兀部酋长塔儿忽台早已忌恨他的势力,觊觎他的部众。因此后来,当也速该刚被塔塔儿部毒死,泰亦赤兀部塔儿忽台便夺走也速该的部众,开始分裂尼伦部,造成各部各自为政,并自相残杀起来。

成吉思汗就出生在这样一个当时还是权威统治者的家庭中,但已是蒙古尼伦部分裂的前夕,而蒙古高原则已经战乱频仍,战火弥漫。

二、关于成吉思汗的生年诸说

关于成吉思汗的生年,在国内外影响较大的有三种说法。

拉施特哀丁在《史集》中，称成吉思汗享年七十二岁。因为成吉思汗死于1227年，这点史书有明确记载，没有争论，于是他据享年逆推，即得出他生于1155年（猪年）之说。由于《史集》成书中参考过珍贵的蒙文史料《金册》（Altan depter），而《金册》是研究蒙古史极重要的名著，因而《史集》的记载不能不引起历史学者的重视。清末，自从洪钧将《史集》介绍到国内并加以考订之后[①]，此说在我国研究蒙古史的论著中遂一度占压倒优势，在前苏联，不少权威学者也持此说。[②] 公元1958年，伯希和又提出成吉思汗生于1167年之说，并被国外一些著作所采纳。我们则主张，成吉思汗诞生于1162年。

首先，国内外学者怀疑与指出1155年说不足为据的理由是比较令人信服的。主要依据是《史集》有关成吉思汗1155年出生之说属传闻性质，据这种传闻进行的推测又存在矛盾，而且除了沿袭《史集》之说外，没有旁证的论著。如《史集》先说："因为在成吉思汗及其父的时代，星象家不会以观察星象的方法确定时间，而史书又不载（此）月日，所以他的生日与时辰无从确定，但为全体蒙古宗王、异密和大臣们所知、并成为尽人皆知的事实是，他活了七十二岁，卒于七十三岁之年。可信赖的星象家们记下了他的卒日……他卒于合亥年，即猪儿年，秋月中，此月15日结束之时。虽然从其降生之年算起，猪儿年为七十三岁，但其诞生大概是在年中。根据这个推测，他的寿命足

---

① 洪钧：《太祖年寿考异》，见《元史译文证补》卷1下，第36页。

② 如：屠寄：《蒙兀儿史记》，古籍出版社1958年重印本，卷一、十八上，卷二、一上，卷三、三十一下；余元盦：《成吉思汗传》第9页；苏联科学院与蒙古人民共和国科学委员会合编：《蒙古人民共和国通史》中译本第45页，科学出版社1958年版。

有七十二岁”，“……相当于伊斯兰教历 547 年诸月份(公元 1152—1153)，也速该把阿秃儿出征塔塔儿，成吉思汗在一片吉兆中出世了”。但同书另一处则说：“可以知道，其生年之合亥年(初)，相当回历 549 年楚而喀达(月)(公元 1155 年)。由此可见他死在七十五岁上，(年龄上)这差别是……因为(蒙古人)仅注意突厥(纪年的)阳历岁数，而将近每个(阳历)三十年要少去一个阴历年……”[①] 由拉施特关于成吉思汗生年的上述“史书不载”和“无从确定”的自白中，我们却确知了：使《史集》具有重要价值的珍贵参考史料——《金册》并没有确证成吉思汗生于 1155 年，蒙古王公们也没有“确知”成吉思汗生于何年。《史集》关于生年的推测又有回历 547 年与 549 年的矛盾记载，所以令人难以确信。这样，享年七十二岁之说，一般认为，可能是出于《史集》反复提到的星占家之口，而使一些蒙古王公信以为真而接受了。但看来也不像拉施特所说是当时“尽人皆知”，因为如果尽人皆知，则王公后代的系谱中应有记载。但据有的学者考证，术赤的十二世孙、花拉子模汗阿不哈齐巴哈都儿在他的著作中就说是享年六十五足岁，即六十六岁，而不是七十二岁。[②] 总之，《史集》中这种源于耳闻的记载有多处矛盾，因而为研究者们怀疑。《史集》不仅所记生年与别的书不同，而且连铁木真丧父之年也说在猪年，这与极为可靠的《元朝秘史》的记载也不同，《史集》说其父也速该是死在铁木真 13 岁那年，而《秘史》说

① 拉施特《史集》第 1 卷 2 分册，74—76 页，苏联科学院 1952 年版。汉译本第 94—97 页，另俄文本第 246—247 页。

② 阿不哈齐：《突厥、蒙古和鞑靼史》第 1 卷，第 146 页。转引自周清澍《成吉思汗生年考》，《内蒙古大学学报》1962 年第 1 期。

是9岁那年，其所以不同，一般认为是《史集》有意要凑成：成吉思汗不仅死于猪年（亥属猪），出生和丧父也在猪年。人们怀疑这种离奇的巧合说法，是因为波斯星占家深恶成吉思汗，于是故意把他的生、死、丧父都说成“猪年”。1155年说既然没有可靠的旁证，笔者认为对这种巧合的怀疑不无道理。

至于伯希和之说，是1938年12月9日在亚细亚协会的一次会议上提出的。他说，他发现一条汉文史料，证明成吉思汗是生于1167年。依据就是杨维桢《三史正统辨表》中曾说到：“再考宋太祖生于丁亥，而建国于庚申。我太祖之降年，与建国之年亦同。宋以甲戌渡江，而平江南于乙亥丙子之年。而我王师渡江平江南之年亦同。是天数之有符者不偶然，天意之有属者不苟然矣。”如要求干支全同，那末丁亥就是1167年。①

一般认为，伯希和依据的杨维桢这条史料是抄自《宋季三朝政要》②。细细对比一下，确实是抄自后者。这段原文说：“宋太祖生于丁亥，以庚申建国，命曹彬平江南，王师系甲戌岁渡江，以乙亥丙子而平江南，丙子岁是开宝九年。今大元太祖圣武皇帝，亦生于乙亥以庚申岁即位，命伯颜平江南，大军亦系甲岁渡江，以乙亥丙子而平江南，丙子岁是为至元十三年（1276年）。”而此文中“大元太祖圣武皇帝”显然是“世祖文武皇帝”之误刻，因为文中所说“以庚申岁（1260年）即位”，“命伯颜平江南，甲戌（1274年）渡江，以乙亥（1275年）丙子（1276年）而平江南”都是世祖忽必烈时的事，这里的“生于乙亥”本指1215年，“以庚申岁即位”为1260年，正是世祖的生

① 《南村辍耕录》卷三。

② 见《宋季三朝政要》，宸翰楼丛书影元皇庆壬子（1312年）刻本，卷六。

年和即位年。所以伯希和先生所依据的汉文史料，可惜有张冠李戴之误，是不可靠的材料。而一般外国人毕竟不太熟悉汉籍，又多半迷信伯希和这样的“汉学权威”，所以，此说一出，也就纷纷介绍伯希和的“新成就”，而使这种说法也一度广泛传播。如1960年出版的英文版《伊斯兰百科全书》和日本的《世界大百科事典》、《亚细亚历史事典》等等，其中成吉思汗词条对其生年，都直接采取了伯希和的1167年之说。①

而我们主张1162年说，因为相比较之下，此说有较确凿的根据。如：被公认具有史料实录作用的《元史》和陶宗仪《辍耕录》等书，都有太祖成吉思汗死于1227年，享年六十六岁的明确记载，②如此推算，他应是生于1162年。尤其是《辍耕录》初刻时，《元史》尚未修，不可能因袭《元史》，所以认为享年六十六岁之事，只能是在《元史》未修之前，已是为元朝士大夫和留意掌故的人所熟知的事实。

除了汉文保存下来的原始史料以外，留传在蒙古本土和各种蒙文文献的记载也完全与上说相同。如《蒙古源流》、《黄册》都记载了成吉思汗生于壬年（1162年），享年六十六岁的事实。

持此说的还有《蒙古黄金史》，此书出现于《蒙古源流》以前，研究者认为《蒙古源流》“也参考了它”。此书也说“成吉思

① 《伊斯兰百科全书》卷2，第23分册，1960年莱顿—伦敦版，《成吉思汗》条，作者：波伊勒；《世界大百科事典》，19卷，1957年，日本平凡社版，《成吉思汗》条；《亚细亚历史事典》1960年平凡社版，第6册，《元太祖》条，作者：村上正二。

② 《元史·太祖本纪》载：“（太祖）二十二年丁亥（1227）……秋七月壬午，不豫。己丑，崩于萨里川哈老徒之行宫，……寿六十六。”陶宗仪《辍耕录》中的有关记载也与此吻合：“太祖……至宋宝庆三年丁亥（1227）七月己丑，崩……寿六十六，葬起辇谷。”

汗诞生于壬午年(1162年)”[①]。罗卜藏丹津的《黄金史》是属于另一类型的蒙文文献,由于它直接出于蒙文的《秘史》,所以具有特殊的价值。这本书也说成吉思汗生于壬午年(1162年),“丁亥年七月十二日逝世,时年六十有六”。凡此种种,只能看作是:成吉思汗的享年和死年在蒙古族的历史传说中,一向是明确的,记载均无差错,均认为生于1162年。所以,笔者以为,成吉思汗的生年在1162年之说,较为可靠。

三、成吉思汗时代蒙古社会的性质——奴隶制向封建制的过渡时期

成吉思汗生活的这个时代,蒙古社会形态情况复杂,社会制度经历重大变革,它究竟属于什么社会性质,研究者的意见至今众说纷纭。国内外学术界对成吉思汗时代蒙古的社会性质与制度问题,有三种典型看法,相互争论。以原苏联学者为代表的传统说法中,典型的观点是认为蒙古的奴隶或奴仆,主要是非奴隶制下供家内使唤的,其数量和参加生产的状况都没有能在蒙古社会中占主导地位,所以得出结论:蒙古社会氏族制度瓦解后,便没有能发展为奴隶制社会,而是直接“显露出向封建关系发展的倾向”[②],到成吉思汗时则建立了“封建

① 《蒙古源流》所参考的七种文献之一——笺证本所译之《古昔蒙古汗等源流大黄册》中说:“六十六岁时,火猪年(丁亥1227)七月十二日殁于西夏……”(参见《沙拉图吉——17世纪蒙古编年史》,沙斯金娜俄译、注释本,1957年苏联科学院出版,原文第22、39页,俄译文第128,136页。)

② 符拉基米尔佐夫:《蒙古社会制度史》,第154页,中国社会科学出版社1980年版。

制度”的帝国。[①] 蒙古国学者们的代表性看法也多主张蒙古社会是由氏族制直接发展成了封建制，不过，认为早在11—12世纪时便建立了合木黑蒙古封建国家，[②]即认为蒙古出现封建关系的时间比苏联学者所说时间更早。中国有部分学者持以上两种观点，但多数人主张成吉思汗时代蒙古社会是奴隶制社会，[③]只是对蒙古进入奴隶制社会的时间尚有分歧。有的认为在成吉思汗之前已存在合木黑蒙古奴隶制政权；有的则认为成吉思汗建立的蒙古帝国才是“统一的奴隶制政权”[④]。本文涉及这一问题的目的，是为了探讨成吉思汗生活的那个时代与社会对成吉思汗思想的影响，希望较准确地反映成吉思汗的思想形成发展的社会根源和时代烙印，因此这里只占少量篇幅作出原则性的论述。

笔者认为，苏联学者符拉基米尔佐夫关于蒙古社会制度的研究，尤其是关于成吉思汗蒙古帝国时期封建关系的研究是具有开创性意义的，其功绩无法抹煞。不过，他对蒙古社会曾出现的奴隶制生产关系似乎估价过低，从而得出蒙古社会并未经过奴隶制的结论，这点我们未敢苟同。近十年来，不少中国学者对10世纪以来反映蒙古社会的奴隶制生产关系的

---

① 符拉基米尔佐夫：《蒙古社会制度史》，第176页：“我们所知道的关于成吉思汗蒙古帝国的一些情况，使我们能把当时的蒙古社会制度确定为封建制度。”

② 洪格尔：《喀尔喀史》一，第3页，乌兰巴托1970年版。转引自留金锁：《试论成吉思汗建国前的蒙古社会制度》，载《蒙古史研究》第一辑，内蒙古人民出版社1985年版。

③ 较早的论文如杨建新《关于12世纪蒙古族社会的性质》，载《民族团结》1963年第6期。

④ 蔡美彪等：《中国通史》第七册，第26—27页，人民出版社1983年版；高文德《蒙古奴隶制度研究》，内蒙古人民出版社1980版。

资料,作了卓有成效的发掘与研究,可以证明蒙古社会经历了奴隶制,但是他们却因此对符拉基米尔佐夫关于成吉思汗时期蒙古封建制度的种种合理结论表示缄默,而认为从 10 世纪直至元代以前,即包括成吉思汗的蒙古帝国时期,蒙古社会一直是奴隶制社会。笔者认为,这又对当时的封建制关系估计过低了。

从现有的史料看,蒙古社会大致在 10 世纪已迈入阶级社会,这已确定无疑,有两个方面的主要标志:孛端察儿(约 10 世纪前半叶)和成吉思汗六世祖海都(11 世纪前半叶)都与他们所掠获的大批兀良哈人、札剌亦儿人杂居。[①] 至迟在海都时期开始,这种部落联盟已完全超出了血亲部落之间联盟的性质[②],而逐渐形成依势力和利益而组合的地域性"兀鲁思"(《秘史》释义为"国"或"百姓")。《史集》中也提到"海都的兀鲁思"[③] 辖有"巴剌忽怯谷诸民",还有"四傍部族",包括蒙古部及被征服的其他部族如梅格林人、札剌亦儿人等等。到成吉思汗统一之前,蒙古地区已普遍产生了这种地域性的"兀鲁思"。《秘史》和《史集》中都提到,除成吉思汗及其祖辈海都、俺巴孩等人统辖的兀鲁思外,还有弘吉剌部、克烈部、蔑儿乞部、泰亦赤兀部、乃蛮部、塔塔儿部等也都形成了兀鲁思,尽管与此同时有的千户保留了本氏族的名称,而那只是一种外壳和残余而已。

---

① 《元史译文证补》,光绪二十三年版,卷一上,第 2 页。

② 据恩格斯《家庭、私有制和国家的起源》第 142 页:"部落联盟已经开始了粉碎氏族制度的枷锁了。"另据两《唐书》记载,蒙兀室韦时,已是室韦诸部之一,即室韦部落联盟的组成部分。

③ 《史集》第 1 卷第 1 分册,俄文本第 149 页,汉译本第 244 页。

另外,12世纪初,铁器的普遍使用,与周邻地区互市交换的扩大,促进了蒙古地区生产力的发展。个体家庭的产生和成为社会的主要经济单位,交换贸易发展到货币关系出现,都证明氏族社会的解体。先是“个体家庭已成为一种力量,并且以威胁的姿态与氏族对抗了”①,然后与氏族制绝对不能相容的货币关系是更明显的标志。从史料记载看,蒙古各部自唐末五代起就与中原地区和契丹、女真、畏兀儿、回鹘等有交换和通商贸易关系,②于是“秦晋铁钱皆归之”③。特别是到成吉思汗统一前后,已经从用牲畜、猎获物和食盐等进行物物交换阶段明显发展到了用货币交换的阶段,这从长春真人的记载中,也可得到证明。他说蒙古地区“黍米,斗白金十两,满五十两可易面八十斤”④。马克思主义认为,对游牧民族来说,牲畜也曾起“货币的职能”,更不用说用白金换粮食这种直接使用货币的现象的出现,只能证明氏族制度退出了历史舞台,因为恩格斯非常明确地指出:“氏族制度同货币经济绝对不能相容。”⑤

既然10世纪以后蒙古氏族制度逐渐瓦解,那么代替氏族制的又是什么社会形态呢?我们认为,它不像符拉基米尔佐夫

① 恩格斯:《家庭、私有制和国家的起源》,第98–99,160页。

② 《建炎以来朝野杂记》乙集,卷十九,第9页载:“鞑靼……自唐末五代,常通中国”;“蒙古里国……以牛羊驼马皮毳之物与契丹为交易”。《金史》卷五十,第1113页载:蒙古与女真贸易“以易北方牧畜”等;《蒙鞑备录》第3页称,此外,蒙古也与畏兀儿通商:“鞑之始起,……有回鹘为邻,每于两河博易贩卖于其国。”

③ 《建炎以来朝野杂记》乙集,卷十九,第9页。

④ 《长春真人西游记》上卷,第28页。

⑤ 恩格斯:《家庭、私有制和国家的起源》,第158页。

所说的那样，是越过奴隶制而直接被封建制关系所取代，而是形成了蒙古游牧奴隶制关系，到成吉思汗统一之前，以奴隶制生产关系占主要地位的奴隶社会已经确立。它至少表现在以下几个主要方面：

1. 奴隶的来源与数量增加。至迟从海都时期起已经有俘来或买来的奴隶、世袭的奴隶，①并已扩大到把同族人变为世袭奴隶②。当时这种卖奴、俘奴、奴役同族人的发展过程与恩格斯所描述的早期奴隶制社会的情景完全相同。③蒙古游牧社会的奴隶虽主要以家内奴隶的形式出现，但他们的特点是兼事"剪羊毛"、"打马奶子"、"挤牛羊乳"、"制革"、"制毡"等生产活动。应该认为，这种家内奴隶也间接构成了生产的基础。而且从孛端察儿时起，就把所俘兀良哈奴隶用作"牧马"等劳动。这样，当时的奴隶劳动间接或直接地构成了蒙古社会生产的基础。以后，随着整部、整族地虏来奴隶，不可能全部容纳在家内使唤，从而使用奴隶于放牧牲畜，务农"舂碓"，随主

① 如《史集》第1卷第1分册汉译本149页说："札剌亦儿人……成为……海都汗及其诸子和亲属的俘虏和奴隶，祖祖辈辈世代相传，最后传给了成吉思汗。"这也证实《辍耕录》所记："蒙古……以俘到男女匹配为夫妻，而所生子孙永为奴婢"(《南村辍耕录》卷十七，第208页)。蒙古奴隶除俘虏来的以外，有的是买来的，如阿尔浑之父因"饥饿贫困"把阿儿浑"卖给"成吉思汗的侍从合丹，"成了他(合丹)的奴仆"(《史集》卷1，第1册，汉译本153页)。等等。

② 如：别勒古讷台、不古讷台是成吉思汗祖孛端察儿的兄弟，但后来，"别勒古讷惕部……都是成吉思汗祖先的奴隶和奴隶的后裔"(《史集》卷1，第2册，俄文本15页)。与成吉思汗同祖的海都后裔泰亦赤兀部"残存者则成为他的奴隶"(同上书，1卷1册，汉译本299页)等等，这类例子不胜枚举。

③ 恩格斯说："常常发生父母因贫穷而把自己子女卖为奴隶的事情"，又说"奴隶制起初虽然仅限于俘虏，但已开辟了奴隶同部落人、甚至同氏族人的前景"(《家庭、私有制和国家的起源》第148、106页)。

"围猎",随军役使等等,自是不言而喻的了。[1] 在个体家庭逐渐成为社会和生产的基本单位,氏族制的家庭公社如前所述已经瓦解的情况下,这种奴隶制自然只能是阶级社会的家庭奴隶制,而不是原始社会末期的家长奴隶制。[2] 而且恩格斯早已指出,东方的家庭奴隶制亦应是奴隶制的一种形态。[3]

2. 汗和汗权的产生是游牧民族奴隶制政权的标志。蒙古社会至迟在海都汗时期,汗权世袭制已经存在。而合不剌汗时(12 世纪初),就曾一度形成较统一的蒙古奴隶制大汗政权。[4] 海都以后,成吉思汗以前,记载较多的大汗有:合不剌、俺巴孩、忽图剌等人。蒙古汗位继承的世袭制辅有一定的推举形式,但也往往是遵照遗命从子孙中推举,这并不影响世袭制的确立。恩格斯早就指出,在汗权发展初期,总是不大可能有严格的世袭制的。海都时,蒙古奴隶制政权只是初具雏形,产生了表示贵族阶级身份的"那颜"[5]、"异密"、"把阿秃儿"、"薛禅"等称号和被奴役阶级"斡脱古·孛斡勒(奴隶)"[6]、"合剌抽(下民)"等名称。到后来,也借用邻族表示官职的"太师"[7]、"令稳"、

① 参见高文德《蒙古奴隶制研究》,第 98—102 页,内蒙古人民出版社 1980 年版。
② 详见杨建新《关于 12 世纪蒙古族社会的性质》,载《民族团结》1963 年第 6 期。
③ 参见恩格斯《家庭、私有制与国家的起源》,第 155 页。
④ 参见留金锁《试论成吉思汗建国前的蒙古社会制度》,载《蒙古史研究》第一辑,内蒙古人民出版社 1985 年版。
⑤ 《多桑蒙古史》上册第 31 页称:蒙古诸部之长"号那颜","其号世袭"。多桑著,冯承钧译,中华书局 1962 年版。
⑥ 《蒙古秘史》,第 14—16 节。
⑦ 《金史》称:"辽人呼节度使为太师",在蒙古"太师"为军事统帅,如俺巴孩汗之子合丹为太师。

"详稳"① 等称号。并且蒙古各部自10世纪以后开始以属国的形式与辽、宋、金等朝均有交往,对这些王朝"来聘"、"来降"、"来贡"的记载不胜枚举,② 说明其政权形式已得到邻族邻邦的承认。众所周知,蒙古高原其它汪古、乃蛮、塔塔儿等各部,比蒙古部先进,其世袭制大汗政权,自然也不会晚于蒙古部,史书也多有记载。③

3. 蒙古社会在成吉思汗祖辈时就有刑法"祖宗的成法"④和军队⑤ 等维持阶级社会政权的暴力手段,特别是古温兀阿和赤剌温孩亦赤二老人把儿子交给成吉思汗时说:"若离了你门户呵,便将脚筋挑了,心肝割了","若离了时,便将他性命断了"⑥。这无不反映出他们传统的法规观念恰恰是惩罚奴隶的奴隶制法规。这也证明,成吉思汗以前汗权的性质是维护

① 《蒙兀儿史记》,卷一第10、11页,卷三十六第1页,意为"长官"、"将军"。

② 如:辽太祖神册"三年(公元918年)……二月,达旦国来聘"(《辽史》,卷一,第12页);辽道宗大康十年(1084年)"二月……萌古国遣使来聘(《辽史》卷三十,第355页);宋太宗太平兴国八年(983年)"塔坦国遣使唐特墨……入贡"(〈宋〉李焘《续资治通鉴长编》,光绪七年浙江书局校刻本,卷二十四,第26页);金皇统七年(1147年),金朝曾封蒙古之"熬罗孛极烈为朦辅(即蒙古——引者)国主"(《大金国志》,卷十二,第99—100页)等等。

③ 如汪古部早已奉行世袭制,"阿剌兀思惕吉忽里,……远祖卜国,世为部长"(《元文类》,卷二十三,第11页:《附马高唐忠献王碑》)。乃蛮部亦难察必勒格曾称"皇帝",其子无能,乃袭汗位,号"太阳罕","塔塔儿王公的首领名叫纳兀儿"不亦鲁黑汗"。

④ 《史集》第1卷第2分册,俄文本130页,汉译本178页。

⑤ 如《蒙古秘史》第79节、170节曾记载:也速该曾指挥一支常备军(秃鲁合黑),他死后,泰亦赤兀部塔儿忽台曾用此军队反对铁木真;忽图剌汗死后,其秃鲁合黑军由其长子拙赤汗指挥,后拙赤汗率此军归附成吉思汗。

⑥ 《蒙古秘史》,第137节。

奴隶主那颜阶级的奴隶制政权，其军队则是维护这种政权的暴力组织。这方面我们不再详述，因为近几十年以来，尤其是20世纪60年代有的学者提出蒙古经历了奴隶制这一观点以来，已逐渐取得了重大突破。我们以为，蒙古社会经过了奴隶制这一观点已经确立了自己的学术地位，其作用和符拉基米尔佐夫为代表的苏联学者对蒙古游牧封建关系的研究一样，也是对蒙古社会制度研究的重大贡献。

现在尚需要研究的主要问题是，成吉思汗时代及其建立的蒙古帝国究竟是什么性质的社会形态？"是不是"到成吉思汗时代，各部走向统一，在广大的蒙古草原形成了一个统一的蒙古奴隶制政权呢"①？

我们的答案是否定的。我们认为，从海都到合不剌汗（12世纪初）时期，蒙古世系各部统一的奴隶制大汗政权逐步建立，② 到俺巴孩、忽图剌等大汗时已经经历了奴隶制政权早期发展阶段，这时的蒙古政权时叛时服地隶属于辽、金王朝，不过未能建立包括蒙古高原其他突厥系各部在内的大一统奴隶制政权。这是与蒙古奴隶制形成时，恰恰遇到了中国历史上五代十国及宋、辽、金的大分裂时期有关，蒙古高原当时也陷入了分裂混战局面。混战为蒙古地区奴隶大众乘战乱逃离主人另投他主或者立功赎身，提供了广阔的客观条件。正是这种时代背景与环境使得蒙古奴隶制没能得到充分发展，便已经从基础上开始动摇了。另一方面，成吉思汗等则由于统

① 高文德：《蒙古奴隶制度研究》引言，第6页。

② 参见留金锁《试论成吉思汗建国前的蒙古社会制度》，载《蒙古史研究》第一辑，内蒙古人民出版社1985年版。

一的需要,而大量使用奴隶于军中,自觉不自觉地使成批世袭奴隶、家内奴隶转化为君臣关系而得到了解放(典型的如札剌亦儿人),脱离了奴隶地位。札剌亦儿人作为世袭奴隶,到成吉思汗时已是“最后”一代。[①]加之,成吉思汗受周围邻族封建制度的影响,其统一后的帝国一开始就实行了分封制等典型的封建关系体制。但是未得到充分发展的奴隶制关系必然还要补充发展,于是,大统一后的蒙古国进入了未充分发展的奴隶制关系与新产生的封建制关系并存、由奴隶制早期社会(甚至还包括有氏族制残余)向封建关系为主、封建关系处于上升格局的过渡时期,当时的蒙古国就是这样一种过渡社会形态。由于这一观点此前未有人提出,特略加说明:

1. 成吉思汗 1206 年创建蒙古国的标志,可以说,最主要的是以即帝位的姿态实行分封制、扩建怯薛军和确立司法机构——断事官等封建君主政权。他封木华黎为左翼万户、孛斡儿出为右翼万户、纳牙阿为中军万户,万户下设有约九十五个世袭千户长,千户长下又设百户长、十户长,将全蒙古草原牧民,不论原属哪个部落,重新分封给各千户那颜作属民,称“百姓”。蒙古大汗有权剥夺那颜的分地,或恩赐新的分地,领主都知道自己分地的境界,未得汗的允许,不能随意改变范围,否则罪至死刑,这显然完全是君主与藩臣的关系。更值得注意的是:分给千户长的这些“百姓”与奴隶阶级不同,他们虽然是以死刑威胁被依附于千户领地上的属民,“依照其领主的

① 《史集》第 1 卷第 1 分册,汉译本 149 页就说到:“这些俘虏和奴隶(指札剌亦儿人)祖祖辈辈世代相传,最后传给了成吉思汗;……在(成吉思汗)及其氏族时,(他们中间有许多人)各以(后文)所述的原因,成为异密和受尊敬的人。”

安排进行放牧”,并“交纳许多实物贡赋”,但毕竟拥有一定的财产和“人身自由”①。这九十五千户所拥有的蒙古国的“百姓”,就其地位与数量而言,是当时蒙古国占主导地位的劳动力。他们与千户长的关系,是早期游牧封建社会牧奴、牧民与封建领主的关系。而十进位分封制只能是一种“封建等级制度”,是体现一级从属于一级的藩臣关系,而且全国上下都要按大汗的命令服军役,即大家都是大汗这位至高君主的藩臣,②这种封建关系的政治体制是明显存在的。而我们之所以将此阶段视为过渡时期,则是因为与此同时奴隶阶级也尚未退出历史舞台,而且并不是残余。例如成吉思汗时的大量战俘主要是贬为奴隶,而且原来的奴隶制关系也未正式宣布废除。这样,那颜封建主、平民百姓和奴隶构成了过渡时期并存的阶级关系。维持这种过渡时期国家体制和阶级关系的最重要手段就是成吉思汗统一蒙古后,在那可儿基础上扩大并严格编制的怯薛军,它既是保护大汗专权的质子护卫军,又是保护那颜封建主统治牧民和奴隶的暴力工具。1206 年成吉思汗任命的失吉忽秃忽为第一任大断事官,又从法律上保证了初创的由奴隶制向封建制转变的、过渡性质的“札撒”的执行,③这样,就基本健全了过渡时期的国家机器。

---

① 详见前引符拉基米尔佐夫《蒙古社会制度史》,第166、169、180、182 页。

② 《史集》第 1 卷第 2 分册,俄译本 278—281 页。《蒙古社会制度史》第 178—185 页,参见赵秉昆、李桂枝《试论成吉思汗》,载《中国蒙古史学会论文选集》,内蒙古人民出版社 1981 年版。

③ 维尔纳德斯基《成吉思汗札撒的内容与范围》(载《哈佛亚洲学报》卷 3,第 337—360 页,1968 年)一文认为,1206 年提出编札撒为成文法,1218、1225 年分别修改过。

2. 蒙古奴隶制生产关系在1206年成吉思汗建立的蒙古国中也并没有完全退出历史舞台,在某些方面,一方面建国后的西征等战争中,掠夺战俘为奴的现象甚至大量增加,从一些史料记载看,西征中可能有几十万被俘的工匠成为手工业生产的奴隶。往往,一座城市被占后,“手工业匠人被挑出来充作奴隶(据志费尼记载,有十万多人),充作奴隶的还有年轻妇女和儿童,其余居民则被分配给士兵”。甚至连中亚原封建社会,在被蒙古国占领后的“后果之一是奴隶制在封建社会的复活,这是数十万人被充做奴隶而形成的结果”[①],可见,奴隶制在蒙古国的蒙古地区,甚至被并入地区,都呈现两种制度并存的过渡社会形态。但另一方面是蒙古原奴隶制,包括世袭奴隶制的基础,却由于统一战争,由于那可儿制、达儿罕制的出现已经动摇了,已经不再是原来的奴隶制关系,而逐步被封建关系所取代。像世袭奴隶巴牙兀惕部因成吉思汗奖赏该部出身的汪古儿而不再是世袭奴隶;[②] 海都以来的世袭奴隶札剌亦儿部,“(他们中间有许多人)各以(后文)所述的原因,成为异密和受尊敬的人”[③]。其中,木华黎被送给成吉思汗时,其父仍按奴隶习惯法的观念说:“教永远做奴婢者,若离了你门户呵,便将脚筋挑了,心肝割了。”[④] 而成吉思汗却由于战

---

① 彼特鲁舍夫斯基《1219年至1224年期间蒙古大军对中亚的征服及其后果》,载《鞑靼蒙古人在亚洲和欧洲》,莫斯科1978年版。

② 《蒙古秘史》第14—16节说到巴牙兀惕部祖先是成吉思汗祖朵奔蔑儿干的奴隶。该部出身的汪古儿受赏时要求“收集”本族“散在各部落里”的人,被允许。也可见,战争中实际已有机会各自投奔不同的新主人,所以才会散在各部,已经改变了不得逃离主人的地位。

③ 《史集》第1卷第1分册,俄文本第93页,汉译本149页。

④ 《蒙古秘史》,第137节。

争和立业的需要,不论出身门第而用人,以后又按功劳从札剌亦儿部中封了木华黎万户及许多千户,无怪乎拉施特称这些世袭奴隶传给成吉思汗是“最后”一代;再如王罕克烈部的奴隶董合亦惕部[1] 和兀良合部的“普通奴隶”[2]、兀答赤氏族等奴隶部落,都因投靠成吉思汗而解除了奴隶地位,成了成吉思汗的那可儿战士,或千户,或达儿罕。这类例子不胜枚举。成吉思汗统一蒙古高原的战争中,奴隶部落逃离主人是反抗的一种形式,这种现象不是个别的,而是大规模地,成批、成部落地解除了奴隶地位。我们认为,这类史实证明,在成吉思汗将战俘和异族大批变为奴隶而形成新的奴隶阶级的同时,却吹响了蒙古奴隶解放的号角,使蒙古早期奴隶制社会以跳跃发展的形式向封建制社会迅速过渡。

3. 从国内外整理公布的成吉思汗札撒残片的内容来看,也应该说它是一部反映蒙古社会由奴隶制向封建制过渡的过渡时期法规。“元兴,其初未有法守”之说,未必可信[3]。札撒是根据成吉思汗的训令记录编辑成的。一般认为 1206 年成吉思汗称帝大会上便提出编定札撒,而且在成吉思汗生前已修改完成。因此札撒可能编入了成吉思汗统一前早期奴隶制社会背景下的训令,但主要应是蒙古帝国时期执行的法规。

---

① 《蒙古社会制度史》第 145 页称,拉施特说该部“始终是客列亦惕部首领们的奴仆和战士……后来全体都来为成吉思汗服务”。

② 《史集》第 1 卷第 1 分册,俄文本第 158—159 页,汉译本第 259—260 页说到,“成吉思汗时代,森林兀良合惕部落出过一个千夫长,名叫兀答赤,为右翼异密。”“这兀答赤氏族,由于他们是普通奴隶,自古以来不把姑娘嫁给(外人),也不娶(自外人)。”

③ 《元史》102 卷《刑法志》。

其中值得注意的是:札撒中一方面还有对“逃奴”处极刑的规定,但却再没有沿用蒙古统一前对世袭奴隶采用的法规和“割心”、“挑脚筋”等制裁奴隶的酷刑规定,而突出的是维护汗权、封建等级制和封建税赋、国家秩序等方面的封建制规定。如“凡已被列入任一千人队、百人队、或十人队的人员,不得离队他去,违者格杀,收录他的首领亦然”。“汗命太守为军队的首领,设置千人长、百人长、十人长”①。“诸妾、女奴所生子女与诸妻所生子女同样是合法的”。札撒规定有精细的苛税,如“蒙古的全体国民每年必须以他们的牛羊、财宝、马匹、乳类,甚至毛织物等贡给诸王”② 等等。一方面,札撒仍拟维持对逃奴处极刑的规定,另一方面,传统奴隶制刑法内容与世袭奴隶等规定的消失,封建关系与封建国家秩序方面的法规得到较充分反映,也证明我们关于蒙古帝国属于奴隶制向封建制过渡的观点有其合理的内核。

应该指出,在我们看来,过渡时期不仅仅发生在蒙古社会,一般两种社会制度更替时期,经常可能产生两种制度并存的过渡时期社会现象,这是一种社会常有的中间形态。它应该是一种有普遍意义的社会形态,这一论点我们将另文从理论上论证。

四、成吉思汗思想发展的时代烙印

意识一开始就是社会的产物,而且只要人们还存在着,它

① 以上均见[俄]贝勒津《成吉思汗的札撒》,引自《蒙古史研究参考资料》,第十八辑,1981 年。

② 《成吉思汗札撒的内容与范围》,载《哈佛亚洲学报》卷 3 第 337—360 页,1938 年。

就仍然是这种产物。成吉思汗身处蒙古社会伟大变革的时代，一生先后经历了父系氏族制残存期、早期奴隶制以及封建制等不同的社会历史时期。这使他的思想意识既打上了蒙古社会早期野蛮游牧社会的烙印，同时又反映着早期奴隶制和封建社会观念的一种交织着的思想意识。可以说，成吉思汗的思想是他所经历的蒙古内外社会存在的综合产物。成吉思汗从满怀复仇、掠夺观念的游牧领主，迅速成长为奴隶主大汗和封建专制君主，这种飞跃的发展过程，使他的思想发展也呈快速变迁的状况，这是与他生活的时代十分吻合的。

1206 年建立帝国以前，成吉思汗接受的主要是蒙古传统社会思潮，或者说蒙古社会的一些传统观念。

如“黄金家族”观念与汗族意识。关于血缘意识，一般地说，我们容易认为仅在定居的农业社会才是浓厚的，而在所谓“尚健壮、卑老弱”[①] 的游牧社会则是薄弱的。然而事实是“蒙古人大都能记忆从自己的父辈开始的七代祖先”，甚至能记住每一个亲属的名字。成吉思汗的父亲也速该·把阿秃儿，是以拥有草原贵族的古老家谱而自豪的孛儿只斤乞颜血统的首领。从现在的观点看，家谱的古老尊贵几乎已被人遗忘，但在古代社会里，即使是没落的贵族，常有因贵出名门而重新登上历史舞台的事例。成吉思汗也不例外。关于传说中的成吉思汗的远祖阿阑·豁阿因受神光怀孕生三子，而受到别人以及自己的孩子议论时，阿阑·豁阿告诫自己另两个儿子：“汝等何可造次言之耶？以情察之，其兆盖天之子息乎？汝等何得比

① 赵珙：《蒙鞑备录》。

诸黔首之行而言耶？俟为天下之主时，下民方得知耳！”① 他的母亲用这些说法和神祖的故事，夸耀自己神的家族将是汗门家族，同其他氏族的传统、素质不同。当确立了王权的时候，这种传说就成为开国的佳话，说明自己的氏族优越于其他的氏族，成为王权神授之说的起源，于是皇帝—可汗就成为天命所生，从而也被看作是神圣的。成吉思汗在他父亲去世后，即使陷入一贫如洗、茹苦含辛的境地，这种自豪感也经常起着支撑成吉思汗意志的作用。

复仇意识在成吉思汗思想上的烙印也很深。血族复仇观念是原始氏族部落社会普遍存在的观念之一。进入阶级社会以后，这种观念仍然存在。但到成吉思汗时，氏族制瓦解，其残余意识与掠夺战争交错，成为一部分掠夺战争的导火线。在成吉思汗一生中长期未能摆脱这种观念，他曾说：“人生之快乐莫如歼首或仇敌如木拔根，乘其骏马，纳其妻女以备后宫，乃是最乐。”② 在这一思想指导下，成吉思汗导演了一幕幕残酷的复仇战争。例如，征伐蔑儿乞惕部是为报其妻被劫辱之仇；消灭塔塔儿部是为其父也速该报仇；伐金是为报“阿勒坦汗辱杀我诸父别儿罕、俺巴孩”二人之仇；西征花拉子模，是为报蒙古使团被辱杀之仇等等。

另外，敬天思想，也是成吉思汗早期的重要观念。蒙古人的宗教是萨满教。这个宗教较原始，相信天、地、山、川、草木以至火等万物都有神灵存在，而惟以“永恒的青天”(长生天)为最尊。在成吉思汗所处的时代(12 世纪末 13 世纪初)，传

① 道润梯步：《新译简注蒙古秘史》，第 11 页，内蒙古人民出版社 1979 年版。
② 《元史译文证补》卷一下。

统的长生天思想和萨满信仰,在蒙古社会中居统治地位,这种思潮也就构成了青年铁木真的基本信仰和宗教观念。他无论是在得意、失望、胜敌、危难、出征或复仇之际,都要向天虔诚祈祷或感恩,凡是他做的重要宣言,无一不首先要说明是奉上天之意,后来当他的势力日益壮大时,则发展为"天人合一"的思想。

总之,构成早期成吉思汗思想的核心,是蒙古社会的传统思想。这是我们把握他早期思想脉络的一把钥匙。

但我们看到,从1204年起成吉思汗思想发展产生了质的飞跃,即他的思想体系步入快迅地形成、完善阶段。这一阶段的一个显著特点,就是吸取外来多元文化,尤其是畏兀儿文明来丰富、发展自己的思想理论。札奇斯钦说:"成吉思汗是一位典型的蒙古主义者,同时也是爱好西域文化的一个人。"①"成吉思汗偏重畏兀儿人的文明,显然因为这种文明最接近于游牧人;畏兀儿人中间有许多游牧传说和草原风俗习惯的残余。"②蒙古起初无文字,俗尚简古,只是自成吉思汗于1204年得塔塔统阿以后,才开始有所改变,始知章印之用。遂教皇子诸王以畏兀儿字书国言,也从此开始,蒙古方有畏兀儿字体的文字,结束了无文字的历史,这也标志着成吉思汗向文明学习的重大转折。正是由于畏兀儿体蒙古文字的创立,才使得诸如《大札撒》这类反映成吉思汗思想精华的文献典章得以书写和流传,也使成吉思汗开始了以法制治国的尝试,这不能不说是对成吉思汗思想丰富和发展的一大贡献。

---

① 札奇斯钦:《蒙古史论丛》上册,第219页,台北1970年版。

② 巴托尔德:《成吉思汗帝国的建立》,1981年版,《蒙古史研究参考资料》第15辑。

蒙古开国以后,成吉思汗设立了一重要机构——必阇赤,即大臣秘书机构。据札奇斯钦教授研究,这一机构可能最早也始于1204年收降塔塔统阿时,①入事这一机构的畏兀儿人除塔塔统阿外,较重要的还有:撒吉思"初为太祖弟斡真必阇赤,领王傅"②;昔班也曾被"命长必阇赤"③;以及哈剌亦哈赤北鲁、野里术等人。值得注意的是还有许多其他族人,如克烈人也先不花、契丹人移剌捏儿、女真人粘合重山等等。在西征前后成吉思汗还接触回回商人,开始了解中亚和伊斯兰文化。以上所有这些人扮演着可汗智囊团的角色。根据他们自己的能力,一个必阇赤可以是一个书记员、档案保管员,也可以是一个历法占卜专家、行政财政顾问或高级重臣。④ 既然这些顾问或秘书是因受过教育而得到可汗信任的,那么他们就能够而且确实在蒙古统治者与四邻各族文明之间,作为思想文化媒介人物而产生过重要影响,对成吉思汗思想体系向文明方向的发展产生一定的积极作用。

这里有重要的一点,就是在蒙古开国初期,从1206年成吉思汗在即位大典上建立分封制和怯薛军加强封建集权起,说明成吉思汗已经开始学习封建制度,而体现了他的思想像蒙古社会发展一样发生的飞跃。其中还表现在对进步的法制的尝试,如设置最具代表性的"断事官"一职。据元史载:"哈剌亦哈赤北鲁,畏兀儿人也,性聪敏,习事,国王月仙帖木儿亦

① 前引《蒙古史论丛》上册,第368页。

② 《元史》卷134《撒吉思传》。

③ 《元史》卷134《昔班传》。

④ Rachewitz Lgor de: Persennel and personalities in North China in the early Mongol period, Journal of the Economic and Social History of the Orient: Ⅸ 1-2, P88—142.

都护闻其名,自唆里迷国征为断事官。"[①] 哈剌亦哈赤北鲁既担任过畏兀儿王月仙帖木儿朝廷的断事官,而这位月仙帖木儿,正是降附成吉思汗的巴尔术阿尔忒的斤之父,乃前任高昌亦都护。由此可知,畏兀儿"断事官"久已有之,反映成吉思汗向封建之邦学习以封建制治国之道。特别是成吉思汗在与金朝和中亚各国接触后,他的思想观念的飞跃,表现在对待经济、文化、工匠等各类问题上,是一种学习定居民族的先进经济形态和文化,以改造游牧经济的落后性的态度,体现了他思想上一种比较敏锐地吸收新事物和革新的状况。如成吉思汗西征途中,让哈剌亦哈赤北鲁父子留独山城屯种,"以为备",归来时,那里"田野垦辟,民物繁庶",他即进行了封赏。[②] 不仅命令王室后裔学文字,而且他也与长春真人等探讨治国安民之道。在1225年左右最后修订完成的大札撒里,表现了成吉思汗高度重视商业,坚决革除各种恶习以及尊重各类有知识人士的思想观念。大札撒要求"蒙古人须推崇、尊重不论属于何种民族的谦虚、纯洁、正直、有学识和明智的人"[③],严禁盗窃、掠夺等恶习,违者一般要处死刑。对于商业,规定保证"各种商旅在城市与大道上通行无阻"[④]。所以,一般都公认:"维护商路的安全以进行国际贸易,是成吉思汗政策的主要目标之一。"[⑤] 到成吉思汗成为世界征服者,他的思想主要的已

---

① 《元史》卷124《哈剌亦哈赤北鲁传》。

② 《长春真人西游记》卷上,及《元史》124卷《哈剌亦哈赤北鲁传》。

③ 维尔纳德斯基:《成吉思汗札撒的内容与范围》,载《蒙古史研究参考资料》第18辑。

④ 贝勒津:《成吉思汗的札撒》,载《蒙古史研究参考资料》第18辑。

⑤ 前引《成吉思汗札撒的内容与范围》。

不像初期以复仇和掠夺财物为主要目标了，而是如他自己所说："我为你们(我的)儿子们，在主的威力和(长生)天的佑助下征服和开创了一个辽阔广大的国家"，即追求建国立业，长治久安。可见成吉思汗的思想和人生观的发展也可以说是飞跃式的，是与他生活的那个时代的客观存在吻合的。

第二章 铁木真(成吉思汗)思想品格的形成与青年立业

一、诃额仑夫人的家庭教育

成吉思汗幼名铁木真。其父也速该在世时,他的家庭属于汗系的王室家庭。一般认为,也速该是尼仑部部落联盟的部长。特别是由于他战胜过强大的塔塔儿部落,拯救过克烈亦惕这一大部落的首领脱斡邻勒(即一般所称的王罕——作者),因此声威远震。邻近各部落都不敢侵犯他领导的尼仑部。他手下的各个属部,包括强大的泰亦赤兀部的首领,虽然过去曾经争当尼仑部酋长,但在也速该在世时,也都俯首听命,不敢违抗。因此,铁木真幼年时代的前期,是生活在一个权威统治者的家庭之中。他最爱做“小皇上”的游戏，让家臣的孩子们拥他为王，小孩子们手执柳条，前后左右护卫着他。小小铁木真身骑一木当马，俨然漫步在孩儿们中间。他自幼深受家庭影响，养成一种领袖意识。

铁木真九岁时(1170年)，其父也速该·把阿秃儿按照本族习俗，领他到其母诃额仑夫人娘家的斡勒忽讷兀惕部去聘女，途中与弘吉剌惕部特薛禅相遇，在说明了外出缘由之后，特薛禅奇铁木真相貌，主动以女相许。也速该也同意让铁木真和特薛禅的女儿孛儿帖订亲。双方订亲后，他遂将骑乘作为聘礼，并把儿子铁木真留赘于亲家特薛禅家中，然后，独自回家。

特薛禅属弘吉剌惕部，该部位于当时汉族长城附近的汪古惕部和塔塔儿部之间，弘吉剌惕部的领地东面一直扩展到10世纪时辽朝的旧疆域上，这时与金朝领土接邻，这一带交通比较方便，文化也比较发达。史籍中将其列为较发达的“白鞑靼”之列，所谓“近汉地者……能种秫穄”[①]，“筑室而居”[②]，即指这些白鞑靼部。在这里，铁木真听到了许多有关中原的金朝统治区如何富饶，当地的汉族文化如何发达的故事。所以，这段短暂的未婚婿生活，在帮助铁木真了解世界、扩大眼界、增长才智方面是有很大作用的。

铁木真的父亲也速该回家路经塔塔儿部领地(今乌尔逊河西岸)时，正巧碰上塔塔儿人举行婚宴。按照蒙古人的习俗过往行人都要参加所遇婚宴，他便停留了下来。塔塔儿部原

① 《建炎以来朝野杂记》乙集，卷19，第9页《鞑靼款塞》。
② 屠寄：《蒙兀儿史记》卷153，第5页，古籍出版社。

与尼仑孛儿只斤部有仇,不过双方已经讲和多年了。他没有料到,塔塔儿部人会认出他,还会暗算他。塔塔儿部人在食物中暗暗下了毒药,也速该回到家不久便死了。此年,他的子女都还年幼:铁木真九岁,合撒儿七岁,合赤温五岁,帖木格三岁,帖木仓一岁。铁木真还有两个异母弟弟别克帖儿和别勒古台。在这种艰难的时刻,在争夺尼仑部首领的泰亦赤兀部煽动下,尼仑部人认为,“深水已涸矣,明石已碎矣”①,便遗弃了诃额仑夫人和几个孤儿而纷纷离去,不忍见此情景的察剌台老人劝阻他们时,被泰亦赤兀部人以枪刺中脊背,百姓们见状便转奉这个历史上也当过尼仑部首领的泰亦赤兀部去了。

铁木真的父亲死后,这个只剩下孤儿寡妇的家庭,不仅失去了统治地位,而且常常倍受欺凌。尤其是原想争夺尼仑部落酋长的泰亦赤兀部首领塔儿忽台·乞邻秃黑,凭着自己是原尼仑部酋长俺巴孩汗的后裔,看到也速该这样强有力的人物已经死了,所以夺走了所有尼仑部的人。于是诃额仑夫人和几个儿子开始在茫茫草原上过着孤儿寡母流浪漂泊的生活。在这种艰难的情况下,诃额仑夫人坚强地继承了已故丈夫也速该·把阿秃儿的遗志。正如《蒙古秘史》中所描述的:

抚育其幼子每也,紧系其固姑冠,
严束其衣短带,奔波于斡难上下,
拾彼杜梨、稠梨,日夜(辛劳)糊其口焉。
母夫人生得有胆量,养育其英烈之子每也。
手持桧木之剑,掘彼地榆、狗舌,

---

① 《元史》卷1《太祖本纪》。

以供其食也焉……[1]

在这种“拾着果子，撅着草根”[2] 为生的艰难处境下，最后，连心腹家臣蒙力克也因有一群妻妾子女，无法养活家人，只得向诃额仑夫人告别，去自寻生路。铁木真第一次见到刚毅顽强的母亲久久依帐而泣。父亲死后的凄凉情景，在他幼小的心灵上打下了深深的烙印，使他朦胧地意识到实力的重要。

在当时的社会里，强者为王，弱者为奴，实力主宰一切，铁木真的这种遭遇是必然的。然而，正是这种衣不暖体，食不充饥，忍辱受欺的困苦遭遇，自幼锻炼了铁木真克服艰难险阻的坚强性格，也培育了他认识复杂事物的杰出才能。

铁木真成为举世闻名的历史巨人，应该说，是与他的母亲含辛茹苦的教育分不开的。诃额仑夫人是斡勒忽讷兀惕部女子，被也速该抢亲成婚。她的确是一位极不平凡的母亲。她感性知识渊博，而且刚强果敢。自从丈夫死后，虽然受尽了人们的欺凌，但始终没有心灰气馁。她拣拾杜梨，捕鼠捞鱼，无比艰辛地养育一群幼小子女。经常用团结互助、共度难关的话开导子女，并常常讲先辈的传说和英雄故事以及祖辈遗训，激励儿子们立志复兴祖业，铁木真就在接受这种母教中成长。

据史载，有一次，铁木真、合撒儿与其异母弟别克帖儿、别勒古台等四人一块儿钓鱼，别克帖儿、别勒古台二人夺走了铁木真、合撒儿钓到的可爱的金色鱼，而相互敌视。接着，甚至为了一条鱼，一只雀，铁木真、合撒儿两人对同父异母的这两个弟

① 参见道润梯步《新译简注蒙古秘史》，第37页。

② 《蒙古秘史》第74节。

弟记下了仇恨。一天,他们竟一箭射向别克帖儿,使别克帖儿正中心脏而死。在那个社会互相残杀是司空见惯的事,这给铁木真身上烙下残酷、狭隘的思想与个性。但这种兄弟残杀却使诃额仑夫人十分痛苦与震怒,她怒斥铁木真:"此诚如咬其胞衣之合撒儿狗,犹如驰冲山峰之猛豹焉,如难抑其怒之狮子焉,如欲生吞莽魔焉……",训诫诸子:"'正自影外无友,尾外无缨时,泰亦赤兀惕兄弟之苦难尽时,不知谁能报此仇时,汝等奈何相残如此也耶?'寻旧言,引古语,深怪之矣。"①痛斥说,这样兄弟残杀还谈什么报仇雪恨、振兴祖业?母亲的痛斥以及她茶不饮、食不进的痛苦心情终于使铁木真深深地认识到了错误。这一段"影外无友,尾外无缨"的教育对成吉思汗幼小心灵产生了刻骨铭心的作用,看来,他基本上终身牢记了这一错误,而且后来继承了他的母亲诃额仑用先祖阿阑·豁阿"五箭训子"的典故教育儿子们的传统,使代代子孙懂得一箭易折、五箭难断这一普通而十分深刻的道理。拿折箭喻团结,是游牧民族的优秀思想文化传统。志费尼说成吉思汗也用折箭故事告诫诸子:"只要你们兄弟互相帮助,彼此坚决支援,你们的敌人再强大,也战不胜你们。"②拉施特也谈到,成吉思汗临终时曾对四个儿子说:"你们要想过富足满意的生活,享受掌大权的快乐,必须齐心协力抵御敌人、尊崇朋友!"③

《蒙古秘史》还记载,诃额仑夫人在成吉思汗称汗后,虽然没有垂帘听政的权力与地位,但她仍孜孜不倦地给儿子以教

---

① 道润梯步:《新译简注蒙古秘史》,第39—40页。

② 志费尼:《世界征服者史》上册,汉译本第44—45页,内蒙古人民出版社1980年版。

③ 《史集》第1卷第2分册,汉译本第319页。

育与帮助。例如,被成吉思汗当父亲看待的蒙力克老人,有七个儿子,他们都得到了特殊地位,各自为王。后来他们想方设法削弱成吉思汗的力量,扩大自己的实力。为此,挑拨离间成吉思汗与其弟合撒儿之间的关系,蒙力克第四子、萨满教领袖阔阔出对成吉思汗说什么"长生天的命令,天竺神仙谕旨:铁木真掌政一次,合撒儿掌政一次。若不早图合撒儿,则事不可知也"。成吉思汗相信了挑拨,把立过多次功勋的弟弟合撒儿抓住。正在审问时,诃额仑夫人得讯连夜赶去,天快亮时,才到了成吉思汗的寝宫,教育成吉思汗说:"……合撒儿有射箭的劲力,他能把对抗来的势力射退,他能把仇敌在远处阻回,怎么,你认为敌人已被消灭,再见不得合撒儿了吗? ……"①成吉思汗冷静下来,释放了合撒儿,请母亲息怒回去。他曾说:"母亲大人发怒时,我真的惧怕,也实感羞愧。"② 虽然他后来仍怕合撒儿过于强大而削弱了开国功臣合撒儿的力量,但终究没有发生杀灭功臣和再酿同胞相残之类的事。现在成吉思汗被认为是没有杀过一个开国功臣的英君。③ 这一美誉的获得的确不能不归功于诃额仑夫人教育的成功。

诃额仑夫人对儿子的教育和帮助是全面的,并始终坚持不断。有一次,泰亦赤兀惕人佯装与铁木真和解,邀他赴宴,拟在赴宴时杀害他。诃额仑听到铁木真要去赴宴的消息后,就教育他对敌人应有警惕性,"不要认为毒害你的人手少,毒蛇的身子细,对

① 满昌新译注释:《蒙古秘史》(蒙文版),转引自额尔敦别力格《诃额仑夫人及其历史作用》,载《成吉思汗研究文集》,1991 年版。

② 满昌新译注释:《蒙古秘史》(蒙文版),转引自额尔敦别力格:《诃额仑夫人及其历史作用》,载《成吉思汗研究文集》,1991 年版。

③ 李则芬:《成吉思汗新传》,第 559 页,台北 1984 年版。

不可信赖的事要警惕”,一针见血地指出了敌人的本性,才使铁木真没有被暗害。诃额仑夫人为了使成吉思汗不致“影外无友,尾外无缨”,还处心积虑专门把一批孤儿培养成为成吉思汗身边忠心耿耿的骨干,为此含辛茹苦亲自把他们从小养到大,如:她从蔑儿乞惕营地上得到名叫古出的孩子,从泰赤亦兀惕营地上得来阔阔出,从塔塔儿营地上得来失吉忽秃忽,从主儿勤营地得来孛罗儿勒等婴儿,都把他们留在身边精心教养。诃额仑夫人培养的目标是:“把他们培养成为我白日视之目,昏夜听之耳。”① 以后这些人与铁木真形影不离,东战西征,在铁木真统一整个蒙古的事业中,屡立汗马功劳,成为蒙古国的栋梁。应该说,诃额仑夫人对培养出成吉思汗、察合台、窝阔台、拖雷这样一批有远见卓识的儿孙以及这些精明能干的养子和英才,对成吉思汗的功业和成功,的确有不可磨灭的功劳。难怪《蒙古秘史》多次提到,成吉思汗把汗国看成是他和母后共同创建的。当时的一代枭雄札木合败于成吉思汗后,也承认:“安答啊!你命中有聪明的母亲,生来仗义胸怀,又有智谋弟弟们,豪杰朋友也多,又有七十三匹骏马,故才败于你手。”②

二、铁木真思想品格的形成与逆境中立业

自从铁木真在诃额仑夫人的震怒与痛心训斥下,认识了

① 参见道润梯步《新译简注蒙古秘史》,第39、106页。

② 满昌新译注释:《蒙古秘史》(蒙文版),转引自额尔敦别力格《诃额仑夫人及其历史作用》。

终身难以挽回的杀弟之错以后,他的思想品格有一个大转折并进入飞速成长时期。在其母团结御敌、振兴祖业为中心的思想陶冶下,他犹如浪子回头一般,逐渐形成了各种优秀的思想品质。此后,史书中出现的铁木真,处处表现出其品格之超群。为了团结御敌和振兴祖业,他青年时代就养成了重情义、惜人才、爱部下、交友至挚的品质;他感谢母亲的教育而能纳谏,能知错,能宽容,事母至孝;铁木真丧父后在多次磨难和被追杀中大难不死,因此他感激上天保佑而敬天至诚,并磨练出智勇双全、能屈能伸、百折不挠的性格特征。关于他的品格,蒙、汉文史书以及外国史书多有记载。

当觊觎蒙古汗位的部分贵族,开始相继对铁木真进行迫害时,[①] 铁木真已成长为刚毅、顽强、品格出众的少年,方圆千里,影响很大。

最早背叛他家统治的泰亦赤兀部首领塔儿忽台·乞邻秃黑,率众围困了逃入山中的铁木真一家达九天之久,逼迫家人交出铁木真。铁木真为了家人能逃生,自动出外就擒,遂被泰亦赤兀人套上枷锁,在各营游行示众。一天遇斡难河宴会时,铁木真用木枷击倒看守,逃到河边,利用木枷的浮力躲在水中,幸被寄居该部的锁儿罕失剌发现,由其子女协助冒死救出铁木真。所以后来锁儿罕失剌老人之子赤老温成为成吉思汗帝国的开国元勋之一,老人之女合安答被立为妃。这是后话。

为避免再次受到袭击,铁木真一家逃往不儿罕山前的古连勒古山(今蒙古国肯特山东南干山之必儿喀岭一带),以猎

① 《蒙古秘史》第79节。他们唯恐铁木真兄弟们“似飞禽的雏儿般毛羽长了,走兽的羔儿般大了”。

取土拔鼠等小动物维持生计,历尽人生艰辛。不过,经过苦难磨练的铁木真,在其母教育下,开始艰苦创业。大约十四五岁时,铁木真一家已有了马匹等财产。一天,铁木真好不容易驯养出的八匹骟马,突然被盗。[①] 铁木真的亲弟弟合撒儿、异母弟别勒古台二人都要去追盗匪,但家中只剩一匹老马,铁木真不让弟弟们冒险,坚持他自己单枪匹马去追。铁木真在跟踪追击盗马贼途中遇到一少年博尔术,博尔术仗义挺身相助,愿与铁木真共战盗贼。在交战中,铁木真被箭刮伤颈部,险些丧生。幸亏博尔术救助,并获得巧胜,夺回全部马匹。铁木真要分给他夺回的马,认为没有他"此马已不得矣"。而博尔术后来瞒着父亲投奔铁木真,成为成吉思汗得力的"四杰"之一。[②] 铁木真作为汗室后裔,又因人格出众,使人们开始闻名前来投奔,兀良合部札儿兀歹老人也把他如龙如虎的儿子者勒篾送给成吉思汗作伴当,即后来屡立奇功的著名"四狗"(同汉族龙虎之喻——引者)之一。这种状况显然增强了铁木真光复祖业的信心。于是,他迅速开展了联络亲友,准备发动一切能利用的力量,壮大队伍。首先,他动身前往未婚妻孛儿帖所在的弘吉剌惕部,提出与孛儿帖完婚的要求,并与岳父特薛禅商议成家立业的步骤。后来特薛禅是铁木真最早起兵时的支持者。据推算,铁木真结婚时大约十六七岁。但是他却没有想到,不久,仇部三姓蔑儿乞人又对铁木真发动了突然袭击,以报其父也速该抢夺诃额仑之仇,诃额仑确是也速该从蔑儿乞

① 《蒙古秘史》未言窃走骟马的为何部人。《元文类》卷二十三《太师广平贞献王碑》及《元史·博尔术传》均说是要儿斤部人所盗。

② 以上参见《蒙古秘史》第92—95节。

人处抢亲成婚的。蔑儿乞人多马众，铁木真毫无准备，只得率众仓惶逃入不儿罕山丛林。蔑儿乞人把山口重重围住，但却被泥潭灌莽所阻，无法进入山内而退，所以成吉思汗后来规定要永远祀典此山。只是在这次仓促逃亡中，铁木真先安排刚投奔他不久的伴当博尔术、者勒蔑、母亲、弟妹每人骑上一匹马急逃，免遭敌人杀害，结果新婚不久的妻子孛儿帖却无马可骑，只得让他坐牛车出逃，而被蔑儿乞人俘去。他这种先友人后爱妻的品格，自然感动部下为之效忠。但后来成吉思汗始终为此事而对其发妻感到内疚，所以，尽管孛儿帖被俘后曾配与赤列都之弟赤勒格儿力士为妻，而且名为成吉思汗的长子术赤显然也是其妻与蔑儿乞人所生，但成吉思汗终生敬重孛儿帖，也待术赤如同己出，由此也可见他的品格已从过去狭隘、冷酷无情改变为关心他人、重情义，并宽容大度了。这也是后话。

新婚妻子的被俘，迫使铁木真去求助于受过其父也速该恩惠的克烈部，于是加速了他与客烈部首领脱斡邻勒结盟的过程。他不得不求告脱斡邻勒请求将其妻子救回，而且铁木真怕脱斡邻勒不肯借兵，便小心翼翼地建议军队可由当时在脱斡邻勒王罕属下的札木合主之。为了救妻子并改变经常被动挨打的局面，铁木真决心壮大实力，施展各种手段利用可团结的力量。他去见脱斡邻勒时，将其岳母搠坛给女儿孛儿帖带来见婆婆的珍贵黑貂鼠皮袄，作为礼物，专程去献给他父亲也速该生前的“安答”(类似汉族结拜兄弟——引者)——脱斡邻勒，并克制自己骄傲自尊的性格而向这位当时蒙古高原的霸主俯首称子。脱斡邻勒非常喜欢那件黑貂鼠皮袄，满口答应要帮铁木真夺回其妻，并收回其父也速该时的属部属民。

可见这次“俯首”外交是成功的,为以后铁木真借这位罕父之力壮大自己埋下了重大的伏笔。铁木真已经准备展翅了!

铁木真与克烈部脱斡邻勒结盟有重要的历史基础。首先是蒙古部与克烈部都有当时共同的敌人。脱斡邻勒的祖父马儿忽思也曾被塔塔儿首领纳兀儿执送金朝,死于“木驴”之刑;马儿忽思之妻忽秃黑台亦曾计杀塔塔儿部长及其诸首领,[①]未能成功。其后塔塔儿部阿泽罕又反过来攻劫克烈部,脱斡邻勒十三岁时与其母均曾被克烈部掠去做过奴隶。克烈部与北面的蔑儿乞部也经常互相攻掠,脱斡邻勒“七岁时,曾被蔑儿乞人掳去舂碓,其父忽儿札忽思击败蔑儿乞人,才将他解救出来”[②]。蒙古部与塔塔儿部也夙有仇隙,自合不剌罕时起,长期争战不休。合不勒罕诸子曾协助弘台剌部“对塔塔儿部开战”[③],曾击杀其首领。其后,俺巴孩罕及合不勒罕子斡勤、巴儿合黑先后被塔塔儿人执送金朝处死。后来铁木真父也速该又被塔塔儿人毒死。蒙古部与蔑儿乞部也因铁木真父也速该抢掠蔑儿乞人新娘诃额仑为妻而结怨。所以篾儿乞部也是克烈部和蒙古部共同的敌人。克烈部虽是当时蒙古高原人口众多、势力最强盛的大部,但脱斡邻勒的统治地位并不稳固,因为他为了继承其父的罕位,曾“杀诸昆弟”[④],故屡遭其叔古儿罕、其弟额儿客合剌等的反对和攻击,一度被古儿罕驱逐。在这种形势下,他与铁木真联盟,亦是他维系自身生存利益的

① 《史集》第1卷第1分册,汉译本第211—212页。
② 《元朝秘史》第152节。
③ 《史集》第1卷第2分册,汉译本50—52页。
④ 《圣武亲征录》,王国维笺证,清华学校研究院刊,第48页。

手段。铁木真与脱斡邻勒共同的利害关系,就是两者结盟的基础。双方关系一度互依互帮,相当融洽,正如铁木真自己所言,他们的联盟,"如车的两辕,一辕折了呵,牛拽不得;如车的两轮,一轮坏了呵,车行不得"①。所以脱斡邻勒"起二万军马"给予帮助。结果铁木真终于和脱斡邻勒、札木合一起,以数万联军大败三姓蔑儿乞人,并从难民中找回了孛儿帖夫人和被掠去的家人、属民。铁木真还掠回了大量战利品,包括奴隶和牲畜,壮大了力量,树立了政治威望,从而使远近诸部的勇士也纷纷投靠于他。铁木真的胜利是与脱斡邻勒结盟分不开的,正如他本人所承认的,"因你两个(指王罕、札木合——引者)与我做伴,天地与我添气力,男子的冤仇得报。"②

此次战后,脱斡邻勒率克烈部回土剌河之黑林。而铁木真则宁愿寄人篱下般地跟随札木合去游牧。铁木真主动以掳获的金带和马匹赠与札木合,后者也回赠了同类礼品,两人并重新结为安答。③

一年以后的一天,他们俩一起与部众徙牧他处,这时两人间的关系出现裂痕。札木合婉转地对铁木真说:"咱们如今挨着山下,放马的得帐房住,挨着涧下,放羊的、放羔的喉咙里得吃的。"④ 此话我们理解是札木合婉转劝铁木真要安于现在有吃有住的情况,永远依附于他。可能是发现了铁木真寄居札木合处,是因为札木合那里有也速该旧部上万的人马。⑤从

① 《元朝秘史》第177节。

② 《元朝秘史》第113节。

③ 据说,铁木真11岁时,与札木合结过一次安答。

④ 《蒙古秘史》第118节。

⑤ 《蒙古秘史》第106节。札木合说:"帖木真安答的百姓在这里有,这百姓行起一万军。"

前后情况分析,我们认为,铁木真之所以委曲求全地依附于札木合,实际上的确是为了给其父的旧部以影响,争取他们都能跟他返回。既然内心打算已被札木合察觉,他便担心札木合会“喜新厌旧”,“欲图”自己了。[①] 因此,铁木真连夜兼行,离开了札木合。跟铁木真离去的有与他同族的乞颜氏贵族撒察、泰出、阿勒坛、忽察儿等人的部众以及速不台、合赤温、斡歌来、者台等其他著名英雄,其中速不台等是后来举世闻名的武将。[②] 从这种情况看,也证明铁木真寄牧札木合处一年半的目的,正是为了争取旧部,壮大自己。铁木真这时的思想与才干,从脱斡邻勒的看法中,便可以略知梗概,当时脱斡邻勒心目中的铁木真是“足智多谋、英武高尚”,所以脱斡邻勒“赏识他的胆识、勇力,尽量来奖赏和推崇他”[③]。

综上所述,成吉思汗的青少年时代,从一个拥有上万之众的黄金氏族世家,败落得只剩孤儿寡母,食不果腹,衣不暖身,马匹、家人被掠,新婚妻子被俘,并处于受人凌辱的境地。他自己时而被抓,时而被围捕,经常处于生死难卜的险境,在这种逆境中熬过了近十年。的确,十年煎熬,十年奋斗,他历尽了人生磨难。然而正是他所经历这十年磨难,使铁木真从一个个性自尊、狭隘,以致同室操戈、兄弟相残的野蛮少年,变成了一个胸怀大志、有雄才大略的青年。为冲破逆境,壮大实力,他能够俯首作人子,委屈寄人篱下,善谋略,能屈能伸,具备了人君之度。此时他的目标已不仅仅是复仇,而是要恢复

---

① 《蒙古秘史》第118节。

② 详见马曼丽《蒙古名将速不台》,《文史知识》1984年第4期。

③ 志费尼:《世界征服者史》上册,汉译本第38页,内蒙古人民出版社1980年版。

祖业，与群雄较量争雄了。

三、战胜一代枭雄札木合

铁木真离开札木合时，一部分与铁木真同族的乞颜部贵族以及一些明智的武将看到铁木真有人君之度，于是随他脱离了札木合。

铁木真少年时代的“安答”札木合，出身于札只剌部贵族家庭，其家庭是该部世袭的统治者。《元朝秘史》说札只剌部的祖先是孛端察儿所掠得的兀良合氏孕妇所生的札只剌歹，由于这个札只剌歹是“札惕”（外人）的遗腹子，故其后代被称为札答阑。[①]《辽史》中的茶赤剌部无疑就是札只剌部异译。此部在辽末就已相当强大，当时的磨古斯叛乱中就有该部参加，辽廷曾多次派兵征讨该部。[②] 耶律大石西迁时曾会漠北十八部王众，其中就有茶赤剌部。由此看来，札只剌部是蒙古诸部中一个古老而强大的分支。出生于这样一个部落的统治家庭中的札木合，无疑也有着高贵的血统和显赫的地位。

约在12世纪60年代，俺巴孩汗之子、泰亦赤兀部合丹太子被克烈部古儿汗毒死，[③]忽图剌汗也在此后不久死去。忽图剌汗死后，蒙古部内部出现了两个称汗的人，一个是俺巴孩汗的儿子、合丹太子之兄阿丹；另一个是忽图剌汗之子拙赤汗。这两个人大

---

① 参见《元朝秘史》第38节、第40节。

② 参见《辽史》卷25《道宗纪》大安十年四月，卷26《道宗纪》寿昌六年五月及卷95《耶律陈家奴传》。

③ 参见《史集》第1卷第2分册，汉译本，第56—57页。

约同时称汗,但谁也未能成为整个蒙古部落联盟的大汗。这说明12世纪70年代蒙古部原来统一的部落联盟大概已经瓦解了。正是在这一时期,札木合开始强大。约在12世纪70年代末,札木合同脱斡邻勒一起帮助铁木真攻打蔑儿乞部时,他已有了两万人的军队。旧日忽图剌汗及也速该的部民大都在他的麾下,百姓以万人计。可见在忽图剌汗死后,由于札木合的强大,蒙古部落联盟时期的大小贵族大都带着他们的属民陆续投靠了他。札木合当时的势力与脱斡邻勒相当,蒙古部落联盟时期的选汗圣地斡难河上游豁儿豁纳黑主不儿地方,也成为札木合的营盘。如果说忽图剌汗死后蒙古部未能立即选出一个共同的汗,主要是因为其内部的争权夺利,那么以后仍不能从乞颜或泰亦赤兀氏贵族中产生一个共同的首领,笔者以为就是因为札木合的强大,但他毕竟不是神光所孕的后代,而是兀良哈人遗腹子,也不易被贵族们认可为大汗,但札只剌部的札木合实际上是12世纪后期多数蒙古人的统治者,是蒙古高原东部的一代枭雄。前述不甘长期作札木合部下的铁木真,拉出一部分蒙古贵族,脱离了札木合,此事约发生在12世纪80年代初。铁木真的分离使札木合的势力受到削弱,但是,和札木合相比,这时的铁木真还很弱小。那么,他又是如何以弱胜强,击败这个强大对手的呢?

首先,铁木真日益懂得舆论与争取民心的重要,所以,他鼓励上天让他当国主的天命论宣传,使他顺利地登上合罕之位。如:跟着铁木真脱离札木合的豁儿赤宣传说,他本不拟离开札木合,但神告诉他,铁木真当兴,札木合当败,天地商量着,国土主人教铁木真做。[①] 这对铁木真登上汗位起了巨大

① 《蒙古秘史》第121节。

作用,一批批蒙古贵族率部归向铁木真。铁木真为感谢豁儿赤的天命论宣传,答应如果自己真的得做国主,定封他作万户,以后,他的确恪守诺言,给予了豁儿赤万户称号及他所要求的美女等。12 世纪 80 年代中后期[①],从札木合那里分出的蒙古乞颜系皇室贵族阿勒坛、忽察儿、撒察别乞等人商议,推铁木真为合罕,即蒙古尼伦部的大汗,此时铁木真约二十几岁。此后,铁木真以蒙古合罕身份开始了新的政治生涯。他先是从政治上树立自己的威望,分别把选为合罕之事遣使告知脱斡邻勒和札木合。脱斡邻勒对此表示支持:"你达达们若无皇帝啊,如何过。"[②] 而札木合却不以为然,"甚不慊成吉思之称汗,已流露于辞气之间"[③]。

不久,札木合便以铁木真属部杀了其部人[④] 为导火线,以十三部三万之众,分十三翼进攻铁木真,企图以突袭方式,一举消灭铁木真。幸有札木合营中人连夜密报铁木真,铁木真也兵分十三支作了应战准备,战事发生在答兰版朱思地方。[⑤] 因敌强己弱,铁木真以攻为守,严摆阵形,后又为保存力量,退入斡难河上游的哲列涅山谷。札木合知铁木真已有

---

① 参见《蒙古秘史》第 123 节、第 179 节。关于铁木真第一次被推为乞颜部联盟之汗的时间,说法众多,有 1187 年说,1189 年说和 1183 年之说等。参见宝音德力根《关于王汗与札木合》,载《蒙古史研究》第 3 辑,内蒙古大学出版社 1989 年版。

② 《蒙古秘史》第 126 节。

③ 《蒙兀儿史记》卷 20,第 6 页。

④ 有说所杀人为札木合之弟的,此据《元史》卷 1《太祖本纪》。

⑤ 札木合组成联军的十三部似应为泰亦赤兀部、亦乞剌思部、兀鲁兀部、忙兀特部、弘吉剌部、那牙勤部、巴鲁剌思部、巴邻部、合塔斤部、撒勒只斤部、朵儿边部、塔塔儿部和札只剌部。

准备,显然突袭消息泄漏,只得改突袭为强攻,虽有所胜,但见铁木真急退,又怕铁木真在山中有埋伏,便率军退还。他为清除泄密内奸,气急之下,竟到其联军各部逮捕嫌疑人,并将这些人和俘得的归附铁木真的赤那思族人,以大锅当众煮杀之。[①] 联军将士胆战心惊,遂有四个大部落的人纷纷乘夜投奔铁木真。此四部中著名的人士,如兀鲁兀惕人主儿扯歹,晃豁坛的蒙力克,忙兀惕的忽合勒答儿,泰亦赤兀的脱朵延等。铁木真则采取了与札木合截然相反的政策,他不仅不怀疑来投者,而且充分量才而重用。对前一批跟他连夜兼程脱离了札木合的人,他早已授予了各种初创的官职,对这次投奔的人,又欢宴他们归附之举,史称"帝与诸族""宴于斡难河上"[②]。这种争取民心的措施和正确的用人政策,与札木合的猜疑与屠杀无辜恰成对照,分化瓦解了对手札木合原本强大的部众。史载"泰亦赤兀部众亦苦其主非法,见铁木真衣人以己衣,乘人以己马,能束其众以抚其下。私相语曰:泰亦赤乌与我虽兄弟,常攘我车马,夺我饮食,无人君之度。有人君之度者,惟铁木真太子乎?"[③] 十三翼之战,铁木真本来寡不敌众,但却虽败实胜;而札木合原来强兵突袭,虽胜却未实胜,因

① 《蒙古秘史》第129节称,札木合以七十大锅煮杀赤那思族人。我们认为煮杀之事既有记载,可能属实,而七十大锅未免夸大。战争中如此大的煮人锅,准备七十个似可能性小。而《史集》曾谓以七十锅烹俘虏的是铁木真。王国维曾驳斥,赤那思人方从太祖不久,太祖决无自烹其属部之理。我们以为,从札木合联军中当时纷纷投奔铁木真的情况来看,烹人之事决非成吉思汗所为,而是札木合残暴报复投奔铁木真的部众,才能引起其众更加恐慌而逃奔铁木真。

② 均见《元史》卷1《太祖本纪》。

③ 同上。

为不仅失去投奔铁木真的四部人众，而且大失民心，人气衰落；铁木真则因得民心而日益由弱变强。

另外，铁木真知己知彼，知道自己的力量当时还不足以战胜札木合，他在军事上采取了先借各种机会各个消灭弱小敌人，以逐步壮大力量，然后，集中优势兵力对付强大顽敌的战略战术。如，公元1196年(金承安元年)，他利用塔塔儿部长蔑古真薛兀勒图与金王朝的矛盾，约克烈部脱斡邻勒联金攻世仇塔塔儿部。正月，金军由丞相完颜襄率领下，向蒙古地区进发，二月到达捕鱼儿海子(今贝尔湖)，得到弘吉剌部支援，败塔塔儿部于克鲁伦河。塔塔儿部溃退北逃，渡克鲁伦河后，欲往斡里札河整休后再抗金兵，不意铁木真与克烈部联军适由奎屯河东来。铁木真收到金朝迎战塔塔儿部的通令，立即通知蒙古各部派人到脱斡邻勒处商议联合行动。之后，他们东进斡里札河，兵破正在筑寨防守的塔塔儿人，擒杀其部长蔑古真薛兀勒图，并缴获大量辎重牲畜。通过这次行动铁木真不仅壮大了自己，赢得了为父、祖报仇的声望，而且粉碎了札木合想离间他与脱斡邻勒王罕之间关系的打算。又因他们是联金作战，所以札木合怕金朝加罪不敢声援塔塔儿部，而陷于进退维谷的被动境地。这里也表现出铁木真所用的确实是绝妙的战略战术。而且他除以上收获之外，还因这次胜利得到金朝封授“札兀惕忽里”称号①，实际上承认了他指挥各蒙古

① 对此称号解释各异，那珂通世、王国维、屠寄等认为是“百户长”，符拉季米尔佐夫、余元盦等人认为是类似“总司令”的官名，我们基本同意后者意见，因铁木真当时已是蒙古大部分部落的合罕，封百户长似不可思议，多半可能承认他为蒙古部统帅。

部的统帅地位。而克烈部脱斡邻勒则因人多部强而被封为王,史称王罕,便源出于此。

铁木真凭借被金朝封赏后较稳固的政治地位,顺藤摸瓜,消灭可能与之争夺汗位的对手,加强他的集权,只不过他的手腕远比札木合高明。比如铁木真攻打塔塔儿部时,联盟内的主儿勤部因札木合的离间,没有出兵攻打塔塔儿,而且乘机劫掠了铁木真在哈澧漓秃湖的留守老弱营。所以铁木真战胜塔塔儿部之后,让脱斡邻勒王罕追歼塔塔儿部,自己立即返回,正遇主儿勤部烧杀其老小营,便一举讨伐主儿勤部,部长撒察别乞和泰出兄弟俩畏罪逃走,其部众纷纷归依了铁木真,其中有归附者古温兀阿送来的儿子木华黎和孛罗忽勒,他俩后来是南征北战的著名"四杰"中的两位。第二年铁木真捕获了撒察别乞和泰出这两个逃亡者,当众历数其罪责后才处死,可见成吉思汗消灭对手时很重视在舆论上争取主动。

主儿勤部消亡后,不服铁木真的蒙古汗系贵族,仅泰亦赤兀部了。这个部实力雄厚,前曾提及他们在铁木真少年时,便想对之斩草除根而没能如愿。这时见铁木真日益强大,泰亦赤兀部长塔儿忽台决意与铁木真一比高低,铁木真世仇蔑儿乞部长之子忽都乘机率军支持。铁木真为顺利战胜这些对手,于是又约王罕会师萨里川,进攻泰亦赤兀部。铁木真先取攻势,在泰亦赤兀凭优势兵力反攻时,则故意且战且退,引诱对方进入埋伏的"口袋"阵,其部长塔儿忽台被"四杰"之一的赤老温所杀,部众被"四杰"的伏兵及王罕军夹攻击溃,大多被歼,残部或逃奔乃蛮,或窜投札木合处。铁木真用各种策略乘胜各个击破敌对各部,到1200年(金承五年)战胜泰亦赤兀部后,其实力已经可以与札木合抗衡了。

公元1201年(金泰和元年,宋嘉泰元年),站在札木合一边的各部,日益强烈地意识到有被铁木真各个击破的危险,唇亡齿寒的感觉使合答斤、朵儿边、弘吉剌[①]等十余部在犍河(今内蒙额尔古纳河支流根河)共立,推札木合为古儿罕,与铁木真决战。成为古儿罕后的札木合,过高估计了自己的力量,所以,他不仅把矛头指向铁木真,而且同时指向王罕。他与各部组成联军密谋由东面及北面同时夹击铁木真与王罕。幸又有召烈台抄兀儿将此军情密告铁木真。[②] 由于札木合过高估计自己力量,打击目标包括王罕,这为铁木真再次与王罕组成联军提供了条件。铁木真立即邀王罕有准备地迎击札木合。双方联军先后在海剌儿河流域和阔亦田平川(约在今哈拉哈河上源处)激战,久久不分胜负,最终王罕军终因兵多势强击溃了札木合主力,札木合率少数人逃窜,而铁木真则主要追击泰亦赤兀部,后因铁木真被箭伤颈部,泰亦赤兀部借这突发事件乘机逃窜。这里有必要提一笔:铁木真受伤时,他的伴当者勒蔑用口吸其伤口之血,并冒生命危险从敌营中偷来马奶给铁木真喝,才使铁木真没有丧命。后来箭射铁木真的别速惕人只儿豁阿歹见泰亦赤兀部取胜无望,来降铁木真,并对射伤铁木真之事自认不讳。铁木真不仅没有像一般人想像的那样,怒杀射箭仇人,反而认定该人不仅箭法高明,而且诚实可用,便宽容免死,赐名哲别(箭簇之意)[③]。哲别又是一位后来

---

① 据《元史·太祖纪》记载,"弘吉剌部欲来附,合撒儿不知其意,往掠之,于是弘吉剌归札木合部",后来札木合兵败时,弘吉剌首降铁木真。

② 参见《元史》卷123《召烈台抄兀儿列传》。

③ 参见《蒙古秘史》第147节。

为蒙古开国和西征屡立奇功的人物。我们在这里专提这一笔,不仅想说明这位世界名将哲别的产生是成吉思汗用人思想和宽容品格的产物,而且想指出这种宽容与他少年时代为一鱼一雀不惜杀害异母兄弟的思想境界有了多么巨大的差别。

从1189年铁木真在十三翼之战中败于札木合,到1201年他与王罕联手击溃札木合主力,铁木真达到了各个击破敌手的基本目的,可以说其实力已经仅次于王罕了。因为札木合在这次战败之后,已经无法以古儿罕身份自立于蒙古高原,以后,虽然从史料记载看,他始终还拥有一些蒙古部众,但已落得只能靠投附别人来与铁木真对抗了。此次战败后,他曾时而投靠克烈部王罕,时而又投靠乃蛮部。[①] 札木合的失败一方面是铁木真与王罕联军的结果,另一方面,也不能不归结为铁木真青年时代的思想品质超群和战略战术上的胜利。这一时期,他知己之弱,为了团结御敌,力求改变他强己弱的状况,他重民心、善用人、讲情义、依靠一切可利用的力量。所以,可以认为这一战胜群敌的时期,既是铁木真战略战术得到实践的时期,也是他凭优良人格素质逐步施展影响的时期。

① 《元朝秘史》第174节提到,此次战役后,王罕之子桑昆曾说"蒙古多半百姓同札木合、阿勒坛在咱这里"。成吉思汗攻乃蛮时,乃蛮王子屈出律说,蒙古人多半和札木合在他哪里。

第三章　战胜群雄，统一北中国

一、消灭蒙古高原霸主王罕

前已论述，铁木真巧妙地凭借与克烈部王罕的联盟关系，取得了一系列战争的胜利。在联盟作战中，铁木真击溃强敌札木合而壮大了自己之后，开始统一蒙古高原各部的大业。此时，在蒙古高原东方主要强部只剩下弘吉剌部，西方还剩乃蛮部与克烈部，铁木真还想联合克烈部王罕消灭乃蛮部。但是这时他与克烈部的联盟关系却发生了变化，产生了裂痕。

这就需要回溯一下克烈部的情况。克烈部是一个古老的部族，它的历史可以上溯到公元9—10世纪时代的九姓鞑靼。① 在

① 参见[日]前田直典《10世纪时代的九族达靼》，载《元朝史研究》，东京，1973年。

回鹘汗国时期，包括九姓鞑靼在内的室韦—鞑靼人与回鹘政权发生过多次战争。840年回鹘汗国被黠戛斯击败，由此引起了大批回鹘人的西迁。但占领回鹘故地的黠戛斯人并未在回鹘故地久留，这一地区很快由九姓鞑靼等室韦—鞑靼人占据，以后他们大致就活动在这块后来称为蒙古高原的地区。辽王朝建立前后，契丹人的势力向蒙古高原扩张，先后征服了蒙古高原各部，九姓鞑靼也被纳入了辽王朝的统治下。《辽史》中九姓鞑靼分别以达旦国、达旦国九部、阻卜九部及北阻卜等名称出现，其居地大体在土拉河、鄂尔浑河一带，与12世纪克烈部的居地相当。即九姓鞑靼是较早迁入蒙古高原的室韦—鞑靼人，所以他们的后裔克烈部人也应是蒙古人，《史集》说到克烈部自认为"他们是蒙古人的一种"。但是由于他们长期同突厥语各部的交往和混合，被较深地突厥化了。《辽史》中作磨鲁斯[①] 的人就是《史集》中所见的克烈部部长王罕的祖父马儿忽思汗[②]。他本来是由辽廷扶持起来的草原贵族，1089年（辽大安五年）被辽廷任命为"阻卜诸部长"[③]。金初，克烈部的统治者是王罕的父亲忽儿札忽思汗，他又称撒里黑汗[④]。约在12世纪60年代，忽儿札忽思汗死，克烈部内发生过一场争夺汗位的斗争，最后，在铁木真之父也速该帮助下忽儿札忽思汗的长子脱斡邻勒（即一般所称王罕）统治了克

---

① 《辽史》卷18《耶律胡吕传》。

② 冯承钧：《辽金北边部族考》，载《辽金时代蒙古考》，内蒙古文史研究馆编，1984年。

③ 《辽史》卷25《道宗纪》大安五年五月，卷96《耶律挞不也传》。

④ 撒里黑汗之称见《史集·部族志》塔塔儿条，这里所讲的有关撒里黑汗的故事正是忽儿札忽思汗的事。

烈部。

前已提到铁木真正是凭借其父帮助过脱斡邻勒王罕的关系,与王罕结了盟,结盟前半期,联盟在两者最困难的时刻及共同对敌的战争中,达到了互相支援的目的。但与此同时,联盟中又孕育着分裂的因素。最根本的原因是这种联盟的基础并不巩固,不可能长期结盟,结盟之初,两者的处境和地位是截然不同的。是时,克烈部处于兴盛时期,人口众多,兵马强盛;而铁木真的蒙古部却正处于困难时期,部众离散,身边只有博尔术、者勒蔑两个随从。这种地位决定两者的联盟必然是一方处于支配者的地位,另一方则充当被保护者的角色。当铁木真遭到蔑儿乞人攻击,请求王罕援助时,是屈居于儿子的从属地位,王罕完全以父王自居,据载,有时他甚至把铁木真视为奴仆,声称:"彼应知彼为我之奴仆"①。后来当两者的地位发生变化,弱者变强,强者趋弱时,关系便面临破裂。

笔者以为,突然发生的王罕西逃事件,应是改变铁木真从属于王罕的地位的转折点。这一西逃事件,是前述克烈部争夺汗位斗争的继续。王罕西逃大约发生在12世纪80年代的中后期②,原因是上一次争夺汗位时,被他赶走的一个弟弟额尔客合剌在乃蛮部亦难察必勒格汗帮助下,东山再起打败王罕,王罕遂经西夏、回鹘西逃到西辽。至多一年后,他又东归

---

① 《马可波罗行记》上册,第222页,中华书局1957年版。

② 这一事件发生的年代较难断定。《史集·成吉思汗纪》说王罕于龙年即1196年春东归,如是则其西逃应在1194年或1195年。但有的学者认为1196年归,若在成吉思汗处被奉养一年,则与联合金兵攻塔塔儿时间上有矛盾,认为可能在1186—1188年(樱井益雄:《怯烈考》,载《东方学报》第7册,东京1933年)。笔者倾向于后说。

蒙古高原，据说还在成吉思汗处被奉养约一年。成吉思汗在这次事件中，曾帮助王罕返回并重新夺回克烈部统治权。据《元史》说，王罕在东归途中，因粮绝，窘迫至甚，“捋羊乳为饮，刺橐驼血为食”，在此困难情况下，铁木真基于大局，派遣博尔术等四杰援救之，又将击败蔑儿乞人时所掠物馈赠王罕，使其“饥者饱，瘠者肥”，帮王罕“夺还尔民人，重立尔国家”。《元史》对此事或有过于渲染之处，但从后来铁木真为长子术赤向王罕之女求婚之事看，是他认为自己可以据此功和王罕平起平坐的思想反映，则多少在王罕西逃或东返中帮助过王罕是可能的。但求亲被王罕拒绝，则说明王罕认为铁木真仍低他一等，这样，双方关系已埋下了破裂的危机，铁木真明白了王罕并不真心把他当儿子，王罕则明白了铁木真不安于从属地位。

利益分配也使联盟双方逐渐离心离德，如 1198 年（宋庆元四年），王罕“自以其势足以有为”时，即不告知铁木真，单独袭击蔑儿乞部，大掠而还，尽私所有。铁木真虽表面上“不以为意”，但实际上也是心怀不满的，这从后来他谴责王罕背信弃义时所言可见：“君不告我往掠蔑里（儿）乞部，大获而还，未尝以毫发分我。”[①] 明显表明，铁木真不满王罕没有把掳获物分于自己。这样，二者联盟关系的裂痕逐渐有所扩大。但为了对付众多的共同敌人，表面上他们的行动仍保持某种一致性，没有马上破裂。如前已提到的 1200—1201 年，当十余部的贵族会于刊河（今根河），推札答兰部札木合为古儿罕并誓盟进攻铁木真与王罕时，他们又联合击败札木合联军于海剌

① 以上引文均见《元史》卷 1《太祖本纪》。

儿等地。

直到后来，王罕不顾与铁木真的联盟关系，将他们共同击败的铁木真的劲敌札木合，以及受铁木真处罪逃匿在外的阿勒坛、忽察儿等的残部，都收留在自己麾下，这些具体事件便加速了这一联盟的公开瓦解。王罕与铁木真由友而敌，而与札木合等则又由敌而友，蒙古社会各种势力正在动荡中重新组合。1202 年铁木真击败贝尔湖附近的塔塔尔部，并收服了其七万部众而变得更为强大，克烈部已感到铁木真的威胁了。

是时，王罕之子桑昆主张对铁木真采取行动，王罕虽然开始不同意，后在其子及众臣不断挑拨下，也相信铁木真会对他称霸不利，但是"他心里害怕成吉思汗的英勇无敌……不能与他公开决裂"[①]。1203 年初，王罕之子桑昆提出以许婚计杀铁木真，伪许婚约，准备乘铁木真来赴宴时加以杀害。桑昆的步骤是诱捕铁木真后，进而突袭其西部根据地，使其东方大军不战而溃。铁木真接到邀请后，率十余骑欣然应邀赴宴，途中夜宿蒙力克老人家中，听了老人提供的王罕调动兵力的有关情况，铁木真进行分析和冷静思考后，意识到许婚可能有诈，于是连夜东还。这表现出铁木真的思想已成熟多了。

王罕父子图谋为铁木真识破，遂策划如何迅速突袭铁木真，又有王罕处牧马人巴歹和乞失里黑"连夜至成吉思汗合罕处……悉告与之"[②]。铁木真仓促迎战于合兰真沙陀（约当今乌珠穆沁旗北境），因众寡不敌，败走合泐合河（今哈拉哈河）

① 志费尼：《世界征服者史》上册，汉译本，第 39 页。

② 道润梯步：《新译简注蒙古秘史》卷 5，第 139 页。

上游。铁木真子窝阔台及弟合撒儿等旁翼军几被全歼，仅主将幸免于难，合撒儿的妻女均被王罕俘去，不过铁木真所率主翼退却中却大歼桑昆军。合兰真沙陀之战是铁木真第一次单独与当时蒙古草原上最强大的势力进行较量，因为力量悬殊，且属无准备之战，伤亡惨重，铁木真奋力撤出，已只剩几千人了①。总之，铁木真经此次应战，是几近被消灭了。但铁木真凭性格之刚强，虽几近山穷水尽，却并未气馁，积极准备转败为胜的条件。那么，铁木真又如何再次转危为安，转败为胜呢？

首先，铁木真努力坚定留存部众的人心，与这些患难中相从不走的人饮水立誓，即著名的班朱尼河之盟，铁木真仰天宣誓："至是以后，愿同诸人同甘共苦"②，诸将亦发誓永不弃之而去。然后，把部队拉到水草丰美的统格黎河进行休整，训练。他还亲自照顾伤将，"深惜之"③。用这类行动争取了人心。同时对敌方展开攻心战，派遣使者义正辞严地责问王罕，即以漂亮的外交方式义责王罕，说到："君困迫来归时，我……掠诸部羊、马、资财、尽以奉君……""不报我则已"，不应"易恩

① 《蒙古秘史》称只剩二千六百人，《史集》则说四千六百人。

② 1203年初的合兰真沙陀之战，成吉思汗被王罕打败，几近灭亡。对这次战斗，《元史》卷120《札八儿火者列传》有更为真实的记载："一夕，汪罕潜兵来，仓卒不为备，众军大溃。太祖遽引去，……至班朱尼河，糇粮俱尽，荒远无所得食。会一野马北来，诸王哈札儿射之，殪。遂刳革为釜，出火于石，汲河水煮而啖之。"《多桑蒙古史》上，第1卷第2章，第49页。

③ 如《元史》卷121《畏答儿传》记，铁木真与"王罕对阵于哈剌真，师少不敌"，畏答儿"先出陷阵，大败之。至晡时，犹追逐不已，敕使止之，乃还；脑中流矢，创甚，帝亲敷以善药，留处帐中，月余卒，帝深惜之"。

为仇,而遽加兵于我”等等[①]。铁木真不提早期他也受恩于王罕的事,而只强调后期他帮王罕复位救驾的大功,使王罕处于被动。而且又用攻心术,离间王罕与札木合等人之间的关系,瓦解其联盟,他对王罕指出札木合等人哪比得上他的忠心归附,说:“我之附君,犹沙漠中之白翎雀,冬夏皆居北地;至若汝之其他诸臣,则如鸿雁,冬近则向南飞矣”[②]。据载,王罕听了这番转告的话后,叹息良久,行动犹豫。另一方面铁木真接着又向投降王罕的蒙古贵族们施展政治攻势,针对他们之间的矛盾,警告札木合、阿勒坛、察忽儿等人说:“王罕性无常,遇我尚如此,况汝辈乎。”[③] 攻心战取得明显成效,札木合、阿勒坛等人本来对王罕的反复无常存有戒心,见他对消灭铁木真态度犹豫起来,便纷纷率残众,离开王罕而投奔乃蛮部去了。这些都表现了铁木真转被动为主动的高超策略与心理战术。

这样,阿勒坛、札木合等人与王罕的联盟破裂,力量对比

---

① 《元史》卷1《太祖本纪》五责王罕内容为:“君为叔父菊儿所逐,困追来归,我父即攻菊儿,败之于河西,其土地人民尽收于君。此大有功于君一也。君为乃蛮所攻,西奔日没处。君弟札阿绀孛在金境,我亟遣人召还。比至,又为篾儿乞部所逼,我请我兄薛彻别乞及我弟大丑往杀之。此大有功于君二也。君困迫来归时,我过哈丁里,历掠诸部羊、马、赀财尽以奉君,不半月间,令君饥者饱,瘠者肥。此大有功于君三也。君不告我往掠蔑儿乞部,大获而还,未尝以毫发分我,我不以为意。及君为乃蛮所倾覆,我遣四将夺还尔民人,重立尔国家。此大有功于君四也。我征朵鲁班、塔塔儿、哈答斤、散只兀、弘吉剌五部,如海东鸷禽之于鹅雁,见无不获,获则必致于君。此大有功于君之五也。是五者皆有明验,君不报我则已,今乃易恩为仇,而遽加兵于我哉。”

② 《多桑蒙古史》上,第1卷第2章,第48页。

③ 《元史》卷1《太祖本纪》。

略有利于铁木真了。加上王罕因胜而骄,认为从上次交锋看,铁木真根本不堪一击,以为不可能对自己造成威胁,而放松了戒备,于是铁木真选择时机,适时转入战略反攻,采取以诈降稳住王罕,以突然袭击巧攻敌人的作战方针,一举歼灭了强敌,转败为胜。其简单经过如下:

1203年7月,铁木真被打散的胞弟合撒儿(或拙赤合撒儿)率寥寥数人历尽艰险,辗转数月,找到铁木真,历述春季在合泐合河之战中,被王罕突袭打散的经过及其妻子、儿子被俘的情况。铁木真于是计上心头,叫合撒儿作诈降,让他派合里兀答儿和察忽儿罕为使者对王罕说:"我兄太子今既不知所在,我之妻孥又在王所,纵我欲往,将安所之耶?王傥弃我前愆,念我旧好,即束手来归矣。"[1] 合撒儿一行来到王罕境内(今蒙古国土拉河畔),当时王罕立即大摆筵席,欢迎强悍的神箭手合撒儿归降,并派使者带上盟誓用的血滴,代表王罕前去接受投降,可王罕使者一到达约定地点,就被铁木真伏军俘虏了。原来铁木真在其胞弟合撒儿出发不久,就亲自率大军随进。沿途向俘虏了解了王罕内部情况、道路情况和军队部署情况,令他们当向导,乘月夜分进合击,出敌不意地神速包围了王罕大营,从7月30日开始激战三昼夜,终于歼灭了王罕军主力,王罕及其子桑昆在这突如其来的战斗开始时,如梦初醒,慌忙率少数人逃窜。王罕在涅坤水被乃蛮守将杀死,桑昆被哈剌鲁部长所派人袭杀。至此,强大的克烈部遽然灭亡。铁木真智胜王罕而统一了大半个蒙古草原。

① 《元史》卷1《太祖本纪》。

灭克烈部之战是铁木真以弱胜强,以少胜多的典型天才战例,也是最艰险的一次战争。这次战争中,表现出这一时期铁木真的战略战术和指挥能力已达到得心应手、用兵如神的程度。王罕率重兵压境,铁木真能知己知彼主动撤退,而且主动进行远距离战略转移和整休,给敌人以不堪一击的印象,麻痹了敌人。而且他善于运用攻心战。攻心战成功后,又抓紧时机适时转入战略反攻,用计谋智取,一举消灭克烈部,这是政治策略与军事战术结合使用的高超作战艺术,也表现了铁木真军事思想的特色,证明他并不是只靠蛮力取胜的"武夫",而是懂得依靠智取,善于用计谋瓦解敌人的思想家。

另一方面,从一些记载分析,我们以为,铁木真是利用了客观的机遇和王罕多面树敌的弱点战胜这位霸主的。王罕在1203年初打败铁木真大军之后,就认为他在蒙古高原已无敌手,不可一世了。从《金史》记载看,他在当年便曾"入塞"犯金,被金将宗浩追击,金方"杀获甚重",王罕大伤元气。铁木真于1203年7月攻王罕,看来正是利用了王罕与金朝为敌这个时机,又乘其元气大伤之际,一举攻灭了一代霸主王罕。另外,从1203年9月和10月金朝召回金将宗浩之事分析,当时正是王罕灭亡之时,是否意味着王罕亡了金朝便认为解除了对金朝边境的威胁,这似可证明当时铁木真灭王罕的行动可能是得到金朝支持的,或者至少利用了金朝的支持,这反映铁木真团结可利用的一切力量打击主要敌人的一贯思想。不管这种情况是否存在,铁木真这次利用敌方在大战之后,来不及喘气的时机,一举取胜,应该是无庸置疑的。这称之为机智灵活的战略战术,似不为过。

二、统一蒙古高原

克烈部亡后,蒙古高原能与铁木真较量的,就只有乃蛮部了。当铁木真像越滚越大的雪球在蒙古草原东部滚动的时候,乃蛮部并不感到自己受到了威胁。因为地理上有一系列拥有强大武装力量的部落,将乃蛮部与铁木真完全隔离开来。所以,乃蛮部落一直没有参与针对铁木真的军事行动。现在,铁木真如此迅速地消灭了克烈部,才大大震惊了乃蛮部。转眼间铁木真势力的边界竟已与乃蛮部相接了。

乃蛮部落游牧在阿尔泰山与杭爱山之间,由于受周围地区的影响,尤其是受其时文化相当发达的畏兀儿的影响,乃蛮是当时蒙古草原上惟一使用文字的游牧部落。他们使用的是回鹘文。同时,世界性的宗教之一——基督教,当时也已传播于乃蛮部落,可见乃蛮部文化比较发达。其部长太阳汗,以西部大国之主自居,见铁木真崛起,曾说:天无二日,地无二主。他正计划东征,拟对铁木真采取战略包围:他拟自己率中军,约汪古部为右手军,约蔑儿乞诸残部为左手军,向铁木真的三河源头根据地夹击,可是为时已晚!铁木真已经相当强大了。汪古部不但拒绝出兵,而且派人向铁木真汗报告军情。铁木真正在围猎,立即召集诸将开会商议,决定迎击又一强敌太阳汗。铁木真一面休整军队,对将士进行精神教育,增强必胜信念,一面改革军事制度,整编军队,组建"探马赤军"与"特种突击部队"(即勇士军),按千户、百户、十户统一编组,组建参谋部"扯儿必"等。首批任命的扯儿必由朵歹、朵豁勒忽、斡格来、脱栾、不察阑、亦速客图等人主持。还建立侦察、通信等保障机构。铁木真建国后一系列军事组织与制度，就是以这一时期的军事改革为基础形成的，这种严密的军事组织成了蒙古军战斗力加强的保障。铁木真又根据其战略战术将大军编组成五支军队，并采纳了朵歹"扯儿必"的建议：因咱士兵远来疲劳，不如于此牧马，将马喂饱，并将地面布满火光以虚张声势，连夜令每人烧五处火堆。对方人虽多，但其主软弱，必是惊疑不定，乘此时机，我方马饱，可击其不意，直捣其大营，必然可胜。[①] 这实际上也是针对不同情况采用的一种智取的心理战。

太阳汗驻扎在杭爱山之西，听到被铁木真击败而逃到他处的败将有关于铁木真之军满山遍野之报告，曾嘲笑这些败在铁木真手下的十余位逃亡部落长札木合等人危言耸听。而这些人羞怒之余在为自己的失败辩解时，却说铁木真如何用兵如神，其军队如何英勇无敌，说得太阳汗也心惊胆战，终于下决心采取战略退却，诱敌深入到阿尔泰山，再进行决战。这本是利用有利地形有战胜机会的高明决策。可是其子屈出律拒绝执行，并当众嘲讽其父太阳汗为妇人之胆，于是太阳汗又下令改为全军前进，采取正面攻敌的错误战术。而札木合等人关于铁木真用兵如神的言词，则在乃蛮军中不胫而走，刹时军心动摇，人心涣散。铁木真了解到这种情况，则抓住战机宣战。

铁木真令忽必来率左手军，令窝阔台率右手军，合撒儿率中军，自己率前锋及特种突击队，直插纳忽山的敌方中军。铁木真摆好阵势的军队果然漫山遍野而来，札木合见势叹曰："今吾观其气势，殆非往时矣！"[②]于是札木合等投奔乃蛮的

① 《蒙古秘史》第 191—192 节。
② 《多桑蒙古史》上，第 1 卷第 2 章，第 55 页。

一伙匆忙逃散。太阳汗见势退到山上。铁木真挥军连夜包围,其阵“摆如海子”,“攻如凿穿”。铁木真所率特种突击队迅速突破乃蛮军阵地,长驱直入,直插太阳汗之大营,多块分割敌人,包围后分块歼之。于是乃蛮军被各个击破。入夜,乃蛮军在纳忽山险地坠崖而死者不可计数,伤亡惨重,救兵皆被铁木真分割而无法互相救援。太阳汗下令突围,他在突围中遭乱箭射伤,诸将坚守谷道死战,掩护受伤的太阳汗及其妻突围。铁木真力战一昼夜,全歼乃蛮军,然后率军追击太阳汗,后来当追上太阳汗时他已死去。铁木真爱乃蛮诸将英勇,劝其降,均坚决不降而阵亡,只有太阳子屈出律率领少数部队逃往蔑儿乞部。需要提一笔的是,畏兀儿人著名的掌印官、后来创造蒙古文的塔塔统阿,就是在这次战争中被俘的。[①] 原逃亡乃蛮的蒙古札答兰部、合答斤部、撒勒只兀部、朵儿边部、泰亦赤兀部、塔塔儿部等各部残众走头无路,纷纷投降。窝阔台率领的右手军,转向西北方面消灭乃蛮与太阳汗之帮凶蔑儿乞部。蔑儿乞部长脱黑脱阿领兵与乃蛮太阳汗之子屈出律联合,企图与追兵决战。铁木真乘士气高昂,一举打败这支联军。脱黑脱阿战死;屈出律残部渡过也儿的石河(今额尔齐斯河),逃往西辽。他后来在西辽的活动构成该王朝末期的主要历史。至此,蔑儿乞部灭亡,其中兀洼思蔑儿乞部部长答亦儿兀孙不愿战,率所部降,并献女忽兰给铁木真。忽兰以天生丽质,成为成吉思汗最宠爱的妃子。汪古部、弘吉剌部、朵儿边部和乞儿吉思部、斡亦剌部等相继纷纷归顺铁木真。札木合也被其手下执送至铁木真处,铁木真杀了这些执送主人的属

① 《元史》卷124《塔塔统阿传》。

下，劝札木合重新与他如以前安答般相处，因铁木真认为札木合即使在强大时也没有阴谋杀害自己，所以，可惜札木合的生命，希望札木合降。但札木合不从，只要求不流血而死。于是铁木真将他赐死，厚葬。蒙古高原诸多部落在克烈、乃蛮、蔑儿乞等几个大部落败亡后，不战而降，归附铁木真，最后，铁木真进讨毒死其父的塔塔儿残部，使之彻底灭亡。据说，出于仇恨，铁木真曾下令杀尽该部人。但铁木真妃子及诸将之妻均有塔塔儿人，她们曾密救塔塔儿的儿童。如：合撒儿的塔塔儿妻子求其免杀所分得的塔塔儿俘虏，结果有五百人免死。另外，也有逃走的。所以塔塔儿部实际上并未灭绝，在成吉思汗死后，不仅有塔塔儿将，还有塔塔儿罕。① 至此，成吉思汗消灭了一切劲敌，完成了统一蒙古高原的大业。

1206 年，在鄂嫩河畔召开的忽里勒台——贵族代表大会，是蒙古历史上的一个重要里程碑，它标志铁木真统一蒙古地区的事业已经完成，上尊号曰“成吉思汗”。这一年，成吉思汗四十五岁。元武宗至大二年上成吉思汗庙号为太祖，汉文史书遂称“元太祖”。关于成吉思汗称号的解释，至今众说纷纭，莫衷一是。我们主张为“天赐之汗”的意思。② 经过艰辛

---

① 《多桑蒙古史》上，第 1 卷第 2 章，第 56—57 页。

② 《蒙鞑备录》称：“成吉思汗者，乃译语天赐二字也。”志费尼《世界征服者史》也持此说。关于成吉思汗的意思有“坚强之汗”、“伟大之汗”、“海洋汗”、“众汗之汗”等多种典型的说法，考虑到《蒙鞑备录》之作者赵珙与成吉思汗为同时代人，而且他 1221 年还到燕京见过木华黎，其说可能较为可靠。志费尼成书时间比《史集》还早，其职务可见到蒙古宫廷档案，而且他记载阔阔出的话“天神和我谈过话”，是天神“赐他（铁木真）成吉思汗的名字”。成吉思汗似很可能接受此名，以示“天赐之汗”。

与发奋、失败与成功的磨炼,成吉思汗的政治才干、军事经验已经极为丰富。成吉思汗对蒙古的统一引起社会生产关系的一系列变革,成吉思汗时代初期,蒙古社会奴隶制还只粗具雏形,后即迅速发展到封建制,随着成吉思汗的胜利,增强了蒙古各部的凝聚力,他们开始统一在蒙古这个共同名称下逐步形成一个强大的民族共同体。

三、招降西域,速灭西辽

铁木真称汗立国那年应为四十五岁左右。经过艰险、失败到成功的种种磨练,他的政治、军事才干与日俱增,他的事业开始了一日千里、所向无敌的局面。从 1206 年到 1218 年,成吉思汗对西北地区未臣服的各部采取了一系列招降兼并活动。如 1207 年,成吉思汗派其长子术赤进军贝加尔湖附近的游牧部族。贝加尔湖附近的布里亚特等游牧部族皆归附。同年,成吉思汗遣使者二人往谕乞儿吉思、谦谦州两部之王来降。“乞儿吉思突厥种据地广大,南界小金山,与乃蛮接境,东南界薛灵格(今色楞格)河,东北抵安哥剌河”①。乞儿吉思即七世纪唐朝辖内之黠戛斯。成吉思汗时分乞儿吉思、谦谦州两部,他们均十分尊重成吉思汗的使者,并连同阿尔泰山麓的秃马惕等游牧部族,相继归附。惟有河套以西为中心的西夏,虽几次被征服,但时服时叛。接着,成吉思汗蒙古国的势力逐渐向天山南北的西域地区伸展。

西夏扼通西域、漠南、漠北三要道之重地。而古代东西

① 《多桑蒙古史》上,第 1 卷第 3 章,第 60 页。

交通线主要有两条，一条是汉、唐以来开辟的经河西走廊出玉门关去西域的“丝绸之路”；另一条是辽河流域沿阴山山脉南北两麓向西穿越戈壁，中经居延海而达天山南北的居延路。西夏占有鄂尔多斯及河西等地区，所以两路均要通过当时它的势力范围。成吉思汗屡征西夏，因其地扼要道，又时服时叛，同时也是为他以后追击乃蛮王子屈出律，攻打屈出律的避难地——西辽作了战略准备。

当13世纪初蒙古崛起于漠北时，西域广大地区在西辽统治下，畏兀儿也为西辽臣属，如能招降，则可作为灭西辽的根据地。西辽在畏兀儿实行的是监官制，统治残酷，畏兀儿从亦都护到官员、百姓对西辽所派的监官都十分憎恨，志费尼说：“这个少监，当他在职位上站稳了，就开始作威作福，对亦都护和将官百般凌辱，撕毁他们的荣誉面纱，因而他成为贵族和平民共同憎恨的对象。”① 乃蛮王子屈出律逃到西辽后，被召为附马，后来篡夺西辽王位。屈出律篡夺西辽政权后，对畏兀儿人的压迫更为暴虐。如有的史书曾说到屈出律镇压喀什噶尔反抗的情况，“破其地，时当收获之时，毁禾稼而去。如是者二三年，其地人民饥困，不得已遂降”②。他征伐喀什噶尔以后，给每家每户派驻一名士兵“他们全部跟居民共聚一堂，同住一屋。处处看得见奸淫烧杀……”③。又屈出律征服忽炭(今新疆和阗)以后，强迫居民放弃伊斯兰教信仰，令改奉基督教或佛教，改穿契丹服装。穆斯林信的礼拜、念经和祈祷也遭禁

---

① 志费尼:《世界征服者史》上册，汉译本，第49页，1980年版。

② 《多桑蒙古史》上，第1卷第5章，第81页。

③ 《世界征服者史》上册，汉译本，第73页。

止。他还残暴地将一名教主活活钉死在道院门板上,凡此种种,使西域广大地区对西辽统治痛恨万分。

这是西域畏兀儿能迅速归附成吉思汗的外因。当时西域的畏兀儿王称巴尔术阿而忒的斤亦都护,此人既不像乃蛮太阳汗那样盲目尊大,也不像金朝宣宗、哀宗这些昏庸无能的皇帝那样惶惶不可终日,他是一位识时务的理智邦主。当成吉思汗在大破乃蛮时,乃蛮部长脱黑脱阿被杀后,其诸子与随人等均逃往畏兀儿国,巴尔术阿而忒的斤不仅不收留他们,而且或赶走,或"杀之",并"遣其相国"报告了成吉思汗。到"岁己巳"(1209)年,(巴尔术阿而忒的斤)闻太祖(成吉思汗)兴朔方,遂杀契丹(西辽)所置监国等官,欲来附"[1]。畏兀儿王巴尔术阿而忒的斤没有收留成吉思汗的逃敌这种友好姿态以及毅然除掉西辽派来的监国官的信息,迅速为成吉思汗所掌握。成吉思汗的使者也早在亦都护拟遣使归附之前,便到达了畏兀儿亦都护所在地哈剌火者(即高昌城)。巴尔术阿而忒的斤亦都护表示愿意归附成吉思汗,并立即派亲信近臣随同成吉思汗的使者去拜见成吉思汗,奏曰:"臣国闻皇帝威名,即弃契丹旧好,方将遣使来通诚意,躬自效顺。……而今而后,尽率部众,为仆为子,竭犬马之劳也"[2]。于是,成吉思汗把阿勒屯公主许配给巴尔术阿而忒的斤,以表示他对这种主动归附的奖励,并把巴尔术阿而忒的斤认为亲生四子外的第五子[3]。

---

① 以上均见《元史》卷122《巴尔术阿而忒的斤传》。

② 何秋涛校正:《元圣武亲征录》,第71页,民国二十八年十二月,商务印书馆丛书集成本。

③ 《蒙古秘史》第238节。

而且保留他的亦都护称号，拥有原军队，世代承袭，“宠异冠诸国”[1]。以后直到元代，屡配公主给畏兀儿名门贵族，畏兀儿人的地位在蒙元时期仅次于蒙古统治阶层，据《新元史》卷29《氏族表》记载，单在元朝朝廷任高官的就有二十九大家族。

畏兀儿的归降没有大动兵戈，而且从成吉思汗对和平归降的畏兀儿人的一系列优惠政策以及蒙畏关系的发展看，证明成吉思汗并非只知穷兵黩武之徒，他虽笃信武力的神威，却从不忽视争取不战而降的可能，他注意政治交涉，制定和平招降的政策，以促进和平解决的机会，除了对仇敌和抵抗者、反叛者以外，在一般情况下，成吉思汗对降顺者不屠杀的政策基本上是执行了的，这种政策在西域明显收到了成功的效果，而且对西藏后来的归附也有很大影响。据载，同年，成吉思汗还接受了西辽古儿汗生前另外两个附属国主对他的臣服。一个是哈剌鲁突厥人的首领阿尔思兰汗，另一个是阿力麻里统治者布匝儿。一般认为，“畏兀儿人、哈剌鲁人和其民族的驻地在没有抵抗的情况下归附成吉思汗，乃是成吉思汗玩弄外交手段的成果”[2]。这也与成吉思汗在西域所采取的宗教信仰自由政策有关，例如他规定“各宗派之教师、教士、贫民、医师，以及其他学者，悉皆豁免赋役”，还“命其后裔切勿偏重何种宗教，应对各教之人待遇平等”[3]，而当时畏兀儿人正信仰有多种宗教。昌八剌以东为佛教势力，以西则为伊斯兰教势力。

---

① 赵孟頫：《松雪斋文集》卷七。

② 库特鲁科夫：《蒙古人在东突厥斯坦的统治》，载《鞑靼蒙古人在亚洲和欧洲》，莫斯科1978年俄文版。

③ 《多桑蒙古史》上，第1卷第10章，第158页。

喀什噶尔、忽炭（和阗）一带，当时已是伊斯兰教盛行的地方。[①]原来，当成吉思汗了解到，屈出律因强迫居民改信佛教或基督教，激起了广大穆斯林的强烈不满时，他立刻把征伐高丽的哲别和速不台的军队从东线招回，开赴西域，并专门指示哲别："入城，宣布信教自由"。于是"城民尽屠屈出律士卒之居民舍者"[②]。这样，甚至在穆斯林心目中，把成吉思汗的出兵看成是"全能真主为清除屈出律的恶行，很快便派蒙古军去讨伐他；在今世，他已因他的奸邪品行和不祥生命而受到惩罚；在来世则受到狱火的折磨。愿他死不安宁！"[③] 他们把成吉思汗出兵讨伐屈出律，居然看作是"天意"、"保护神"一样。他们主动捕杀屈出律的士兵，所以，1218 年，派哲别率二万骑追击乃蛮太阳汗之子屈出律的战斗，进行得十分顺利，很快就杀死了逃往巴达哈伤地方的屈出律。一般认为，成吉思汗得到捷报以后，遣使告谕哲别："勿因胜而骄，王罕、太阳汗、屈出律及其他诸汗，皆因骄而致败亡也"[④]。这不只是提醒哲别，防止因胜而骄，因骄致败，更主要的是，它说明了成吉思汗随时都在从对手的失败中为自己总结经验教训，以敌人的失败为自己的借鉴，表现了政治家的素质。

综上可见，成吉思汗不时关注周邻动态，知己知彼，因地

---

① 《长春真人西游记》（商务印书馆，民国二十六年版）上卷载："重九日，至回纥昌八剌城，其王畏午儿与镇海有旧，率众部族及回纥僧皆远迎，既入，斋于台上，……有僧来侍坐，使译者问看何经典？僧云，剃度受戒，礼佛为师。盖此以东昔属唐，故西去无僧道，回纥但礼西方耳。"

② 《多桑蒙古史》上，第 1 卷第 5 章，第 81 页。

③ 《世界征服者史》上册，汉译本，第 84 页。

④ 余元盦：《成吉思汗传》；也可参见《史集》第 1 卷第 1 分册，汉译本 318 页。

制宜地制定灵活政策，善于选择进攻时机和方式方法，不仅显示了他战略战术的机动灵活性，也具体表明，成吉思汗的宗教自由政策，正是在接触西域这一多宗教信仰的地区时形成的，以后，他将教育其后裔的“切勿偏重何种宗教，应对各教之人待遇平等”的训令，也订入了“札撒”中，作为法律规定。成吉思汗的宗教思想及宗教政策，本书将在后面专门论述，它对蒙古族在世界各征服地的相关政策和蒙古族以后的信仰多极分化现象，以及蒙古族与他族融合为新的民族共同体等方面，都有深刻的影响。

从成吉思汗对畏兀儿的政治经济措施，也可以看出此时的成吉思汗已不是只知掠夺财富的游牧领主的代表，而是一个以建立庞大帝国为目标，懂得用人治国的思想家。例如，一般都认为，成吉思汗“蒙古人没有抢劫东突厥斯坦（指当时畏兀儿等西域地区——引者）和平居民的财物”。但是，“根据成吉思汗的命令，包括畏兀儿人在内的所有被征服各族，均需为他们出征大军提供士兵”。“由畏兀儿、哈剌鲁人、突厥蛮人、喀什哈尔人和苦叉人组成的军队，在万户长灭里沙的统率下”，随成吉思汗西征。[①] 成吉思汗时，“畏兀儿人只要表示归顺，缴纳贡品，蒙古人就已满足，既没委派达鲁花，也没有规定税赋标准”。但是一当蒙哥汗执政（1251—1259年）之后，蒙古人对待附属国的态度就变了。[②]

---

① 库特鲁科夫：《蒙古人在东突厥斯坦的统治》，载《鞑靼蒙古人在亚洲和欧洲》，莫斯科1978年俄文版。

② 吉洪诺夫：《10—14世纪畏兀儿国的经济和社会制度》58页，莫斯科·列宁格勒，俄文版1966年。

巴托尔德说过,“畏兀儿人是蒙古人最初的老师,也是蒙古帝国最初的官员”。以后则“将蒙古人和汉人派往中亚、东突厥斯坦”。蒙古官吏叫达鲁花,“达鲁花的主要职责是:1.登记户籍;2.征兵;3.建驿站;4.征贡赋;5.向汗宫进贡;6.监督地方政权”①。拉施特也证实,成吉思汗授权阔儿吉思管理呼罗珊和伊朗,马合木·牙老瓦赤及其子均当过中亚两河流域地方官,其子麻速忽伯还管理西域畏兀儿地直到去世(1289年)。可见,先使用异族人管理被征服地区,以便蒙古人从中学习,以后再逐渐派蒙古人管理,乃是成吉思汗治国的策略之一。

成吉思汗的统一从漠北扩大到西域,至此,中国北部已形成了统一的局面。

① 巴托尔德:《蒙古人侵时代的突厥斯坦》,载《巴托尔德著作集》1卷,莫斯科1953年俄文版,第452—453、543、468页。

第四章 戎马一生，一代天骄临终

一、攻夏（西夏）克金

从 1206 年鄂嫩河畔举行忽里勒台会议算起，仅短短五年的时间，成吉思汗的势力已越出了蒙古草原的范围，迅速向北延伸到西伯利亚贝加尔湖以北的叶尼塞河流域，并开始向西延伸到准噶尔盆地和巴尔喀什湖以东、以南地区，向西南延伸到塔里木盆地以北地区，向南直抵长城脚下。

当成吉思汗统一漠北，招降畏兀儿之际，在我国漠南、长城内外、大江南北，尚处于几个封建政权同时并存、相互连年征战的分裂时期。在黄河流域，河套以西有党项拓拔氏建立的西夏；河套以东，有女真完颜氏建立的金国；在西域（今新疆、中亚）有契丹族耶律大石建立的西辽；在淮河以南有赵氏南宋朝廷；在西南有白族为主体的大理。统一西域后，结束分裂、实现全中国多民族国家的重新大统一，已是当时历史发展的趋势。这也为雄心勃勃的成吉思汗挥师南下，提供了机遇。他南下征战，实际是统一中国北部地区后，更有了扩张的实力。但明智的成吉思汗为动员群众，打的是为父、祖复仇而征金的旗号，使其南下名为对金朝进行复仇战争。成吉思汗率蒙古军伐金，发生在对西夏战争中期，蒙古反金，多少带有反抗压迫的成分。如，根据《蒙鞑备录》的记载，金统治者常常掳掠蒙人为奴婢，当时"山东河北谁家不买鞑人为小奴婢，皆诸军掳来者"，不仅如此，又强迫蒙古"每岁朝贡"。不过，在笔者看来，成吉思汗对金战争远不只是为了复仇与抗金，也不是简单地出于游牧民族觊觎中原的民物繁庶，以掠夺为目的的战争。复仇、抗金的舆论只为争取对金战争的主动性，这是成吉思汗一贯注意变被动为主动的策略。在我们看来，此时的成吉思汗征金，其根本目的已在于争帝位，统治中原了。尤其是听说无能的卫王允济称金帝后，成吉思汗曾说："我谓中原皇帝是天上人做，此等庸懦亦为之耶！"这里流露出，此时他已决心灭金取庸懦的金帝而代之了。分裂时期，各兄弟民族的强者都有到中原当皇帝的"权利"，成吉思汗伐金，也就理所当然的无可非议。但作为一个战略家的成吉思汗，的确"深沉有大略"，虽然降臣李藻、田广明等均主张不先攻夏，直接攻金，但成吉思汗虽胜不骄，他没有草率发兵攻金，而是沉着地"未敢轻动也"①。因为他能客观地认识金朝毕竟是女真贵族统治

① 《元史》卷1《太祖本纪》。

的、以中原汉族为多数的大国，物产丰富，文化发达，筑有三千里界壕，军力雄厚，当时既然尚有力量击败宋朝，似不可轻视。所以，成吉思汗审时度势，没有首先把矛头指向金国，而是为解除进兵金朝的后顾之忧，选择先攻西夏为南下突破口。

西夏之党项族1032年建国，其地处黄河以西，西夏领土与蒙古仅一漠之隔，东据黄河，西至玉门(古玉门关，今敦煌县西小方盘城)，南临萧关(今甘肃环县北)，北抵大漠(瀚海)，兼有河套及河西方二万余里，居于金、宋、吐蕃、回鹘之间。西夏占领的这一地区，在成吉思汗看来，是实现其进兵中原的十分关键、十分重要的地区。西夏东界与金接壤，北界与蒙古相邻，是蒙古、金朝必争的中间地带。又西夏称臣于金，两国订有“交相救援”之盟①。如果置西夏于不顾，西夏则可以攻蒙古助金，使蒙古腹背受敌。所以成吉思汗先后六次攻西夏，必先要西夏臣服。而且他从敏捷的战略眼光出发，把西夏作为战略物资与兵力的补充地。除战马、乘驼外，西夏的“良弓”、“甲胄”也素有盛名。以河西走廊著称的陇右地区，盛产良马，宋人称之“横山亘袤，千里沃壤，人物劲悍，善战多马”②。对于成吉思汗的骑兵部队来说，有了马就可以成为行动最快捷的军队。所以，成吉思汗必然将盛产良马、骆驼的西夏作为自己增补战马、乘驼之基地。1205年，他在灭克烈、乃蛮之前，路经西夏，就曾“拔力吉里寨，经落思城，大掠人民及其骆驼而还”③。西夏统治者极为重视兵器制造。宋人田况在《兵策》

---

① 《金史》卷134《西夏传》。

② 《西夏书事》卷26。

③ 《元史》卷1《太祖本纪》。

中说,西夏将士所着用的铠甲,系由“冷锻而成,坚滑光莹,非劲弩可入”。沈括在《梦溪笔谈》中记载,党项羌首领李定投归宋朝时曾献“神臂弓”,当时“神臂弓,最为利器”①。此外,西夏政府在河套以南的绥德无定河以东一带,掌握了大量的窖藏谷米,有“国宫窖”、“御仓”。更不用说,西夏三十万骑射之兵,如果臣服,是成吉思汗补充兵力的大本营。

1209年(夏应天四年,成吉思汗四年),成吉思汗亲率大军,自黑水域(哈剌浩特)北兀剌海关口突入夏境,双方激战相持数月。最后,蒙古兵虽将中兴府重重包围,却仍无法破城而入。夏襄宗按“交相救援”之盟遣使请金国发兵救援,金朝文武官员也多主张发兵夹击蒙古,但无能金主卫王允济却说:“敌人相攻,吾国之福,何患焉”,而拒绝出兵,不履行盟约。于是这次蒙古军进攻西夏后,终于迫使夏主李安全纳女请和,西夏对蒙古称臣,“合兵攻金,遂为役属”②。至于攻金战争,留待后面集中论述。此后,西夏有时配合蒙古攻金,有时独自抄掠金朝城镇。但总的说来,西夏附蒙古后加重了西夏负担。如1217年,成吉思汗命木华黎伐金,“夏国李王请以兵五万属焉”③。多次动辄就在西夏征兵数万,这对蒙古来说,自然大大加强了蒙古骑兵的战斗力,但对西夏方面却往往在战争中损失惨重。因此,1224年,西夏新主献宗德旺改变依附蒙古的政策,欲与金重修盟好,共抗蒙古,但为时已晚:夏金两国在蒙古利用下作战13年,大小战役25次,致使精锐皆尽,两国

① 沈括:《梦溪笔谈》卷19。
② 《西夏书事》卷40。
③ 《元史》卷119《木华黎传》。

俱敝。成吉思汗不久自西域还，闻“契丹人和唐兀人乘他不在的时机变得倔强，动摇于降叛之间”①，于是他意识到西夏反复无常，不灭之难以灭金，便以西夏拒绝出兵和不履行交纳质子为理由，先派将领攻夏，因夏国抵抗顽强，成吉思汗遂不得不以花甲之年，带病亲自率领儿孙及名将，对西夏大举进攻，立志灭夏。1227年，西夏中兴府被围半年，粮尽援绝，西夏帝亲自遣使乞降，并请求给一个月时间以备贡物。此时成吉思汗实际已病重，他嘱咐如果自己死了，要绝对保密不发丧，可同意西夏投降，但待西夏献城投降时，立即将夏帝及该城反蒙古军全部消灭，以绝后患。后来，蒙古诸将杀西夏帝晛，夏亡。西夏自元昊立国至晛帝共传10帝196年。

蒙古对西夏战争断断续续24年，可见西夏兵将也相当顽强，但在成吉思汗最后集中4年攻夏的战争中，仍是西夏方兵败如山倒。其主要内因：一是西夏王室更迭频繁，政权已到日暮西山的阶段，与新兴的众望所归的成吉思汗无可比拟，加之成吉思汗的招降策略，也引起了西夏内部的动荡。二是西夏与金断盟，两败俱伤，是战略性失误，而这恰恰反映成吉思汗各个击破及先夏后金的战略战术的成功。外因方面则是成吉思汗战略战术之高超。攻夏时，成吉思汗根据西夏都城在东部，兵力部署东强西弱的具体情况，巧妙采取由远及近，先攻河西地区，切断其右臂，然后占河套，扫清外围，并切断河湟地区退路，最后一举重攻孤军无援的夏都兴庆府，像一把尖刀插入致命的心脏，西夏遂无回生之力。蒙夏战争表现出成吉思汗高超的军事指挥才能和天才的军事思想。

---

① 志费尼:《世界征服者史》上册，汉译本，第164页。

由此可见,从青少年时代便经历无数战争实践的成吉思汗,至此已成为一个杰出的军事家、战略家,他十分清醒地看到了西夏在其所进行的全国统一战争中的战略地位,所以,当他六十四岁高龄的时候,仍亲领儿孙,督军指挥,进兵西夏。西夏的溃灭,为蒙古灭金建立了桥头堡,进而为向南统一黄河流域,作好了充分的战争准备。

成吉思汗接连不断地用兵西夏,像历史上任何一次统治阶级发动的战争一样,不可避免地给该地区各族人民带来了严重的灾难。西夏是蒙古伐金的牺牲品,损失是惨重的。但在我们看来,也绝不是像一般史书所说,似乎西夏党项人被蒙军斩尽杀绝了。笔者认为,西夏的降官降民是遗留下来了的。只不过西夏遗民去向是至今尚未完全弄清的一个学术悬案。综合当今研究所据史料及调查所得资料,一般认为,西夏遗民大致有以下几种去向:

1. 降元为官。

据研究者统计,元朝各时期,西夏皇室和达官之后裔在元廷任著名官职的,约为二百余人。[1] 如元朝初期任湖广行省平章的李恒,是西夏皇室李惟忠之子;元翰林学士高智耀是夏献宗德旺时期右丞相高良惠之孙。元朝中期,相当著名的,如官至左右丞相的乞台普济,西夏时因立武宗有功曾封庆国公安吉王。元朝后期,曾任元淮南行省右丞都元帅的余阙,后封夏国公,其父沙喇藏卜为西夏庐州官员。他所率军队"皆夏人,人面多黎黑,善骑射"[2],可见还保留有西夏人之军队。

---

① 汤开建:《元代西夏人物表》,载《甘肃民族研究》1986年1期。

② 《青阳先生文集》卷4,《送归彦温赴河西廉使序》。

2．外迁他地。

据发现的西夏文壁铭等文物古迹考证，在山西、河北等地都有西夏后裔踪迹。如1345年居庸关石壁有六种文字石刻，主持西夏文译写的智妙咩布和那征师均为党项族人。20世纪60年代在保定城北韩庄发掘出西夏文“胜相幢”，建于明弘治十五年（公元1502年），据幢之所记，建幢者及寺院主持等“八十多个西夏人……他们都属于蕃姓之列。所谓蕃姓，即西夏以党项羌为主的非汉人姓氏”[1]。以上可见，西夏亡后，有一批西夏人是外迁他乡了。只不过这类资料尚待发掘。另外，据学者们调查研究，认为有一支从事畜牧业的西夏人，在夏亡以后，南渡洮河，横越松潘草地，长途拔涉到达今四川甘孜藏族自治州木雅地区，并改为定居生活。当地藏民将这支藏人历史上在这一带所建政权首领称做“西吴王”，据考即“西夏王”对音。该政权首尾470余年。

3．投金或留居本土。

从《金史·西夏传》看，夏亡后，有一批西夏遗民投金受到安置。[2] 1302年（元大德六年）成宗曾于大万寿寺雕刊河西字（西夏文）大藏经3630余卷，“施于宁夏、永昌等路”[3]，即今宁夏银川、甘肃武威一带。说明西夏遗民尚不少。这些也都说明成吉思汗当时下令消灭的是西夏国主及军队，对西夏人降附者和反抗者的政策是不同的，对其中降附者，并没有一概

---

① 郑绍宗等：《保定出土明代西夏文石幢》，载《考古学报》1977年1期。

② 《金史·西夏传》：“先是夏使精方匦匣使王立之聘，未复命，国已亡，诏于京兆安置，充宣差弹压，主管西夏降户……”

③ 王国维：《观堂集林》卷21。

杀绝，否则便不会有遗民和降官。

前已提到，成吉思汗在攻西夏中间，分裂了夏、金间同盟之后，曾几次逼夏共同攻金。他自己大力攻金，应以1211年春为起点，成吉思汗亲自统率大军自克鲁伦河流域出发，向南直奔金朝，揭开了为时24年之久的伐金战争的序幕（1215年成吉思汗准备西征，1217年由木华黎代之伐金，而灭金则在他们二人死后）。成吉思汗的四个儿子，即术赤、察合台、窝阔台、拖雷也都随军出征金朝。正因为成吉思汗攻金具有反抗压迫的性质，因此，当他亲率大军把矛头指向金朝以后，金国统治地区被压迫剥削的广大人民群众纷纷揭竿而起，“互为支党，众至数十万，攻下郡邑，官军不能制”。对欺压广大人民群众的女真贵族，“寻踪捕影，不遗余力”，“期必杀而后已”①。同时，金统治地区的契丹和汉族地方武装，如河北地区的史秉直、史天倪、张柔，山东地区的严实、石珪，东北地区的耶律留哥等，也分别聚众自立，先后叛金归附成吉思汗。② 1213年至1214年春，成吉思汗分兵三路，攻取河北、河东、山东诸郡邑，当时，“中原诸路之兵，皆迁往山后一带防遏，无兵可守。悉迁乡民为兵，上城守御，鞑靼尽驱其家属来攻，父子兄弟往往遥相呼认。由是人无固志，所至郡邑，皆一鼓而下”③。1214年，成吉思汗遣使金方，要金主“以河北，山东未下诸城来献，及去帝号为河南王”④。由此可见，成吉思汗南下攻金的胜利是与

① 《遗山先生文集》卷28《临淄县令完颜公神道碑》。

② 《元史》卷147《张柔传》、《史天倪传》；卷148《严实传》；卷149《耶律留哥传》；卷193《石珪传》。

③ 《建炎以来朝野杂记》乙集，卷19《鞑靼款塞》。

④ 《元史》卷1《太祖本纪》。

中原内地人民反抗金朝的斗争分不开的。金国内部阶级矛盾和民族矛盾不断激化,无力抵御蒙古军。据守野狐岭的金军号称40万,但一触即溃。在浍河堡决战中,成吉思汗实行从中央突破的战术,闪电式全歼金军主力。1213年,缙山一战,金军精锐消耗殆尽。成吉思汗南出紫荆关,兵分三路横扫华北平原,金朝无力抵抗,1214年向成吉思汗献歧国公主,并给蒙古大批金银珠宝,成吉思汗暂时休养生息,退出居庸关北上。金宣宗随后从中都(今北京)逃迁南京(今河南开封),拟再行抵抗,成吉思汗见金朝可能东山再起,于是对金朝发动了空前的攻势。他攻占了金朝原来的都城中都(今北京),并将其军事行动扩大到辽东半岛,占有了女真部的发祥地。成吉思汗大军还渡过黄河,将战事延伸到今河南等地。蒙古军迅速破金。1215年,蒙古军攻占北京(在今内蒙古宁城西)。至此,华北、东北的地主武装纷纷投降蒙古。

成吉思汗能战胜强大的金朝,除了军事上天才的战略战术,最重要的还在于他的雄才大略,有人君之度,能知人善任,惜才用才,故而他手下越来越人才济济。史载,他周围是“猛将如云,谋臣如雨”①。当王罕尚未消灭前,成吉思汗已从金国使者耶律阿海处得知:“金国不治戒备,俗日侈肆,亡可立待”②。他极力争取耶律阿海归附蒙古并提供金国情况。1206年他又了解到人们“皆言其主璟杀戮宗亲,荒淫日恣”,便说:“朕出师有名矣。”成吉思汗伐金所依靠的将领众多,其中最杰出的将领应是木华黎。他随成吉思汗屡立战功,每次战斗均

① 《元文类》卷23《太师广平贞宪王碑铭》。
② 《元史》卷150《耶律阿海传》。

"率敢死士，策马横戈，大呼入阵"，因功被封为左翼万户。在成吉思汗自己西征时，下谕曰："太行之北，朕自经略，太行以南，卿其勉之"，把经略中原的重任委托于他。木华黎攻城拔寨，给予金朝以毁灭性打击，后来并在安定北方人民生活及恢复社会生产力等方面起了重要作用，史称他曾"下令禁无剽掠，所获老稚，悉遣还田里，军中肃然，吏民大悦"。[①] 他还成功地贯彻成吉思汗的招抚政策，起用了一批反金的汉人武装，如史天倪父子、张柔等一批人，也是他主张起用的，他也发挥了契丹降将的作用。

自然，也不应否认成吉思汗大军攻金的破坏与杀戮的一面。[②] 但说仅因为成吉思汗的攻金才使"河朔生灵尽"，"白骨纵横乱如麻"的说法，未免夸大，而且即使如此，笔者认为，也并非成吉思汗蒙古军一方所致，因为造成这种情况还由于南宋与金、西夏与金以及金国内部各种武装互战等多年的连绵战争。

号称 40 万大军的金国，如此迅速地溃败，是与其统治阶级的腐败无能分不开的。[③] 庸主如卫王允济，庸将如完颜承裕（本名胡沙），根本都不是成吉思汗的对手。加之互相倾轧，争权夺利，在大敌当前，国家危急存亡之秋，纥石烈执中（本名胡沙虎）称兵犯阙，杀死卫王允济。之后，元帅高琪又杀死胡

① 《元史》卷 119《木华黎传》。

② 据《建炎以来朝野杂记·鞑靼款塞》记载，蒙古军在 1214 年攻入华北，"凡破九十余郡，所过无不残破"，这是在战争过程中，"残破"也许是不可避免的，但"两河山东数千里，人民杀戮尽，金帛子女牛羊马畜皆席卷而去，屋庐焚毁，城郭丘墟矣"，这就属于残暴了。

③ 《金史》卷 115《完颜奴申传》。

沙虎。朝中“或有言当改革者，辄以生事抑之，故所用必择愞熟无锋芒易制者用之。每北兵压境，则君臣相对泣下，或殿上发长吁而已。兵退则大张具，会饮黄阁中矣”①。这样腐败的君臣，国怎能不亡！而蒙古方面则纪律严明，正相对照。如1215年，攻占金的中都以后，成吉思汗派汪古儿、阿儿孩合撒儿、失吉忽秃忽三人去清点中都的帑藏，金朝的中都留守官合答捧着织金的绸缎出城迎接。汪古儿、阿儿孩合撒儿二人收下了，受到了成吉思汗严厉的斥责和惩罚；失吉忽秃忽没有收，得到了他的夸赞。汪古儿是成吉思汗的司厨，可谓亲信近臣，阿儿孩合撒儿是散班中一千名勇士之长，也是重要的将领，在他们违犯纪律接受贿赂时，成吉思汗毫不容情，而对忠于职守的人则给以表扬和奖励。他赏罚分明，有效地培养了部下尽职尽忠的精神，从而树立了他作为新兴君主的高度权威。

蒙古军队在这场对金战争中，受到了一场大规模的实战训练。在军事方面的一个重大收获是，蒙古军队配备了火炮（震天雷）和管形火器（飞火枪）。所以，当成吉思汗即将远征中亚和伊朗高原的时候，蒙古军队已经是一支以骑兵为主、以攻坚步兵为辅，并配有火炮和火器的先进军队。这是成吉思汗当时和以后的敌人都不具备的。

成吉思汗对金朝作战的另一收获是招降了一批汉族和契丹族武将文臣，在成吉思汗用人方针指导下，他们降后，多受重用，使他们能掉转枪头，重创金军，成为攻金战争的实际主力，如刘伯林、耶律留哥、史天倪父子、张柔、石天应等一大批

① 《元史》卷1《太祖本纪》。

降将都屡立战功,被封显赫官职。成吉思汗还重用耶律楚材、耶律阿海、郭宝玉等许多智谋出众的降臣,听取了他们关于立法、纳税、圣人之德需止杀等治国治民的建议和统治经验。《元史》的数十个列传,也可以说,多是成吉思汗用人思想及其影响的记录,也是他在各地吸收先进文化的记录。

经过二十多年的对金战争,我国北部及中原若干政权并存的分裂局面,在蒙古大军的经略下,完全统一起来了。从此,东起黑水(今黑龙江)下游,西至天山南北,北抵菊海(今贝加尔湖),南达渭水、黄河一线(成吉思汗死后仅仅七年,由于他临死前还嘱咐如何绕过潼关,"假道于宋","下兵唐邓,直捣大梁",这一战略使女真族金朝的残局在1234年也最后结束,于是蒙古帝国的南界就扩展到淮河一线),大半个中国便都在蒙古帝国这个新兴起的惟一的政权控制之下,这一事实,在我国历史发展的整个过程中不能不具有重大的意义和产生深远的影响。成吉思汗后来给长春真人邱处机的诏书中,曾说到他得以迅速统一中国半壁江山的原因:"朕君北野……视民如赤子,养士若兄弟。谋素和,恩素畜。练万众以身人之先,临百阵无念我之后。七载之中成大业,六合之内为一统。非朕之行有德,盖金之政无恒。"①这虽有些自我美化,但其中确有一定道理。

从10世纪初以来,黄河以北一直是一个分裂的局面。三百多年间,中原政权的统治权,从没有到达过长城一线。直到成吉思汗崛起漠北之后,并夏、伐金、灭西辽、降畏兀儿,这才在渭水黄河以北出现了一个统一的政权。而且也为半世纪后

---

①　《南村辍耕录》卷十。

我国终于结束分裂,实现元朝完整的统一与和平创造了条件。所以,蒙古军队南下中原,统一我国北部,以至最后统一全国,其实在我国历史上是很值得大书一笔的好事。而为这一切奠基的人物,则是我国少数民族的英雄人物成吉思汗。

二、西征中亚及其指导思想

12世纪末,亚洲历史舞台上有两大势力最引人注目:一是成吉思汗的蒙古帝国;另外一个,就要算苏丹摩诃末·穆罕默德领导的花拉子模帝国了。而且二者差不多是在同一个时间里崛起的。

成吉思汗的势力深入到西辽而邻接花拉子模的时候,花拉子模王朝也已经是亚洲地区另一个最强大的帝国。这个王朝已统治到今中亚、伊朗高原以及小亚细亚地区。在它的疆域内,包括今中亚的吉尔吉斯、塔吉克、乌兹别克、土库曼等国的全部,今哈萨克斯坦、高加索的一部分和阿富汗。花拉子模曾是西辽王朝的属国,后来,屈出律夺取了西辽王位。由于西辽王朝的削弱,花拉子模王朝得以独立并获得了一个向外扩张的机会。1210年,它火并了撒马尔罕,占领了全部河中地区。1215年,它消灭了残存的塞尔柱王朝(当时称古尔王朝),占领了东部伊朗高原,将自己的统治范围扩大到了今巴基斯坦、阿富汗和伊朗地区。1216年,它攻占了今伊拉克的北部地区。据说1217年,花拉子模沙(王之意)曾威胁要废黜巴格达哈里发纳赛尔,向巴格达哈里发的地位提出挑战,这是花拉子模王朝权势登峰造极的一个标志。巴格达哈里发自阿拔斯王朝以来,一直被穆斯林国家视为自己的精神领袖,各穆斯林国家统治者们“人权神授”的最后法律程序,需以取得巴格达哈里发的认可而完成。花拉子模沙穆罕默德要废黜巴格达哈里发的举动,自然使穆斯林国家的统治者们大为震惊,并十分不满。一般认为可能就在1217年“阿拔斯王朝哈里发纳赛尔曾遣使成吉思汗处”,唆使他攻打花拉子模。正当花拉子模沙的先头部队接近巴格达城的时候,西进的蒙古大军打乱了花拉子模沙为废黜巴格达哈里发而发动的军事行动。成吉思汗之所以敢于西征,看来是了解了花拉子模国内部的致命弱点,即其沙王与母后秃儿罕哈敦严重不和,各掌一部分势力。据有的史书记载,1219年底,成吉思汗还曾遣使劝秃儿罕哈敦与之缔结和约,使之中立。①

关于花拉子模王朝的情况,大部分是经由畏兀儿商人传递到蒙古草原的。1217年,成吉思汗通过来蒙古草原经商的商人,给花拉子模沙带去口信,表示愿意互通商旅。巴托尔德认为:“那时候,成吉思汗不见得就想统治世界”②。当四百多人组成的蒙古第一批商队到达锡尔河中游的讹塔剌(今哈萨克斯坦阿拉木图)城时,该城守将见财起意,以奸细的罪名将商队全部屠杀,将货物尽行没收。为此,成吉思汗派出一个使团赴花拉子模王朝交涉,要求惩办凶手,赔偿损失,保证今后不再有类似事件发生。从这些记载看,直到此时,成吉思汗还

① 米尔洪德:《成吉思汗史》,皇家东方语言专门学校出版,巴黎,1841年,第102—104页(波斯文);缪勒:《伊斯兰教史》,麦德尼科夫俄译本第3卷,圣彼得堡1896年,第221页。以上均转引自[苏]彼得鲁舍夫斯基《1219到1224年间蒙古大军对中亚的征服及其后果》,载《鞑靼蒙古人在亚洲和欧洲》,莫斯科,1978年俄文版。

② 巴托尔德:《蒙古入侵时期的突厥斯坦》,英文译本,第394页。

是按正常的外交手段主张和平解决的,可能是考虑到同其建立经常的商业贸易关系会带来更大的利益。但花拉子模沙拒绝应允这个条件,还蛮横地将使团的正使——一名中亚商人处死,将两名蒙古副使的胡须剃光遣回。于是,这次小小的流血加剃须的事件,便成了成吉思汗发动空前规模战争的直接导火线。不过,有的学者认为,挑起这场战争的是成吉思汗,认为一是成吉思汗最早派遣第一个使团时使用了“我最可爱的儿子”来称呼花拉子模沙,这“儿子”之称即把对方作属国,是一种明显的挑衅。二是认为他所派商人实际均是间谍,并如成吉思汗一贯使用的手腕,散布了大量“流言蜚语,打掉一切企图抵抗者的意志”,所以杀奸细是允许的。[①]

1219年初,20万蒙古大军,在愤怒的成吉思汗的亲自统帅下,自鄂尔浑河畔出发,沿杭爱山西行,过阿尔泰山,于1219年夏,到达额尔齐斯河畔。在这里,成吉思汗会见了西州畏兀儿首领巴尔术阿而忒的斤,然后过准噶尔盆地,穿行塔里克峡谷,进入伊犁河谷平原。塔里克峡谷位于今新疆霍城县境内,汉语俗名果子沟,地势险要,道随水行,全长五十多公里。为了保证军需辎重的通行,据长春真人记载,蒙古军队在这条峡谷中架设了48座木桥。1220年,成吉思汗的大军,犹如喷冲出的山洪,突然出现在伊犁河谷平原。接着,势如破竹,长驱直入花拉子模王朝境内。花拉子模王朝此时拥有40万久经疆场的军队,在数量上远远超过蒙古军。同时,还拥有分布在各交通要冲的坚固设防城镇。但是,不可一世的这位花拉子模沙却被蒙古大军的迅猛来势震慑住了。他将军队分

① 彼得鲁舍夫斯基:《1219年到1224年间蒙古大军对中亚的征服及其后果》。

散地布置在讹答剌、忽毡、撒马尔罕、布哈拉、花拉子模等城镇，放弃了集中雄厚兵力在野战中击溃敌人的机会。结果，被成吉思汗各个击破。

西征中，成吉思汗为惩罚杀害第一批蒙古商队的花拉子模方的亦纳勒朱，进攻他守卫的讹答剌城，用了五个多月时间，是锡尔河战线中时间最长的一战。此战的结束，意味着花拉子模王朝主力已被击溃。成吉思汗的第二个目标即追击花拉子模沙摩诃末，沿途征战于今阿富汗、伊朗一带，最后，花拉子模沙逃到里海一个荒岛上结束了一生。此时这个王朝的中亚大部疆域，基本为蒙古军所占。只剩下其都城玉龙杰赤。

1220 年，除成吉思汗长子所率一支蒙古军外，全部蒙军会师撒马尔罕城下。1221 年 4 月蒙古军虽攻下玉龙杰赤，但也遭到重大损失。随着玉龙杰赤城的陷落，中亚地区的战争大体上告一段落。以后主要目标是围歼花拉子模沙的长子札兰丁指挥的军队，这由成吉思汗本人指挥追击。

1221 年，在今阿富汗境内的八鲁湾平原，蒙古军队的前锋三万余人与札兰丁的军队交战，这支蒙古军几乎全军覆没。但由于花拉子模的内讧，札兰丁失去了进一步取胜的机会，当成吉思汗自统大军进抵哥疾尼(位于今阿富汗喀布尔西北部)时，花拉子模军闻风丧胆，便不战自溃，匆忙向今巴基斯坦拉合尔方向退去，准备渡印度河逃走。在印度河畔，蒙古军队追上札兰丁部队。花拉子模军队被阻于印度河西岸，不得已，背水布阵，与蒙古军决一死战。当花拉子模军队逐一被歼，最后剩下很少一些人的时候，札兰丁毅然从两丈多高的河岸上纵马跃入印度河中，一手执盾防护背后，一手执军旗，向波浪汹涌的印度河对岸游去，札兰丁的勇敢，不禁令一贯爱才的成吉思汗赞叹不已,成吉思汗说:"麾下将士皆如是,尚何虑矣!"他制止了准备发箭射击札兰丁的弓箭手,并要自己的部下学习札兰丁的勇敢。

当成吉思汗的主力部队在伊朗高原作战的时候,另一支蒙古军队将溃逃的花拉子模国王赶入里海后,又攻克了伊朗中部的哈马丹加兹温城。然后,进入相当于今阿塞拜疆、亚美尼亚、格鲁吉亚的广大地区。到了1222年,这支蒙古军实际上已深入到前苏联的顿河流域。1223年,又在顿河流域的卡列卡河畔,一举击败了基辅大公为首的斡罗思联军。不过,蒙古军在这一战役中也受到了较大的损失。加上成吉思汗所带爱妃忽兰哈敦病重,于是1224年夏,成吉思汗的西征大军携带着在中亚和伊朗高原掳获的数以万计的各种工匠,由撒马尔罕启程东返,于1225年回到了蒙古草原。

五年西征的直接结果主要是:一、不仅收复了汉唐以来中国原达到的西域、中亚两河流域一带的历史疆土,而且征服了南斡罗思地区的不少国家与部族,使蒙古帝国的西部边界达到西亚和东欧,开始建立起一个横跨欧亚的帝国,这在人类历史上是一个空前的大帝国。二、战争使这些地区残破,百姓死亡惨重,城市被破坏。三、有些城市的工匠(估计共约十万人)被掳掠到了蒙古本土。四、一条漫长的东西陆上通道因蒙古帝国而畅通了。

自1219年至1225年的西征中,蒙古军队的铁蹄践踏了黑海以东,从印度河到钦察草原的广大地区。究竟应如何全面看待成吉思汗西征时期直接影响到这场战争的主导思想呢?

笔者认为,在分析成吉思汗的思想对这场战争的影响之前,应该指出,客观条件的作用,即首先是打上野蛮氏族制残余烙印的复仇战争与中世纪的历史条件决定了西征的残酷。我们知道,甚至到1254年以后,被当时宗教统治者活活烧死的欧洲人士便达五百万之众,[①] 何况比这更早的一场蒙古游牧民族的复仇战争呢！至于成吉思汗,无论怎么说,在花拉子模杀害蒙古商队人员以后,他还曾派巴合剌等使节去交涉,并表示只要交出首犯,便可和平解决事端,所以,不应负第一位的战争责任。但是他称花拉子模沙为“儿子”,以及以后又超过惩罚罪魁而进行扩张性战争,则也应该对这场扩张战争负一定责任。不过总是花拉子模方面先杀了蒙古使节,甚至又是花拉子模算端摩诃末“自恃兵多”,未能慎重处理使团问题(即使是间谍),而为蒙古军队提供了发动战事的借口。[②]难怪连志费尼也谴责摩诃末算端玩火的后果是“他毁坏和荒废了整个世界”,一种下仇怨,到头来“子孙还得饱尝惩罚的苦楚”[③]。所以,挑起这场残酷战争而又无力保卫自己人民的摩诃末,首先是应当谴责的历史罪人。面对花拉子模的挑衅、玩火,即使按现代国际法,成吉思汗也有理由宣战,使他能在十分主动的地位上在诏书中说,是对“不逊”之敌不得不用实力“军旅试临”[④]。这些表白反映了一定的历史实际,也是反映成吉思汗当时一定思想实际的记载。然而,成吉思汗在这场

① 转引自《自然辨证法讲义》第11页,人民出版社1979年版。

② 据《多桑蒙古史》上册第六章记载:“时摩诃末自恃兵多,乃答蒙古主帅曰:‘成吉思汗虽命汝勿击我;然上帝使我击汝,我欲灭诸偶像教徒以答天庥也。’蒙古军不得已应战。”

③ 《世界征服者史》上册,第11章,汉译本,第92－93页。

④ 《南村辍耕录》卷十。

残酷战争中毕竟是有罪过的,有责任的,这与他当时的思想发展不无关系。实事求是地分析、认识其中的关系,有助于我们正确评价领袖人物的思想、言行对历史事件的影响。

有的学者认为,成吉思汗在西征中的历史罪过,是他作为野蛮游牧民族的代表,根本上"敌视定居生活"、"敌视农村和城市"的思想造成的。[①] 笔者对这种看法似难苟同。且不细说在西征花拉子模之前,成吉思汗对于从畏兀儿地面到西辽领土的许多城市和农村,并未表现有"敌视"的思想和行动,也没有指令对当地和平归降的定居居民进行野蛮屠杀。他对归顺降服的畏兀儿亦都护和海押立、阿力麻里等城邦之王,还进行了联姻、赐封。[②] 根据志费尼的记载,成吉思汗对城邦国家经济的繁荣也是颇为欣赏的。他写道:"成吉思汗统治后期,他造成一片和平安定的环境……道路安全,骚乱止息……所以成吉思汗在大道上设置守卫并颁布一条札撒:凡进入他的国土内的商人,应一律发给凭照。"[③]成吉思汗还很希望得到城市的工业品,曾为此写信给花拉子模算端,要求通商,以发展双方的"关系和情谊"[④]。而且当时靠近汉地的一些蒙古部落,也已渐渐务农并"筑室而居"了。[⑤] 可见,断言成吉思汗本能地敌视定居生活与敌视城镇的思想是造成西征战争残酷的

① 彼得舍夫斯基:《拉施特及其历史著作》,载《史集》第1卷第1分册,商务印书馆1983年版。

② 《多桑蒙古史》上册,第3章。志费尼也说,他们受到成吉思汗的"优遇"、"恩宠"。

③ 《世界征服者史》上册,第11章,第90－91页。

④ 同上。

⑤ 屠寄:《蒙兀儿史记》卷一五三。

原因，难以令人信服。

不错，马克思和恩格斯曾指出："意识一开始就是社会的产物，而且只要人们还存在着，它就仍然是这种产物"[①]，成吉思汗的思想意识也就不可能不打着他所经历的早期蒙古野蛮游牧社会的烙印。但也应该看到，他西征时已是暮年时期，他的思想已经是他所经历的奴隶制和早期封建制度社会的综合产物了。

当成吉思汗得知花拉子模杀使事件后，他心中燃起"万丈怒火"，怒奔上山，跪求上天助他"复仇"[②]。在氏族社会残余复仇思想熏陶下成长的成吉思汗，当时又已经是东到朝鲜半岛，西到西辽本土这广阔领土的帝王，他不能忍受这种屈辱，从而产生复仇的思想与惩罚征讨行动是很自然的。所以复仇思想是他进行西征的主要指导思想之一。

不过，我们认为，从成吉思汗西征初期的言行看，他的思想已经接受了反映封建社会存在的那种意欲建国立业的意识。因此，指导着这场战争的，并不只是单纯复仇与奴隶制游牧民族的抢掠一场，而是也贯穿着成吉思汗征服仇敌的领土、建立让他的子孙统治的帝国，让他的家族去进行封建统治的思想意图，他也想在当地治国安民，这并不像有人所说的，是什么"神话"。在成吉思汗给长春真人的两份诏书中，谈到了他要"安天下"，最终务必使百姓"心服"等问题，[③]而且实际上

---

① 《马克思恩格斯全集》第3卷，1955年俄文版，第29页。

② 《世界征服者史》上册，第11章93页；也可参看《多桑蒙古史》上册，第6章。

③ 《南村辍耕录》卷十。诏书中说到："朕以彼酋不逊，我伐用张，军旅试临，边陲底定，来从去背，实力率之故，然久逸暂劳，冀心服而已。"

他也是把这些领土分给了自己的儿子们,并再三叮嘱他们要团结守业。所以,笔者认为,想要把被征服的领土纳入成吉思汗家族封建统治的范畴,这是成吉思汗暮年西征时期另一种不应忽视的主要指导思想。

上述两种主导的思想脉络,错综复杂地影响着西征的战事。成吉思汗在复仇思想指导下,把自己看成"上帝之鞭",认为战争得胜是上帝把他"作为惩罚""降施"给花拉子模等中亚人民,因而失去了对蒙古军屠杀当地人民的约束性。特别是他的爱孙在范延城被射死之后,复仇思想使他竟下令杀得该城未留一个生灵。① 这种残酷报复于无辜人民的行为,无论如何是应当受到谴责的,而且也是与成吉思汗本人的思想直接有关的。不过,从史书记载看,他在一般情况下对降服与不降服的居民还是区别对待的。即使按伊斯兰作者们的记叙,他对西征路上的居民都是首先进行招降。他对哲别、速不台也指示:"归顺者可予奖励,发给(保护)文书,(为他们指派)长官;流露出不屈服和对抗情绪者一律消灭掉!"② 到进入不花剌城以前,对降城居民不屠杀的规定基本上是付诸执行的。西征后期,对待屈服与不屈服的居民确有不太区别的情况,对无辜平民的屠杀与城市的摧毁也明显加剧。从思想方面分析,原因之一是一度投降蒙军的塔剌必村等百姓复又起来反叛、起义,蒙方伤亡增大,于是成吉思汗及其蒙古军的复仇思想和对降者不信任的思想增强,屠杀加剧;二是由于城堡及壮丁可能作为反抗的基础和反抗的有生力量,而成吉思汗如前

① 《世界征服者史》上册,第16章,汉译本121页;第21章,汉译本第154页。

② 《史集》第1卷第2分册,第109页,1952年俄文版,汉译本288页。

所述要统治被征服的领土,这样,为达到这种目的,蒙军的数量就很不足,特别是札兰丁继摩诃末之位以后,成吉思汗怕这位劲敌组织起大规模驱逐蒙古军的反抗,[①]于是蒙古军大量屠杀男性公民并采取毁城和其它残忍手段,从而增加了战争的惨酷。所以,应该说,中亚人民这方面的灾难是与成吉思汗的指导思想分不开的。

可是事物的复杂性在于,这只是问题的一个方面。另一方面,由于成吉思汗意欲统治被征服的领土,他对真心降服与欢迎蒙古政权的人又往往相当优待。连指责成吉思汗是野蛮进行屠杀的草原贵族代表人物的学者,也承认被征服国家的"封建贵族和大商人阶层……他们降归于蒙古征服者,获得了各种优待和特权"[②]。甚至成吉思汗对路边自动为蒙古军备水的一个孤苦老人,也不忘记特赐。志费尼认为他"并没有走总屠杀的极端","没有尽情复仇以消心头之恨"[③];为得民心,成吉思汗在问了当地人原来的税收之后,让速不台对主动降服的奴儿城等,按原花拉子模的税收标准收税,并未加重他们负担并保持原封建统治方式,这在不少史书中有所记载。速不台在安抚时,也不许部下没收居民的家畜、农具,纪律相当严明。这类史

① 为防止扎兰丁在加兹纳组织敌对行动,成吉思汗决定"同其余大城市一样对待这座城市:迁出部分居民,拆毁防御工事"(见格鲁姆·格尔日麦洛《西蒙古与乌梁海边区》,俄文本第431页,列宁格勒1926年版)。

② 彼特鲁舍夫斯基:《拉施特及其历史著作》,载《史集》第1卷第1分册。

③ 《世界征服者史》上册,第17章,汉译本第133页。另外,欧洲有些学者在考证了经历过西征战事的里海以东地区的城市遗迹后,认为:有的人所说蒙古西征把城镇全夷为了平地,"成几十万地屠杀,这只不过是东方作家的虚构","关于逐个屠杀花拉子模一些重要城市的居民之说,明显有过分夸大的毛病"(前引格鲁姆·格尔日麦洛:《西蒙古与乌梁海边区》,第429-432页)。

实也反映出,往往历史事件的发展与领袖人物的部下和左右人士起什么样的作用,有密切关系,虽然,掌权人物的作用终究是决定性的,然而成吉思汗的部下毕竟多数是具有复仇思想的游牧官兵,这不能不对战争的残酷造成一定的影响。

综上所述,西征的残酷首先是由中世纪的历史条件和游牧民族复仇战争的性质所决定的。不过,成吉思汗作为指导西征的决策人,由于他本人的复仇思想和追求军事扩张的意图,应该负有不可推诿的历史责任。在笔者看来,西征时期,成吉思汗有时残酷,有时宽大,有时受复仇思想支配,有时也希望民心的最后归顺,处在错综复杂的思想状况之中。透过他暮年西征的一些思想言行可以看出,当时成吉思汗的思想不是单一地反映奴隶制的野蛮游牧社会的思想意识,而是反映他所经历的奴隶制和早期封建社会交织的思想意识,即成吉思汗暮年思想是他所经历的过渡时期社会存在的一种综合产物。西征中,作为封建帝王的成吉思汗,其作用自然是举足轻重的,但史实表明,其左右人物,甚至一般蒙古兵士的观念形态也有不容忽视的作用。至于成吉思汗的西征,取得了震惊世界的战绩,从中越来越多的研究家看到了成吉思汗的军事、外交和组织能力,不得不承认成吉思汗奇特的用人思想所造就出来的哲别、速不台、失吉忽秃忽等一批猛将使他如虎添翼,几乎百战百胜。另外,他的军队纪律严明,团结对敌,而花拉子模方面虽军事素质原也不可一世,但却内部矛盾重重,终被各个击破。[①]

① 同前引彼得鲁舍夫斯基《1219 至 1244 年蒙古大军对中亚的征服及其后果》,载《鞑靼蒙古人在亚洲和欧洲》。

三、一代天骄临终

人到暮年,一般说来,思想发展规律是趋于迟钝,思想往往有僵化或极端化倾向。古代帝王更多有变得昏庸暴虐的。那么,成吉思汗暮年思想发展的趋势和临终前的表现如何呢?

我们认为,成吉思汗晚年所做的几件大事,最能反映这位叱咤风云的人物在生命最后阶段的思想特点和思想发展脉络。

首先,1219 年西征路上,成吉思汗曾专门招见全真教领袖长春真人邱处机,但到他临终前 5 年时(1222 年),才见到真人,其召见动机,是反映他暮年思想的典型思想之一。关于成吉思汗召见真人的思想动机,近年来基本有两种看法:一种认为是为了请真人来提供“长生保身之术”①;另一种意见则认为,“是把邱处机看作姜子牙、诸葛亮式的人物,希望他成为自己的辅佐,登上三九之位”,是为了“向邱处机这个道教首领寻找统治术”②。

其实,这两种思想动机,对成吉思汗来说至少也是兼而有之的。③ 在他发出的第一个邀请诏的结尾,明确写着要长春真人“不以沙漠悠远为念,或以忧民当世之务,或以恤朕保身之术”④。可是后来,真人先在陈情表中婉言拒绝了辅佐,后又回

① 参看韩儒林《穹庐集》第 269 页,上海人民出版社 1982 年版;赵秉昆等《试论成吉思汗》,及布林《成吉思汗事略》等文,载 1980 年中国蒙古史学会论文集。

② 朱耀廷:《西征路上的成吉思汗为什么要会见长春真人?》,载《北大学报》1983 年第 6 期。

③ 马曼丽:《成吉思汗暮年思想探幽》,载《西北史地》1986 年第 4 期。

④ 陶宗仪:《南村辍耕录》卷十。

答并无长生之术，而成吉思汗在这两个目的均未达到之后，仍对真人始终十分尊重。由此分析，除了公诸于世的这两个公开意图外，成吉思汗可能还有某种不便公开写入邀请诏的思想考虑，那就是他考虑到了，通过召见这位名扬四海的真人，能起到影响天下的巨大政治作用。特别是金、宋皆邀请而邱处机"不赴"，如果能使他应召来谒见自己，无论哪方面的影响显然都是巨大的。这正可以解释他会见真人时的第一句话不是别的，而是"他国征聘皆不应，今远逾万里而来，朕甚嘉焉"[①]。不过，上述三种思想考虑中，当时成吉思汗感情上最关切的、最主要的因素看来还是想得到长生之术。我们知道，还在准备西征时，其妃也遂哈敦曾直言不讳地指出，他成吉思汗的"金身"，也是不可能"永生"的，建议他应从四皇子中安排帝国的后继人。成吉思汗接受了也遂的建议。这也说明，他和他的妃子一样，已感受到老之已至，承认自己的确也是要"步先人之后的"[②]。也因此，当刘仲禄吹嘘长春真人"行年三百，有保养长生之秘术"时[③]，成吉思汗也就以迫切的心情立即派刘仲禄"敦请"真人，使"期必致之"，而且一见面就迫切地盘问有何"长生之药"。从心理学观点看，这反映出成吉思汗暮年时期思想发展的自然趋势，也是他暮年时期一次最真实的思想感情的流露。特别是会见真人以后，成吉思汗下令免除长春真人所属全体道士的赋税，但要他们每日为他诵经"祝寿"[④]，足见他当时思

① 《长春真人西游记》上。
② 《蒙古秘史》第254节。
③ 耶律楚材：《西游录》。
④ 陈正祥：《中国游记选》第一册，第92页，商务香港分馆1979年版。

想上对延年益寿是何等重视。忽视这一重要思想动机而只认为是为了招贤聘佐,看来是有些超脱成吉思汗暮年思想的实际了。

但是成吉思汗毕竟是一位有抱负的理智帝王,正因为如此,他在邀请诏中以颇大篇幅表白他渴望选得贤佐,渴望能"安天下"之类的内容,这就在一定程度上反映出,即使在感情上成吉思汗强烈希望延年益寿,他仍意识到,作为一个英君,应该把选贤、治国、安天下这类事业放在重要地位。也由于这种理智,他才能在听到真人关于并无长生之药的回答后,仍奖其诚。①

其次,意识到并无长生之药的成吉思汗,在西征得胜返回后,随即将其开拓的疆域分封给他的四个儿子。对他的后代团结守业作了苦心安排。长子术赤主要分得了原苏联里海以北的钦察草原。次子察合台分得了今哈萨克斯坦等中亚地区以及今我国新疆伊犁河谷地带和焉耆以南的地区。三子窝阔台分得了今塔城、阿尔泰以及蒙古草原的西部地区。四子拖雷继承了成吉思汗原蒙古领地。他给诸子、诸弟、族人分配相应的职位、禹儿惕和军队,使之各得其所,各尽其力,但大汗则嘱定是窝阔台。我们以为这时的成吉思汗思想已进入成熟阶段,他已意识到帝国未来的悲剧,莫过于子孙夺位与分裂。所以,成吉思汗订立了对黄金家族的团结和帝国的统一具有重大意义的择贤议定皇位继承人的札撒,具体做法是在黄金家族、高级将领、那颜参加的大忽里勒台会上从皇子中推举贤能者继承皇位。于是,早在西征前召集的议定皇位继承人的呼

① 以上参见《长春真人西游记》上。

日勒上，成吉思汗已训诫在会上争吵的术赤、察合台二子要实践推举窝阔台为汗的诺言，不要像阿勒坛、忽察儿二人那样原推他为汗，后来又生坏心，并把这二人的百姓分给术赤、察合台作为镜鉴。成吉思汗临终前更明确地留下了遗嘱："吾殆至寿终时矣，我为汝等创此基业，无论东西南北，自此首往彼首，皆有一岁期程。我遗命无他，汝等欲能御敌，多得民人，必合众心为一心，方可长享国祚。我死后汝等奉斡歌歹为主……"[①] 在病危时，他显然操心蒙古帝国的后代能否团结维护帝国，而使其不致分裂，所以又召见诸子最后训诫："如我的儿子个个都想成为汗，想当帝王，不相互谦让，岂非又像一头蛇和多头蛇的故事？"[②] 成吉思汗临终叫儿子们拿一簇箭，折箭教训儿子们团结守业，表明他没有忘记他贤慧的母亲这一教育对他一生的巨大作用，也想他的子孙能继承蒙古族这一优秀思想文化传统。据载，他的这一教导是这样的："你们也这样，一支脆弱的箭，当它成倍地增加，得到别的箭的支援，那怕大力士也折不断它，对它束手无策。因此只要你们弟兄互相帮助，彼此坚决支援，你们的敌人再强大，也战不胜你们。"他再三指出团结才能守业，他说到："我为你们（我的）儿子们，在主的威力和（长生）天的佑助下征服和开创了一个辽阔广大的国家，从这个国家的中央向各方面走去都需用一年时间。现在，我对你们立下如下遗言：你们要想过富足满意的生活，享受掌大权的快乐，必须齐心协力抵御敌人，尊崇朋友！"接着他立窝阔台为汗，在遗训最后吩咐道：去统治"（我

---

① 《蒙兀儿史记》卷3，第32页。

② 《世界征服者史》上册，第181－182页。

的）国家和兀鲁思吧！我不愿死在家里，我要为了声名和荣誉走出去。"[①]他并要诸子立下文书保证在他死后不许改变窝阔台为汗的决定。成吉思汗逝世后及时召开了忽里勒台大会，一致推举窝阔台为汗。窝阔台逝世后，其第二子阔端一心想继位，窝阔台生前有让其爱孙失烈门继位的意图，但大忽里勒台会上众王公、那颜们认为窝阔台诸子中"贵由以他的英武、严峻、刚毅和驭下而知名，他是长子，处理危难事件最富实践经验，而且对祸福最有经验。阔端相反病体奄奄，失烈门仅为一孩童"[②]，所以共推贵由为汗。贵由去世后，蒙哥也因深得人心而被推举登汗位。可见成吉思汗选择了气度恢宏、宽厚明达的窝阔台为继承人并订立推选制的长远影响。他并且敏锐地看出了耶律楚材的非凡治国才能，为了定邦治国，成吉思汗曾专门为窝阔台安排了辅佐他和支撑帝国的这位栋梁之材。他嘱咐窝阔台说："此人天赐我家，尔后军国庶政，当悉委之。"[③]后来耶律楚材果然是太宗窝阔台得力的辅国忠臣，制定了统治中原的整套税赋、文治、礼仪、制止屠杀等政治、经济措施，为实行中央集权和大元的统一奠定了基础，从而也证明了成吉思汗临终前对国事安排的深邃远见。

其三，成吉思汗临终前专门制定了灭金之策，为他的后继者窝阔台遵照此遗言顺利灭了金国，以至为其后忽必烈实现元朝大统一奠定了基础。在遗言中他指示左右说："金精兵在潼关，南据连山，北限大河，难以遽破。若假道于宋，宋、金世

---

① 《史集》第1卷第2分册，第232页，汉译本第319页。

② 《世界征服者史》上册，第294页。

③ 《元史》卷146《耶律楚材传》。

仇,必能许我,则下兵唐、邓,直捣大梁。金急,必征兵潼关。然以数万里之众,千里赴援,人马疲弊,虽至弗能战,破之必矣。”[①] 这就是历史上著名的成吉思汗灭金“临终遗言”。其中部署了深谋熟虑的“联宋灭金”的战略计划。以后的战史恰恰证明,在蒙古与南宋未达成协议的头几年,蒙金战争互有胜负,进展不大。最后,蒙、宋达成协议,1233 年统治中国北方长达一百二十年之久的金朝终于在蒙、宋联军进攻下灭亡。这个“临终遗言”不仅可见成吉思汗用兵如神的精髓所在,而且蕴含着极为丰富的军事、政治、外交诸方面天才的思想,天才的预见。难怪亲眼见过成吉思汗作战的南宋使者彭大雅,在他所著《黑鞑事略》中不能不承认成吉思汗的兵法韬略,“只在乎彼纵此横之间,有古法之未言者”。

成吉思汗一生最后的一件事,便是决定抱病亲征西夏,准备哪怕战死沙场,也要灭顽敌西夏。1226 年秋,成吉思汗抱病对西夏发动了他一生中最后的一次战争。这是因为成吉思汗在欲征花拉子模国时,曾派遣使臣去西夏,让西夏履行臣属国职责出兵助征,被夏主不儿罕拒绝,且西夏大将阿沙敢卜讥讽说“气力既不足,何以称罕?”当时成吉思汗面临西征,只好“姑罢之”,但表示西征“归来后,却再理之”[②],曾表示誓死要灭西夏,“即死也,亦应就其言而行之”[③],因为他看到西夏二十多年来反复无常,时服时叛,如不灭,会成为灭金统一全国的大隐患。但由于此前,成吉思汗在围猎时曾坠马受伤,发病

① 《元史》卷 1《太祖本纪》。
② 道润梯步:《新译简注蒙古秘史》续集卷 1,第 317 页,1978 年第 1 版。
③ 简注《蒙古秘史》续集卷 2,第 352 页。

在征战中，他自知病重，为了彻底消灭西夏，他下令："我死后，你们不要为我发丧、举哀，好叫敌人不知我已死。当唐兀惕国王和居民在指定时间从城里出降时，可将他们一举消灭"[①]。果然没等到伐夏战争结束，成吉思汗就于1227年8月，在蒙古军队围攻西夏都城的胜利号角中，病死于军中。部下按他要手握宝剑，身披战甲死去的意愿，安葬了这位戎马一生的历史巨人，"诸将奉柩归蒙古，不欲汗之死讯为人所知，护柩之士卒在此长途中遇人尽杀之。至怯绿连河源成吉思汗之大斡耳朵始发丧，……举行丧礼后，葬之于斡难、怯绿连、秃剌三水发源之不儿罕合勒敦诸之一山中"[②]。但至今未发现他的墓地，现在只能有一些象征性的陵园纪念这位历史巨人。由于蒙古习俗，汗的安葬地是极为秘密的，墓地驱马踏平，使后人无坟冢可寻，而祭祀仪式则是公开的，蒙古鄂尔多斯部守护的"八白室"即成吉思汗的祭祀之地，清初移至伊金霍洛，在鄂尔多斯蒙古人民心目中，伊金霍洛成陵即成吉思汗安葬地，是极为神圣之地。成陵在抗战时曾迁甘肃兴隆山，1949年解放前夕，又曾迁至青海塔尔寺，现已迁回内蒙之伊金霍洛。

在结束本章时，有必要对成吉思汗晚年的两个争论问题，表示我们的倾向性看法：其一是我们认为，成吉思汗晚年对屠杀行为有所反省。他临终前一个月向群臣宣布，可将他说过

---

① 拉施特《史集》第1卷第2分册，第32页。

② 《世界征服者史》上册，第45页。但至今未发现成吉思汗葬地。所以，至今对此问题仍是意见分歧。本书认为成吉思汗葬地应在今蒙古国，而历史上象征性的"祭祀之地、八白室"所在地则在伊金霍洛，其中"银柩"也为象征性的陵园葬物（参见陈育宁：《成吉思汗的葬地与陵园》，载《社会科学战线》1983年第4期）。

“尝许不杀掠”的话[①] 布告中外，应是可能的。对石抹明安劝他勿屠城、屠人的劝告，帝也多“从之”[②]。一般是人之将死，其言亦善，从几处这类记载看，晚年带病的成吉思汗有此反省之意，我们认为基本可信。由于他伐西夏时仍下令杀戮，有人表示对此话有怀疑，我们则以为，这出于他对时服时叛者及仇敌非杀不可的信条，似不能因此认为他毫无反省之意。不过，报仇与不屠杀看来确是成吉思汗思想上的矛盾现象。其二是成吉思汗是否征讨了土伯特(今西藏)。蒙藏文史书中均有过成吉思汗“征伐土伯特之库鲁格·多尔济合罕也。……由是收服格里三部以下三地八十八万黑土伯特之众矣”[③] 的类似记载。藏文史籍中有“1227 年成吉思汗死后，西藏人停止进贡，与蒙古人关系紧张起来”的记载[④]。我们以为，成吉思汗完全征服土伯特的可能性不大，但史实反映蒙古初次接触佛教确是在成吉思汗时期，成吉思汗通牒土伯特使之进贡是可能存在的，从《致吐蕃人书》的内容看，以后西藏正式归入中国版图，也是与成吉思汗的武功威力与政策影响分不开的。由于目前史实较少，这两个问题尚需留待以后研究。

---

① 《元史》卷 1《太祖本纪》。

② 《元史》卷 150《石抹明安传》载，石抹明安降蒙古后，劝成吉思汗勿屠城人：“此辈当死，今若生之，则彼之未附者，皆闻风而自至矣，帝从之。”

③ 《鄂尔多斯萨囊彻辰台吉所著东蒙古人及其王室史》(德文)，施密特译自蒙文，圣彼得堡－莱比锡，1829 年，第 89 页。第 393 页上有他引自蒙文史料《古鲁肯·托勒塔》中成吉思汗致西藏的一封信。

④ 转引自[苏]库切拉《蒙古人征服西藏》，载《蒙古史研究参考资料》总 62 辑。

第五章　成吉思汗军事思想的核心与特色

成吉思汗作为叱咤风云的历史巨人,其最突出的影响还是他威震欧亚的军事胜利,因此,以军事思想作为研究成吉思汗思想的序曲,似乎是比较合适的。长期以来,虽然学术界对成吉思汗的各种政治思想的研究相当薄弱,然而对其军事思想的研究成果却足以汇成洋洋巨著。尽管成吉思汗本人因不识字,没有军事著作,但从 13 世纪中叶便流传下来的《蒙古秘史》到其他成吉思汗同时代人的中外著作中,都不乏关于成吉思汗用兵之道的记载。据此,本书只拟对成吉思汗军事思想的核心问题进行探讨,提出自己的管见,希望能在前人研究基础上达到画龙点睛的效果。

成吉思汗得以在世界范围的军事舞台上导演一幕幕精彩

绝伦的战争场面，当然有多方面的原因，而在我们看来，他所塑造的建军、治军、用军三位一体的军事科学体系，起了关键的作用。他的军事思想的核心便凝结在这一军事科学体系之中。笔者以为可以归纳为：建军达一流水平；治军使至忠至精；用军求神速无敌。这一体系及其所蕴含的军事思想，处处体现出蒙古军在他那个时代是极富战斗力的，并具有超越其同时代人的先进性。这也是他军事上登峰造极，战略战术上运筹帷幄并能身经百战而所向披靡的核心原因。

一、创建一流军队的建军措施

1. 聚集那可儿① 形成了最初的核心军。成吉思汗父亲死后，部众尽失，他从孤儿寡母的状况下开始建军，最初是靠接纳一批那可儿聚集在自己的周围，初步形成雏形军队的核心力量。所以，将那可儿组成核心军，是成吉思汗处于艰难时期，为了从小到大发展自己力量的一种创造。那可儿军初建时，他尚未称汗，即那可儿军起于铁木真时期，到后来，那可儿这支核心力量则是成吉思汗南征北战的依靠。《秘史》和《史集》中所列举和提到的成吉思汗的所有伴当（那可儿），原都是他的军事侍从和战士。他与那可儿朝夕相处，形影不离，他对那可儿在生活方面也十分照顾，双方关系亲密，他不仅把掠夺的畜群、女人、孩子和百姓，赏给那可儿，而且将自己的马匹和衣服赠给战士。看来，这是铁木真统一蒙古时期的一贯做法。

① “那可儿”（Nōkur），意即扈从、同伴，《元朝秘史》中称为伴当；F·D·拉森《蒙英字典》中释为友伴（见 F·D·Lessing《Mongolen—English Dictionary》第 539 页）。

铁木真的那可儿,大部分是自愿跟从他的,而且因为铁木真能诚挚相待,都愿为他卖命。如:当铁木真的八匹骟马被劫走后,他在追寻途中,遇见的博尔术是成吉思汗最早的那可儿。铁木真对博尔术说:“我只有独自一人,你能和我同去吗?!”为了他的安全,铁木真要自己当前锋,博尔术尊敬铁木真的这种品格,背着他父亲当了他的伴当。[①] 有些那可儿是家长亲自送到铁木真处来的。如札儿赤兀老人把者勒篾送来“备鞍子”、“开门子”;贴列秃伯颜教长子把木华黎和不合两个儿子送给铁木真做扈从。有些那可儿是战时拾得的小孩,精心培养,后来成了铁木真的扈从。如古出(征篾儿乞部时所得),阔阔出(在札木合营所得),失吉忽秃忽(在塔塔儿营所得),勃罗兀勒(在主儿勤营所得)等等。另一部分则是由于战争力量对比发生变化,从敌对阵营招抚来的。如泰亦赤兀的哲别投奔铁木真,将自己在对阵时,从岭上将铁木真射伤实情,毫无隐瞒地谈了,铁木真爱他诚实,不计其过,接纳他为那可儿。他们平时进宿卫帐庭,使铁木真身心皆安;战时则是战士,做前哨,围猎时则是助手。那可儿中有的是谋臣,他们为铁木真出谋划策,将可行的事,助铁木真教行,不可行,谏铁木真教止。

那可儿与首领的关系,起初出身自由民的那可儿是主人的朋友伴当,有的出身奴隶的初期有主仆关系,当罕的权力增大,成吉思汗的那可儿军便是他的臣仆。那可儿队伍中,人员的地位也不断变化,尽管有的出身奴隶部落,但由于立功,有的成了后来千户制军队的千户、百户那颜,有的成了护卫军的

① 《史集》第1卷第1分册,汉译本,第279页,商务印书馆1983年版。

将帅。

在成吉思汗的那可儿中，有一批建过赫赫战功的功臣和名震四海的统帅。如忽必来、者勒篾、哲别、速不台等“四狗”（蒙古文化含义中的“狗”，如同汉文化含义中的“龙虎”），几乎是“凡教去处，将坚石撞碎，崖子冲破，深水横断”的人物。如木华黎、哲别、速不台等都在许多战役中，战功卓著，是享有世界声誉的统帅。众所周知，木华黎是为成吉思汗攻略半壁江山的栋梁。

成吉思汗的那可儿军由小到大，无论在战争中，或是在他建立与巩固汗权方面，都起了重要作用。

2. 在那可儿基础上，建立千户制军与怯薛军[①]制度，形成了“上马则备战斗，下马则屯聚牧养”的正规军队，[②] 以巩固汗权。1206 年，成吉思汗统一蒙古诸部，在即蒙古国大汗之位时，建立了军政统一的千户军与怯薛军。

先实行的是军政统一的千户制军。即“复授开国有功者九十五人为千户”，以赏赐方式，分封与他共同建国的贵戚、功臣，将他们任命为千夫那颜，划定其牧地范围，使其世袭管理。“其民户体统十人，谓之排（牌）子头，自十而百，百而千，千而万，各有长”[③]，其民即军，军民一体。所以，“家有男子十五以上，七十以下，无众寡尽签为兵”[④]。十夫长、百夫长、千户长、万户长就是这些士兵的军政长官。这样，成吉思汗的军队由

---

① “怯薛”（Keshing），又称护卫军，即大汗之新军，《元史·兵志二》宿卫条云：“怯薛者，犹言番值宿卫也。”

② 《元史》卷 98《兵志》。

③ 彭大雅、徐霆：《黑鞑事略》，中华书局 1985 年版。

④ 《元史》卷 98《兵志》。

原来的氏族军逐渐转编为千户制组编起来的常备军。千户的名号代替了氏族、部落的名号，就改变了部落分割的局面，构成了大蒙古国汗权统治下的基本封建社会组织。千户制是继承了匈奴等游牧民族传统的十进位制度。它既是行政组织，又是适应当时蒙古地区特点建立起来的一种军事组织。但笔者认为成吉思汗对十进位制的最重大的发展，是对千户制军事组织进行链锁制的军法管理形式，如规定："军队于作战时，若从十人队里逃跑了一个、二个、三个或更多的人，则将这些人全部处死，若有一个十人队全队逃跑，而其他十人队没有逃跑，则将这个十人队全部处死；简言之，若他们不是全军整个儿退却，逃跑者一律处死；同样的，若有一个、二个人或更多的人被俘，而其余的伙伴没有去救他们，那末这些人也将处死。"① 而且规定人们只能留在指定的千户、百户、十户内，迁移者要被处死等等。② 这种军法军纪的管理形式确定了封建依附关系，在笔者看来，正是成吉思汗千户制军战斗力极强，不像其他部落军那样，稍败便四散逃跑或投奔他部的原因，也是与当时推进蒙古社会由奴隶制向封建制过渡的过渡时期社会关系相适应的。

成吉思汗在封授一些人为千户后说："这驸马并九十五千户，已委付了，其中又有功大的官人我再赏赐他"。这时指的"功大的官人"，都是战功卓著的军事统帅。他们是忽必来、者勒蔑、哲别、速不台"四狗"和蒙力克、博尔术、木华黎、豁儿赤"四杰"，以及主儿扯歹、〈忽〉亦勒答儿两个先锋。这就是后来

① 迦儿宾：《蒙古史》，俄文本，第 6 章，第 1 节。
② 志费尼：《世界征服者史》上册，汉译本，第 34 页。

所谓"十千夫长"、"十功臣"或"十投下"[①]。

后来进一步扩充和巩固了怯薛歹(歹即"从人",怯薛歹即番士、护卫军)制度。早在1204年成吉思汗在准备攻打乃蛮太阳汗时,就已经"将自己的军马数了,立千百户牌子头(十人长),设六等扯儿必官",又设"八十个做宿卫的人,七十个做散班"和"带弓箭的四百人",总共有怯薛歹五百五十人。这就是成吉思汗最早的怯薛军。1206年,成吉思汗亲自控制一支精锐的队伍,在原有"老宿卫"五百五十人的基础上,将怯薛歹扩充到一万人,其中宿卫八千,带弓箭的二千。

怯薛歹享受千户以上的待遇。宿卫的人,大汗不出征,亦不许出征,为大汗所指使。这种职务是世袭的,享有各种特权,比之枢密各卫诸军,"为尤亲信者也"。札奇斯钦认为,这样的怯薛军"也是全国的最高训练中心和可汗发掘新人才的机构"[②]。

成吉思汗明智地用各种特权和优厚待遇的激励机制,把千、百户并那颜的子弟,选择到怯薛歹里来,把这些贵族笼络在自己的身边,他凭借这支强悍的护卫军,既保卫了自己的安全,又如同质子控制着千户、百户,足以"制轻重之势"[③]。怯薛歹是成吉思汗十分重视的亲信骑兵,而且由于蒙古马文化在当时是先进的一种尚武文化,所以,被称为蒙古旋风的骑

① 《元史》卷121《畏答儿传》:"与十功臣同为诸侯者,封户皆异其籍"(畏答儿即忽亦勒答儿);《元史》卷119《木华黎传》"丙戌(1226年)夏,诏封功臣户口为食邑,曰十投下,孛鲁(木华黎之子)居其首"。

② 以上参见札奇斯钦《谈成吉思汗的言行和他成功的因素》,载《蒙古史论丛》,台北学海出版社1980年版,及《蒙古秘史》第224-234节。

③ 《元史》卷99《兵志》。

兵,在当时是组织严密、马匹精良的一流军队。正如日本学者吉原公平所说:“成吉思汗为了鼓励怯薛歹的忠诚、勇敢、勤奋,多次赋予他们破格的特权。例如当他建立怯薛歹制度的时候,准许千户子弟的怯薛歹可率领从士十人服务,百户子弟的怯薛歹可领从士五人服务,牌子头子弟的怯薛歹可领从士三人服务,并给怯薛歹一律以千户待遇,给其从士以百户、牌子头待遇。一万人的怯薛歹,再加上从士,这是一个相当庞大的队伍,且他们人人都骑马,还有备用从马。……成吉思汗对马政是十分重视的,非常关心军马的牧养和补充问题。他任命牧马者为‘哈赤’或‘哈喇赤’(牧马官)为千户或百户,且为世袭制”①。可见,这是成吉思汗在千户制基础上发展创建的、有举足轻重作用的亲信精锐骑兵。

3. 成吉思汗根据战争发展的需要,还建立了探马赤军。至今中外学术界对蒙古探马赤军的有关问题争论不休,从探马赤军的“五投下”指的是什么到探马赤军的作用、地位都存在着激烈的争论。限于本书篇幅,笔者只就成吉思汗建立此军的有关记载,分析其建军思想。据《元史·兵志》记载:“国初,木华黎奉太祖命,收札剌儿、兀鲁、忙兀、纳海四投下,以按察儿、孛罗、笑乃觧、不里海拔都儿、阔阔不花五人领探马赤军。既平金,随处镇守。中统三年,世祖以五投下探马赤军立蒙古探马赤总管府。……”由此可确定探马赤军是成吉思汗指令木华黎组建的。据考,国初,是指1217年成吉思汗任木华黎为国王率军伐金,正式组成国王军,“分弘吉剌、亦乞列思、兀鲁、忙兀等十军,及畏吾而、契丹、蕃、汉等军,并属麾

① [日]吉原公平:《蒙古马政史》,昭和13年,东京东学社。

下”。其中收四投下组成了五个先锋小军团的探马赤军，而以后“在征服中亚、西亚的战争中”，在后来的朝鲜、西藏、阿塞拜疆等地同样实行了像探马赤军那样的编制。[①] 他们的任务原是先锋军，以后也是镇守军。这里反映了成吉思汗的建军思想，是从战争实际需要出发建立某种军队或发挥其作用的。至于成吉思汗时所建四投下组成的五支探马赤军，是否就是世祖中统三年时的“五投下探马赤”，笔者认为，从《元史·石高山传》记载看，是一致的。[②] 另外，虽然笔者并不认为“所谓探马赤军正是身份低下，不够正规军人资格的隶属民”组成的说法有足够的依据，但从探马赤军的领导人按察儿、笑乃解、阔阔不花等人出身于拓拔氏、秃伯怯烈氏（客列亦惕）和按摊脱脱里氏（塔塔儿）的情况看，探马赤军并不要求高贵的身份，它的要求主要是勇敢，敢于冒死作战。探马赤军后来为迅速灭金立下显赫战功，其出身并不高贵的领导人则都受封百户以上，而其子辈则多为千户。[③] 这都说明成吉思汗建探马赤军，不

① [日]荻原淳平：《再论木华黎国王下的探马赤军》，载《蒙古研究》1982 年第 13 期；[美]保罗·布尔勒《蒙古帝国探马赤军的社会作用》，载美国《蒙古研究》1980 年第 6 册。

② 《元史》卷 166《石高山传》：“中统三年，高山因平章塔察儿入见世祖，因奏曰：‘在昔太祖皇帝所集按察儿、孛罗、窟里台、孛罗海拔都、阔阔不花五部探马赤军，金亡之后，散居牧地，多有入民籍者。国家土宇未一，宜加召集，以备驱策’。帝大悦，曰：‘闻卿此言，犹寐而觉’。即命与诸路同召集之。既籍其数，仍命高山佩银符领之。四年，授管军总管”。也可参见前引荻原淳平的论文。不过，杨志玖教授、[日]护雅夫、[美]布尔勒等学者均认为五投下探马赤为：忙兀、兀鲁、札剌儿、弘吉剌、亦乞列思，参见杨志玖《元代探马赤军再探》，载《民族研究》1981 年第 1 期；护雅夫《探马赤部族考序说》，载《史学杂志》55，1944 年，第 34—68 页，以及前引布尔勒文。

③ 《元史》卷 122《按扎儿传》，卷 120《肖乃台传》，卷 123《阔阔不花传》等。

论出身门第均论功受封赏的激励机制和重赏制度很有成效。

蒙古初期，军队的数目，“以兵籍系军机重务，汉人不阅其数……故有国百年，而内外兵数之多寡，人莫知之者”①。但从各史籍的记载中，也可略见一斑。如以千户提供千名战士计算，成吉思汗统一蒙古的九十五个千户，就应有近十万之众的军队。

蒙军进入中原后，才开始从金国学习采用汉制，凡对来降的金军将领，均按其原职任用。当成吉思汗进入中原后，深感光靠蒙古军兵员不足，于是便有以后逐步组成的其他军种，如随着征服地的不断扩大，发展了占领区的契丹、女真、汉族及西域各族人组成的部队。如木华黎指挥的十提辖中，骑兵只有一万三千，其余八万七千都是步兵，可见各族兵的人数逐渐超过了蒙军。他们常在战争中打前锋，有时蒙军未出动，已取胜，说明这些军队也曾发挥巨大作用。但这方面数字无载，只知到世祖时已发展到较系统的五卫，各卫之军，属于枢密院。

1227年，在成吉思汗临死的时候，遗有军队十二万九千人，这就是蒙古军队的一个大概的数字。而其兵种，(一般认为)有骑兵、步兵、炮兵、弩兵、通讯兵、工匠兵等六种。

4. 吸取多元文化精华，创造了当时高新水平的一流军队。13世纪被成吉思汗战败的金、西辽和花拉子模等等，都地广人众，兵力远比成吉思汗雄厚，但其当时的统治者，或腐败无能，或盲无自满，不求革新进取。而成吉思汗则直至暮年仍然抱负远大，雄心勃勃，尤其是他进入中原及中亚后，大开眼界，积极吸取邻族邻邦各种先进的文化技术。他开发新兵

① 《元史》卷98《兵志》。

种，配备新装备，研究新兵法，吸收新人才，组织新军制，致使他的军队代表了当时具有高新水平的一流新型军队，而决不是什么纯粹野蛮人的铁骑。当时蒙古军队的强大，除了成吉思汗的战术的优越性外，主要也在于成吉思汗的士兵掌握了比较先进的武器装备技术。进攻花拉子模国时，蒙古军队的武器装备由一般常规武器发展到能使用火炮、带火的箭发射器和火焰投射器等先进武器，这是他取得战争胜利的重要因素。攻花拉子模讹塔剌城时，蒙古军修筑同城墙一般高的木板车，车内可以坐人，射击城墙上之敌。这样终于压服敌人，使其缴械投降。其他如挖壕沟、放云梯等手段也用来攻破城池。甚至后来发展到运用带火箭投射器、石块弹射器、火焰石油投射器等工具。由此可见蒙古军在攻城武器技术方面，发展到了相当高的程度，处在当时世界先进水平。

据国内外有些学者的评价，说成吉思汗军曾拥有数个世界之最。如：有的说，成吉思汗组建了世界上第一个炮兵团。蒙军创造了野战攻城装备，他用西域的火油，西方人的希腊火，中原的云梯，造甲等技术，让俘来的工匠制造火炮。如1205年攻西夏时，蒙军配备了石弹投石机、火焰投掷机、上百人拉的大弩炮、火药地雷罐等。公元1220年进军花拉子模时，任命窝阔台为炮兵最高指挥，创建了炮兵团。在中原使用火焰喷射器、投射炮石机、攻城车等等。《成吉思汗战略战术》的西方作者布劳丁认为“这个炮兵团比欧洲人别尔多尔所发明的火炮，还要早数十年至百年”。日本军事家饭村穣也说：“成吉思汗八百年前就首先使用了凝固汽油弹。”

有的说，成吉思汗组建了世界上最早的参谋部。笔者前曾提到成吉思汗攻乃蛮太阳汗之前，确曾创建“扯必儿”(参谋部之意),这大约在1204年。该"扯必儿"还提出用堆火恐吓敌人的计谋,为成吉思汗所采纳。1206年,成吉思汗称大汗后,对忽必来降旨"凡军旅之事,汝其总领之",似可认为是第一任总参谋长。[①] 一般认为,成吉思汗的参谋部实际上在"扯必儿"的基础上发展成了所谓谋臣如雨、猛将如云的智囊团。应该说,早期成吉思汗作战主要靠他自己和少数那可儿指挥。后来由于战地的扩大及成吉思汗的爱才,遂收聚了大批各族文武奇才,又由于他善于纳谏,对降将均要一一亲自招见,并询问灭金之策,[②] 所以,不少人都曾为他出谋划策,或为他指挥一方军队。从这个意义上说,成吉思汗的参谋部可以说有汉人、契丹人、畏兀儿人、中亚穆斯林等各族谋士。日本军事家说成吉思汗的这个参谋部比拿破仑的参谋部还要早六百年。

还有人说,成吉思汗最早组建了日行数百里"箭速传骑"的快速联络通讯兵。在征服花拉子模国时,为了同蒙古本部联系,全程都设有驿站。据说有一次成吉思汗召速不台开会,从里海前线到开会处共四千里路程,据说日夜兼行只用了七天时间。而且实行"羊马随行,以备军食"的后勤供给制,保障主力部队的快速行动。虽然上述速度未必十分确切,但成吉思汗时的驿站及联络通讯制度分布之广、距离之长、速度之快,在古代军事交通史上,属当时世界之先似不为过。

---

① 以上转引自巴音图《成吉思汗兵法与时代特点》,载《成吉思汗研究文集》,内蒙古人民出版社1991年版。

② 如《元史》卷149《郭宝玉传》记载,成吉思汗召见郭宝玉时问他取金之策,郭宝玉回答说:"中原势大,不可忽也。西南诸蕃勇悍可用,宜先取之,籍以图金,必得志焉",又建议"建国之初,宜颁新令",成吉思汗便从其言,制定了军律等法规,以及相关的攻金之策。

有的还认为,成吉思汗“上马则战斗,下马则屯聚牧养”的军事制度,可以说是世界上第一个义务兵役制。[①]

笔者以为,凡此种种,即或称为当时“世界之最”有所夸大,至少可以看出,成吉思汗军队的装备是属于当时高新水平的;军队的整体素质是十分精良的;兵种相当于当时的先进现代化部队。它不是一支单纯代表游牧文化的骑兵,而是会拔城涉水、火攻炮取的综合作战军队,即可以称为体现多元文化精华的先进部队。

二、治军思想的核心

成吉思汗治军思想最核心的目标,笔者以为是千方百计使军队至忠至精,即培养出对他大汗无限忠诚的骁勇将士。而最核心的内容则是进行忠诚教育,执行严肃的军纪和采取有效训练方式造就精兵良将。

1. 成吉思汗十分重视思想舆论工作的精神威力,他利用蒙古传统的崇天观念,以“天人合一”的思想作为治军的思想武器,培养兵将对他的忠诚。当时蒙古社会对腾格里(天)的崇拜是人们的普遍意识。“鞑靼民族之信仰与迷信……皆承认有一主宰,与天合名之曰腾格里”[②]。“没有统一的君主就决不会出现统一的神”[③]。这种对天的崇拜,实际上是汗权统

---

① 以上转引自巴音阁《成吉思汗兵法与时代特点》,载《成吉思汗研究文集》,内蒙古人民出版社 1991 年版。

② 《多桑蒙古史》上册,第 1 章,第 30 页。

③ 《马克思恩格斯全集》第 27 卷,第 65 页,人民出版社版。

治力量加强的反映。“汗”为了巩固其统治地位，把神权与汗权纠合在一起，给汗的统治地位披上“君权神授”的外衣。成吉思汗称汗时，萨满豁儿赤声称：“天地商量着国土主人教铁木真做”[①]。萨满阔阔出也说：“神命你（成吉思汗）为普世之君主”[②]。可见，萨满已成为汗的代言人。随着蒙古社会“星天旋转，诸国争战”的局面和社会苦难众多的现实，崇天的观念有了新的发展。成吉思汗曾几次提出“忠诚得天佑护”的观点。一次成吉思汗派速不台出征时说：“你虽然远离了，但是像在我的身边，我们如果忠诚，上天会加佑护的”[③]。成吉思汗这一得天助者必须“忠诚”的说法，虽然没有否定天的存在，但是却包含着它自身否定的因素，认为单靠天命是不行的，还需强调人的作用。

成吉思汗治军时已运用了封建的忠君思想。他坚决执行忠君者受赏，反之则受罚或处死的原则，这类例子，不胜枚举。他把忠诚、信义看作基本道德，并灌输与实行这种伦理道德。他极为鄙视说谎话的人，认为忠诚、讲信义、说实话的人可以信赖，可以做那可儿。而对朝秦暮楚的人，哪怕是亲属他也严加惩处。如他的个别堂叔、堂兄时而从札木合处投奔他，时而又背叛他投奔王罕，他最终除掉了他们。而且他言传身教，要求儿子、兄弟、族人均以忠义待人。这种思想在当时的精神威力是巨大的，也保证了对汗的忠诚，树立了汗的绝对权威和指挥权威。

① 《蒙古秘史》第121节。
② 《史集》，第1卷第1分册，汉译本，第273页。
③ 《蒙古秘史》第193节。

2. 严格军纪,奖罚分明,培养忠君的精兵强将。关于成吉思汗纪律严明,奖罚分明的事例,多有记载。据载哪怕是将军中如有人犯了错误,成吉思汗只要派出一名下级官吏传令,就准能执行其命令而不误,"这个将领无论离汗相距多远,虽统帅十万人马,犯了些过错,汗只需派一名骑兵,按规定方式处罚他,如若处以杀头,就给割下自己的头"①。这种权威的形成,是与成吉思汗以忠君思想治军,军纪严明、赏罚分明地治军分不开的。

另外,成吉思汗蒙古军军纪之严,几乎达到了法纪治军的程度,如规定人们只能留在指定的百户、千户或十户内,不得转移到另一单位去,也不得到别的地方寻求庇护,违反此令,迁移者要当着军士被处死,收容者也要受严惩。② 而且治罪不分亲疏,"乃诸敌临帐不用命者,虽贵必诛"③。即成吉思汗的军纪不徇私情。如他征服花拉子模国时,有一次,他的爱婿脱忽察儿违犯自己规定的纪律,率军从哲别部队所降服的地方路过时,进行了掠夺,成吉思汗当即罢免了脱忽察儿的职务,降至一般士兵,后来脱忽察儿在另一战斗中奋战阵亡。成吉思汗不是只强调军纪制裁,而是同时重视奖赏,对做出贡献的有功人员,他不仅分别给予重赏,甚至终生不忘。如对他自幼忠心的博尔术、者勒蔑以及出生入死共同战斗的八杰九雄这些忠诚的功臣,则永远信任,并赐于高官厚禄。客列亦惕部牧马人巴歹、乞失里黑二人不顾个人安危,将王罕企图突袭成

① 志费尼:《世界征服者史》上册,汉译本第 33 页。
② 志费尼:《世界征服者史》上册,汉译本第 34 页。
③ 《蒙鞑备录》,第 12 页。

吉思汗的消息，乘夜骑马赶来报告成吉思汗，对此他终生不忘，尽管他们是牧马人，仍给他们二人很高的地位和财富，报答他们这一使成吉思汗免遭覆灭之恩情。对创建蒙古帝国有汗马功劳的众臣诸将，他都根据其贡献大小分别给予应得的奖赏，也不论地位、出身。这种治军思想形成其有特色的激励机制，[①] 对巩固与发展他的封建统治起了重大作用，造成了成吉思汗军队巨大的战斗力。

3. 通过各种实践方式培养精兵良将。《蒙古秘史》第 199 节记述了成吉思汗命令速不台追击敌军时，除了交待要穷追猛打以外，还对执行这一任务的具体措施、战法等，作了详细的部署。他说："你越高山涉大河，可趁军每(们)的马匹未瘦，行粮未尽时，先要爱惜，路间不可轻易围猎。若要围猎做行粮呵，也要斟酌着。马的鞦并闸环不许套上，如此则军每(们)不敢走马。"他还告诫速不台，在行军作战中，要注视事态的发展，要把握时机，要从最困难的地方着眼，特别要注意不能在行军途中为了追逐野兽而贻误战机，破坏整个部署等等。他要求各级长官，加强对部下的训练，要求必须精学射箭的方法和骑马的技术，而且还要磨练他们的子弟，使他们成为大胆和勇敢的人。凡出师，要求"人有数马，日轮一骑乘之，故马不困弊"，战斗力很强。要求其将领不单自己能勇猛善战，有指挥才能，还必须体贴部下，"知已之疲，知已之饥渴，而后推之于人，其行军也，必知路之远近，以量士马之力"[②]。

成吉思汗平时极为重视军事训练，就像实战一样要求。

---

① 详见马曼丽《论成吉思汗的奖惩机制》，载《民族研究》2001 年第 4 期。

② 洪钧：《元史译文证补》卷一下《太祖训言补辑》。

他在练兵中不仅练军事技术,而且还非常重视培养官兵英勇顽强的思想作风。成吉思汗把冬季当成练兵的好机会,《成吉思汗故事》中曾指出:“蒙古地方的冬季虽然非常寒冷,但他们不放过严冬季节,而终日打猎撒鹰,锻炼马力和提高战斗技能”,从而培养无往而不胜的军队素质。“成吉思汗平时行军安营扎寨,总是以战斗阵容驻防。有时召集各军营部队考核军队训练,或从各部队选拔优秀士兵搞武艺比赛和摔跤,优胜者给予鼓励奖赏”[①]。

成吉思汗军有切实的军需补养措施,保证军队供给。经济和技术是战争的物质基础,成吉思汗在治军中,很注意改善己方的经济实力和军队的给养,这一点,无论是成吉思汗本人,还是他的继承者,都表现得很突出。纵观成吉思汗一生的军事行动,可以看出,他在战争实施以前,总是将敌我双方经济上的实力加以比较,进一步完善自己的战略部署。看来,成吉思汗深知,没有雄厚的经济基础就无法把战争进行到底。他除了把蒙古帝国本身作为坚实可靠的大后方外,同时更巧妙地利用敌方资源和技术力量为己所用。以战养战,因粮于敌,因财于敌,因物于敌,因人于敌,并从中亚玉龙杰赤等地和全国将工匠艺人十万以上,运回蒙古,在蒙古建立多处武器厂,“百工之事于是大备”[②],组织起奇特的战时经济。每次战后,都能进行军备补充,把战利品和大量物资运回,并把各地的能工巧匠带回,制造枪炮等军械,使军队士气更高,战斗力更强,以便使战争继续进行下去。强调打击与利用敌军的经济力量,如成吉思汗在攻金

① 以上转引自宝音达来《成吉思汗军事思想研究》,载《成吉思汗研究文集》。
② 徐霆:《黑鞑事略》,第13页,中华书局1985年版。

回师时,袭击了金兵的军马场,缴获了金国的全部预备马群,不仅使金兵在这方面再也无法抗衡,而且补充了自己骑兵队伍的物资力量,一举两得。成吉思汗先攻西夏后取金国,更是这一思想的体现。与蒙古一漠之隔的西夏,控扼着连接中原与西域、漠南与漠北两条交通要道,西域商人与辽、宋的贸易活动"往来必由夏界"①,西夏之陇南、陕北、河套一带当时"民物富庶,与中州不殊","货贿殷富,可以无求于中土"②。另外,除战马、乘驼外,西夏的"良弓"、"甲胄"素有盛名,也是成吉思汗所急需的战备物资。所以,成吉思汗之先灭西夏后灭金国的战略部署,不仅消极地防备了西夏袭蒙古后方之隐患,而且体现了成吉思汗积极的经济战略观。

总之,成吉思汗所统帅的军队,是一支被民族自豪感和古典英雄主义教育和武装起来的军队;是一支用"天力论"和"忠君说"教育和熏陶出来的军队;是一支有严格纪律和坚韧不拔精神的军队;是当时一支兵种较齐全、装备甚精良的军队;是一支虽远途征战而不乏战争物资的军队。其将士们对成吉思汗率领他们走向统一、消除蒙古本土混战之苦、摆脱民族压迫而满怀民族自信。所以他们作战,不光是指望俸禄、分战利品和晋级,还出于内心感恩图报,争相为民族和君主效忠,故凶猛如虎,勇敢如鹰。加上成吉思汗对军队的天才组织与训练,无论万夫长、千夫长和百夫长们,每一个都将自己的部队保持得秩序井然,随时作好准备,一旦诏令和指令不分昼夜地下达时,就能随时出征。因此成吉思汗的军队成了战必胜、攻必克

① 《西夏书事》卷十五。
② 《文献通考》卷三二二。

的军队。而且轻骑兵在当时是机动力、突击力最强的，尤其是又拥有当时一流的先进军事技术，所以，在当时确可称是举世无敌的军队。

三、战略战术的特色

战略战术实际也是用军，至少也包含了用军思想，故一并论述。

一般认为可把成吉思汗的军事思想概括为“十大战略”、“八大战术”和“六项要则”。即战略上是：重视侦察；以少胜多，以弱胜强；动员全民族投入战争；先统一内部，后向外扩张；先胜弱小，后克劲敌；近交远攻与远交近攻相结合；攻心手段与战争手段两者兼用；声东击西的运动战；出其不意、攻其不备的闪电战；迂回包围的歼灭战等，这些构成了成吉思汗战略思想。战术上：以骑兵大队连续进攻；用优势兵力分割包围；诱敌深入与合围反击；能打则打，不能打则退；多种形式的攻城战；伤其十指不如断其一指的歼灭战；利用敌人间隙与薄弱点；追穷寇彻底消灭等。六项要则，主要是说明成吉思汗组建军队、培养使用人才、严明奖惩、制定法规、重视军备和通讯联络等，体现出统帅的卓越才能。①

笔者认为，上述这种归纳的优点是比较细致，缺点则是战略与战术往往重复或划分不清，如把运动战、闪击战、歼灭战列为战略，而“伤其十指不如断其一指的歼灭战”和攻城战又定为战术，这样分类是否科学？多少给人以比较混乱的感觉。

① 陈献国：《成吉思汗军事思想学术讨论综述》，载《新华文摘》1983年第6期。

成吉思汗戎马一生,又几乎战无不克,他的战略思想和战术自然是十分丰富的,那么究竟什么是其致胜的关键之关键,什么是其用军的最大特色呢?笔者通过成吉思汗的生平活动和战绩,将其最有特色的四大战略思想归纳为:1.据实情,确定明确的战略目标。即重视侦察了解敌我友各方情况,从实际出发谋划阶段性战略目标与制胜战略。如,统一蒙古阶段的战略目标是团结一切能团结的力量,壮大自己,减少对手;第二阶段,重点则是先攻夏,以达到灭金之目标,先招降畏兀儿以达到灭西辽之目标;西征阶段则重点在消灭敌人一切有生力量,以达到扩大蒙古帝国疆土之战略目标。这种适合各阶段实情的战略方针和路线,终使成吉思汗成为成功的世界征服者。2.知己知彼,和平招降与歼灭顽敌并重,重赏与重罚并用。我们从成吉思汗统一蒙古,南征夏、金以及西征中亚、西亚这三大阶段的活动看,统一时期,成吉思汗除对他的世仇部落塔塔儿和蔑儿乞人作重罚歼灭对象外,对蒙古高原几十个部落中的绝大多数人,他都收服而成了他的蒙古国的属民。而且像斡亦剌惕、弘吉剌惕等主动投降的部落则受到重赏,或为世代皇妃和驸马部落。包括扎剌亦惕这样的原世袭奴隶部落,也因成吉思汗创造军事封建体系而得以解放,原来的奴隶如木华黎等脱颖而出,成为一代名将;该部落也能当探马赤军。这些激励机制,使奴隶、平民的积极性如火山爆发,纷纷为成吉思汗卖命,以争取立功,世代受禄。南征中,在他招降、重用的战略思想指导下,反金起义的兵将倒戈活动也是风起云涌。西征初,西域亦都护、北部乞尔吉思均和平降献土地,西辽民众也纷纷起义,其成功之声势决不亚于其武力之成功。但他对主要敌人及反抗之敌则残酷杀戮,必穷追全歼才罢休。

3. 用军神速灵活,出其不意,攻其不备,屡出奇招。即善于用如从天而降的神速和敌人难以想象的计谋与作战方式,一举灭敌,达到速胜的效果。4. 以少胜多,以弱胜强,先胜弱旅,后克顽敌,先攻心,后作战。即善于先各个消灭弱小敌人,孤立顽敌,后集中优势兵力克顽敌。利用敌人弱点先攻心,分化瓦解敌人力量,再见机行事以少胜多地灭敌。

根据战略需要,成吉思汗创造了许多成功的战术。其中有最具特色的五大战术原则,笔者归纳为:1. 声东击西、避实就虚的用计智取战;2. 分割敌人、迂回包围的口袋歼灭战;3. 攻心计诱、速战速决的闪电式奇袭战;4. 声势浩大、气壮山河的布阵进攻战;5. 有利则打、不利则退的保实力退却战。而且这些战术又常常综合运用,更有奇效。

在这些独到战略战术指导下,成吉思汗奇迹般地创造了不胜枚举的胜利战例。

这在蒙古战争史的第一手资料《蒙古秘史》中,多有反映,《秘史》之"秘"也就在反映了此种军事秘密,并因此成为成吉思汗留给我们的精神财富之一。如《蒙古秘史》所记成吉思汗在统一蒙古后期对乃蛮的大战役中,运用了他已经比较成熟的典型战略战术,道润梯步先生将其译为三句话:"进如山桃皮丛,摆如海子样阵,攻如凿穿而战"。按现代军事术语来讲,即部队前进队形像山桃皮灌木丛,成一丛一丛的小分队,隐蔽前进,由于敌人未能发现,一旦到达,被视若神兵从天而降;而军队的兵力部署、所摆阵列,则从四面八方包围,使敌人如陷汪洋大海;军队作战则勇如用凿穿木,直攻入敌人之中心腹部。这些战术又常根据敌方情况,结合蒙古骑兵特点灵活处理。

成吉思汗布阵战一般利用了蒙古民族能骑善射,勇于拼搏的传统特点,战胜敌方。采用的战术是变化多端,不断创造与发展的,总倾向是以各种密集队形加层层梯队冲击敌人、包围敌人的战术。《圣武成吉思汗战书》记载:“我们蒙古骑兵冲杀拼搏极为厉害。蒙古军在接敌拼刺、砍杀敌人或以骑兵冲锋临阵时大喊‘握噢入’,真是杀声震天动地,使敌人闻之胆战。蒙古军战斗序列分尖兵、两翼兵、主体兵、两栖兵和后尾兵。或向敌侧面或侧后进行袭击,或对敌迂回包围,从敌人背后予以攻打骚扰。冲锋时,骑兵队形采用等距离,分五路向前冲锋。第一梯队射击完毕,接着第二梯队换班冲击……有时还以假装撤退,诱敌深入后,以两翼兵或两栖兵突然从三面夹击;有时从敌背后冲击,使敌人彻底被歼灭为止。这是蒙古军最拿手的战术。”由此可知,成吉思汗是根据敌情、地形和敌我兵力的发展变化情况采用不同的灵活指挥战术。在1219年对花拉子模哈拉沟地的战斗中,正如《圣武成吉思汗战书》所载:成吉思汗这时在“尘土飞扬,杀声四起,震天动地的两军混战当中,他一眼不眨,观察敌情。当时蒙古军队正处于被动局面。可是成吉思汗一言不发,一动不动,沉着镇定,突然发现敌人左翼部队力量有所削弱时,当即像旋风卷土、雷击闪电似的,亲自指挥主力部队,身先士卒,站在战斗最前列,指向敌人左翼进攻。这种突如其来的猛烈冲击,使傲慢自诩的敌军,胆战心惊,不得不溃退”。终于使花拉子模伤亡惨重,以溃败而告终。

又如组织各种形式的“口袋战术”,围歼敌人。拿破仑也曾经学用这一战术取得过多次成功。但成吉思汗比他早几百年已使用此种战术。他善于用各种办法围歼敌人,犹如装入口袋消灭之。在蒙金战争中,蒙军就是以此战术从三面巧妙迂回,包围金朝首都中都城,迫使金国遣使议和。1220年春巧破花拉子模布哈剌城时,也是采用“口袋式”迂回包围战术,迫使守军弃城突围而逃,蒙古军乘机后退,在阿姆河畔全歼敌军。他也经常结合口袋战术使用计谋,以伪装败退而诱敌进入自己部队所预先设伏兵的地区,然后,突然转身反击,从几面打击敌人。以1211年第一次进攻金朝的战争中,巧夺居庸关为例。这个关口是进攻金朝首都中都城的必经之路,是易守难攻的重要关口。蒙古军的哲别将军攻这个关口时,兵临城下,交战后,佯装败退。金朝军队误认为蒙古兵真的败退,而从关口出动守兵追击。哲别将军且战且退,把金军引入埋伏地区,然后自己绕道过山,从关口南门进攻敌人。由于南门没有防护设施,金军终于这样进入“口袋”之围,而被重重围歼之,居庸关则被哲别部队迅速占领。

以攻心战术和智取制胜是成吉思汗最常用的战术之一,因其计谋出众又灵活而取得重大的成功。如《蒙古秘史》第183节记述了成吉思汗彻底消灭王罕部的经过。在此之前,成吉思汗与王罕的关系破裂,已在合兰真沙陀一带进行了一次大交战,结果成吉思汗伤亡惨重,兵力受到重大削弱。由于王罕部人数众多,还有相当的实力,局势对王罕很有利,占有主动权。正因为如此,王罕才麻痹轻敌。成吉思汗在兵力悬殊的条件下,善于寻找有利条件,力图变被动为主动。他遣弟弟合撒儿的两个使臣去王罕处制造假象,说成吉思汗的部队已逃得无影无踪,不知去向了,合撒儿愿来投奔王罕,王罕深信无疑,失去了戒备。成吉思汗即率部火速前往王罕处,趁王罕举行迎降宴会的有利时机,一举歼灭了王罕的部队。

蒙古军进攻花拉子模田莎嗄那忽城时,先派使者巴叱桑等人，向守城军民宣传投降归顺政策，但城内守军将派去的使者残酷地杀害了。蒙古军当即以武力回击，不久城堡被攻破，屠杀了全部反抗者。反之，斡失堪大城守军自动归降后，得到蒙古军的宽大处理，全城军民安然无恙。成吉思汗的攻心战，一般把政治诱降与军事打击相结合，每征一国一地之前，先派人发动政治攻势，宣传降者保有其家、国、财产，抗者仅有上帝知其命运。[①] 其攻心的内容因各地实情而异，如针对西辽宗教压迫，宣传宗教自由，保护伊斯兰教，使西辽许多属地不战而降。从成吉思汗的生平活动中，我们也不难看出，他之所以能以弱胜强，决不是单凭穷兵黩武蛮干取胜，而是经常施计智取。这类战例也不胜枚举。

成吉思汗在采取一个战略行动之前，总是要长时间地考虑，进行充分的调查研究，制定周密的计划，作充分的准备工作，谨慎从事。如伐金战争是1211年开始的，但据《元史·太祖纪》说，1206年，成纪元年丙寅，即五年前，他就开始考虑这个问题了，“帝乃定议致讨，然未敢轻动也”。在这五年间，他致力于治理内部，加强法制，壮大和提高其军事实力。而攻下金国大片土地后之所以未乘胜破燕，却“蹂山东、河北诸名城”就是因为他摸清了“已策金不能回，可必灭也”[②]。正如屠寄《蒙兀儿史记》分析的“欲留孤城予敌，俾金力守以自困。后来，金宣帝南迁，纥军哗变，成吉思汗立即了解清楚，即命三摸合、石抹明安等一举攻下金都。命札八儿火者与诸将镇守”[③]。

① 《多桑蒙古史》上册，第10章，第153页。

② 参见《牧庵集》卷21《怀远大将军招抚使王公道神碑》。

③ 《元史》卷120《札八儿火者传》。

一般还认为其攻欧计划,也经多年筹虑,始成之。熟知彼己,故能百战不殆,一旦兵临敌国,便能立奏破竹之效。对敌国的政治、经济、军事以及道路给养,特别是对敌人统治集团内部矛盾等情况,他通过各种渠道加以研究。所属将领也学着他的榜样这样去做。据称,哲别那颜对华北之地形、道路,较之金军将领尤为熟,这当然是要打胜仗了。

成吉思汗以很少的兵力,征服欧亚两洲之大部,建立了空前宏大的蒙古帝国。其胜利原因何在?中外人士至今尚在深入研究,人们至今仍觉得蒙着一层神秘的色彩。目前世界上有几十个国家专设机构,研究成吉思汗兵法,其中,日、美、英、苏等国更加重视,研究成果十分显著。他们为什么这样关心研究成吉思汗兵法呢?用《大统帅成吉思汗之谜》的话说:"成吉思汗是一个伟大的统帅。之所以成为伟大的统帅,其故何在呢?还是一个'谜'。"[①] 成吉思汗的兵法之高超几乎是举世公认的,《罗马帝国之衰亡史》注解者伯力说:"蒙军布置之精密,战略之优良,欧洲任何军队所不能及"。"蒙古远征军之所以成功,并非靠其优势兵力,而是靠其独特之战略"[②]。

尼赫鲁认为:"无疑地,成吉思汗如果不是世界最伟大的军事领袖,也是最伟大的领袖之一"[③]。抗战时期的万耀煌将军在布尔霖《成吉思汗》序言中写道:"中国之兵学,至孙子而集理论之大成;至元太祖成吉思汗而呈实践上的巨观。此二

① 转引自巴音图《成吉思汗兵法与时代特点》,载《蒙古族哲学思想论集》,民族出版社 1987 年版。

② 转引自韩生《成吉思汗独特战略》,载《蒙古族古代军事思想研究论文集》,内蒙古人民出版社 1990 年版。

③ 尼赫鲁:《印度的发现》,第 241 页,莫斯科,1955 年版。

人遥遥相距千祀，一则援笔而言，一则仗剑以行，卒以造成历史上中国军威震铄欧亚之伟业，发扬数千年中国兵学养精蓄锐之奇辉”。

志费尼评价说：“说实话：倘若那善于运筹帷幄、料敌如神的亚历山大活在成吉思汗时代，他会在使用计策方面当成吉思汗的学生，而且在攻城略地的种种妙策中，他会发现，最好莫如盲目地跟着成吉思汗走”[①]。

我国学者余元盦在其《成吉思汗传》一书中称：“作为蒙古军领袖的成吉思汗，他的卓越的组织能力与军事天才，是蒙古族获得胜利的重要因素。当时和他作战的国家的统帅是没有一个能和他匹敌的”。

成吉思汗西征时，所率诸子及其本人之蒙古强兵号称 15 万大军，而他面对的仅花拉子模沙之军便号称 40 万。成吉思汗 1219 年秋开始进攻花拉子模到 1220 年 12 月花拉子模沙摩诃末死于里海小岛，实际上也就是短短一年便灭了花拉子模，到 1221 年 11 月摩诃末之子札兰丁被成吉思汗追至印度河跳河逃亡印度，即取得威震欧亚的西征决定性胜利总共不过两年。蒙古军仅三次进攻，便攻下 50 万人口、100 多万常规军的金国中都，这种神速的胜利战例的确是世界罕见。笔者认为，综合本章所述成吉思汗的军事思想及其成功，最根本的关键在于：一方面是实践出真知，他在实践中形成的军事思想，比较系统地解决了建军、治军、用军三个基本问题，将这三个基本问题整合为成吉思汗军事思想的科学体系。在长期的战争实践中，既吸收和继承了具有骑马民族传统的尚武精神和

① 志费尼：《世界征服者史》上册，汉译本，第 27 页。

以马文化为特色的战略战术,又在进攻中原和西征的战争过程中吸纳汉地先进军事技术、东西方国家和民族的军事文化,所以,可以说成吉思汗的军事思想是当时游牧军事文化和农耕军事文化的文化整合,是以实践为基础的当时欧亚两洲思想精华的集中表现,是具有多元文化整合性质的结晶。虽然他没有留下著述,但从他戎马一生所留下的无数胜利战例和《蒙古秘史》等书的具体记述中,便足以发现其军事思想之丰富及其价值之珍贵。另一方面还在于,无论他的征战、他的战略目标和军事思想都有极广泛的群众基础。我们认为,成吉思汗的战略与战术的特点是极富创造性的。其突然袭击之神速、攻心战之成功,以及"口袋"战之综合应用等,也都是超越前人的,后来为很多国家的军事家所仿效。成吉思汗的兵法是政治家和军事家素质的集中表现,他能根据不同实际情况,订出千变万化的制胜战术,但如果仅仅依靠这种军事技术上的先进而无政治治国的才能,如果成吉思汗蒙古国也像花拉子模国那样矛盾重重,处在部下纷纷起义中,那么他也是无法成为世界征服者,无法在数十年漫长的戎马生涯中始终立于不败之地。笔者认为成吉思汗是一位既有军事天才又能成功依靠群众打漂亮的群众战争的元帅和政治家。成吉思汗的一系列制度措施,从提拔奴隶到变敌为友、到吸纳倒戈起义的各族人才,创造了一条他那个时代了不起的群众路线和激励机制。青年时代的逆境促使他广泛地接近和了解了下层群众,懂得了要壮大自己,必须有广大的各阶层人民的支持。他实际上把蒙古奴隶制改变成了军事封建制,他对平民解囊相助和广泛接纳那可儿,不论其出身、门第、等级如何,甚至出身敌部,只要忠诚善战,都不拘一格地使用,这种政策取得了极大成效,他也多次因奴隶和平民通报敌情、冒死相救,而得以死里逃生。而他则不拘一格地重赏这些有功者,这种政策实际上动摇了奴隶制关系,使各地奴隶与平民成群结队竞相依附他,迅速壮大了他的武装力量。他所调动的奴隶和平民的积极性有如雷霆万钧之力,使敌人落入汪洋大海。可以说,他依靠创造性的奖惩机制,打了一场古代成功的人民战争。

第六章　成吉思汗发展经济的措施及其指导思想

任何一个在政治、军事、文化等方面造就辉煌的帝王，都离不开雄厚的经济实力的支持，而经济实力雄厚与否，则与他们的经济措施和指导思想密切相关。由于成吉思汗武功显赫，长期以来凡是对成吉思汗怀有浓厚兴趣的人都为他的军事思想所折服，对其军事思想的研究文章也较多，但却很少有人就他的经济措施和经济思想进行论述或探索。事实上，在经济遭到战争破坏的同时，成吉思汗采取措施组织战时经济以支持他达到军事胜利和政治目标，反映出他重视经济发展的许多思想脉络。

一、成吉思汗时期蒙古统治地区的经济状况

在成吉思汗生活的时代(从 12 世纪 60 年代到 13 世纪 20 年代),蒙古族从分裂走向统一,建立了囊括亚洲大部分地区的蒙古帝国,其疆域东至日本海,西至钦察草原东部和咸海地区,北抵叶尼塞河流域的冻土地带,南达山东、河北、山西、西夏、畏兀儿和广大呼罗珊地区(今阿富汗北部、土库曼斯坦和伊朗东部)。在当时他统治的这一辽阔的疆土内,广袤草原、绿洲农庄、商业城市均有分布,经济生活各不相同,生产力水平也大相径庭。大体来说,有游牧经济、农耕经济和农、牧、商并举这三种经济文化类型。

首先,游牧经济是东起额尔古纳河、西至钦察草原东部(主要指伏尔加河流域以东)一带各民族的主要经济生活,因为这些地区具有天然的牧场。如成吉思汗直接统辖的蒙古本土(东起额尔古纳河,西至阿尔泰山和额尔齐斯河)"虽属于遍及亚洲大陆中部的沙漠地带的一部分,但兴安岭西麓有流注贝加尔湖的诸河流域"①。札奇斯钦更详细地记载道,这里"东南是半丘陵的平原地带,西北是山岳地区,中间是称为瀚海的戈壁……,东南丘陵平原地区,是水源丰富、牧草繁茂的天然牧场。西北山岳地区布满了白桦、柽柳、松和落叶松的森林,此外还有一些沙漠,但除阿拉善大沙漠可以称为不毛的沙

① [日]白鸟库吉:《蒙古在世界历史上的地位》,转引自《蒙古史研究参考资料》1963 年第八辑。

漠外，其余的沙漠，多半是长着柽柳、榆树和野草的地方，水源并不太缺乏，或者比戈壁还好一点。在蒙古本土中心的克鲁伦、斡难、鄂尔浑三河的源头，也是水草丰富的地方”①。这说明蒙古本土的地理环境适合游牧经济的生存和发展。在阿尔泰山以西，伏尔加河流域以东的钦察草原东部作为成吉思汗长子术赤的兀鲁思，在成吉思汗西征以后，也是蒙古帝国疆土的组成部分，这里和蒙古草原的地理环境、气候基本相似，适合游牧经济发展。早在西突厥统治时期，哈萨克草原是他们的夏窝子，里海东部和北部乌拉尔河及伏尔加河下游则是他们的冬窝子。到了蒙古统治时期，这里的地理环境没有多大变化，因此游牧经济为这里的主要经济生活。如乌马里曾记载到，这里“是世界上水草最丰满的地区之一，若人们在这里开荒种地，它也一定是最肥沃的土地，但是居民们是牧养牲畜的游牧民族，他们既不种粮，也不种其它作物”②。甚至术赤本人也惊叹道：“全世界再没有一处地方的土地比这里更富饶，空气比这里更好，水比这里更甜，牧场和草地比这里更宽。”③ 虽然这之中不乏溢美之辞，但足以证明游牧经济为这一地区的主要经济生活。

当然，在成吉思汗生活的时代，这一片东到额尔古纳河，

① 札奇斯钦：《蒙古民族的畜牧生活》，《蒙古史论丛》上册，1970 年，台北学海出版社，第 44 页。

② 乌马里著.《眼历诸国记》，第 4 章《金帐汗国》，李卡宁译自劳斯·列赫编译的《蒙古人的世界帝国》，威斯巴登，1978 年版，第 115 – 169 页。人名、地名等专业名词均由余大钧译。

③ 《金帐汗国史资料汇编》第 2 卷，第 14 页。转引[苏]切列普宁《鞑靼—蒙古人在俄罗斯》，载《蒙古学资料与情报》，1991 年第 2 期。

西至伏尔加河以东的广大地区的游牧经济的发展水平,仍是有局限性的。牧民们虽然有山羊、绵羊和牛(提供食物、衣服、住所、燃料),骆驼(用于运输)和马(用于战争)[①]等五种牲畜为他们赖以生存的基本生产和生活资料,但这种游牧经济对地理环境的极度依赖性便决定了它的脆弱性,一旦白灾(雪灾)、黑灾(旱灾)降临,牲畜便大批死亡。我们虽然没有成吉思汗时代有关雪灾、旱灾的资料,但元朝世祖、成宗、仁宗统治时期无数因雪灾而受政府抚恤的蒙古草原牧民的事例,[②]可以证明蒙古草原是时常受自然灾害严重影响的。因此自古至今,这些不稳定因素总是连续不断地威胁着蒙古的游牧经济,并频繁地造成重大损失。钦察草原东部的游牧民也在自然条件的严重影响下过极度艰难的生活,直到金帐汗国建立后很久,住在汗国最北部的突厥各部落仍是"生活条件极其艰苦,这些人若获到肉食时,就将它放入锅内煮沸,但不让它完全熟透,他们只喝一些肉汁,就把剩下的肉全部收了起来,为下顿饭做准备,这样一直到最后他们就把啃过的骨头也都收集起来,一次次地煮沸它们,为的是能喝些骨头汤,我们就不难想像到这些人生活方面的其它困难了"。因此,仅仅依靠游牧经济难以维持牧民生活,狩猎也就成为不可缺少的补充经济形式,例如,成吉思汗与王罕结盟后曾发誓"其猎狡兽也,亦一同猎之"[③]。这些事实均表明当时狩猎有力地补充了他们的游

① (American)Morris kossa bi《Khubilai khuan-his life and times》, University of California. press Berkeley. los Aoge-les London, p2.

② 参看《元史》《世祖本纪》、《成宗本纪》、《仁宗本纪》。

③ 《新译简注蒙古秘史》,第 132 页。

牧生活。有时，在遭到天灾人祸时，采集经济也起一定作用，如前述成吉思汗少年时代，其母亲在成吉思汗父亲被塔塔儿人杀害后，因家境贫寒而靠采集杜梨、红蒿草根、野葱、野韭等补充他们的生活。成吉思汗统一蒙古并完成第一次西征后，虽然其它地区的财富和人口不断地补充着游牧经济，但游牧经济的脆弱性仍然存在。

其次，河北、山西、西夏、畏兀儿部分地区则以农业为其主要经济生活。河北、山西、山东是成吉思汗统一蒙古草原后首先占领的金朝统治地区，可以说曾是中国农业经济的发源地。两宋时期，尽管契丹、女真、蒙古人相继南下，农业生产遭到破坏，但无论契丹、女真和蒙古人都无法违背经济规律和自然规律，将游牧经济强加于此。比如在女真人立足于这些地区后，不但没有改变这里的经济生活，而且连女真人本身也接受了农业定居生活。到了金朝中叶世宗大定年间，中都、河北、山东、河东诸路“人稠地窄，寸土悉耕”[①]。说明这里仍以农业经济为主。蒙古人进攻这些地区后，成吉思汗以木华黎作为中原国王，继续与金作战，此时这些地区虽饱受战争之苦，但农业经济仍在战争间隙中生存发展。西夏在成吉思汗临终时才彻底投降于蒙古，当时无论在河套平原或河西走廊均有农业经济。如在河套地区，西夏政府修建唐来渠、汉延渠、中兴渠、西夏渠等水利灌溉设施，大力发展农业，使这里成为西夏的粮仓。甘、肃、瓜、沙等州也“皆因古制以尽地利”[②]。另外，畏兀儿族人民居住的天山以南广大地区也是一个以农业著称于世

① 详见《大金国志》。

② 《元文类》卷41《经世大典·序录·政典总序·屯田》。

的地区,畏兀儿族是主动和平归降成吉思汗的,因而他授权畏兀儿亦都护继续管辖这些地区,并给以较多的自由。天山以南的畏兀儿农业经济继续在亦都护的统治下发展:如在焉耆,虽然气候寒冷,但"土地肥沃,种植稻、黍、蔬菜和麦"①。在喀什噶尔,"稻、黍、芝麻、谷子"是他们主要的农作物和经济作物。这说明农业经济是他们的主要经济生活。

以上几个农业地区,与蒙古草原和钦察草原东部的游牧经济区大相径庭,从生产发展的水平方面来看,它能为当地的居民提供的生产生活用品,远比蒙古草原或钦察草原能为牧民提供的要丰富得多,如山西、河北、山东地区在金世宗、金章宗统治时期,"群臣守职,上下相安、家给人足,仓禀有余"②,"百姓滋殖,号为小康"③。而此时正值成吉思汗统一蒙古诸部之时,蒙古地区的物质生产难以满足所有民众的物质生活需求。西夏各地虽在军事方面逊色于蒙古,但它依靠黄河灌溉之利和大兴屯田,农业生产水平与内地大致不相上下,西夏定都于河套地区的兴庆府,主要原因之一就是这里有充足的粮食供应。加上西夏处于丝绸之路要冲位置,东西方商人频繁出入其境,西夏从中获利。如回鹘商贾以骆驼载商品过夏地入燕时,"夏人率十而指一,必得其最上品者,贾人苦之,后以物类恶杂贮毛连巾,然所征亦不赀"④。这样,西夏境内的农、牧业经济得到了商业税赋补充。天山南部的绿州农业也

① 比丘林:《集译》第2卷,第249—250页。转引自[苏]吉洪诺夫著《十至十四世纪回鹘王国的农业》,载《民族史译文集》。

② 《金史·世宗纪下》。

③ 《金史》卷73《宗雄传》。

④ 《松漠纪闻》。转引自陈炳应《西夏与敦煌》,载《西北民族研究》1991年第1期。

有相当明显的发展水平。如在喀什噶利亚、吐鲁番盆地两个绿州,从太古时候起农业就是主要职业。农业是多种经营的,不仅种植粮食作物,而且还种植技术作物,园艺业和葡萄种植业很发达。灌溉技术已达到很高的发展阶段。为了这一目的不仅利用了河水,而且还借助于坎儿井利用地下水。

除此而外,天山南部的畏兀儿还发展了丝织业、酿酒业等与农业息息相关的手工业。可见,他们的生产水平已经有了长足的进步。

再次,在东北、河中(指阿姆河与锡尔河之间地区)和呼罗珊地区,则是农、牧和城市商业并存地区。东北地区是契丹、女真复兴之地,他们在进入中原以前,其经济成份相当复杂,游牧、狩猎、采集等经济成份均存在。南下中原后,他们为了学习"内地",将中原大批人口迁入东北,这些中原人士便将农田生产技术和生产方式带到这里,这里也逐渐出现了农业。成吉思汗征服东北地区后,将这一地区分封给诸弟,这此蒙古贵族带着自己的游牧民来到这里后,又将他们的游牧经济也带入此地。因此东北地区在成吉思汗时代是多种经济成份并存地区。而远离东北的中亚河中、呼罗珊地区也与东北地区一样,为农、牧、城市、商业并举的地区,如"河中的任何一地区都有城镇、村庄和草原,这里土地肥沃,水草丰满,真好似天堂一样的美。它那潺潺流动的河水,以及那连绵不断的草原,好似大地披上了绿装,又好像被打碎的装饰品上的金石撒在了大地上一样,放出灿烂的闪光"[①],而巴思剌则以茂盛的植物

① 乌马里:《眼历诸国记》,第3章《察合台汗国》。

和四周的水道、果园林中令人赞叹的花朵以及各类鲜果[①]而著称，位于阿姆河与呼罗珊相连地带，则是一片毫无蔽物的广阔牧场。可以说，呼罗珊与河中一样，在成吉思汗第一次西征结束后，作为蒙古帝国最富庶的地区归大汗直接管辖，这是与其物产丰富有关的。其农、牧、城市商业并举的相得益彰的经济形式，使这些地区的人民生活变得富裕。

这些农、牧、城市商业并重地区的生产力发展水平，远比蒙古地区单一的游牧经济要发达得多。成吉思汗的幼弟斡赤斤之所以能在成吉思汗去世后，对蒙古帝国的忽里勒台大会上起左右局面的重要作用，原因之一就是他在东北有雄厚的经济实力。他的孙子乃颜在忽必烈统治元朝时期发动了叛乱，依靠的也是在东北积累的经济实力。这从一个侧面证明，东北的农、牧、商等多种经济类型并存的局面，使经济有了飞速的发展。中亚的河中地区“种植的作物，不但可以满足当地居民的需求，而且还有部分剩余，可支援外地”，即使“当它出现唯一的一次干旱时，其它地区已多次发生饥荒，即使严寒、蝗灾或其它灾害毁坏了粿种，影响了收成，但靠着辽阔的河中地区其它未受灾的地方所收粮食的剩余部分就可以保证受灾地区居民必要的生活需求，而不必从外地进口粮食”。另外，撒马尔罕、不花剌、玉龙杰赤等城市繁荣的手工业和商业更进一步促进了当地生产力水平的提高。仅在不花剌，就有“许多集市贸易点，也有着迷人的田野和豪华的场所与建筑物”[②]，这些城市，是中亚经济发展的见证。

① 乌马里：《眼历诸国记》，第5章《伊利汗国》。

② 以上均见乌马里《眼历诸国记》，第3章《察合台汗国》。

综上观之,从成吉思汗时期蒙古帝国统治地区的经济状况和生产水平来看,蒙古草原和钦察草原东部以游牧经济为主,这种经济型难以自给自足,因此狩猎、采集等成为这种经济类型的补充形式。山东、河北、山西及西夏、畏兀儿的部分地区以农业经济为主,自给自足,基本不需要外界补充,有时甚至不断补充其它地区的物质需要。中亚的河中、呼罗珊和中国的东北地区因农、牧、商并重而互补性较强,生产力水平相对比较先进。可以说成吉思汗统治的蒙古帝国,其经济发展是不平衡的。为了调整这种局面,成吉思汗采取了一系列经济措施,保证了蒙古帝国经济生活的正常运行与发展后劲。

二、成吉思汗的经济措施和指导思想

成吉思汗采取的经济措施虽然没有系统的史料记载,但却具体地体现在他的实践活动中,概括起来,有以下几点:

第一,前期,成吉思汗以掠夺作为经济补充的重要手段,掠劫农业区和农、牧、商并举地区。这种经济措施并非由成吉思汗首创,而是北方游牧民族自古以来的一贯作法。因为北方游牧经济在天灾战祸的严重影响下生活资料经常供不应求。在这种情况下,北方游牧民族为了满足物质生产和生活的需求,希望与南方的农业民族进行商品贸易,但南方民族以自给自足的小农经济为主,他们不用商品交换就可以从土地上生产出自己所需的生产生活资料,何况北方游牧民族因物质资料的匮乏而在与南方民族进行商品贸易时难以实现公平、互惠的商业法则,因此北方游牧民族希望与南方民族进行商贸的要求常常被拒之门外。这样,“物资缺乏的北方民族入侵南方富饶的乐土是很自然的趋势。但在南方国家防守严密而没有侵寇的机会时,不得已只好向东西伸张其势力,内部互相吞并以求物欲之满足"。匈奴、鲜卑、突厥是如此,蒙古也是如此。不过,这里需要特别指出的是,游牧经济与农耕经济的关系并不是对立的,而是不以人的意志为转移的矛盾在一个层面中的共生的关系。尤其在中华大地,二者往往在矛盾过程中产生互补,互补之后形成共生的局面。很多游牧民族因掠夺而进入中原,以后则为汉文化所陶醉,有的则同化于汉,有的吸收了大量汉文化。只是蒙古君主成吉思汗比任何一位北方游牧民族首领涉足之地区更广,他虽不像拓跋鲜卑、契丹等族人那样崇拜汉文化,但也因为进入汉地而吸收了许多先进的军事技术和人才。成吉思汗的目光没有停留在某一种文化上,他是放眼世界的,这也与他的军事生涯有关。他在完成蒙古统一大业后,便征讨南方的金朝,因金朝仍有强大的防御力量,成吉思汗便先把目标指向西方。于是出现了蒙古人的第一次西征,此时,他吸收了穆斯林等中亚文化。但无论在南伐或西征期间,成吉思汗率领的蒙古人的行为表明,掠夺农业区和农牧商并举地区是他们初期军事行动的目的和方针之一。如,公元1214年,蒙古人攻入金朝,"黄河以北能自保者,仅余九城,蒙古军在北方三省席卷金帛子女牛马羊群而去"①。第二年,蒙古人攻下中都(北京),将中都帑藏所存所有财富掠往蒙古。② 在第一次西征期间,他们首先在河中地区大肆掠劫。如讹答剌城被攻下后,"将羊群、居民等等全部

① 《多桑蒙古史》上册,汉译本,第71页。
② 同上,第73页。

赶出城后,进行了洗劫。”[①] 蒙古人因掠夺而富裕起来,这是当时游牧民族的时代性所决定的。这也与成吉思汗早期的思想分不开。1189 年第一次被推为合罕时,成吉思汗曾向部属们表示“我一旦当了君主,并统率许多地区的军队时,一定要关怀(我的)部下,夺来许多马群、畜牧、游牧营地、妇女、儿童给你们。我将为你们点火烧草原上的野兽,将山地的野兽赶到你们方面来”[②],战利品由大家“共散与了,谁也不曾缺少”[③]。上面的一段话透露出,成吉思汗自觉不自觉地有一种以他的蒙古本族的“民为本”的思想,这是其掠夺政策的早期思想基础。

第二,重视牧业、手工业,尤其是军事装备的技术,吸收技术人才,提高生产力。金哀宗说:“北兵所以常取全胜者,持北方之马力,就中国之技巧耳。”[④] 金哀宗的分析里谈到马力与汉的先进技术乃蒙古兵强大的原因,有一定道理,不过,成吉思汗积极吸收外地区的技艺远不限于汉地,也包括中亚、西域各地的技术,并取得了成就。就当时的情况看,金朝在力量上胜过蒙古,可谓基础较好,与中原在地域方面更为接近,可谓占有地利之便。何况中原对金的政策一向妥协,使之更占有天时之利。他们为什么不能够“就中国之技巧”来取胜,而成吉思汗却能“就中国之技巧”全胜呢?这里的关键在于成吉思汗的经济措施及其指导思想远比金朝帝王高出一筹。

① 《史集》第 1 卷第 2 分册,汉译本,第 273 页。
② 《史集》第 1 卷第 2 分册,汉译本,第 178 页。
③ 《元朝秘史》第 187 节。
④ 《金史》卷 119《完颜娄室传》。

蒙古人作为游牧民族,赖以生存的基础就是畜牧经济,何况蒙古铁骑得以远征欧亚,主要靠马。因此,养好牲畜,特别是军用马匹,对于那个时期的蒙古人的胜利无疑是极为重要的保证。成吉思汗对良马的标准、用马的规定和饲养技术人才的起用等方面都有过直接的指示和规定。如,他曾亲自指出:“马喂肥时能疾驰,肥瘦适中或瘦时也能疾驰,才可称为良马。只能在这三种之一状态下疾驰的马,不能称为良马”①等等。应该认为,这些观念体现了当时有极强战斗力的、居世界先进水平的马文化,也是蒙古胜利的重要原因。成吉思汗第一次被选为合罕时,就设立了专门管理畜牧业的官员。如:迭该管理牧放羊只(类似元代管理牧地和孳畜事业的典牧监);泰亦赤兀歹、忽图抹里赤术惕、合勒温三人管牧养马群(类似元代太仆寺)等。成吉思汗积极发掘饲养技术人才,如:迭该曾以能“把美好的羊放牧得肥胖,把成群的羊繁殖得满野”而自荐于成吉思汗,立即被接纳。在成吉思汗发展畜牧业的指导方针下,1206 年—1241 年(成吉思汗到窝阔台时期)畜牧业发展极快。据《元史·兵志》,马政部分中追记这一时期的情况时,说到“盖其沙漠万里,牧养蕃息”,马匹之多“殆不可以数计”。在蒙古地区,人们“往来草地,未常见有一人步行者,其出军,头目骑一马,又有五六匹或三四匹自随,常以准备缓急,无者亦一、二匹”②,故有蒙古人的马群之多冠于天下的评价。随着对农耕地区的占领,成吉思汗的军队和部民中有了在经济生活和文化心理上与之不同的一些人。在频频接触

① 《史集》第 1 卷第 2 分册,汉译本,第 356 页。
② 《黑鞑事略》。

中原及邻近地区农耕文化之后，成吉思汗虽然始终保持游牧文化，但对耕地种粮也并不排斥，这表现在发展农业上他也作出了有益的尝试。如："从攻塔塔儿、钦察、唐兀、只温、契丹、女真、河西诸国，所得生口万计，悉以上献，……命屯田于阿鲁欢，立镇海城戍守之"[①]。成吉思汗西征时，哈剌亦哈赤北鲁父子也曾被任命在西域独山城屯种"以为备"，到西征归来时已"六野垦辟，民物繁庶"[②]。石抹孛先儿也屯田于固安"且耕且战"。规模最大的屯田是河北乡绅史秉直率"十余万家寻迁之漠北"[③]。从屯田地区来看主要是在蒙古地区和西征途中，这也反映了成吉思汗除了对发展本民族本地区相当重视外，还有开发军用粮基地"以为备"的指导思想。

随着战争的升级，蒙古军从先进民族那里获得大量铁器、钢枪、钢剑、铁车、铁甲、铁盾、铁椎等这类当时先进技术的成果，而为了长久地拥有这些东西，就必须拥有这类技术人才。成吉思汗不同于众的地方就在于，他能迅速认识到这点，吸取先进技术，广罗掌握技术的人才，而不是仅仅着眼于抢掠钱财物品。如，成吉思汗曾问嗱木海："攻城，略地，兵仗何先？对曰：'攻城以砲石为先，力重而能及远故也'。"帝悦，即命为炮手。后来木华黎伐金时，成吉思汗对他说："嗱木海言攻城用炮之策，甚善，汝能任之，何城不破"，并叫嗱木海选五百人教习之。正是在这种吸收先进技术的思想指导下，大批的中原工匠：如造弓的、造甲的、造鸣镝的、造攻战之具的、造火炮的，

① 《元史·镇海传》。

② 《元史》卷124《哈剌亦哈赤北鲁传》。

③ 《元史》卷147《史天倪传》。

都被收罗到蒙古。这样,“秦晋铁钱皆归之,遂大作军器,而国以益强”[①]。试想与他同时代的帝王,又有几个采取了这样积极迅速地吸收先进异文化的态度呢?那些有技艺的匠人被迁至漠北集中居住,这种聚居的生产比之零星生产,对于技术的提高和生产力的发展更为有利。《宜宁郡侯刘公伯杰墓志铭》记:“太祖皇帝……整武蹙金逾南,乃肇定中原……将草芟而兽搜之,久而曰:噫,吾赤子也,始料其民,俾执艺丕作,故家大姓,争占籍谐,遂得脱锋镝,野处以居,饬材辨器,咸精其能,而人益效用,国以富强。”[②] 成吉思汗还亲自授予一大批技术人员以官衔,如清州人张荣被授以“领军匠”,后在西征中急造兵船“百艘”,使蒙军胜利渡河,升为镇国上将军炮水手元帅。[③]这样的举措似可以明显地反映成吉思汗对于技术人员的重视。他并由重视技术,掠夺工匠使之为其服务,到成批的安抚并授以官职,反映了成吉思汗依靠技术发展经济的指导思想的发展进程。这种思想在西征中得到更充分的表现,因而大批匠人技术人员并未被屠杀,而被运回了蒙古本土从事生产。

徐霆说:“蒙古人始初草昧,百工之事无一而有,其国除孳畜外,更何所产,其人椎朴,安有所能……后来灭回回,始有物产,始有工匠,始有器械,盖回回百工技艺极精,攻城之具尤精,后灭金虏,百工之事于是大备。”[④] 成吉思汗认识到回回

---

① 《建炎以来朝野杂记》乙集,卷 19 第 9 页《鞑靼款塞》。

② 袁桷:《清客居士集》卷 28,第 482—483 页。

③ 《元史》卷 151《张荣传》。

④ 《黑鞑事略》。

人的技术对生产和经济发展的作用。从西征开始便发布保护匠人的政策,每攻克一地,即选取技术熟练的人才送往国内,屠城时惟工匠得免,这一政策的规定可以视为是成吉思汗在西征前多年征战中形成的思想的继续和发展。如1222年,蒙军攻下玉龙杰赤后,即选为数超过十万的工匠人送到东方;攻破撒马耳罕后,又选取工匠分赏其诸子、诸妻、诸将;有时一城攻下,工匠被俘达"十万名左右",被"押送回东方"。又令蒙古人学习新技术。如西征中蒙古军队已能使用和制造"喷射石油的器械"[①],能把"希腊火投掷到城里去"[②]。这两样东西不是中原地区的,也不是蒙古本土的,显然是他们在西征中学来的。由此也可看出,在不断接触新环境、新技术中,蒙古军中匠人的技术文化快速提高,这反映了成吉思汗学习中、西亚诸国先进科学文化的政策。

花拉子模国农业和水利事业高度发达,善于经营农业的花拉子模人在西征中被征到东土,称作西域人、色目人等,他们被编在军队中随着蒙古军返回而分布全国,尤以西北的甘肃、宁夏为多,还有一些经陕甘而进入云南等地区。因此可以说,宁夏水利灌溉事业的发达和回回人入居宁夏有关。云南的回回人对兴修云南的水利和革除昆明附近的水害也有过贡献。

第三,对被征服地区征收赋税的政策。中国北方游牧民族中曾出现过许多杰出的领袖人物,如匈奴的冒顿、突厥的土门、室点密兄弟、回纥的怀仁可汗等,但他们作为游牧民族的

---

① 《史集》第1卷第2分册,汉译本,第286、298页。

② 《出使蒙古记》第6章,第139页。转引自巴音图《探成吉思汗的军事革新思想》,载《成吉思汗研究文集》,内蒙古人民出版社1991年版。

代表，无论在向南或向西迁徙扩张的过程中，均以掠夺为主，没有对被征服地区执行固定的赋税政策，也没有在被征服地区建立起稳定的统治。成吉思汗虽然也是游牧民族征服王朝的代表人物，却不同寻常，尤其是后期，他每征服一地，便企图建立稳定的统治，也有一定的税收规定。据载，这是接受了耶律楚材等谋士的建议。[①]虽然有关蒙古税收制没有系统资料，但从被征服地区借用了蒙古语中商税（tamaga）、贡赋（den）等词的情况看，蒙古对被征服地区是有一定税收制度的。如，征服中亚河中和广大呼罗珊地区后，划由蒙古直辖，但成吉思汗学习并保留了原征服地区的税收，规定基本上按原来的税收标准收税，逐步废除了种种临时税赋负担。据载，成吉思汗攻下咱儿纳黑地方时，问当地人，原算端在那里“定了多少税”？人们回答“一千五百底纳儿”，成吉思汗便依旧按“这笔数目”收税，说“此外就不再（使你们）遭受损失了”[②]，并“按照众愿，（中亚河中、呼罗珊等）那些地区的管治权被交给了大丞相牙老瓦赤及其忠顺儿子异密马思忽惕·伯有能力的人手里”。牙老瓦赤[③]不负成吉思汗的厚望，“废除了址里克和签军的强制兵役及种种临时赋税的负担、摊派”[④]，使河中地区再次兴

① 《续资治通鉴》卷10称，成吉思汗听耶律楚材关于税收之好处后说：“诚如卿言，则国用有余矣，卿试为之。”

② 《史集》第1卷第2分册，汉译本，第282页。

③ 多桑断言波斯史家记载之牙老瓦赤与中国史家所谓耶律楚材“为同一人无疑”（《多桑蒙古史》上册235页注（2））。其实他们是同时代的两个人，是确定无疑的。《元史》中有耶律楚材之传，情况与牙老瓦赤不同，同时涉及二人的史料也有多处。可参见《元史·刘敏传》、《元史·太宗纪》等。

④ 《世界征服者史》上册，汉译本，第114页。

旺。广大呼罗珊地区则先后交由成帖木儿、阔儿吉思、阿儿浑治理，虽然成吉思汗因去世而看不到这些人的政绩，但他开创的将河中和呼罗珊交由大汗直接管辖的制度，使蒙古帝国可以绵延不断地从中亚获取无数的赋税。

在畏兀儿族居住地区，尽管畏兀儿人在亦都护率领下和平臣服于蒙古大汗，但他们在拥有比其它地区多的自由的同时，也必须服从蒙古人的纳税制度，对此，前苏联学者M·库特鲁科夫记载道："沉重的赋税压在农民和手工业者头上。整个地区和城市被奉送给蒙古诸汗和军事长官；蒙古诸汗和军事长官将农民和手工业者变成农奴，以供养他们自己。"①

美国学者霍尔珀林认为："蒙古税收制度似乎是被加在原有的税制上的"，13世纪还是大一统的蒙古帝国时，"甚至整个蒙古赋税都是适应于当地情况的"。他认为"俄国人借用了蒙古的商税、贡赋以及其他赋税制度"②。

以上史料可以证明蒙古粗具规模的税收制度是存在的，这也反映成吉思汗对先进文化的吸收，也正是成吉思汗的成就远不同于其他征服王朝和昙花一现的游牧民族代表人物的地方。

第四，铲除闭塞，重商护商。在帝国初期，成吉思汗就主张积极地和周边的民族开展贸易往来，对商人的活动给予重视。在帝国后期这种思想得到充分体现，各种贸易往来增多。

---

① [苏]M·库特鲁科夫：《蒙古人在东突厥斯坦的统治》，引自《民族史译文集》第七辑。

② 以上参见[美]C·J·霍尔珀林《对蒙古帝国中有关俄国情况的比较研究》，引自《民族史译文集》第七辑。

成吉思汗接见花拉子模国王摩诃末派遣的使者时,要求蒙古和花拉子模双方经常派遣使臣、商人、商队往来,交换两国精良商品,维持和平通好。1218 年春,成吉思汗派出一个 450 人的伊斯兰商人的商队,带着满载金银、丝绸、毛皮的 500 头骆驼前往花拉子模贸易。元代许有壬说西域商人情况是"天下各城巨邑,必居其津要专其豪膏腴"[①]。他们在经济上的实力使他们得到非同一般的待遇。成吉思汗时的大蒙古国政治中心和林虽然没有建筑起稍具规模的都城,但元初"城内有两大街,一名回回街,市集所在……宫廷驻此城时,外国商贾数人及各地之使臣概集于此"[②]。可见商业较为繁荣。这与成吉思汗时期对商人重视并有保护措施不无关系。在成吉思汗"札撒"中规定,经营不善严刑处置。《札撒》规定:"凡进入他的国土内的商人,应一律发给凭照"。"从事商业而三次破产者处死刑"[③]。特别令人惊叹的是,成吉思汗对商业思想文化的本质有十分透彻的了解,他说:"就像我们的商人带来织金衣服和好东西并坚信能从这些布匹织物获得巴里夫那样,军队的将官们应当很好地教会儿子们射箭、骑马、一对一地格斗……使他们像坚毅的商人那样掌握他们所知道的本领。"[④]

成吉思汗这种积极开展贸易往来,重视商业的思想,还表现在对驿道的开辟和对商业交通的保障上。蒙古人军事上的胜利,使"他们领土日广,重要事件时有发生,因此了解敌人的

① 许有壬:《至正集》53 卷《西域使者哈只哈心碑》。

② 《柏郎嘉宾蒙古行记·鲁布鲁克东行记》第 267 页,中华分局 1985 年版。

③ 贝勒津《成吉思汗的札撒》,转引自《蒙古史研究资料》第 18 辑。

④ 《史集》第 1 卷 2 分册,汉译本,第 357 页。

活动变得重要起来,而且把货物从西方运到东方,或从东方运到西方,也是必需的。为此,他们在国土上遍设驿站”[①]。虽然当时并没有定名,制度尚不完善,但它是元代驿传制度的雏形,在当时交通上已被应用。邱处机西游时走的便是驿道。更值得注意的是,成吉思汗乃为地方行旅谋安全,“于诸大道中设置守卫”[②],“保证各种商旅在各种城市与大道上通行无阻”[③],“维持商路的安全以进行国际贸易是成吉思汗政策的主要目标之一”[④]。这种交通的便捷和卫士保护制等措施对于社会的安宁和商业的发展都有推动作用,也反映了成吉思汗的经济思想有独到之处。花拉子模的阿不勒·噶齐说:“在伊朗和都兰(今中亚)之间的一切地方享有这样一种安宁,头顶金盘,自东往西,不会遭受到任何人的侵犯”[⑤]。志费尼也认为:“成吉思汗统治后期,他造成一片和平安定的环境……道路安全,骚乱止息。”[⑥] 这对于商业贸易发展来说,确是非常有利的条件。

成吉思汗为何能有重商业、辟交通等比较开放的经济思想呢?

其一,蒙古族作为游牧民族,自古有与边民开展贸易的传

① 《世界征服者史》上册,汉译本,第 34 页。
② 同上,汉译本第 90 页。
③ 贝勒津:《成吉思汗的札撒》。
④ 维尔纳德斯基:《成吉思汗札撒的内容与范围》,载《哈佛亚洲学报》卷 3,第 337—360 页,1938 年。
⑤ 阿不勒·噶齐:《突厥世系》,转引自韩儒林《论成吉思汗》,载《历史研究》1962 年 1 期。
⑥ 《世界征服者史》上册,汉译本,第 90—91 页。

统,他们的游牧经济决定了对生活用品的需求,使蒙古人与金国、契丹及中原很早有贸易往来。

其二,随着蒙古族走向世界,特别是与中亚地区的接触,他们看到了商业所带来的繁荣和富庶,这种实际诱惑起了推动作用。

其三,商人们在其政策的保护下,不仅能为成吉思汗带来财富和各地的奇珍异宝,而且能提供各地的很多情报,为成吉思汗征服世界的目标服务。

其四,成吉思汗个人的品性进取心较强,他胸怀大志,视所有征服地区皆为其地,使他希望冲破各方世界之隔阂,互相沟通、交流。

可见,在这位13世纪的历史人物的成功背后,是蕴藏着极为开阔的视野与深刻的经济思想观念的。只可惜这类直接的记载太少。

第七章　成吉思汗札撒的内容及其基本精神

成吉思汗的训言和所颁布的军令、法令以札撒的名称见闻于世。可惜目前被保存下来的，只有成吉思汗在世时已写下来的一些法律和法令的断简零篇。

除成吉思汗的正式法令外，他还常常在不同的场合提出一些指示，这些就是著名的训令(Bilik)。现存的札撒与训令的某些断简零篇是否十分准确，虽难以肯定，然而，札撒作为一个成文的文件确定是存在的，它大致可以反映成吉思汗的法律思想。

札撒存在的这一事实，几位可靠的编年史学家都有记载。根据术外尼(卒于 1238 年)的记载，成吉思汗每个后裔的宝库中都藏有缮本，这种现象使我们无法推翻札撒的存在。拉施特(1247—1318)除引证了札撒上的某些法规外,还在其他一些场合提到成吉思汗的札撒。据拉施特的记载,第一任金帐汗拔都曾令其全体臣民遵守札撒,否则处以死刑。著名的旅行家伊本·巴图塔(约1304—1356)的报导一般都是很精确的,他也说成吉思汗时有过一本被称为“札撒黑”(Al—yasak)的法律书。有人告诉马克利齐(1364—1442),说在巴格达的一个图书馆里藏有一本可用的札撒分缮本。[①]

札撒颁布的时间,一般认为是在1206年铁木真正式称成吉思汗的大会期间。[②]

一、札撒的内容及范围

按维尔纳德斯基先生的整理研究,札撒规范了当时蒙古社会对内对外、对各阶层人的行为准则。按其分类,有以下纲目和编次:

一、国际法

二、公法 1.最高权力(汗) 2.国家 3.义务服役法令 4.豁免役税特典 5.军事法令 6.狩猎法令 7.行政与行政条例 8.赋税

三、刑法

四、私法

五、商法

---

① 以上均参见维尔纳德斯基《成吉思汗札撒的内容与范围》,载《哈佛亚洲学报》卷3,第337—360页,1938年。

② 同上,以后引文未注者均出自此文。

六、司法

现就上述六个方面,综合举例说明之。

有关蒙古与国际之间的外交书札、开战宣言款式的指令,札撒有所记录。

如:约定自动投降即免屠敌方居民,这种开战宣言的特有形式,是札撒国际法中的第一条晓谕。①

蒙古国际法的另一条重要原则,无疑是外交使节的神圣不可侵犯。成吉思汗兴兵征伐花拉子模国王摩诃末,就是为了报其使臣被害之仇。②

公法方面内容较多,涉及汗的最高权力、臣民的义务、军事行政的法令、税赋等等。

如:规定最高权力集中于汗的一身,汗这一称号就是权力的最高象征,蒙古人不得和其他各国一样,给诸王和贵族以许多荣誉称号和头衔。他们只应该给在位的君王加上一个汗或可汗的称号。若汗死,继位的新汗必须是成吉思汗的后裔。汗死之后,其族诸宗王、军队诸统将、各部落的部长及各部族的族长照例要一起集会,会中进行新汗的推举。成吉思汗血统诸亲王中最英明能干者应被推选,然后正式就汗位。不经过正式推选,任何人都不得自称为汗。凡已被列入任一千人队、百人队、或十人队的人,不得离队他去,违者格杀,收录他的首长亦然。成吉思汗"令……豁免各神庙和神的仆人的赋

① 珀提《伟大的成吉思汗传》(伦敦1722年版第79-88页)中谈到这方面的内容,说蒙古人一般"派一个使团,而不以军队的量大人多相威胁,只让使者向对方说:你们若降顺,就会得到优待和安静,设若抗拒,我们知道会发生什么呢?(但)永恒的上帝知道你们会有什么结果!"

② 符拉基米尔佐夫:《成吉思汗传》,圣彼得堡·莫斯科,1992年版,第124页。

税并尊重之"，等等。

成吉思汗认为狩猎是进行军事训练的最好场所，是一种重要的经济和军事制度。所以札撒中甚至规定了很多关于组织巨大围猎队形的规则。

根据札撒的精神，维持治安与秩序，是治国施政的总目标。

"蒙古诸部落一归降成吉思汗，汗即恶其某些恶习，如盗窃、通奸等，并决心予以革除，俾能以秩序与正义修治国家。使各种商旅在各城市与大道上通行无阻。他要为他们提供安全与安乐，使他们能头戴金饰，就像人们通常头顶粗瓶一样，遍历境内无虞"。

遵循这一目标，沿皇家驿道上设立驿站就成为政府的一项主要任务了，每两万居民即须供应一个驿站。"蒙古的全体国民每年必须以他们的牛羊、财宝、马匹、乳类，甚至毛织衣物等礼品捐助他们的诸王"。

札撒的刑法主要目标，即维持国家和社会的治安和秩序。札撒几乎对所有犯罪都规定处死刑。如对大多数违反宗教、道德或惯例的犯罪，大多数触犯汗与国家的犯罪，某些侵犯财产的犯罪，第三次宣布破产的犯罪，盗窃马匹而不能偿付罚金者之罪等等，概处死刑。而且不仅犯罪者本人应受处罚，有时其妻子儿女亦得连坐。

私法的继承问题中，规定女奴子女也有继承权，实际改变了世袭奴隶制。规定家长死后，其遗产须这样来分与诸子：使长子所得的相应份额多于他子，幼子得其父之住宅（如系牧民则得其帐篷连同一切附属物，包括牛羊在内）。诸子的长幼次序，各视其生母在其父亲的家庭里的地位。但女奴所生子女与诸妻所生子女同样是合法的，也可分得其父遗产，但须得到其父的遗嘱。

另外，成吉思汗非常重视商业，维持商路的安全，以进行国际贸易，这是成吉思汗政策的主要目标之一。由此揣度，札撒中一定包括有某种商法，是很自然的，可惜在目前所知的札撒残篇中，仅有一段论到商法："凡丧失他人寄托之财货至第三次者，第三次破产后，应处死刑。"①

札撒中也有司法审判和法庭组织方面的规定。直到目前，通常都认为成吉思汗的札撒不过是蒙古各部落习惯法的集成。但我们对札撒内容的探讨，使人们可以得到一些不同的结论。如我们所见到的，札撒有它更重大的主要目标，它不是集习惯法之大成，而是按照当时成吉思汗建立蒙古帝国的需要，去补充习惯法之不足。虽然实际上对于部落和氏族习惯法上的大多数问题，札撒都默无一言，避免与习惯法的任何抵触。但显然札撒的多数原则不是意在填补习惯法的缺陷，而是意在（如刑法）以新的法令代替传统的习惯法。

二、成吉思汗法律思想形成的社会历史条件

马克思主义告诉我们，思想是第二性的，成吉思汗法律思想的形成发展也必然受到社会物质生产方式和时代背景的制约，并反映当时社会的需要。笔者以为应着重考虑以下几点：

---

① 以上均见维尔纳德斯基《成吉思汗札撒的内容与范围》。

第一，札撒的产生是蒙古地区大变革时代的需要。成吉思汗生长在一个社会大变革的时代，蒙古历史发展到12世纪末13世纪初，社会生产力有了进一步的提高，铁器得到普遍使用，牲畜的数量不断增加，呈现出“千百成群”① 的繁荣景象，足见其畜牧业的发展水平。经济的发展，推动了社会制度的变革。但是，广大人民并未因社会的进步而获得幸福，他们仍面临着两大灾难，其一，统治者为了争夺牧场、牲畜、劳动力而进行着频繁的战争。广大人民负担着沉重的赋税、兵役，成为统治阶层争权夺利的炮灰，生活在水深火热之中，“不胜其苦”②；其二，当时的蒙古社会处于动荡之中，旧的社会秩序失去了效力，出现了“子不遵父教，弟不聆兄言，夫不信妻贞，妻不顺夫意，公公不赞许儿媳，儿媳不尊敬公公，长者不保护幼者，幼者不接受长者的教训，大人物信用奴仆而疏远周围亲信以外的人，富有者不救济国内人民，轻视习惯和法令”③ 的不良现象，这是与成吉思汗称汗的统一与集权的需要极不适应的。同时，习惯法已失去了其原来的权威，建立适应社会发展要求的、为所有蒙古部落通用的法律——“大札撒”，已成为历史的必然。于是出现了处理社会纠纷的司法机构。史载，成吉思汗因别勒古台泄露了亲族会议的机密，以致造成蒙古部损失极大，决定以后议事“别勒古台其勿入之，俟议终，可理外事，可断斗殴，盗贼，欺诈诸事”④。据《元史》记述，别勒古台

---

① 《蒙鞑备录》。

② 《蒙鞑备录》。

③ 拉施特《史集》第1卷第2分册，汉译本，第354页，商务印书馆1983年版。

④ 道润梯步：《新译简注蒙古秘史》，第124页。

担任的就是断以上诸事的“札鲁火赤”①,即札鲁忽赤(Jarghuchi),相当于断事官,同时将成吉思汗规范人们行为法则的言论写入札撒,成为断事的准则。

第二,成吉思汗的法律思想形成于武力统一蒙古的战争年代,所以,札撒的形成深深刻入了军事法纪的烙印。在激烈纷争形势下,企图完成蒙古统一大业的,也并非成吉思汗一人。有远见的老人锁儿罕说:“冀图君权的人物:一个是塔塔儿部落的死剌黑兀都儿,另一个是乞牙惕—禹儿勤部落的薛扯别乞,第三个是札只剌惕部的札木合薛禅。这些人都提出了伟大的企求,冀图王权,但最后铁木真将成为首领,诸部落将一致奉国于他,因为他具有成就帝业的才德,在他的额上明显地呈现着上天佑护和帝王雄武的征兆!”②实际上争夺帝王者还不止这几个,如泰亦赤兀氏的塔儿忽台,乃蛮部的太阳汗等都是成吉思汗的劲敌;克烈部的王罕则力量最强,曾已隐然有大可汗的声望。要统一蒙古各部,首先必须有一支势力强大、纪律严明的军队,成吉思汗的法纪思想也就首先形成于军纪方面。1189 年,成吉思汗被推为合罕后,立即扩充和强化怯薛军事组织,设立专门职务:有带弓箭的箭筒士、带刀的云都赤,负责军情侦察的远近箭士、饮膳分配和司厨的博尔赤、专管驭马的和专管牧羊的火尼赤、管修造车辆、房子的木匠以及管理家里人口的专职人员等。③ 笔者以为,虽然以上

① 《元史》卷 117《别勒古台传》。

② 《史集》第 1 卷第 1 分册,汉译本,第 289-290 页;同书第 2 分册,汉译本第 161 页记载着同一段话,表述与此略有差异。

③ 《蒙古秘史》第 153 节。

都是比较原始、粗糙的国家机构和制度，但他们的建立和设置是以一定的法律条款为依据的，这些法规应该是成吉思汗大札撒的雏形。此后，成吉思汗在继续征服其他部落的过程中，“依据自己的想法，他给每个场合制订一条法令，给每年情况制定一条律文：而对每种罪行，他也制订一条刑罚”①，因为鞑靼人没有自己的文字，他便下令蒙古儿童习写畏兀儿文，并把有关的札撒和律令记在卷秩上。这些卷秩称为“札撒大典”。如 1202 年，当成吉思汗出征四部塔塔儿前，就曾颁布有关分配掠夺物以及作战方法等方面的札撒条规；1204 年征乃蛮部时，又宣布新法令，规定职责，整治军马。成吉思汗在颁布札撒的同时，又规定了一些监禁和惩罚的措施，史实中多次提到使用板枷及监禁惩处敌对者的实例。1206 年成吉思汗统一蒙古各部以后，正式设立审理机构，但成吉思汗的法律思想无疑形成于统一蒙古各部的过程中，这决定了在其法律思想中带有很强的军事特性，“军队和军队的管理在他的立法中占有很显著的地位”②。

第三，成吉思汗的法律思想发展于对外扩张的战争中，吸收有各族谋臣的思想文化。随着蒙古大军的不断向外扩张，蒙古汗国变成了世界性帝国。成吉思汗任用了一些汉人或畏兀儿人对国家政体进行改变，改革的对象必然包括作为国家机构及社会各种关系基础的大札撒。如 1211 年 2 月，成吉思汗统军进攻金之西北边墙乌沙堡，守将郭宝玉举军投降并向成吉思汗建议“建国之初，宜颁新令”，成吉思汗遂“颁条书五

---

① 志费尼：《世界征服者史》上册，汉译本，第 28 页。

② 维尔纳德斯基：《成吉思汗札撒的内容与范围》。

章”,其内容大部分出自郭宝玉。① 第一次修订札撒,是在1218年西征前夕,成吉思汗曾召集大会修订札撒。② 第二次,也是最后一次修定,是在1225年。③ 然而,关于这两次修订的详细情况,史无确载,但从中可以发现,札撒颁布后的几次大的补充修订,都与蒙古帝国的扩大领土或为解决国内一些重大问题相联系。可见,成吉思汗法律思想的丰富和发展,是为了解决不断出现的新问题,以适应帝国军事统治的需要。自然,在这一过程中也就不可避免地吸收了汉族等其他民族的先进思想,事实上,“至少可以肯定,有些原则是借用自他所征服的地区的”④。

以上就是在研究成吉思汗的法律思想时,应当考虑的几个主要问题。如果说社会大变革时代一统天下的军事要求,促成了成吉思汗法律思想的产生,那么后来统一战争的胜利和胜利后形势的变化,则在很大程度上制约着成吉思汗法律思想发展的方向和性质。

三、札撒的主要精神

12世纪末13世纪初,蒙古社会生产力的发展和所处的

---

① 《元史》卷149《郭宝玉传》。

② 维尔纳德斯基《成吉思汗札撒的内容和范围》认为是1225年,而《史集》(第1卷第2分册汉译本第272页)认为是1219年。

③ 多桑著、冯承钧译:《多桑蒙古史》上册,第159页注④,中华书局1962年版。但也有认为非只此两次。

④ 曼苏尔·海德尔:《成吉思汗的“札撒”在中亚的残余(14—15世纪)》,载《蒙古学资料与情报》1985年第3、4期合刊。

历史环境,决定了蒙古社会由不完善的奴隶制向封建制过渡的特殊性。封建制因素不断增长,新兴的军事贵族扩大了依附人口,增加了财富并逐渐加强了对自由牧民的控制,封建领主和依附牧民阶级正在逐步形成,成吉思汗的法律思想就反映了新兴封建领主阶级的政治要求。

尽管成吉思汗的立法没有穷尽蒙古部落生活的方方面面,但是,即使现存的札撒残片所包含的内容,也已十分丰富。其主要精神包括以下几个方面:

第一,旨在提高君主在封建政权中的法律地位。

蒙古汗权思想的形成曾经历了一个漫长的历史阶段,到孛端察儿时代,随着掠夺战争的加剧,逐渐形成许多蒙古部落的首领和君主,[①]汗权逐渐形成。至合不剌罕时代,他曾"辖蒙兀全部"[②],蒙古尼伦诸部曾经基本统一在一个汗权之下。随着汗权的确立,汗成为凌驾于众人之上的统治者,汗权的大小及稳定程度,常常是政权稳定与否的象征。但是,在成吉思汗以前,汗权是很不稳定的。史载,当也速该为蒙古尼伦诸部的首领时,曾和许多非血亲部落作战,用武力征服了他们,遂拥有了无数军队和属民,但他一死,权力便消失了。[③] 基于上述历史经验教训,成吉思汗为了巩固其统治,就要加强和提高汗权的法律地位。为此,他采取了一系列相应措施,规定汗权高于一切,汗国的权力完全集中于大汗一身,大汗是汗国的最高权力的象征。据载:"(蒙古人)对他们的诸王及贵

① 参见《史集》第1卷第2分册,汉译本,第14—15页。
② 屠寄:《蒙兀儿史记》卷1第14页。
③ 参见《史集》第1卷第2分册,汉译本,第96页。

族，并不与其他国家一样的称以一些颂扬的美名或尊号，他们只对君王加一个尊称，那就是可汗(Klan)或汗。”[①] 这样，汗这一称号就成为最高权力的象征，只能为国君所专用。成吉思汗作出这一规定的目的，可能是出于两方面的考虑：一是为确保蒙古可汗的称号威严高于其他统治者；二是为了否定原各部封建贵族罕号尊称的合法性，以防止其势力的分裂或膨胀而危及汗权；维护汗权的绝对权威，加强对中央、地方等各级官僚体系的控制和监督。

蒙古统一后尤其是在以后对外扩张过程中，如何加强对从中央到地方的官僚体系的控制，是关系到政权能否巩固的大事。为此，成吉思汗采取了法律措施。蒙古汗国建立之初，以军事行动为首要任务。在可汗统属之下的万户、千户、百户的长官和什长，他们既是军官，也是管民官。设札鲁忽赤“治政刑”[②]，掌诏令的则是必阇赤[③]（可译为秘书监），行宰相之职。在大断事官之下，置有若干断事官，为其僚属。此外，诸王、贵戚、功臣有封地者，也各置断事官治其本部百姓。[④] 成吉思汗规定，高级官吏由可汗或其代理人任免，对国君负责。为了加强对各级官吏的控制，大札撒规定，纵令是大异密遇有失策时，国王派遣自己的最低下的臣子去处罚大异密时，大异密也应以身委之使受处罚，扑伏在使臣面前，纵令是死刑，在执行国王所处刑罚之前，仍应扑伏在使臣面前。另外，虽然皇

① 维尔纳德斯基：《成吉思汗札撒的内容和范围》。

② 《元史》卷85《百官志一》。

③ 《元史》卷99《兵志二》：“为天子主文史者，曰‘必阇赤’。”

④ 韩儒林主编：《元朝史》上册，第93页，人民出版社1986年版。

帝为臣民们时时处处都作了规定，无论是去进行征战，去活还是死，他们都不会制造障碍而只能附首贴耳地服从。这样汗国的权力就完全集于大汗之一身。柏朗嘉宾谈到蒙古大汗的权力时写道："鞑靼人的皇帝对所有的人都具有非凡的权威。任何人都不敢在皇帝为他指定的地点之外的任何地方居住。皇帝本人为那些(大)首领们指定驻扎地，大首领又为千户长指定驻地，千户长又为百户长，百户长又为十户长依次指定驻地"[①]。

坚决维护主奴名分，要求臣民对大汗绝对忠诚，大汗对属下拥有生杀予夺之权，特别是对危害汗权的不忠行为，更是严惩不殆，处死通天巫阔阔出就是典型一例。

在国家政体上，实行领户分封制，使国家的集中统一法制化。

在成吉思汗以前，氏族制残余和部落分立曾造成蒙古地区各自为政的局面，他们内部的一切更不得由氏族及部落以外的任何人，甚至是他们共同的领袖——合罕，加以干预，因而容易部落林立，各自为政，相互攻伐，根本就不可能实现蒙古的真正统一。

成吉思汗用武力完成各部统一以后，正确地总结了这一历史经验教训，顺应历史的潮流，在部落制基础上全面实行了领户分封制。对开国有功之臣论功行赏，分封了95个千户。[②] 这是汗国建制的基础，也是蒙古社会开始进入封建制

① 耿昇、何高济译：《柏郎嘉宾 蒙古行记·鲁布鲁克东行记》，第54页，中华书局1985年版。

② 《蒙古秘史》第202节。

的标志。据《蒙古黄金史》记载,成吉思汗在把长子术赤分封到南俄,次子察合台于中亚时,曾说:“我不是想要把你们分出去,派到自己以外的国里,乃是好意的分封你们,去管理我占领的,镇抚我得来的。开疆拓土,辅佐社稷,成为我连拣的房子,连肢的身体”①。可见成吉思汗裂土分封的目的,就是以自己或自己的继承人为中心,确立新君主的一级级的等级制度,建立新秩序。这种领户分封制,一则整合了使蒙古社会长期分裂混战的部落制,确立君主与千户藩臣之间的臣君关系,从政治上保证了蒙古的安定统一;二则使忠于成吉思汗及其事业的那颜集团掌握了蒙古的军政大权,实现了蒙古政权的稳定;三则它是生产组织、行政组织、军事组织相结合的制度,既生产又全民武装,向大汗服军役,把蒙古全国变成了大兵营,形成了强大的军事力量。

第二,强调以礼治民,以法治国。

成吉思汗有以礼治民的思想,主要是针对蒙古社会有氏族制的残余、处于奴隶制向封建制过渡时期的实际,以及社会“礼崩乐坏”、极度混乱无序的状况提出的,他“首先着手之事,则在使之有秩序及正义”②。他认为,一个民族如果不懂得忠孝伦理,轻视习惯和法令,那么就会使“窃贼、撒谎者、敌人和(各种)骗子将遮住他们营地上的太阳,这也就是说,他们将遭到抢劫,他们的马和马群得不到安宁,他们(出征)打先锋所骑的马会精疲力竭,以致倒毙、腐朽,化为乌有”③。为此,成吉

① 札奇斯钦:《蒙古黄金史译注》,第 78 - 79 页,台北 1979 年版。
② 《多桑蒙古史》上册,汉译本,第 157 页。
③ 《史集》第 1 卷第 2 分册,汉译本,第 354 页。

思汗大力提倡以忠、孝、信为主要内容的封建伦理价值观，重建蒙古人的三纲五常。札撒中就有“篾视险恶及不义之辈”的规定。[①]

尽管成吉思汗一贯注意以礼治民，并注意把以礼治民与以法治国二者结合起来，但是，札撒中的条文反映出“以法治国”才是根本，“以礼治民”仅是“以法治国”的辅助形式。据马克利兹(Makrizi)记载：“东方国家鞑靼权威的建立者成吉思汗在战胜王罕、夺取权力时，制订了若干根本法规和刑罚，都记录在书册上，名之曰‘札撒’，尽管有时也称作‘札撒克’，此书编写完成后，他命把这些法律铭刻在钢板上，作为国家法典，直到上帝歼灭该国以前，一直都是这样。”[②]后来，成吉思汗又根据新的形势，多次修订法律，足见成吉思汗对法律的重视。成吉思汗甚至把札撒视作蒙古政权兴衰的根本，他说：“如果隶属于国君的许多后裔们的权贵、勇士和异密们不严尊法令，国事就会动摇和停顿。”[③] 他临终时，再一次告诫诸子：“我亡后，汝等必不能改变《札撒》。”[④]

与此同时，成吉思汗逐步建立起审理机构，由专人负责审理诉讼事宜。前已提及，最初，成吉思汗委派异母弟别勒古台任札鲁花赤(即札鲁忽赤)断斗殴、盗贼、欺诈诸事。建国后，委派失吉忽秃忽为断事官“治政刑”，“惩彼贼盗，勘彼诈伪，死其当死者，惩其当惩者。遂委以最高断事(官)矣。……所断之

① 维尔纳德斯基著、札奇斯钦译：《蒙古与俄罗斯》(一)，第81页，台湾中华文化出版事业委员会1955年版。

② Riasanovsky：《Fundamental principles of Mongol law》，P27，Tientsin，1937.

③ 《史集》第1卷第2分册，汉译本，第355页。

④ 贝勒津：《成吉思汗的札撒》，载《蒙古史研究参考资料》第18辑，1981年。

案，书之青册文书，传至子子孙孙”①，并从宿卫内派人“与失吉忽秃忽共听其断事”②。在此基础上，逐步形成了一套审理办法，为了防止误审错判，还规定“犯罪者除现行犯外，非自承其罪者，不处刑”③。失吉忽秃忽就曾告诫犯人，“不要因为恐惧而招认”，“不要害怕，说实话！”“无论在蒙古斯坦或（其所属）各地区境内，他的（断案的）方式方法的原则，奠定了判决的基础”④。

成吉思汗不仅制定和认可了札撒法律条文，而且很重视其实施。成吉思汗规定，“律之若此，尚有违令者，可执而箠之”⑤。不论平民、贵族，还是黄金家族成员，只要犯罪就要受到制裁。但对于黄金家族成员，成吉思汗把教育与刑罚并重，教育与刑罚相结合。他说：“我们的兀鲁黑中若有人违犯已确立的札撒，初次违犯者，可口头教训。第二次违犯者，可按必里克处罚，第三次违犯者，即将他流放到巴勒真、古勒术儿的遥远地方去。此后，当他到那里去了一趟回来时，他就觉悟过来了。如果他还是不改，那就判他带上镣铐送到监狱里。如果他从狱中出来时学会了行为准则，那就较好，否则就让全体远近宗亲聚集起来开会，以作出决定来处理他”⑥。为了确保札撒的权威和监督各级官员，成吉思汗让性格刚烈、治法严明察合台监视札撒的执行。⑦应当指出，成吉思汗以法治国思

① 道润梯步：《简注秘史》，第 225 页。
② 道润梯步：《简注秘史》，第 261 页。
③ 《多桑蒙古史》上册，汉译本，第 157 页。
④ 《史集》第 1 卷第 1 分册，汉译本，第 174 页。
⑤ 道润梯步：《简注秘史》，第 208 页。
⑥ 《史集》第 1 卷第 2 分册，汉译本，第 359—360 页。
⑦ 《Fundamental principles Mongol law》，P85.

想，有着明显的阶级性，是围绕着汗、那颜贵族的利益行事，是为封建领主阶级服务的。他曾毫不掩饰地声称："其违俺旨者（中），似俺识之者，可解来俺处。似俺不识之众，可即地斩之"[①]，"如果我的宗族中有人违背了札撒，在未经与全体长幼兄弟们商议前，不得戕害他的生命"[②]。可见，惩罚的轻重，仍与汗的关系亲疏有关，一些那颜贵族甚至享有"赦九罪而勿惩之"[③]的特权，如失吉忽突忽、者勒蔑、博尔术、木华黎和孛罗忽勒等都享有这一特权。

第三，主张实行严刑峻法，以期国家太平。

大札撒同古代其他民族的法典一样，是一部严峻而残酷的法典，有的学者甚至认为札撒的残酷性超过了其他类似的法典，当然这是一种夸张的说法。但有一点是可以肯定的，成吉思汗所制定的"刑罚，是较蒙古部固有的氏族或部落法律的处罚远为严峻"[④]的。

成吉思汗执行法制的目标，在于确保对可汗命令的执行、对札撒的奉行、对军事命令的执行和维持蒙古习俗，一句话，就是维持国家和社会的秩序与安宁。但此法律之执行则极为严酷，具体体现在以下几个方面：

对犯人的惩罚，主要是死刑。仅梁赞诺夫斯基辑录的三十六款札撒中，就有死刑罪十四种。[⑤] 对杀人、通奸者，从事商业而三次破产者，抓住奴隶或逃亡囚犯不归还其主人或捕获

① 《简注秘史》，第208页。
② 《史集》第1卷第1分册，汉译本，第154页。
③ 参见《简注秘史》，第225—226、234、240页。
④ 《蒙古与俄罗斯》（一），第88页。
⑤ 《Fundamental principles Momgol law》，P35.

者,违背习俗宰杀动物者等等,都处死刑。

其残酷性还表现于札撒虽为巩固封建蒙古国服务,其刑法却有奴隶制的烙印,只是没有原"挖心肝"、"抽脚筋"或世袭奴隶的规定,充分说明这是过渡时期的法规。但如果奴隶逃跑,根据汗国法律,不但奴隶本人处死,而且收留逃者亦要处死。

蒙古汗国的法律,对"盗贼"的惩治是十分严厉的。成吉思汗曾对大断事官失吉忽秃忽说:"如有窃贼诈伪的事,你惩戒着,可杀的杀,可罚的罚"①。另外还有笞与杖刑,成吉思汗规定:"若怯薛者有脱,则将彼脱怯薛之怯薛者杖三而训之……又该人身躯无病,亦未商于怯薛之官,又该怯薛者,三次脱怯薛,则杖三十七而训之"②。柏朗嘉宾和马可波罗也有这方面的报导。③

成吉思汗实行了族诛连坐之刑。1. 可汗的"训言"规定:"十夫长不能统率其十人队作战者,将连同妻子、儿女一并定罪,然后从其十人队中另择一人任十夫长,对待百夫长,千夫长、万夫长们也这样"④。2. 据《蒙古秘史》记载,成吉思汗为了维护贵族地位,对捉拿札木合的五个仆人,视为大逆不道,遂下令"族斩其犯本罕者"⑤。

然而,法律的严酷却导致了蒙古社会的意想不到的安宁与社会秩序的安定,说明札撒基本适应当时社会的情况。据

① 《蒙古秘史》,第203节。
② 《简注秘史》,第253-254页。
③ 《柏朗嘉宾 蒙古行记·鲁布鲁克东行记》,第43页;陈开俊等译《马可波罗游记》,第67页,福州1987年版。
④ 《史集》第1卷第2分册,汉译本,第355页。
⑤ 《简注秘史》,第212页。

说，由于对盗马的处罚非常严厉，蒙古人中间绝无盗马之人。[1] 柏朗嘉宾也说："他们之间从来不会爆发斗殴、对骂、打架或杀人，人们甚至在那里发现不了偷盗农作物的小偷和汪洋大盗。所以他们盛放自己财宝的幕帐和马车从不上锁或门栓。当偶尔有牲畜走失，如果有人发现也会让它自由自在地走，或者是将之驱赶到专门指派负责收容工作的人那里，失主便可以前往后者家中寻找，便会毫不费力地将之领回，使物归原主……甚至可以说他们之间不会有任何诉讼。"[2]

四、札撒的文化内涵剖析

像历史上许多著名人物的思想常常存在矛盾一样，成吉思汗的法律思想中矛盾之处表露得特别明显。主要体现在以下两个方面：

第一，成吉思汗法律思想的根本矛盾在于他既想实行法制，又最终是为了其集权与专制。成吉思汗确实制定和重新肯定了许多法律，颁布了大札撒，并曾几次予以修订，而且他也确实努力实行法律，力求以法治国，在不同场合强调依法办事。但是，如前所述，这只是对臣下，对百姓而已，而他自己以及一部分人则超越于法律之外，凌驾于法律之上，实行极端的个人专制。他不仅大大提高了国君的法律地位，集立法、司法、军事、宗教等一切大权于一身，而且被推崇为宇宙的主宰，置国家法律于不顾，可以为所欲为。而且他凭借手中掌握的

---

① 参见维尔纳德斯基《成吉思汗札撒的内容和范围》。

② 《柏朗嘉宾蒙古行记·鲁布鲁克东行记》，第39-40页。

生杀予夺之权,仅仅根据个人的意志,而不是依靠法律,或处死、或赦免、或奖励、或惩罚。有关哲别的记载是很能说明问题的:哲别原与成吉思汗为敌,当其被降服后,得到赦免。哲别的生与死,都不过取决于成吉思汗的一句话罢了。对纳牙河、合答黑等的赦免,阔阔出、札木合、帖卜腾格里等人的处死,也都是成吉思汗个人一句话决定的。当成吉思汗对其弟合撒儿产生怀疑和不满时,甚至将其提去审问,最后,"暗夺合撒儿之百姓"①。

蒙古法律的形式,除了成吉思汗的正式法令——大札撒及其在不同场合提出的一些指示或批示——训言(Bilik)外,还有成吉思汗的"圣旨"。因此,成吉思汗的言行就是法律,符合汗的意志就是合法,否则就是违法。成吉思汗为霸占塔塔儿部也遂,杀害其夫的事例,是非常典型的。当成吉思汗得知也遂貌美,寻之,纳为己妾,又下令将也遂之夫查找出来处死。②

从上述事实可以看出,成吉思汗一面宣扬和推崇"法治",要求法律具有稳定性,对执法官吏进行必要的监督。但另一方面,他的极端君主专制主义思想和奉行的专制,又要求官吏们按他的个人意志和临时发布的命令办事,其结果必然使"法治"根本成为不可能。这反映札撒只是汗专制的工具,大札撒的时代局限性是十分明显的。

第二,国家立法和习惯法之间的矛盾。由于成吉思汗所处的时代,是蒙古社会由萨满教宇宙观维持着的有氏族残余的奴隶制社会向封建制社会过渡的时期,这就决定着成吉思

① 《简注秘史》,第276页。
② 《简注秘史》,第126-127页。

汗的法律思想要受到新旧思想和新旧社会的双重影响,从而造成了其法律思想的新的矛盾性和复杂性。

成吉思汗一方面根据新兴蒙古帝国发展的各种需要制定并颁布了一系列新的法律、法规,另一方面他对习惯法的态度又是谨慎、犹豫的,尽量避免与习惯法发生冲突,有时便默许了习惯法的效力。事实上,对于部落的留有氏族痕迹的习惯法中的大多数问题,他都采取了默认的态度,这样就在大札撒中保留了许多习惯法条文。例如,禁止使用穆斯林方式宰杀动物,严禁在水中或河中小便,严禁跨火、跨桌、跨碟等。日本岛田正朗教授指出:“一般视为蒙古草原中最坚强的政治形态的‘蒙古联合’(Mongol-ukus)的,且为出于最高权力者成吉思汗之手的法典 Yassa(1206),其立法规定,实际上只是一种辅助的性质,而其根本法原则是固有的习惯。”① 虽然这种观点尚值得商榷,但多少反映蒙古习惯法之强大。因此,面临如此强大的习惯势力,成吉思汗国家立法的实际效力必然受到削弱。

另一方面,也是更重要的一面在于成吉思汗对习惯法的默认使其法律思想始终没有摆脱草原游牧民族立法的局限性和落后性。尽管随着蒙古帝国版图的扩大,成吉思汗也曾先后在异文化影响下几次修订札撒,但是这仍没有改变札撒的本质,它始终主要是一部游牧蒙古人的法律,至多也只能算是北亚游牧民族的法律。结果“使得札撒不适用于过着定居农耕生活的国家。这就是蒙古人在进行征服以后允许中国法律继续在中国起作用,波斯法律继续在波斯起作用,俄国法律继

---

① 岛田正朗:《亚洲北部游牧民族的“法”的生活》,载台湾《大陆杂志》第20卷第7期。

续在俄国起作用的原因”①。这样,由于法律文化的不趋同,蒙古帝国始终没有取得这一欧亚帝国的彻底的大统一,这不能不说是蒙古大帝国较迅速解体的重要原因之一。

不过,数百年来,成吉思汗的法律思想在蒙古社会中以及我国北方其他游牧民族中的影响是深远的。他关于建立领户分封制封建国家的思想,关于封建汗权至高无上、神圣不可侵犯的思想,关于以法律手段维持封建统治秩序的思想以及在这些法律思想指导下建立的具有游牧特点的封建法律制度,不少方面都为后世君主所继承和发展。

以蒙古诸汗国及元朝为例,由于成吉思汗至高无上的权威,及其为保证法律的实施所采取的种种措施,对其殁后的札撒效力,无疑起到了延续作用。因此他殁后,其继承人及诸臣下等,恰如教徒服从圣主那样,服从《札撒》的各项规定。据志费尼记载,成吉思汗后裔们的库藏中都藏有大札撒的缮本。“每逢新汗登基,大军调动,或诸王会集共商国事和朝政,他们就把这些卷帙拿出来,依照上面的话行事”②。伊本巴图塔也有类似的记载:“成吉思汗的后裔每年必须同王国的高级官吏集会一次,来稽考成吉思汗血统的诸王在过去的时期内有无违犯札撒者。凡确定有罪的亲王,必须罢黜之”③。显而易见,即使在蒙古帝国分裂以后,蒙古诸汗国的君主们一般仍然严格遵守着札撒。

在金帐汗国,其首任汗拔都(Batn)曾下令道:“凡违犯札

① 《Fundamental principles of Mongol law》,P33.

② 志费尼:《世界征服者史》上册,汉译本,第28页。

③ 贝勒津:《术赤兀鲁思内部结构概论》,圣彼得堡1864年版。

撒者处死。"[1]到第八任君主月即别汗时期，蒙古上层社会及其政权已完全伊斯兰化。但在以伊斯兰法典作依据的同时，大札撒仍在民事诉讼方面继续起作用，即依据伊斯兰法典的法官哈的负责宗教案件，以大札撒为依据的法官札鲁花赤，负责其他案件。[2] 就是那些过着定居生活的俄罗斯人，也深受成吉思汗法律思想的影响。

察合台汗国分裂后建立起来的帖木儿汗国，主要由中亚和东欧的游牧部落组成。巴托尔德教授指出："军事组织和军事管理几乎全部由成吉思汗法律来控制；后来宗教权威拒绝承认帖木儿为虔诚的穆斯林，因为他把成吉思汗法律放在宗教法规的前面"[3]。巴罗特(Burat)也指出，帖木儿把"沙莱特"(Shariat)与札撒法规结合了起来，涉及宗教犯罪的，由(穆斯林国家的)民事法官判决，而民事案件，则实行札撒。[4]

在伊利汗国，国家机构中专门设有札鲁忽赤长。札鲁忽赤长就是根据成吉思汗的大札撒断案的法官长。这一职位通常委任有势力的蒙古贵族担任。马哈麻·伊宾·忻都沙·纳希彻瓦尼的《答思秃儿·哈的卜》中引了三份委任某人为札鲁忽赤长的敕令。在敕令中指出："这个人足以担当根据札撒判案的札鲁忽赤，他对双方争执的判决公正，不得有陷害、欺凌、使用暴力等行为，并把判决书写在旭烈兀汗国称为札鲁忽纳蔑

---

① 《Fundamental principles of Mongol law》,P300.

② 雅库博夫斯基著、余大均译:《金帐汗国兴衰史》,第 109 页,商务印书馆 1985 年版。

③ 《Fendamental principles of Mongol law》,P300.

④ 《Fundamental principles of Mongol law》,P300.

的特种文书上。"①

元朝建立后于 1291 年颁布了一部新法典——《至元新格》,相对成吉思汗的札撒来说,确实比较宽松,例如处以死刑的犯罪项目就明显减少了。但是事实上,《至元新格》乃是汉族法律与蒙古法律的混合物,而且明朝取代元朝以后,仍保留了《至元新格》。另外,仁宗元年(1312 年)至延祐三年(1316)间编纂的《元典章》中也有三条札撒的内容。至于元朝在蒙古族聚居地区实行的法律,则几乎是札撒的翻版。

再以明清时期的蒙古族为例。元朝灭亡以后,居于漠北的蒙古族仍然过着游牧生活,他们分成三部:兀良哈部、鞑靼部和瓦剌部。由于史料极度缺乏,很难确定当时的司法情况,但札鲁花赤(断事官)仍然存在,其职责仍是断理诉讼事务。由此推断,"蒙古帝国时代的法律传统,还会存在"②。明清时期,先后出现了几部蒙古族法典,其主要有 16 世纪后期蒙古土默特部首领俺答汗主持制定的《俺答汗法典》,明朝后期漠北喀尔喀蒙古领主所订《白桦法典》,明末清初喀尔喀和卫拉特封建领主们制订的著名的《蒙古·卫拉特法典》。这些法典的制订,都是为了维护蒙古封建领主的统治,解决内外部种种矛盾和纠纷。特别是《卫拉特法典》着重强调了维护团结,加强汗权,抵御外部的重要性。法典规定:在颁发宣战书、组织军队和执行军纪等方面,汗具有军事上的最高权威。汗或大台吉(珲台吉)是准噶尔部最高统帅,"凡出师执役无不听

① 《金帐汗国兴衰史》,第 110 页。
② 傅恒:《西域图志》卷首一《准噶尔全部记略》。

汗令”①。

以上事实说明，在蒙古社会中，尤其是蒙古诸汗国，蒙古统治者都或多或少地继承了成吉思汗的法律思想并在这一思想指导下继续重视建立新法律制度。成吉思汗的法律思想所以能产生如此深远的影响，当然与成吉思汗的威名有关，但主要还是由于它属于游牧封建主阶级的思想，反映了他们的利益和要求。直到清代，虽然时代屡经变迁，但蒙古社会的性质和封建领主阶级的地位仍没有改变。这样，后世统治者就能够将成吉思汗的法律思想略加装饰后来为自己服务。此外，正如我们已经谈到的，成吉思汗的法律思想有一个形成过程。它一经形成，便具有相对的制约性，尤其是它曾对蒙古帝国的政治军事法律制度产生过强烈影响，由此便形成了其主要方面能世世代代左右千百万人的传统和习惯。这也是千百年来它对蒙古社会能保持影响的不可忽视的原因。

综上所述，尽管成吉思汗的札撒存在着矛盾性、局限性和残酷性，但在他那个历史时代，在成吉思汗札撒的指导下，居然能使一个原来比较野蛮的民族和纷乱的社会，变得路不牵人丢失的牛羊，出门可以不闭门锁库，社会上几无诉讼，秩序井然，这种成功在今天看来也可以说是奇迹，不能不令人赞叹，不能不承认成吉思汗的法律思想是极有研究价值的。

---

① 傅恒：《西域图志》卷首一《准噶尔全部记略》。

第八章　成吉思汗的伦理观及人才观

任何一个重大历史事件的背后，都包含着极其复杂而又深刻的原因，如果我们从思想文化方面深入探讨，就会发现，根植于蒙古文化深层的成吉思汗的伦理观念和人才观，同成吉思汗帝国的不断壮大有着内在的、密切的联系。

一、成吉思汗的伦理观

成吉思汗所处的星天旋回、诸国相攻的时代，窃盗奸通之事甚多，“子不从父教，弟不从兄教，夫疑其妻，妻忤其夫，富不济贫，下不敬上，而盗贼无罚”[①]，社会风气败坏，惟力是强，道义

① 多桑著、冯承均译：《多桑蒙古史》上册，第157页，中华书局1962年版。

沦落。当成吉思汗父也速该死后,他的部属曾引用流行的谚语说,“深水已涸矣,明石已碎矣”[①],留此还有什么意义呢?皆弃诃额仑母子而去。这种观念应该说是适应当时蒙古社会发展水平,并被普遍遵行的观念。然而成吉思汗由于其母诃额仑的教育并在靠近汉地的弘吉剌部生活过一段时间,他跳出了蒙古传统旧观念的束缚,吸收了中原地区的忠、孝、信、义为主要内容的封建观念,作为其政治活动的指导思想,并且在初期艰难坎坷的处境中和以后地位日益提高的过程中,不断领会并进一步运用了这些思想,使自己成为在当时草原诸领袖中,掌握了那个时代先进思想的政治领袖,从而取得了巨大的成功。

1. 孝。同北方其他游牧民族一样,蒙古也有贱老之俗,即所谓:“鞑人贱老而喜壮”[②]。成吉思汗则以自己身体力行为样板,来纠正这种社会风气。他提倡孝敬长辈,敬重老人。成吉思汗幼年丧父,他眼看母亲含辛茹苦养大他本人和一群幼小弟妹,特别是在他的品格形成过程中,倍受诃额仑夫人的教育,故对母后非常孝敬。《蒙古秘史》多次提到,成吉思汗把汗国看成是他和母后共同创建的。当成吉思汗因萨满巫阔阔出挑拨,几与合撒儿酿成仇杀之祸时,受到母后的严责后,他说:“受母之怒(责),惧则惧矣,羞则羞矣,吾其退乎!”[③] 可见成吉思汗的孝敬和顺从。另外,成吉思汗常称老人为“父”(或作老爹)、“母”,以示敬重,札撒中就有“尊敬老者和穷人”[④]

① 道润梯步:《新译简注蒙古秘史》,第 34 页,内蒙古人民出版社 1979 年版。

② 赵珙:《蒙鞑备录》。

③ 道润梯步:《新译简注蒙古秘史》,第 276 页,内蒙古人民出版社 1979 年版。

④ 箭内亘著,陈捷、陈清泉译:《蒙古史研究》,第 88 页,上海商务印书馆 1932 年版。

的明文规定。孝的核心是爱和顺从,特别是后者的光大,使成吉思汗的部将和小辈对他也特别敬畏和顺从,变成了他开拓功业的驯服工具。

2. 忠。忠是封建的思想观念形态。成吉思汗也同历代其他君主一样,认识到这种观念可以维护自己的专制统治,所以不仅把"忠"作为自己的一条重要信条,而且大力提倡,努力在蒙古社会中建立一种新型的封建道德观,竭力维护封建制度的主仆关系,经常强调矢忠"正主"的主张。成吉思汗对待投降过来的敌方将士,凡擒杀故主前来投诚的,"则或斩或责,决不欢迎"[①],凡放走故主使之逃逸或为掩护故主而对成吉思汗进行抵抗的人,反因其忠于主,常常得到赞赏。王罕在逃跑时被乃蛮部边将杀死后,桑昆身边只有掌马官阔阔出及其妻子。阔阔出感到桑昆已到了穷途末路,他趁桑昆去找水之机,不顾妻子的劝阻,遗弃其主于危难中。当阔阔出带着妻子投奔成吉思汗时,成吉思汗不仅不欣赏他的所作所为,反而下令将其出"斩而弃之"[②],而对劝阻这种不忠行为的阔阔出之妻则加以赏赐。在这次战斗中,王罕部将合答黑把阿秃儿力战三日,有意安排王罕父子脱险,他投降成吉思汗以后,如实地说出了自己的所作所为,成吉思汗十分赞赏合答黑的忠诚勇敢,"不肯弃他主人,教逃命走得远着,独与我厮杀,岂不是丈夫,可以做伴来"[③]。于是赦免了他,并任命他为百户官。成吉思汗又把"忠"与其敬天思想相联系,提出了"忠诚得天佑

① 《蒙古与俄罗斯》(一),第 81 页。

② 《蒙古秘史》第 188 节。

③ 道润梯步:《新译简注蒙古秘史》,第 167—168 页。

护”的主张,认为长生天只帮助那些忠诚的人,不忠诚势必遭到毁灭。而他心目中汗权是神授的,所以他所讲的“天”就是汗室统治者,“天意”就是君意,任何危及汗利益的行为,必然违背“天意”,为“长生天”所不容。通天巫阔阔出投奔成吉思汗时,成吉思汗感到他对自己有帮助,而当他飞扬跋扈,甚至干涉王室汗权,企图离间成吉思汗与合撒儿的关系而左右汗室之时,成吉思汗便杀了他,并表示:“以通天巫致手足于我弟每(们)之故,以无稽谗谮于我弟每之间,故不得天佑,将其性命身躯而去矣。”① 只要失去了为巩固成吉思汗统治服务的作用,就是经常与天对话的通天巫也只有赐死。可见,他通过把人的思想和行为引向对天的忠诚,使人们在恐惧“天神”的心理状态中绝对服从天赐的汗的统治。

3. 信义。蒙古人本有言而有信、言行一致、信守诺言之俗。成吉思汗有意识地继承和光大了这一观念,以达到巩固统一之目的。比如,成吉思汗的爱妻曾被篾儿乞惕人所抢,但成吉思汗从未因此事而伤害她的尊严,这就是成吉思汗对其妻的诚与信。再如,成吉思汗对多次背信于他的幼年时代的安答札木合,捕获后仍因念儿时交情与信义,不忍杀之,说:“今我二人相合矣,吾其相伴之乎?”② 只是在扎木合的恳求下,才施于不流血之刑,葬以厚礼。成吉思汗对朋友之信义,由此可见一斑。正如箭内亘所言:“此种有情、有义、有礼之处分,虽古来之名君,恐无以加矣。”③ 但是对于那些言而无信,

① 道润梯步:《新译简注蒙古秘史》,第 279 页。

② 同上,第 212 页。

③ 箭内亘著,陈捷、陈清泉译:《蒙古史研究》,商务印书馆 1932 年版,第 90 页。

背叛朋友的人,他的惩罚也是极其严厉的。撒察别乞、泰出二人曾发誓拥戴铁木真为可汗,后来违背诺言,投入敌人的阵营,最后被成吉思汗俘获,杀之。① 更为重要的是成吉思汗用“信义”这一为蒙古社会较共识的道德观念,行之有效地用于对敌人的心理战上,如讨伐王罕的五点主要政治宣传,就是责备王罕的背信弃义;② 讨伐唐兀惕,成吉思汗也称是因西夏背信,没有践约带兵助征花拉子模。

总之,孝、忠、信、义是成吉思汗政治伦理观的重要组成部分,而忠则是核心。成吉思汗之所以大力提倡这些观念主要是为了巩固其统治。事实充分地说明了这一点。在这种思想约束下,一大批有才之士有效地团结在他的周围,没有一个他提拔的功臣对他心怀二志,百姓则是“其主遣我火里去,或水里去,则与之去”③,这种观念对其功业起到了积极的促进作用。

4. 部落本位、团结御敌是成吉思汗的一个重要处世观念。他曾说:“出生在巴尔忽真-脱窟木、斡难、怯绿连的男孩子,每一个都很勇敢,未经教导就懂道理,很聪明。那里出生的每一个女孩子未经装饰、梳理就很美貌,面色泛红,而且无比灵巧、伶俐,品德好。”④ 可见他具有一种本种族优越感,认为孛儿只斤部落的每一个成员,都是天生优秀的,进而又从对本族的热爱出发形成一种部落本位观念。这种部落本位观念的基本内容,就是从血亲复仇到振兴祖业。在这一思想指导

① 道润梯步:《新译简注蒙古秘史》,第104—105页。
② 同上,第152—154页。
③ 彭大雅撰、徐霆疏证:《黑鞑事略》,中华书局1985年新一版。
④ 《史集》第1卷第2分册,商务印书馆1983年版,第360页。

下,导演了一幕幕残酷的复仇战争,以此作为其统一蒙古、开拓功业的重要手段。比如,征伐篾儿乞惕人,是为报其妻孛儿帖夫人被劫辱之仇;伐金,是为报"阿勒坦汗辱杀我诸父别儿罕、俺巴孩二人"[①] 之仇;西征花拉子模,是为报摩诃末辱杀蒙古使团之仇。当然,其中有其他政治、军事方面的原因,但至少复仇起到了催化剂的作用。成吉思汗举行大会,商议征讨塔塔儿时曾说:"自昔日塔塔儿百姓乃毁我父祖者,当为父祖报其仇,雪其恨,比辖而屠之,杀之,屠而尽绝之,收其所余者,分与各处乎!"[②] "比辖而屠",即比身高于车辖的都杀掉,可见,其复仇心理是多么的强烈和残酷。

但是,成吉思汗的高明和超人之处在于,在继承氏族部落血亲复仇观念的同时,他能逐步跳出这一狭隘的、原始的旧观念的限制,而从更大的范围吸收时代的新观念。以后,他终于以招降为主统一了蒙古高原,并开始蒙古的扩张。这种扩张说到底就是蒙古统治阶层和士兵要获得丰富战利品的欲望和成吉思汗黄金家族的帝国精神的结合,也是创立世界帝国的宏伟观念与各种不同因素及动机所造成的综合结果。

此种帝国意识,正是蒙古西征精神的特点。在出征花拉子模前,在制止术赤与察合台激烈的争执时,成吉思汗曾降旨说:"何必谈联合,大地辽阔,江河众多,像分散的牧营地那样宽敞,可将征服的异国领土分封给你们!"[③] 又如在他给长春真人的两份诏书中,都谈到了要"安天下",最终务必使百姓

① 多桑著、冯承钧译:《多桑蒙古史》上册,第67页,中华书局1962年版。
② 道润梯步:《新译简注蒙古秘史》,第124页。
③ 《蒙古秘史》第55节。

"心服"等问题。[1] 所以,笔者认为,想要把被征服的领土纳入成吉思汗"黄金家族"封建统治的范畴,是成吉思汗后期四处征战的主要指导思想,成吉思汗发动战争的明显目标,是要建立世界帝国。

为此,他努力按其母教育,团结蒙古地区各氏族、部落。故当他最后荡灭乃蛮后,能够把原先乱作一团的各部族,冶于一炉,重新组合,从根本上打破了原有系统,同时也就消灭了循环报复的部落战争。在他的统治下,不但原蒙古部人团结一致,而且克烈人、乃蛮人、弘吉剌人、塔塔儿人、篾儿乞惕人等各部,所有大漠南北的异族,都变成了蒙古人,而且对他忠心耿耿,一致对外。这正是成吉思汗南下和西征都得以成功的根本保证,也使成吉思汗更重视团结。

团结一致、共同御敌这一蒙古民族教育之传统,也被成吉思汗发扬光大。《蒙古秘史》记载:成吉思汗传说中的远祖阿阑·豁阿,看到她的五个儿子势将分裂,就命他们各持一箭折之,再把五支箭捆在一起,叫他们轮流折之,但他们都未能折断。这时她教导他们说:"汝等五子,皆出我一腹,脱如适之五箭,各自为一,谁亦易折如一箭乎!如彼束之箭,同一友和,谁易其如汝等何!"[2] 成吉思汗幼年丧父,在母后的精心培养教育下,在一家人患难与共的困苦生活中,其母后因为成吉思汗杀弟和疑弟,两度严责爱子,而被历代传为佳话。成吉思汗对母后奉命惟谨,敬畏有加。

巴托尔德在分析蒙古人为什么能用 15 万到 20 万兵力战

① 《长春真人西游记》上。
② 道润梯步:《新译简注蒙古秘史》,第 11 页。

胜花拉子模至少40万的庞大军队时指出:“花拉子模不乏帖木儿·灭里、札兰丁式的传奇人物,但他们都是个人英雄主义的典型,对公共事业根本无用,因为他们全都不能组织起较大队伍,因此在鞑靼人主力面前不断退却。在蒙古人方面……我们几乎没有发现个人英雄主义的例子,指挥官仅仅是其国君意愿的服从者和灵活执行者,国君在必要时派遣和集合其分散部队,迅速采取措施,摆脱偶尔失败的后果。”①所以,部落本位,团结一致,上下一德、万众一心是成吉思汗事业成功的重要因素。

二、成吉思汗的人才观及其用人特点

了解了成吉思汗的生平活动之后,不难发现一个奇异的现象:一些原来很平凡的马夫、工匠甚至奴隶,一到成吉思汗麾下竟一个个迅速成长为著名的将领;一些在金、宋王朝中无声无息或无所作为的文人武士,在归附成吉思汗之后,又一个个迅速变为将相之才,或名声赫赫,或战功屡屡。这类人才不胜枚举。所以,史称成吉思汗身边“猛将如云”、“谋臣如雨”,的确比喻恰当。也正是这些谋臣武将协助成吉思汗创造了“灭国四十”的“奇勋伟迹”②。

成吉思汗至少有如下几方面较突出的用人观念值得研究。

---

① 巴托尔德:《蒙古人入侵前的土耳其斯坦》,第404、418-419页,伦敦1928年版。

② 《元史》卷1《太祖本纪》。

1. 量才用人。他曾说:“智勇兼备者,使之典兵。活泼骁捷者,使之看守辎重。愚钝之人则付之以鞭,使之看守牲畜。我由此意,并由次序纪律之维持,所以威权日增,如同新月,得天之保佑,地之敬从。”① 在这里,成吉思汗强调的是人们的特长和才能,没有附加任何其他条件。他正是按照这一原则来选择各种人才的。根据这一原则,他要求十人之长不尽职者去之,即于此十人中选择为长。他指出:“能治家者即能治国;能率领十人作战者,即可委付以千人、万人……能清理自身内部者,即能清除国土上的盗贼。”② 这样就取消了各级将领的固定等级界限,为破格提拔人才提供了理论依据。这是一种不问出身,不问等级、资历,只看实际才能与表现的用人路线。

其量才用人观念的深刻之处,还在于他认为将才必须爱惜与关心部卒,这种观念充分表现在他对于者勒篾之子也孙伯的使用上。他说:“言勇无如也孙伯,终日战而不疲、不饮、不食。……然不可为将。视彼人犹己,士卒疲矣,饥渴矣,而彼不知也。故为将者,必知己之疲,知己之饥渴,而后推之于人。其行军也,也知路之远近,以量士马之力,量力自弱者始……”③ 所以他没有任命也孙伯为统军将领,而任命他为箭筒士长。这也反映他量才用人思想的出发点,是看最终能否动员起群体力量以战胜敌人,也即一切服从于战略目标。据此,他也对各族降将量才留任原职或委以更重要的合适职

① 《多桑蒙古史》上册,第 153 页。
② 《史集》第 1 卷第 2 分册,汉译本,第 355 页。
③ 《史集》第 1 卷第 2 分册,第 261—262 页,参见汉译本 357 页。

务,因此大批降将也成为他南征北战打天下的骨干力量。

2. 选拔人才的德行标准是至诚、至忠、敢于进谏等品格。成吉思汗的人才思想中对品德的要求是非常突出的。其中最重视人才是否忠诚可靠。如:他赦免了射伤自己和战马的哲别,是因为哲别敢冒死说实话,不掩饰这一可能引来杀身之祸的行为,而且老老实实的表示,如免他一死,将忠心为成吉思汗赴汤滔火。所以成吉思汗认为,不隐瞒杀害人的事情,老实地讲出来,这种人是可以用的。[①]以后把哲别从十夫长,论功一直提拔到万夫长。从而把他造成就了横扫欧亚、无往不胜、使敌人闻声丧胆的世界名将。他欣赏长春真人与重用耶律楚材也因看重他们诚实正直。长春真人见成吉思汗时,后者已是征服了欧亚广大领土的帝国之王,他渴望长生,见面第一句话就问有否带来长生之药,而长春真人不是迎合或奉承这位世界征服者,而是诚实地承认没有长生之药,只有卫生之道。[②] 针对成吉思汗"国家方用武,耶律儒者何用"的偏狭认识,耶律楚材直率地对答:"治弓尚需用弓匠,为天下者岂可不用治天下匠耶",使成吉思汗"闻之甚喜"。而且当成吉思汗对他说"辽金世仇,朕为汝雪之"时,楚材却因其父祖均曾官于金廷,认为"既为之臣,敢仇君耶"。所以,"帝重其言,处之左右"[③]。成吉思汗看重的,除了耶律楚材的才学,就是这种忠诚,他认为只有忠于本主的人,才能忠于新的主人。

---

① 《多桑蒙古史》上,第 82 页:"汗知其勇,命为十夫长,以功历擢为百夫长、千夫长,终为万夫长。"

② 《长春真人西游记》上。

③ 以上见《元史》卷 146《耶律楚材传》。

3. 爱才、惜才，且允许部下犯错误。成吉思汗十分关心自己的将士，在战斗中将士负伤，他常常亲自探望、亲自敷药。史载：他的部将朔鲁罕“与金人战于野狐岭，中流矢，战愈力，克之。既还，拔矢，血出昏眩，帝亲抚视，敷以药……”① 前已提到的，他为畏答儿也治过伤，可见他对将士的关心是经常的。在自己的将领生命遇到危险时，他并不保全自己，而跃马陷阵，以解将士险情，如猛将不鲁罕罕答“以其军与太赤温等战，重作堕马，帝亲勒兵救之”②。这种关心伤兵，以至临阵救将的精神，使他得到了将士的信赖和支持。在成吉思汗受伤或遇险时，其部下同样冒死救护。如成吉思汗在一次被乃蛮军追杀的危急之时，孔温窟哇奋力以自身挡追骑，以自己之死换得成吉思汗逃生；者勒蔑在成吉思汗受箭伤昏迷，无水无药的紧急情况下，他用口吸出成吉思汗的毒血，又冒死窜入敌人后方盗奶，终使成吉思汗脱险。可见蒙古军能团结一致，互相关心，取得一个个胜利。

成吉思汗爱惜将士生命，还表现在为减少伤亡，规定“用兵之前，必须检阅其队伍，审视士卒之兵械”③，并常亲临前线实地视查。

成吉思汗对将领的功过是非，并不是简单从事，轻率处理，而是让他们从胜利中总结经验，从失败中吸取教训。西征时，失吉忽秃忽在八鲁湾一役中几乎全军覆没，成吉思汗得知后虽然十分痛心，此战之损似不小于诸葛亮手下之马谡失街

① 《元史》卷131《奥鲁赤传》。

② 《元史》卷135《忽林失传》。

③ 《多桑蒙古史》上册，第153页。

亭。但他却不动声色，与诸葛亮斩马谡的作法大异。他说："忽秃忽以前老是打胜仗，没有受过挫折；他受到这次挫折后，就会谨慎起来，从中取得经验，获得（活生生的）作战知识。"[①]成吉思汗认为这是偶而被打败，所以，对忽秃忽和其他将领一律不追究，只是要求他们从中吸取教训，在以后的战争中将功补过，而没有像诸葛亮那样斩马谡。笔者以为这对于偶尔失误的名将，不失为一种高明的处置。尔后，"成吉思汗即下令整军疾驰，……至八鲁湾战场……汗以不善择地而切责之。"[②]帮助他找出了失败的原因。成吉思汗就是这样从胜利与失败中总结经验教训，教导将领，以提高他们的军事才能。

4. 不论门第、出身、族属，任人唯贤。成吉思汗为了家族的复兴，注意发现来自不同阶级、不同阶层的人才，以便在自己身边聚集一批能冲锋陷阵的勇士和出谋划策的谋臣。为了充分利用各种人才，他打破了旧氏族权贵的世俗观念，实行了一条任人唯才、因才授任的用人路线。在这种用人路线下，成吉思汗的将领中，有出身低微的牧马者巴歹和乞失里黑，有牧羊者迭该，有木匠古出古等。被成吉思汗委以重任的"四杰"、"四狗"也是来源于不同的部落，出身于不同的阶级。

成吉思汗也能够打破民族界限用人。如乃蛮部太阳汗的掌印官畏兀儿人塔塔统阿，金国的降臣契丹人耶律楚材，畏兀儿人田镇海，还有出身汉族地主阶级的或倒戈的文臣武将，以及出身波斯、钦察、阿兰等部的一批人才。由于成吉思汗用人得当，这些人不仅积极执行成吉思汗的政治军事路线，而且为

① 《史集》第1卷第2分册，汉译本，第305页。

② 《多桑蒙古史》上册，第125页。

成吉思汗提出了不少谋略,对他制定正确的政治军事路线起了重要作用。中亚穆斯林牙老瓦赤治理河中地区十多年,积极从事河中地区的恢复工作,制定各项制度,使该地区百姓生活相对安定。他的努力也加速了蒙古统治者及有关地区的蒙古人接受高于他们的伊斯兰文明的进程。成吉思汗对有才能的降将仍予以重用。如张荣是归降的汉族将领,当成吉思汗率蒙古铁骑征花拉子模"至西域莫兰河,不能涉"时,"太祖召问济河之策,荣请造舟。……荣请以一月为期,乃督工匠,造船百艘,遂济河。太祖嘉其能,而赏其功,赐名兀速赤。癸未七月,升镇国上将军,炮水手元帅"[①]。1215年,蒙古军队占领金中都,奉金宣宗之命留守中都的耶律楚材同其他金朝官员一起投降了蒙古。1218年,成吉思汗听说耶律楚材有学行,而且善于占卜,于是下诏召见他。初次见面,成吉思汗就在交谈中发现他是一位忠于所事的人,是一位可以信赖的人,"上雅重其言,处之左右,以备咨访"[②]。以后耶律楚材受到成吉思汗极大的信任和尊重,成为成吉思汗的亲臣和近臣,后来是蒙元帝国的脊梁,赋税、立法、建户口、设科举等治国之策多出于他。耶律楚材丰姿长髯,蒙古人称长髯人为"吾国撒合里",于是成吉思汗亲切地称他为"吾国撒合里",而不直呼其名。[③]前面所提到的塔塔统阿,是成吉思汗讨伐乃蛮部战争中所俘虏的。《元史》曾为他立传,说他"性聪慧,善言论,深通本国文字"。他是太阳汗的掌印官,被俘时怀抱金印,成吉思汗感到

① 《元史》卷151《张荣传》。
② 宋子贞:《中书令耶律公神道碑》。
③ 《湛然居士文集》附录二《耶律文正公年谱》。

惊奇,问他印有何用,塔塔统阿说:"出纳钱谷,委任人材,一切事皆用之,以为信验耳。"成吉思汗立即决定学习这种方法,让他留在自己左右,"是后,凡有制旨,始用印章,仍命掌之"。后来,成吉思汗又命他:"教太子诸王以畏兀儿字书言"[①],并且"将其法令训教用畏兀儿字写蒙古语,传示国中蒙古青年"[②],从此形成大札撒,蒙古族也才开始有了自己的文字和知识分子,这是蒙古国向文明迈进的里程碑。

5. 用人赏罚分明,法纪严明。成吉思汗执法不阿,奖罚分明,他对有功之臣大封九十五千户,而对违令违法者"虽贵必诛"[③]。如击灭塔塔儿部时,他的叔父阿勒坦、答里台和族兄忽察儿,违反成吉思汗军令,在战场带头抢掠财物,却不积极对敌作战。成吉思汗虽然没有将他们斩首示众,但立即派哲别、忽必来没收了他们抢掠的财物、牲畜,进行了统一分配。成吉思汗的兄弟别勒古台泄露了会议秘密,使军队受到很大损失,事后,成吉思汗秉公处理,当众宣布:"从此以后,不准别勒古台参加大会议……"[④] 而对有功的人,即使是帮助过自己的一般牧民,他也不忘给予奖励。如:1203年,桑昆决定率兵突袭成吉思汗,牧马人巴歹和乞失里黑得知这一消息,连夜赶到成吉思汗的营地,告诉了成吉思汗,成吉思汗立即采取了应急措施,摆脱了威胁全军覆没的危险。战胜克烈部后,为了报答两位牧马人,成吉思汗特地降旨说:"缘巴歹、乞失里黑二

① 《元史》卷124《塔塔统阿传》。
② 《多桑蒙古史》上册,第159页。
③ 赵珙:《蒙鞑备录》。
④ 《蒙古秘史》第154节。

人之功，赐以王罕之全副撒金褐子帐，金制酒具、器皿并执事人等。以客烈亦惕之汪豁只惕氏为其宿卫，命带弓矢、吃喝盏，直到其子孙之子孙自在享乐之。”[①] 在征伐敌人后，允许他们随意拿取战利品；在猎杀野兽时，允许他们随意取其所杀猎物。并嘱咐后继人要子子孙孙、世世代代照顾这些有功之臣的后代。

6. 成吉思汗重信义，没有枉杀过功臣。一般认为，“成吉思汗的部下没有一个叛变他，成吉思汗也没有杀过一个功臣”[②]。笔者认为，似应确切些说：他培养的部下没有一个背叛他，他没有错杀一个有功之臣。

迄今为止的研究表明，成吉思汗作为帝国的最高统治者和握有生杀大权的最高军事统帅，甚至可以说他也没有枉杀过一名军官，如果说略有冤枉功臣之处，那就是受挑拨而审过其弟合撒儿并剥夺了他的部分百姓。所以总的看来，他比汉高祖、明太祖等这些谋杀功臣的汉族帝王实在要高明得多，称得上是一位难能可贵的明君！

归附成吉思汗的各族人才，都对成吉思汗能统一华夷的雄才抱有信心。耶律楚材与丘处机吟诗唱和时，曾回顾了自己当年北上谒见成吉思汗时的心情，其中说：“一圣龙飞德足称”，“良平妙算足依凭”，“华夷混一非多日，浮海长桴未可乘”，“安得冲天畅予志，云舆六双信风乘”。他们把成吉思汗比作“龙飞九五”的圣人，把自己比作胸怀“妙算”的张良、陈平式的人物，希望协助成吉思汗完成“华夷混一”、统一天下的大

① 《新译简注蒙古秘史》卷7，第171页。

② 李则芬：《成吉思汗新传》，第559页，台北中华书局1970年版。

业，乘风“冲天”而起。

不难看出，成吉思汗麾下能有数不清的文臣武将，协助他凭借战争舞台，导演出了人类战争史上罕见的、威武雄壮的活剧，这是与他有高超的用人手段和人才观念分不开的。这些人才对他统一蒙古与威震欧亚的伟业起了重大作用。因此，总结研究成吉思汗用人思想的特点，挖掘成吉思汗留给人类的这一精神财富，是非常有益的工作。

第九章　成吉思汗的宗教思想和宗教政策

成吉思汗的赫赫功业与其合时宜的宗教政策，有很大的关系。有的学者甚至认为，成吉思汗对宗教"放任的原则之使蒙古每战必胜，几可与成吉思汗的军队相等"[①]。但是，关于成吉思汗制定这些宗教的指导思想，也就是他的宗教思想，学术界却几乎没有什么涉及。事实上只有充分把握了他的宗教思想以后，才能更准确地理解他的宗教政策。所以，本章准备结合成吉思汗的宗教政策，对其宗教思想作一些探讨。

---

① Joachim, Barkhausen 著、林孟工译：《成吉思汗帝国史》，第 86 页，上海中华书局 1940 年版。

一、成吉思汗对宗教文化认识的发展

萨满教起源于远古，是我国北方阿尔泰语系民族普遍信仰的一种原始宗教，如匈奴祭“天地、鬼神。……单于朝出营，拜日之始升，夕拜月。举事而候星月，月盛则攻战，月亏则退兵”[①]。蒙古族也不例外，成吉思汗出生前后，大部分人信仰萨满教，仅为数不多的几个部落信其他宗教。[②] 由于生产力十分低下，再加上连年战争和社会动荡，人们不可能对天灾人祸作出科学的认识和正确的说明，于是把一切恐惧不安和不解之谜，以及对未来美好生活的向往，都寄托在神秘的天意上。这在《蒙古秘史》、《史集》和其他史籍中都有许多记载。除敬天之外，蒙古人还崇拜日、月、星、辰、雷、地、水、火、灵魂等，可以说，萨满信仰充斥着当时蒙古社会的各个角落。成吉思汗生长在这样一个历史时代和社会环境里，要想不受宗教迷信的影响，显然是不现实的。

在宗教唯心主义盛行和处在“自影外无其友，尾外无其缨”[③]的极度孤苦困迫逆境中的成吉思汗，是萨满教的虔诚信奉者。他九岁丧父，幼年时代历尽磨难，备受欺凌，甚至多次濒临死亡的边缘，可是，每次都由于他的机智和意想不到的变故而安然脱险。例如，当铁木真受到泰亦赤兀惕部突然袭击时，躲入古捏温都儿山林中，发生马鞍脱落，巨石阻路，他都

① 《史记》卷110。

② 克烈人和蔑儿乞两部信仰景教（属聂思脱里派），后来又开始改信佛教。

③ 《新译简注蒙古秘史》，第38页。

认为是上天的警告,不敢遽出,在山中呆了九天九夜[1];再如蔑儿乞部为了雪洗昔日也速该夺妻之恨,突袭铁木真。铁木真跋涉深没膝盖的泥泞,通过难行的深山老林,逃亡不尔罕山中,避开了被俘的厄运。他仰天发誓,由于上天和圣山的佑护,他如虱、如蚁般微小的性命,才得到了保全,“我惊惧极矣。将不尔罕合勒敦山,每朝其祃之,每日其祷之。我子孙之子孙其宜省之。言讫,向日,挂其带于颈,悬其冠于腕,以手椎膺,对日九跪,洒奠而祷祝焉”[2]。诚然,一方面正是这些灾难,这些危运,这些挫折,锤炼了铁木真钢铁般的意志,使他临危不惧,顽强勇敢,机智沉着,坚定自信。但是,另一方面,他又把自己奇迹般的脱险,归结为长生天的佑护。这不仅坚定了他对长生天的崇拜和对萨满教的笃信,而且更为重要的是,使他信仰长生天力量之强大,拜倒在他自然力的脚下,在他幼年的脑海里注入了对长生天的恐惧。一句“我惊惧极矣”,道出了他的心声。正如符拉基米尔佐夫所指出:“成吉思汗不只是宗教的,而且是迷信的……这种迷信上的恐怖,是从他幼年时代起便为他周围的一切现象所逐渐注入他的脑海里的。”[3]

所以,在成吉思汗一生的征战中,他有许多祭告或祈祷上苍的言行。例如,他每次出征前都虔诚地祭告上天,乞求予以佑护,令其获胜。获胜后又总是把致胜的原因归之为上天垂佑的结果。同时,“每将出征,必令公(耶律楚材——引

① 《新译简注蒙古秘史》,第43—44页。
② 《新译简注蒙古秘史》,第57—59页。
③ 符拉基米尔佐夫著、余元盦译:《成吉思汗传》,第104页,上海巨轮1950年。

者)予以卜吉凶。上(成吉思汗——引者)亦烧羊髀骨以符之"[①]。对萨满教的笃信,对长生天的敬畏,对宗教迷信的恐惧是成吉思汗宗教思想的来源,说成吉思汗按生来的原样信仰萨满教[②],虽有一定道理,不过我们以为其信仰程度是有变化的。

从成吉思汗着手统一大业到1206年的库尔勒台大会,是成吉思汗宗教思想形成的第一阶段。具体表现在以下几个方面:

1. 准一神论宗教思想的确立。萨满教崇拜多种神灵,多元的宗教信仰使蒙古民族缺乏凝聚力,部落之间因争夺水和牲畜经常发生战斗。这种分崩离析的状态直接影响了部落、地区之间正常的经济、文化联系。一方面,统治者为了争夺牧场、牲畜、劳力互相混战,形成了星天旋转、诸国争战、互相仇杀的局面;另一方面,内部的混乱,造成外族的侵扰、掠夺。内忧外患突出了蒙古社会的一盘散沙与缺乏凝聚力的特点。就是在这种危机四伏的情况下,成吉思汗顺应时代的要求,用准一神论宗教思想来增强蒙古民族的凝聚力,冲破部落界限,统一人们的认识和信仰。

"没有统一的君主就决不会出现统一的神,至于神的统一性不过是统一的东方专制君主的反映"[③]。成吉思汗把长生天作为至高无上的神,是一切权力和力量的来源。天意、天

---

① 宋子贞:《中书令耶律公神道碑》,《元文类》卷57。

② 小林高四郎著、阿奇尔译:《成吉思汗》,第104页,内蒙古人民出版社1983年版。

③ 《马克思恩格斯全集》卷27,第65页,人民出版社1972年版。

命，被看成是神圣不可侵犯的。仅《蒙古秘史》一书就有三十余处提到长生天。[①] 成吉思汗认为，每一次出征都是在执行长生天的意志，每一次出征胜利都是"赖长生天气力"的缘故，由于成吉思汗的大力提倡，使这种准一神论宗教思想变成了蒙古人民的共同意识。正如彭大雅所说："鞑靼民族之信仰与迷信，……皆承认有一主宰，与天合名之曰腾格里"。当时的蒙古人"其常谈必曰托着长生天的气力，皇帝底福荫。彼所欲为之事，则曰天教凭的，人所已为之事，则曰天识着，无一事不归之天。"[②] 这种准一神崇拜，使所有信教者都仰视、敬服一种神的绝对力量，使所有信教者的思想信仰的出发点和目的统一归结为一个中心点，把所有的信教者和最高神紧密地联系了起来。同萨满教固有的地位均等的多神崇拜相比较，它具有高度的凝聚力。

2. 君权神授。首先我们应当指出，君权神授思想并不是成吉思汗独创出来的。事实上，在成吉思汗出生很早以前，就已在蒙古社会上形成了。例如，成吉思汗的22世祖孛儿帖赤那即被说成是"奉天命而生"的[③]，"有根基立伊为君……"[④]。他的10世祖孛端察儿被称之为特殊等级的人，是"天之子息，不可视作凡人，久后必作天下之主"[⑤]。何况成吉思汗"降生时右手握血块大如髀石"[⑥]，"他的额上有征服世界、掌握世界

① 札奇斯钦：《蒙古史论丛》上册，第196页，台北1970年版。
② 《黑鞑事略》。
③ 《简注秘史》，第1页。
④ 《蒙古源流笺证》卷三。
⑤ 《简注秘史》，第11页。
⑥ 《简注秘史》，第27页。

的明显标志,他的面容透露着幸运与威武的光辉”[①]。所以,成吉思汗的君权神授思想在幼年时期就已形成了。

约瑟夫·弗莱彻(Joseph Fleteher)指出,长生天观念包含着在地上建立一个世界帝国的潜在可能性和万能上帝指派一个统治者在那个世界帝国确立统治地位的潜在可能性。“如果这个统治者的国家的内部和外部部落相信他得到了腾格里的任命,他们就会团结在他的旗帜下”[②]。所以,成吉思汗在统一蒙古各部过程中,从不放过任何机会宣传君权神授的思想,给自立为汗创造条件。例如,当成吉思汗受到脱斡邻勒王罕袭击而大败退的途中,他的部下惊奇地发现他头上增添了白发而大惑不解时,他说:“最高的主(长生天——引者)想让我当万人、千人的首领和长老,让我立起幸福生活的大旗,因此他使我显现老态,这正是担任首长的征兆。”[③] 从这段记载中,一方面,我们可以看出成吉思汗在面临危机时还利用自己白发这件小事,做了一个鼓舞士气、稳定军心的政治动员;另一方面,说明他不放过任何机会向其部下宣传“君权神授”的思想,为其将来自立为大汗制造舆论。

在其称汗过程中,他也得到了萨满的帮助,使其天授汗权更具有合法性。1189年,成吉思汗第一次被推为合罕,成为部落联合长,就与豁儿赤的宣传有关。豁儿赤说:“俺本不离札木

① 《史集》第1卷第2分册,第95页,商务印书馆1983年版。

② The Mongols(论蒙古):Ecological and Social Perspectives. Harvard Journal of Asiatic Studies:46(1986).

③ 《史集》第1卷第2分册,汉译本,第361页。

合者。然神来告余……天地相商,令铁木真为国主……”[①] 1206年,成吉思汗统一蒙古各部后,即位称成吉思汗时,萨满也同样是重要角色。史载,阔阔出不顾严寒,赤身露体走入荒野,回来后宣称:“天神跟我谈过话,他说‘我已把整个地面赐给铁木真及其子孙,命他为成吉思汗,教他如此这般实施仁政’。”[②] 于是就尊称铁木真这位蒙古汗国的皇帝为成吉思汗。以上事实说明,成吉思汗君权神授思想乃是蒙古社会传统的皇权思想的继续,或是萨满教汗权天授思想的翻版,没有什么新的变化。当然,从某种程度上说,成吉思汗确实利用了萨满教,来达到自立为汗的目的。

3. 以诚配天。这一内容与“君权神授”密切相关,如果说“君权神授”是成吉思汗进行思想教化的第一步,那么“以诚配天”则是他利用天的威权巩固汗权,进行思想教化的第二步。从《蒙古秘史》的记述看,当时蒙古各大小部落的罕或首领们也都是敬天的,他们都知道用“天”这个深入人心的概念来论证自己统治的天然合理性,如札木合、王罕等也都是如此。成吉思汗为了使自己的“天”,区别于他人的“天”,也就是论证只有自己才是“天子”,能代表天意,得到天的佑护的绝对性,他提出了“以诚配天”的思想。成吉思汗曾对追击敌人的速不台说:“其在背处也,仍如在俺眼前,其在远处也,仍如在俺近边。如此思之,则汝准获上天之佑乎!”[③] 这就是说,只要人心诚实,就会得到上天的佑护。显然“天”在这里被说成是有道德

① 《简注秘史》,第84页。

② 志费尼著、何高济译:《世界征服者史》上册,第40页。

③ 《简注秘史》,第209页。

意识、有目的的神。“天”不佑护不守信用、以怨报德、忘恩负义的人。甚至连成吉思汗的政敌札木合、王罕等，也把他们自己失败的原因，归结为缺少“德性”，得不到天佑的缘故。[①] 成吉思汗在强调忠于长生天的同时，还把这种不可动摇的忠诚，作为一项赞贤任能的第一标准：[②] “诚言者也，将委以大任乎！”[③] 这些无非是把人们对天的忠诚引到对他这位“合罕”的忠诚上来，利用天威来树立汗威。不难看出，成吉思汗树立忠君思想是不惜一切代价的。在这种“以诚配天”的思想的教化下，成吉思汗在自己的臣民中，牢固地树立起了忠君思想。这一点，甚至连当时的一些外国人都证称：“这些人，这就是鞑靼人，比世界上任何别的人(不论他们是信仰宗教的或是不信仰宗教的)更服从他们的主人；他们对主人们表现极大的尊敬，并且不对他们说一点谎话”[④]。另外，成吉思汗的虔诚敬天思想，对他本人也有一定的约束力，起到了自肃自律的作用。正如札奇斯钦教授所言：“敬天就是对神明所负的责任，不敢做有伤天害理的事，不敢任意而为，使他自然地培养了廉德。在成吉思汗建立的国体中，大汗是至高无上的，他的权威是不受任何限制的；但是由于他敬畏上天的缘故，给他自己和他的后嗣都自动的加了极大的限制。”[⑤] 这与中国儒家用天人感应哲学来规诫至高无上的统治者——皇帝，有一定的相似之处。这种自肃自律作用，陶冶了成吉思汗的人格，锤炼了

① 《简注秘史》，第214、135页。
② 余元盦：《成吉思汗传》，第73页，上海人民出版社1955年版。
③ 《简注秘史》，第203页。
④ 道森著、吕浦译：《出使蒙古记》，第15页，北京1983年版。
⑤ 《蒙古史论丛》上册，第197页。

他的意志和才能,使他能从一个出身于落后游牧社会的酋长成长为统帅众多民族和广大地域的政治家、军事家。

二、汗权与神权的统一

从1206年到处死阔阔出,为成吉思汗宗教思想发展的第二阶段。

蒙古各部的统一,蒙古国家的建立,标志着蒙古历史进入了一个新的发展阶段。作为一个政治家,成吉思汗深知用武力统一后,确立自己至高无上权威的重要性,亦即需要神权和汗权的统一。这就使成吉思汗思想深处的信仰发生了微妙的变化。

在蒙古氏族制时代,实行的是祭政不分的制度。[①] 有的氏族由氏族长们执行祭祀,有的氏族则由孛额－萨满来执行祭祀,但也有的氏族其氏族长本身就是"孛额",而"别乞"则是他们的尊称。在上述三种情况中,以第一、二种情况较为普遍,第三种情况较少,但是,前面提到的拥护铁木真即蒙古汗位的豁儿赤,以及与他同氏族的兀孙老人[②],都属于第三种情况。在蒙古西北的"林木中百姓"中,孛额的权力似乎更大些。这些祭政不分的状况,一直到成吉思汗时期,仍然保留着。这与成吉思汗巩固汗权,加强政治集权之间,存在着尖锐的矛盾。

因此,成吉思汗即汗位后所建立的汗国政府机构中,其中一项就是"别乞"制度,笔者认为,这是成吉思汗试图改变氏族时代遗留下来的祭政不分制度所做的第一次努力。据《蒙古秘

① 札奇斯钦:《蒙古文化与社会》,第135页。

② 前人多以为豁儿赤与兀孙老人为一人,作"豁儿赤兀孙"。

史》记载,成吉思汗曾对兀孙老人说:"蒙古之制,有为别乞官之道,巴阿邻长者之子孙也,别乞之制,在俺(蒙古)中,自古(有之),兀孙老人其为别乞乎！遂封为别乞,衣为白衣,乘以白马,坐于上坐而行祭祀,又使其岁中、月中议之。"① 从这段史料中,我们至少可以得出以下几点启示:其一,兀孙老人之所以被任命为别乞,是因为他是巴阿邻的后代,而巴阿邻则是成吉思汗十世祖孛端察儿时的萨满,也就是说,乃是由于兀孙与孛儿赤斤世家有着远祖关系;其二,别乞一职相当于"国家的最高僧侣,被赋予一种权力,并为官方所承认"②。从表面上看,其地位甚为高贵,然而并无实权,只是在"岁中"、"月中"发表议论,主持一下祭祖典礼而已。其三,别乞一职,蒙古自古有之,建国以后的这种安排,显然反映着旧的氏族制度的残存,但与此同时,由国家任命别乞官职,建立别乞制度,这在蒙古历史上尚属首创。成吉思汗这样做的目的显然是为了规定和限制别乞或萨满的权力,将之明确置于汗权之下,避免萨满僧侣对王权的干预。所以,这可以说就是为了在蒙古汗国确立汗权的权威。

但是,要解决问题,成吉思汗还面临着另一大障碍,亦即萨满的通天——与天对话的特权。随着王权的不断加强,成吉思汗与萨满僧侣的冲突也就必然日趋尖锐。正如约瑟夫·弗莱彻教授所指出:"腾格里从来就没有把他的训令赐与别人。因此,宣称说一位有雄才的统治者得到了这一训令,很可能就是抱着怀疑态度接受的。萨满的职能之一,就是宣布这一预言的合法性。萨满可以证实可汗的主张得到了腾格里的

---

① 《简注秘史》,第 242 页。

② 符拉基米尔佐夫:《成吉思汗传》,第 91 页。

允诺,或者,更有说服力地说,腾格里可以让萨满做中间人,授予可汗以训令。在这种情况下,萨满的作用相当于牧师。他可以把腾格里选择的人通知可汗。作为牧师,萨满是拥有强大权力的人物,他可讨论统治者的合法性,并向统治者的权力挑战。如果这种萨满非常听话,他可以继续充当可汗的幕僚;否则,可汗就不得不消灭他,自己既当牧师,又当皇帝。世界统治者在他和长生天之间,根本不需要什么中间人。"①

成吉思汗与通天巫阔阔出的冲突就是这种王权与教权矛盾发展的必然结果。1206年,成吉思汗即位之初,阔阔出以其通天之能起了重要作用,"得到了成吉思汗的信任,汗似乎很真诚地深信阔阔出能够和灵魂相交接,并且能够升登到天上去,他还相信阔阔出在守护神中有着有力的保护者"②。但是,阔阔出并不愿终老幕后,而企图利用自己的萨满身分和他自己能与长生天对话的特权,对成吉思汗施加影响,干涉朝政,乃至干涉王权。这使成吉思汗也时刻提防着阔阔出。因为,既然长生天可以通过阔阔出赐予他皇权,那么长生天也可以再通过这个中介人把给他的任命撤回。成吉思汗的最佳选择就是消灭阔阔出,把自己和长生天联系在一起,垄断教权和皇权。③所以,当阔阔出离间成吉思汗与合撒儿的关系、势力膨胀,乃至公然污辱成吉思汗的幼弟斡惕赤斤④ 时,成吉思汗感到这件事再不能宽容下去了,遂抑制了自己对萨满教的迷信和恐惧,处决了阔阔

① 前引 The Mongols: Ecological and Social Perspectives.

② 符拉基米尔佐夫:《成吉思汗传》,第104页。

③ 前引 The Mongols: Ecological and Social Perspectives.

④ 《简注秘史》,第276—277页。

出。不过,成吉思汗对这件事非常谨慎,他为缓和因杀害通天巫而激起的议论,发布了一条著名的敕令:"以通天巫致手足于我弟每(们)之故,以无稽谗谮于我弟每(们)之间,故不得天佑,将其性命身躯而去矣。"① 成吉思汗很清楚地指明了长生天对他和他的家族的佑护是最高的,假使任何人敢觊觎汗权及其家族的地位时,就必须做好受上天惩罚的准备。

成吉思汗对阔阔出采取的坚决行动,不仅说明他已经开始摆脱了幼年时期形成的对上天的无以言状的恐惧和迷信,而且也标志着成吉思汗的汗权至上,以至向实际上的无神论色彩过渡了。从此,他再不用担心别人敢觊觎他的神圣的王权。正如符拉基米尔佐夫所指出:"阔阔出的死,最后在蒙古能够企图和成吉思汗抗衡,以至于反对他和不服他的人,已经完全绝迹了。现有所有的人们都崇拜在曾经历尽着沧桑,从斡难河畔一个为人所见弃的庐帐里,度着一种半饥饿的生活,一直到居住在有组织的帝国帐殿中的那个如铁般皇帝的如铁般意志跟前了。"② 不过应当指出,虽然成吉思汗消灭了原始的祭政合一制度,但他自己似乎又建立了一种新形式的政权与神权合一的制度。

三、成吉思汗宗教政策中的多元文化观念

成吉思汗对外扩张时期,尤其是向西征服时期,乃是其宗

① 《简注秘史》,第279页。
② 符拉基米尔佐夫:《成吉思汗传》,第107—108页。

教思想发展的第三阶段。1218 年哲别征讨屈出律,标志着成吉思汗宗教信仰自由思想的初步形成。

首先我们来探讨一下成吉思汗宗教信仰自由思想形成的根源。其一,如前所述,成吉思汗所处的时代虽然已经发展到向一神教过渡的历史阶段,但萨满多种崇拜并没有完全消失,蒙古社会中仍然残存多种崇拜,成吉思汗的准一神论宗教思想,在确立长生天为最高神的同时,也并不绝对排除对其他神灵的崇拜。这种多神崇拜根深蒂固的影响应是对其他宗教采取宽容态度的根本原因。正如格鲁塞(Rene Grousset)所指出:"蒙古人对天国和魔药的迷信而引起的畏惧,使他们感到最明智的做法是,不仅要安抚他们自己的萨满,而且还要尽可能安抚其他宗教的牧师代表——即任何可以想象得到的拥有超自然权力的一群信徒的首领,诸如克烈人和汪古人中间的聂斯托里教士、畏兀儿人和契丹人中间的佛教和尚、中国道教士、吐蕃喇嘛,(天主教)方济各会传教士和穆斯林毛拉。对此种种宗教团体的代表友善,是为他们自己的腾格里崇拜所提供的一种附加的保护措施。这样,就由迷信引起的一般恐惧产生了(对宗教)的一般容忍。"①成吉思汗显然继承了对各种宗教的一般宽容态度。

其二,一般来讲,"萨满教既是一个多神的泛灵论,它不具有其他宗教的排他性,纵有也不积极"②,而且,在蒙古萨满教发展史上,也曾经出现过从其他宗教汲取营养的事例。蒙古萨满教的祈祷词中就有这样的内容:"汗·霍尔穆兹达天神,请

① Rene Grousset, The Empire of Stepps(草原帝国),P220, New Brunswick,1970.

② 前引《蒙古史论丛》上册,第 78 页。

把上天之门打开，主·霍尔穆兹达天神，请把心灵之扇打开。”经专家考证，这个霍尔穆兹达就是在波斯祆教的善界最高神——阿左拉·玛兹达。① 这就培养了成吉思汗及其臣僚们对其他宗教的容忍和尊敬的传统观念。

其三，萨满教作为一种泛神的宗教，虽然他们的宇宙观、灵魂观以及敬天观都相差无几，但是每一个萨满都有自己的与其他萨满不同的一套说法。所以蒙古统治者对于一个能为自己乞福的巫师，不管他们崇拜的对象是什么，都一律予以尊敬。同样，蒙古人对于别的宗教，也采取了这样的态度。他们把其他宗教的教士或首领就像他们自己的萨满一样看待。② 换句话说，在蒙古人看来，其他宗教不过是泛神观念中一个支派，他们的神也是诸神之一。如果他们的术士也能像萨满一样，可以为成吉思汗祈福，那么他们的存在又有何妨？因此，蒙古人对各种宗教都予以平等待遇，成吉思汗礼遇长春真人，优待全真道，就是出于这样的动机。③

其四，在蒙古帝国向外扩张的过程中，尤其是在西域、中亚，使成吉思汗进一步接触到了具有各种不同宗教信仰的民族。作为一个政治家，他也看到了宗教压迫造成西辽和屈出律等人的失败。他当然明白，他的宗教政策的正确与否，与其功业的成败有着密切的关系，这是成吉思汗宗教信仰自由思想形成的客观条件。

---

① 苏鲁格·查夫：《萨满教与蒙古文化》，载《内蒙古社会科学》1989 年第 5 期。

② Jagchid, Chinese Buddhism and Taoism during the Mongolian Rule of China, Mongolian Studies(1980), P61.

③ 札奇斯钦：《蒙古与西藏历史关系之研究》，第 2 页，台北中正书局 1978 年版。

现在我们再看一下成吉思汗宗教信仰自由思想的基本内容：

1. 允许各族包括蒙古族拥有信教自由的权利，反对进行宗教迫害。这是成吉思汗针对屈出律的宗教迫害政策而实施的。屈出律对穆斯林所实行的残酷的宗教迫害政策，主要包括以下几个方面：其一，强迫居民放弃伊斯兰教，要他们要么信奉聂思脱里教；要么信奉偶像教即佛教；要么穿契丹人的袍子。[①]其二，禁止穆斯林举行宗教仪式，如“穆真的祈祷召唤，一神教徒和信士的礼拜，都被中断，学院被封闭和堕毁”。其三，放纵喀什噶尔“异端的偶像教徒随意大肆胡作非为”[②]，或“多神教徒想做什么就做什么，没有人能反抗(他们)”[③]。屈出律的倒行逆施，引起广大穆斯林的强烈反抗，西辽政权终于崩溃。

成吉思汗吸取了屈出律的教训，1218 年哲别西征西辽时，令公开宣布：“每个人都可以有自己的信仰，保持自己祖先的(宗教)规矩。”[④] 结果蒙古军的阻力大为减小，如“住在城里的伊斯兰教徒家里的古矢鲁克(即屈出律——引者)士兵全被消灭了”[⑤]。

人人有信教自由的权力，是成吉思汗宗教信仰自由思想的一个前提和基本准则，而且对蒙古人也是适用的，“盖其居留契丹者染有偶像之积习，自弃其信仰。而居东方者则采用回教徒之习也”[⑥]。“西北三蕃则又渐染土俗，祗奉谟罕默德，

① 《史集》第 1 卷第 2 分册，汉译本，第 252 页。

② 志费尼：《世界征服者史》上册，第 73 页。

③ 《史集》第 1 卷第 2 分册，汉译本，第 252 页。

④ 《史集》第 1 卷第 2 分册，汉译本，第 253 页。

⑤ 《世界征服者史》上册，汉译本，第 74 页。

⑥ 冯承钧译：《马可波罗行记》上册，第 248 页，中华书局 1954 年版。

与天子异趋"①。对于那些在基督教氛围中长大的，即使那些坚持执行札撒者，对伊斯兰教都是敌视的，但我们并没有发现蒙古帝国制定或实施过任何宗教迫害政策，相反，我们却看到许多制止宗教歧视的做法。例如，有一个畏兀儿异密因一个穆斯林无力偿还他所借的四个银巴里失而辱骂他，要他放弃伊斯兰教，改信偶像教。窝阔台知道后，指控这个畏兀儿人犯下了"迫害穆斯林的罪行"②。

2. 在不反对蒙古的前提下允许各种宗教的合法存在。这是成吉思汗宗教信仰自由思想的又一个基本前提。成吉思汗的大札撒中就有明文规定，如"他命令尊敬所有的宗教，但不令其中之一享有优先权"③，这就是说，尊敬并平等对待各种宗教有一个前提，那就是他们不能反对蒙古人的统治，必须为蒙古人服务，正如札奇斯钦指出的："蒙古人对所有外国宗教首领都明确指出，除非他们赢得蒙古统治者的支持，否则他们就会遭到严酷毁灭，可能就是他们的宗教终结。"④成吉思汗这一原则性政策的严格执行对西藏以后的归服蒙元影响深远。"丘处机以风烛之年仍肯跋涉万里去谒见成吉思汗，吐蕃萨迦第三世法主——萨迦·班第达亲自来到经略秦陇、吐蕃的宗王阔端的宫帐传法的理由，恐怕都是如此"⑤。另外，据《元史》记载，成吉思汗还曾听从郭宝玉的建议，颁布条书五章，其

① 《元史译文证补》卷 29《元世各教名考》。

② 《世界征服者史》上册，汉译本，第 259 页。

③ 马克利兹书第 11 条，转引自沃纳德斯基著、札奇斯钦译《蒙古与俄罗斯》(一)，第 81 页，台北 1955 年版。

④ Sechin Jagchid, Chinese Buddhism and Taoism during the Mongolian Rule of China.

⑤ 前引札奇斯钦《蒙古与西藏历史关系之研究》，第 2 页。

中有一条就是“僧道无益于国,有损于民者悉行禁止”[①]。

3. 优待宗教职业者,给予他们“勃额”之待遇,豁免其赋役。成吉思汗的大札撒规定:“免征托钵僧、诵古兰经者、法官、医师、学者、献身祈祷者与隐居者的租税与差役。”[②]再如,成吉思汗占领撒马耳罕后,就赦免了法官、伊斯兰教司教以及与他们有关系的人,达五万人之众[③],以证明他所发动的战争是政治上的而非宗教上的。成吉思汗重返不花剌的言行更能说明问题,史载:成吉思汗“命撒都只罕引见深通伊斯兰教理之人,得法官一人名额失来甫及宣教师一人。成吉思汗闻此二博士所说明之伊斯兰教要义及规条,皆以为然,惟不以赴默伽巡礼一事为是,以为全世界皆为上帝之居宅,任在何地祈祷,皆得达于帝所,不必拘拘一地”[④]。这既表明成吉思汗对宗教人士持尊重与自由讨论的态度;也表明他对宗教文化也在思考研究。但是,成吉思汗优待各宗教职业者是有所索求的,即向上天为成吉思汗的健康长寿祈祷。例如成吉思汗豁免全真道之赋役时,就要求全真教徒“逐日念诵经文,为天底(下)人每(们),与皇帝祝寿万万岁者”[⑤]。

4. 当蒙古人的信仰或风俗习惯与其他宗教仪礼发生冲突时,必须坚决维护蒙古人的信仰或风俗。贝勒津教授曾指出,

---

① 《元史》卷 149《郭宝玉传》。

② 《长春真人西游记》卷下。Riasanovsky, Fundamental principles of Mogol law (Tientsin, 1937), P83.

③ 参见《史集》第 1 卷第 2 分册,汉译本,第 285 页。

④ 《多桑蒙古史》上册,汉译本,第 130 页。

⑤ 侯仁之、于希贤审校:《成吉思汗封赏长春真人之谜》,第 156 页注,中国旅游出版社 1988 年版。

成吉思汗虽然打破一切民族的偏见来迎合各民族的习惯，但却“灾难性地撞着了难于抑制的热爱自己民族的感情”。成吉思汗曾把一些蒙古人的习惯纳入札撒条款之中，这里仅举两条：其一，“禁止人民将手泡浸在水里，汲水时应使用容器”①，因为在他们看来，这样会招致雷劈。可是这一点恰好与穆斯林的净礼发生矛盾。在这种情况下就必须维护蒙古人的习惯和札撒不受侵犯。据说有一天中午，窝阔台和察合台打猎归来，看到一个穆斯林正坐在河中洗身，治法严明的察合台出自义愤要把这个人“焚骨扬灰”，只是后来在窝阔台的巧妙安排下，让这个穆斯林保证以后不再犯类似的罪行才算了结。② 其二，“要吃动物时，先缚住兽的四肢，割开肚子，然后吃其肉。如果像回教徒那样宰杀时，应将他杀掉”③。这一条札撒也与穆斯林的宗教原则相抵触。《古兰经》禁止吃未诵安拉之名而宰杀的动物的肉，在习惯上宰羊就是用断喉法。史载一个固执的穆斯林曾偷偷按着 shari'a 宰羊，结果被发现后差点为此丧命。④ 这两条札撒的制定，很可能是受萨满巫师的影响。这表现成吉思汗宗教信仰自由的实际局限性的一面。

四、成吉思汗宗教思想中的“天人互助”观

我们认为，“天人互助”观是成吉思汗宗教思想在哲理上

① 前引 Fundamental principles of Mongol law，P84.
② 《世界征服者史》上册，汉译本，第 241—242 页。
③ Fundamental principles of Mongol law，P83.
④ 《世界征服者史》上册，汉译本，第 242—243 页。

的反映。

成吉思汗“天人互助”观形成的思想基础是统治着原始蒙古草原的萨满教。作为中国北方少数民族的一种古老的宗教,在萨满教的诸神灵中,“呼和腾格里”(青天)是最高的代表,它决定人世间的一切,包括汗权授与、战争胜负、牲畜兴亡、人生祸福等等。在成吉思汗世界观形成的初期,萨满教的天命思想极深地影响着他,使他成为一个相信天命的天命论者。据《蒙古秘史》、《史集》记载,成吉思汗曾多次虔诚地跪倒在尘埃上,顶礼膜拜青天。每当他脱离危险时,总是相信这是“长生天”保佑的结果。在对不儿罕山祝寿时,他“把带子像数珠似的挂在脖子上,帽子搭在臂上,手捧胸膛,向着太阳,给不儿罕山行九叩礼,跪拜祈祷,洒马奶子奠祭”[①]。然而,仅仅依靠天命还不足以鼓舞人们焕发出极大的能动性,于是他便创立了唯天不足以成事的观念,对天与人的关系作了新的说明,提出了“天人互助”而成事的思想。

成吉思汗“天人互助”思想的基本内容是,在相信天命,承认天的佑护的同时,突出地强调了人的作用,肯定了人自身力量的作用。在这种思想指导下,他认为战争不仅仅取决于天的赞力,而且更重要的是取决于人的努力,当征服了蔑儿乞惕百姓时,成吉思汗说:

> “得父罕、札木合安答二人为伴,赖天地之赞力;
> 蒙皇天之题名;
> 得后土之相济;

① 《蒙古秘史》第62节。

报丈夫之仇于蔑儿乞惕百姓
……"①

当征服豁里秃马惕人时，成吉思汗命令其部将领朵儿伯多黑时说："严整军马，上天佑护，去把秃马惕人消灭。"又一次，对主儿扯歹说："主儿扯歹你作战时……直杀到他们的中军，射伤了桑昆的脸腮，我们还不知道怎么样呢……蒙长生天佑护，我们把客列亦惕的百姓征服了"②，从这些记载中可以看出，成吉思汗认为"得父罕，札木合安答二人为伴"是取得胜利的主要因素，"天地之赞力"则起第二位作用，"严整军马"是"上天佑护"的基础，"射伤桑昆"是上天佑护打开胜利大门的前提。这就是说，在战争实践中，成吉思汗主张把人的主观努力作为获得上天佑护的先决条件。所谓"天人互助"，决不是让人们消极地等待上天的恩赐，而是天与人互助，在天人互助中，"尽人力"又是"得天佑护"的前提。因此，"尽人力而得天佑护"是成吉思汗"天人互助"思想的基本内容。

那么，怎样才能做到"尽人力"呢？我们从成吉思汗一生的实践活动中可发现他的"尽人力"思想是很丰富的。为了"尽人力"，他任人唯贤，不问出身贵贱，不分部落民族，不计个人恩怨，按所长选用，形成了坚强的核心。又根据属民背叛主人的社会状况，提出"忠诚得天佑护"的主张，认为天神只帮助那些忠诚的人，不忠诚必招致毁灭。而这里所讲的"天"实际是统治者，"天意"便是"君意"，任何危及统治者利益的行为，

① 《新译简注蒙古秘史》，第 74 页。
② 《蒙古秘史》，第 211—212 页。

必然违背“天意”，为“长生天”所不容。这些创意在政治上确实是为其统治服务的，但是，我们不能由此否定上述主张和做法所体现的“尽人力”思想，不能否认现实社会中人的作用第一的观点，这正是成吉思汗天人互助思想的核心。

综上所述，可以归纳出如下看法：

1. 幼年时代的坎坷沧桑，特别是一次又一次的绝路逢生、化险为夷，使成吉思汗幼小的心灵形成了对长生天的难于抑制的恐惧，转而深信萨满教泛神论世界观。萨满教的宗教理论乃是成吉思汗早期宗教思想的理论依据和思想根源。可以说，这是成吉思汗宗教思想的初创阶段。

2. 成吉思汗一方面为适应蒙古社会渴望统一的客观形势，另一方面，为加强自身的汗权实现蒙古的统一，发展了传统的敬天思想，并突出了皇权思想，确立了“准一神崇拜”、“君权神授”以及“以诚配天”思想，标志着成吉思汗宗教思想的初步形成。

3. 1206年蒙古汗国建立，成吉思汗的至高无上的汗权确立，但仍面临着具有通天之能的萨满的威胁。他先建立了别乞制度，此乃他力图打破传统祭政合一制度的第一步。后来为清除汗权的最后威胁，杀死了通天巫阔阔出，把汗权和教权集于一身，彻底打破了传统的祭政合一制度，确立了思想深处的利用神权，利用宗教的观念，这标志着成吉思汗宗教思想的进一步成熟。

4. 蒙古帝国不断向外扩张，接触到了许许多多新的宗教和有关宗教思想文化，成吉思汗宗教思想发展到了较高阶段，形成了宗教信仰自由的理论与政策。这一方面是对萨满教宗教宽容观念与态度的继承，另一方面是其吸收多元文化的思想发展的逻辑轨迹,最终达到了成功地为其政治目标服务的目的。

5. 一般来讲,一个生活在矛盾着的世界的人,他的思想、举动也是矛盾着的。一个信仰鬼神的人也会利用鬼神捉弄别人,这正是人们思想的复杂所在。成吉思汗也是如此。我们既不能一如既往简单地把成吉思汗的宗教思想视作寻找精神工具的产物,亦不能武断地否定两者之间存在着程度不同的联系,更不能违背历史真实地断定成吉思汗的宗教思想自始至终就是萨满教思想的翻版,或仅仅是始终诚信"长生天"的单一思想,而应该看到他的宗教思想是随其政治目的的发展、才能的增长而演变的,看到他从虔信萨满教到敢于杀通天巫的复杂过程,只有这样才符合历史唯物主义所提倡的实事求是的态度与发展的观点。

第十章 毁誉纷纭的世界历史巨人

13 世纪，成吉思汗的崛起，震动了整个世界。统一蒙古后，他以短短十几年的时间，横扫欧亚，建立了前所未有的蒙古大帝国。贬之者统称他为杀人如麻的“祸魔”[①]，所谓屠杀生灵“何其暴也”[②]，认为所有一切“都抵销不了他给人类广大地区带来的灾害”。有人因此评定“他在世界史上是起破坏作用”的人物，[③]或者认为成吉思汗进行的战争全都是“毁灭性的具有极端反动性的”战争[④]。誉之者则多称道成吉思汗“深沉有大略，用兵如神……其奇勋伟绩甚众，惜乎当时史官不备，或多失于记

① 巴克霍森：《成吉思汗帝国史》，第 172 页，中华书局 1940 年版。

② 屠寄：《蒙兀儿史记 · 太祖记》。

③ 余元盦：《成吉思汗传》，第 89、90 页，上海人民出版社 1955 年版。

④ 《蒙古人民共和国通史》，参见第 1—2、98 页等，科学出版社 1958 年版。

载云”①。赵珙在《蒙鞑备录》中称颂成吉思汗是“英勇果决，有度量，能容众，敬天地，重信义”的明君。近年来，当代学者多称成吉思汗为“杰出的政治家、军事家”②。总之是毁誉纷纭。

这样，在我们探讨了成吉思汗的生平活动和各种思想之后，似应对他的功过和历史地位，作出较全面的评价。

一、评成吉思汗的千秋功过

1. 成吉思汗作为蒙古新兴贵族的代表人物，对动摇蒙古奴隶制、促进封建制与蒙古族走向文明，有无法磨灭的贡献与作用。

成吉思汗统一蒙古各部，建立蒙古国，才有了蒙古高原共同领域内各部共同心理素质的形成和提高，进而形成了蒙古族；在成吉思汗的领导下，蒙古族及蒙古国登上了世界舞台，并与当时处于世界文明高峰的中原文化、中亚文明联系了起来，成为至今长存的现代民族，而没有像古代许多游牧民族那样退出历史舞台。所有这些都只能归功于成吉思汗。如果不研究成吉思汗，简直就无法写蒙古历史。当今世界上至少有八十多个国家拥有研究蒙古学的组织，使蒙古学成为各国争相研究的世界性学科，这也是与成吉思汗对世界的影响分不开的。关于成吉思汗使蒙古族形成并崛起，这方面争论不大；但对他是否促进了蒙古社会和生产力的进步，却看法不一。我们在本书前述有关章节中已经具体谈到，是成吉思汗的政

① 《元史》卷1《太祖本纪》。

② 参见贾敬颜、洪俊《关于成吉思汗历史的几个问题》，载《社会科学辑刊》，内蒙古人民出版社1981年版。

治路线和用人政策，不分奴隶、平民、降敌、贵族，唯忠一概起用为新贵族，使他成了新贵族的代表。这股力量犹如火山爆发般冲击与动摇了蒙古奴隶制的基础，促进了蒙古社会的跃进式发展。领袖人物的作用是不可低估的。成吉思汗统一蒙古后，使蒙古社会封建化，经济、文化迅速提高，至少是较混战时期发展得快，这是不应有问题的。问题是，在以后成吉思汗统一中原及西征战争时期，这一结论是否适用。我们认为，总体说来，成吉思汗与忽必烈都是促使蒙古民族的发展过程发生飞跃的人物，即使蒙古本土曾有一度荒芜和生产局部下降的现象，也并不影响其整体和主流是上升发展的趋势。

一方面，对于以成吉思汗为首的蒙古贵族来讲，当时，掠夺所得比劳动所得还要容易，因此，蒙古统一之后，社会秩序虽然安定了，可是他们大量的人并不从事畜牧业的发展，尤其是成吉思汗驱使蒙古牧民远离蒙古高原，深入邻国进行战争。在这些战争中，蒙古牧民伤亡惨重，活着的也多半需戍守征服的土地，从事镇压和监视。因而蒙古本土的劳动力严重缺乏，生产一度下降，这种局部的情况确实是存在的。可是另一方面，从成吉思汗生平活动的整体看，统一以后，包括对蒙古以外地区的战争时期，蒙古族在本土以外接触了各种先进文化，先进技术，使后代人的总体素质提高了；再从蒙古本土利用俘来的异族工匠发展生产的总体结果和长期效应来看，社会进步，生产力发展，蒙古民族封建化过程向前飞跃，这更是不争的事实。具体表现在很多方面。

蒙古地区曾以家庭奴隶制为社会基础。成吉思汗为建立蒙古国，巩固中央集权，并吸收外来人才和治国经验，创建了一系列封建分封制度与中央集权措施，促进了早期封建制的发展。1206年成吉思汗被推举为大汗后,建立起国家的雏形,开始了蒙古阶级社会历史的新时期。他将土地分封给亲族、功臣。新贵族们成了对牧场的土地享有权力的领主。尤其是后期成吉思汗使用各族人才,吸收各族文化,还颁布了“札撒”法规,经过他的一番治理,在原来外国人常受劫掠的“鞑靼地域”,竟然能通过“一种严重之警巡”措施,而使“道途遂安”。而且盛传一个少女怀一袋金子,可以安心遨游这个广大的帝国。[①] 这是何等突出的社会进步!

在成吉思汗之前,蒙古地区的畜牧业和农业也有一定基础,不过,据蒙哥汗(宪宗)时期到达蒙古的罗马教士鲁布卢克所言,在成吉思汗兴起以前,蒙古尚为一穷苦贫困的民族。波斯史家志费尼曾形象地描绘了成吉思汗兴起以后的情况,他说蒙古人从此“才从艰苦转为富强,从牢狱入天堂,从不毛的沙漠进入欢乐的宫殿,变长期的痛苦为恬静的愉快”[②]。这些脱离部族混战,过上富足生活的蒙古人民,把成吉思汗看作仁慈恩主,是很自然的。志费尼的描写即或有些夸大,可是,从混战到安定统一,得以发展生产总是事实。如:成吉思汗以前铁器很少,奢华首领才使用铁镫。考古发掘和文字记载证明,和林地区尚无城市规模时,已是当时的政治中心和军事装备基地,而且也是工农业和商业的集中地,这一时期文化层遗物中出土有大量金属制品和十余座冶铁炉,[③]都是生产力发展

① 《多桑蒙古史》上册,第93、157页,中华书局1962年版;薛人仰:《成吉思汗传》,第2页,台湾中华书局。

② 《世界征服者史》上册,汉译本,第23页,也可参看《鲁布鲁克东行记》第19章。

③ 吉谢列夫:《蒙古的古代城市》,《史学译丛》1957年第6期,第90—92页。

的证明。这里集聚了大批汉人工匠和战争中虏来的西方工匠，这对蒙古手工业的发展有极大帮助。不只是近汉地者会农耕，蒙古腹地也有农耕区，和林地区也是“居人多事耕稼，悉引水灌之，间亦有蔬圃。时孟秋下旬，糜、麦皆稿”①。商业的发展也促成草原秩序安定以及与内地、西域等地的联系更加直接、更加频繁的积极后果。商品开始源源不断地从外地运了进来。以后和林成为草原上最大的贸易中心。统一后的蒙古境内，各族人民错居局面出现，从而促进了经济、文化的交流与发展。邱处机到不尔罕山时，就有汉民工匠络绎来迎；他沿途看到“有民杂居，稍成聚落”、“汉杂以蕃”②。这种情况，促进了蒙古社会的进步。

成吉思汗对先进民族的文化是主动、积极地吸收的。他利用畏兀儿文创蒙古文字，规定王子、皇帝随畏兀儿人学文化，均传为佳话。其实，北方的汉人和汉化的契丹人都被成吉思汗用作蒙古族的启蒙文化导师。除耶律楚材外，还有许多金朝的“降附之臣，教之(蒙古)文书”，成吉思汗所行“诏敕等书，皆金虏叛臣教之”，与金国往来都使用汉字。驿站之设，也源于中原的影响。由于通驿道，“商贩巨万，往来于山东、河北”③。成吉思汗还采用了汉族历法。徐霆到蒙古，“见有历书，亦印成册”，改变了原蒙古以青草记岁、以新月记月的情况，“今用六甲输流，皆汉人、女真教之”，自然大有利于牲畜业和农耕生产。凡此种种，都改变了蒙古族的蒙昧落后状态。

---

① 《蒙鞑备录》；并可参见《鲁布鲁克东行记》第 13、135 页。

② 《长春真人西游记》上。

③ 《蒙鞑备录》。

若把统一前与统一后总的比较起来，我们同意"统一后无论如何是比统一前好的多"的结论。①

一个时代的先进人物，不外就是在那个时代推动社会进步的社会阶级的代表。既然12世纪蒙古社会历史发展的必然性，在于从原始氏族制残余社会，过渡到奴隶制、封建制社会，从部落分立过渡到形成一个稳定的民族共同体，而且中国社会的发展也要求结束混战的分裂局面，那末，历史就要求时代提供出一个有坚强意志和百折不挠的毅力、从而能建立起一个统一国家的杰出人物，他不仅能推进蒙古社会的进步，而且能推动整个中国的统一与前进。成吉思汗就是这样的人物。

2. 成吉思汗为恢复中国历史疆域和奠定全国大统一的基础建立了千秋功业。

成吉思汗在中国疆域问题上有两大不可磨灭的功勋，确立了他在中国历史上可与秦皇、汉武媲美的伟大地位：他为西藏进入元朝的直接行政辖区，明确列入中华版图奠定了基础，这是第一功勋；他恢复了西域、漠北，包括中亚两河流域一带的汉唐时西北历史疆域，统一了中原大片地区，为元朝中国大统一奠基，这是第二功勋。总起来就是奠定了中国空前大统一的千秋基业。

必须看到，国内的民族战争一般也同样有正义、非正义之分。其标准主要在于它对统一的多民族国家的发展所起的客观历史作用。战争的结果推动了历史发展，是正义的、进步的，反之则是非正义的、反动的。周恩来总理在二届人大《政

① 杨志玖：《关于成吉思汗的历史地位》，载《历史教学》1962年第12期。

府工作报告》中说:"祖国统一是全国各族人民的最高利益",明确对统一作了原则肯定。成吉思汗崛起时,正值金、宋、西夏等对峙之际,与蒙古草原刚刚建立的蒙古汗国相邻的,是统治中原和东北地区的女真贵族完颜氏于1115年建立的金朝;淮水以南,是偏安东南一隅的赵宋小朝廷;陕西、甘肃、宁夏一带则是由党项族于1038年所建的西夏;在新疆西部和中亚一带,是契丹贵族耶律大石于1125年建立的西辽;贵州西部、四川南部和云南地区则是以白族为主体建立于837年的"大理"政权;西藏地区,自公元9世纪吐蕃王朝崩溃以后,便处于"族种分散、大者数千家、小者百十家。无复统一"[①] 的分裂局面。这种分裂割据的局面下,争战的地主武装使人民蒙受灾难,使生产遭到破坏,其自立势力范围严重阻碍了我国各族地区的社会政治、经济、文化的交流发展。而成吉思汗是为我国第一个版图最大的一统王朝——元朝奠基的人物,虽然这一事业的统一经过了其子孙历半个世纪后才最终完成,但成吉思汗奠定的西北疆域的基础是实现元代大统一的根本保障。

首先,成吉思汗统一草原各部混战的蒙古地区后,又于1207年先后征服了"林木中百姓"以及乞利吉思等部,到西征至西域即今中亚两河流域,完成了汉唐以来西北历史疆域的恢复,为统一整个中国提供了稳固的基础。

虽然1227年灭亡西夏后,成吉思汗病亡于军中,但到这时,我国北方和西北已尽为成吉思汗所统一。他虽未彻底灭金,但已迫使金朝迁都汴京,金在北方与东北的势力已土崩瓦解,为其后继者统一全国创造了条件。特别是他奖惩分明的

---

① 《宋史》卷492《吐蕃》。

政策,使西域各地区主动降服,从而对西藏地区产生了巨大影响。西藏政教领袖萨班在13世纪40年代归顺蒙古的《致蕃人书》中说到:“此蒙古王之军队,多至不可胜数,宇内当已悉降于彼。从彼者则祸福与共,非真诚归附、阳奉阴违者,则王不认其为臣民,且终必绝灭之。畏兀之境未遭涂炭,较前益为昌盛,人畜皆彼等所有……”① 这里说的就是成吉思汗对降者不杀且从优对待西域和平归降的政策。虽然吐蕃7世纪30年代向北向东发展以来,已是建立在唐朝原疆域上的一个政权,他与中华其他各族的交往是长期归入中华的根本基础,但《致蕃人书》说明,西藏后来接受了元朝的行政管辖,并正式纳入中国直辖版图,则是成吉思汗武功与文治兼施的统一政策的结果。

其次,成吉思汗在临死前为其后继者制定了联宋灭金、统一全国的战略方针。后来太宗在迟迟不能胜金时,遂遵照成吉思汗所嘱,改定了具体的、迅速联宋的攻金计划,这场统一战争才顺利取胜,所以这胜利就不能不承认是与成吉思汗生前的决策分不开的。此外,成吉思汗早就从培训后继人及文武将臣等方面,为元朝的统一准备了骨干队伍。元朝的建立和对全国的统一,基本上是经过三个阶段才最后完成的。第一步是蒙古草原的统一;第二步是西北边疆、西藏地区的统一和南下灭金;第三步则是灭南宋、大理。

成吉思汗本人完全实现了第一步,也实际安排好了第二步,他虽然没有能最后亲见西藏归服、金朝灭亡,却对西藏影响至深;对灭金及安排耶律楚材等辅佐人才都留下了稳操胜

① 《西藏地方历史资料选辑》,第42页,北京三联书店1963年版。

券的遗嘱。这使窝阔台、木华黎在经略华北的基础上，进一步作了统一全国的成功部署。他草创了统治全中国的一套政治经济措施，其后继者才可能在耶律楚材的帮助下，进行经营中原地主制农业经济的尝试，并为世祖忽必烈建号改元，完善典章制度，实行中央集权制奠定了基础，最终结束了我国自唐以来的分裂局面。

有人把成吉思汗对金朝或其他国内政权的军事活动说成是“侵略”或“异族入侵”，这种观点无法解释下面的历史事实：就当时的几个割据政权来看，除了南宋以外，都是我国少数民族统治者建立的。有人把“河朔生灵尽”、“白骨纵横乱似麻”的责任，把破坏中原的生产力，包括蒙古地区生产力的责任都归咎于成吉思汗蒙古对金朝的战争，这应该说是不公平的。当时中国正处在四分五裂的衰落局面，西夏、金朝和西辽东部所割据的地方，都是原唐代的州县，所统辖的人民，除西辽外，绝大多数是汉人。这时不仅淮河以南的南宋过着萎靡不振、偷生苟安的生活，就是进入中原的女真、党项贵族，也已成为游手好闲的腐朽地主了。[①] 他们在战争时期所驱迫的兵士，多数是汉族农民，少数是北方各族的牧民或农民，实际上是驱迫汉族农民自相残杀。至于分裂战乱时期生产力的破坏，是多方割据势力混战造成的，在成吉思汗灭金前，已经存在，[②]夏金战争已使田野荒废，生灵涂炭。而且成吉思汗灭金，调用蒙古本土壮丁很少，主要使用降叛兵力。而这些武装地主集

① 《西夏书事》卷37记：“在朝诸臣，清歌夜宴”，“国多世禄之家，悉以奢侈相高”。

② 殿中御史张公辅曾向夏主直言：“自兵兴之后，败卒旁流，饥民四散，民不聊生，耕织无时，财用并乏”。（《西夏书事》卷42）

团的政治倾向不是固定的。金世宗曾说这些人“辽兵至则从辽,宋人至则从宋,本朝至则从本朝”[①]。金末河北苗道润、武仙等人继续为女真皇帝效劳,参加反对蒙古军的战争;而张柔、张荣等人则降附蒙古,加入反对金国的行列。木华黎所率的军队,除汪古、契丹、女真兵外,蒙古兵仅只有一万三千人。[②] 他所辖的汉军,尽是新降的武装地主之军。蒙古灭金战争,实际上双方所残杀的几乎都是汉人。因此,生产的破坏,人民的遭殃,实际上是元朝统一前的中国分裂割据政权间的争战已经造成了的,而蒙金战争只是延续,即主要应该归咎于分裂混战的地主武装,至少不应仅仅归咎于蒙古一方。

成吉思汗兴起时,金朝已处在瓦解的前夕。除了南宋与金、西夏与金、蒙古与金、契丹与金的战争外,金朝内部还充满了农民反抗地主的阶级矛盾,汉族、契丹族反对女真政权的民族矛盾,以及继续效忠女真皇帝和降附蒙古可汗的地主阶级之间的矛盾。在遍地战火的北中国,死亡了无数无辜百姓,荒废了无数良田沃土,生产受到了严重的破坏,因而金国统治下的山东、河北、山西、河南到处缺粮,普遍陷于饥馑状态,有的地方竟达到人吃人的地步。[③] 前已提到这些情况或在成吉思汗伐金前已经存在,或是各方战争造成的。只能说成吉思汗蒙古与金朝的战争,也造成了人民的苦难。我们如果公平地从中国历史上许多战争同样残酷来看问题,那么,还是周总理说的,统一是“最高利益”,当时代表这种“统一”的利益的成吉

① 《金史》卷8《世宗纪》。

② 《元史译文证补》卷一下,第6页。

③ 《金史》卷107《高汝砺传》等,卷108《胥鼎传》、《侯挚传》,卷109《陈规传》等。

思汗,也就成了中国历史上不能被否定的人物。

元朝统一后,国内各族人民之间的交往和联系加强了,各民族的政治、经济、文化都得到了程度不同的发展。元朝在台湾、西藏、西域等地区都设立了行政机构,使这些地区同祖国的关系更加密切。元朝对我国统一的多民族国家的巩固和发展作出了极大贡献,而元朝统一的基业,主要是成吉思汗奠定的。

把蒙、元时期说得一无是处,是违背历史事实的。成吉思汗身边聚集着一些治理封建国家的人材,他们在可能的条件下进行了一些努力,使中原经济少受损失和破坏。木华黎身边也有不少汉族地主,他们虽然致力于为自己聚敛财富,却在其统治范围内维持了地主制经济;虽然蒙古守旧贵族要求实行分封制呼声甚高,但耶律楚材提出的非奉上命不得擅征发、纳税等一系列中央集权制度,却使中原地主制封建经济得以维持下来。因此到世祖忽必烈时期,出现了经济繁荣和社会秩序稳定的局面。尤其在国内民族问题的处理上,元朝是有一定建树的,宣政院的设置可说是史无前例的开创,为巩固西藏与祖国的关系建立了一大伟绩。它在元朝虽主要专门处理佛教和西藏事务,但却为清朝理藩院的设立开了先例,是以后中央政府处理民族事务机构的雏形。历史上,统一的政权在其中设立专管民族、宗教事务的机构,还只有元、清两代。他们在拓疆治边、治理各族事务方面相当有独特建树。所以,现代学者们把成吉思汗、忽必烈、康熙、乾隆这些少数民族领袖人物,看作英明的帝王。

3. 成吉思汗时期对天山南北各地交通路线之拓展是别开生面的,于后世影响殊巨,客观上加速了美洲新大陆的发现。

1219 年成吉思汗举兵西征前后,西汉时期起就畅通的丝绸之路南、北、中交通路线早已中断。蒙古军队征战穿越的路线是"草原路"，即"大河驿路"。所谓"草原路"是指金山(今阿尔泰山)南大河(乌伦古河)驿路，其路程大致从蒙古东部启程，向西穿过蒙古草原，再沿金山南麓向西，从今科布多向西南进入今阿勒泰地区后，分东西两路南下；东路由北塔山进入准噶尔盆地，傍古尔班通古特沙漠南入奇台、吉木萨尔等地，并入汉、唐之际的"北道"；西路则沿金山西南行，过赛里木湖，经今乌—伊公路中间的果子沟，抵天山北部重镇伊犁，进而与历史上的"北道"相合。

这条交通路线，有史书说是成吉思汗西征时，"三太子(指窝阔台)出军，始辟其道"[1]。我们以为窝阔台西行之前，此道已有人涉足。[2] 但尽管如此，我们得承认，"草原路"("大河驿路")的真正畅行和大规模被启用还是始于成吉思汗西征。"草原路"("大河驿路")在蒙古统治西域初期及其以后发挥了重要作用。《长春真人西游记》曾这样记道："西南约行三日，复东南过大山，经大峡中。秋日，抵金山(阿尔泰山)东北。少驻，复南行，其山高大，深谷长坂，车不可行，三太子出军，始辟其路。"

另外，蒙古统治初期，从蒙古草原南下，过阿尔泰山后，通

---

① 《长春真人西游记》，侯仁之审校本，中国旅游出版社 1988 年版。

② 1209 年，漠北草原地区蔑儿乞惕部为成吉思汗部属击败，其残部"从也儿的石河岸上逃走了。他们来到畏兀儿地区，派了一个名叫额不干(《圣武亲征录》作"别干")的使者去见亦都护。亦都护杀掉了这个使者。为此他们(与畏兀儿人)在名为襜河的河谷里作战，(战败后)逃跑了"。蔑儿乞惕残部从漠北至高昌(吐鲁番)的路线显然走的就是这条"大河驿路"(拉施特:《史集》汉译本第 1 卷第 2 分册，第 212、216 页，商务印书馆，1983 年)。

向西域、中亚各地的交通路线，除上述道路外，还有一条通道，即从阿尔泰山南麓沿古尔班通古特沙漠西部行进，溯乌伦古河至布伦托海，再西过今和布克赛尔、额敏，西南至博乐，而与去伊犁的北道相接。[①] 西征路线，在历独山城行抵别失八里后，其西行道路即是“北道”，邱处机在抵达别失八里后，也是经此道西到中亚的。

据研究，从今精河向西，中经赛里木湖，出果子沟，至伊犁的这条通道在元以前还未畅通，唐之“北道”这段路径是由今精河西之沙山子向西南沿阿恰勒河入婆里科努山和科古琴之间的山峡，然后折西行，沿吉尔格浪河西南至伊宁市，再至霍城。[②] 因而，穿过果子沟这条通道只是在成吉思汗西征时，如《长春真人西游记》所言，是由二太子察合台开辟的。他在果子沟砍木架起48座桥，终于使翻越这座大山成为可能，使原来“猿猱鸿鹄不敢过”的“千里阴山”，成为“四十八桥横雁行，胜游奇观真非常”的通道。[③] 此道之通行不仅极大地便利了中原同西域以及中亚诸地的交通往来，而且也缩短了别失八里等地到达阿力麻里的路程和时间。所以，这条通道之开通是蒙古族对于西域古代交通事业的一大贡献，这实际上是后来乌—伊公路的雏形，其意义是十分重大的。

蒙元时期对于天山南北各地交通路线的维护和拓展，实际上已经作为中央政权对新疆政治上进行具体管辖措施的组成部分，不仅大大加强了元朝对西域的管理和统治，增强了西

① 陈戈:《新疆古代交通路线综述》，载《新疆文物》1990年第3期。
② 陈戈:《新疆古代交通路线综述》，载《新疆文物》1990年第3期。
③ 耶律楚材:《过阴山和人韵》，《湛然居士文集》卷8。

域诸地各族人民对中央政权的向心凝聚力，而且便利了中原地区同西域及其以西诸地间的政治、经济、文化交往和联系。所以有人说："蒙古西侵乃是将往日阻塞未通的道路，一一为之开辟，以使一切民族，俱能聚首一堂，彼此交换意见。换一句话，就是东西的文化在此时期得到一度的开明的交通。"①这一论点也有一定道理，至少在客观上打破了中西隔绝，加强了中原与中亚一带的经济、文化交流，尤其是使汉、唐时的丝绸之路更为畅通而且作了延伸。

众所周知，世界历史离不开游牧民族，而代表游牧民族史的典型之一的成吉思汗"征服王朝"，则开辟了畅通、安全、近捷的中西陆路交通，使许多旅行家东来，而他们的游记之影响足以证明这条横贯欧亚的交通线之重要。② 尤其是后来，马可波罗也沿这条驿道继布尔诺加尔比尼和鲁布卢克探险东来，其游记又使哥伦布为探险大蒙古之地东来，结果加速发现了美州新大陆，才有美国之崛起，才有了世界格局之大变化。仔细想一想，踏上成吉思汗通道的探险家们使世界从沉睡中觉醒，是与成吉思汗开辟中西通道联系在一起的。尽管如此深远之影响有其偶然性，但毕竟是发生了。哈罗尔德·牟莱认为："他（成吉思汗）是对人类开辟了新的道路。欧罗巴是得以接触东洋文化了。成吉思汗的儿子的时代，亚美尼亚诸公及波斯贵族们是与俄罗斯大公们有了交往。与开拓两个大陆之间的交通相伴，两个大陆的思想也交换了。欧罗巴人对遥远的亚细亚持有强烈的知识欲。马可波罗是接着布尔诺加尔比尼和鲁布卢克之

① 向达：《中外关系小史》，第78页，商务印书馆1948年版。

② 张星烺：《中西交通史料汇编》第2册，第49、54、129、143、151、323—324页。

后旅亚的。经过两个世纪,兀斯克·迭·嘎喳是为了向印度开拓航路而出发了。哥伦布实际上不是为发现美洲而出发,而是为探险大蒙古之地而出发的。"① 日本饭村穰也说:"成吉思汗这样天之骄子的诞生,使世界从沉睡中觉醒,东西文化交流促成。被《马可波罗游记》招致哥伦布探险,美洲大陆被发现,欧洲人一度掌握世界霸权,后又美国崛起,日本被美国打败等等,所以就把成吉思汗诞生看作改变世界方向、形成今日世界的诞生。"②可见,其影响远不止是使中国的罗盘针、火药、活字印刷术等先进科学技术和思想文化更广泛地传入西方,而西方的商业文化、医药、天文历算、机造品以及聂思脱里派基督教、伊斯兰教等宗教文化向东方传播与扩大。

此外笔者还想指出,成吉思汗西征和东西大沟通,促成民族大融合和形成大量跨国同源民族,其影响也是空前的。成吉思汗西征以后及其后继人时期,中国北方蒙古人、突厥人大量来到中亚,其中,中亚的统治者,直到清朝统一新疆和沙俄入侵中亚的希瓦、布哈拉、浩罕三汗国时期,仍自称是成吉思汗的后裔。霍渥斯等学者也把13世纪以后的中亚史作为蒙古史一部分而写成《蒙古史》一书,不无道理。不过,西征后迁往中亚的蒙古族以后绝大部分与当地民族融合成了乌兹别克、哈萨克、土库曼等族,只有少数至今保留蒙古语言习俗而未突厥化,如阿富汗和伊朗的札腊人等。而原留今新疆的蒙

① 哈罗尔德·莱牟:《全人类的帝王成吉思汗》,第11—16页,伦敦1928年版。

② 饭村穰《大统帅者——成吉思汗之谜》一书序文,转引自都固尔札布《试论成吉思汗对世界的影响》,载《成吉思汗研究文集》,内蒙古人民出版社1991年版。

古人则相当部分仍称蒙古族。在相当长的时期中，无论金帐汗国、白帐汗国、帖木儿帝国及以后的中亚诸汗国，或是察合台汗国、蒙兀儿斯坦等政权中，蒙古的因素都占着重要的地位，其文化与制度无不打上蒙古的烙印。这也是世界民族史上的一大事件。

4. 成吉思汗在西征中超越复仇惩罚，造成扩张错误及对其后继者造成最终的悲剧性影响。

成吉思汗西征花拉子模的结果，使原属西辽的河中府回到中国历史版图，仍属中国古代史范畴，而且成吉思汗对中亚两河流域地区的统治实际上是恢复与继承汉、唐时期西域都护等的管辖而已。不过，由于他追击花拉子模沙摩诃末和王子札兰丁以及乃蛮等仇敌，[①]侵入了呼罗珊、阿富汗、印度、斡罗斯等国的部分地区，尽管当时国界并无国际法规范，但我们仍认为超出了仇杀与惩罚的必要，应看作是成吉思汗侵略扩张的错误。

成吉思汗统率下的蒙古铁骑，在西征中起了破坏作用，杀了许多无辜，掠夺了财富，毁坏了城市……这些都是事实，也是成吉思汗这个人物有罪于有关地区人民的一面。随同成吉思汗西征的耶律楚材在其诗中写到："寂寞河中府，生民屡有灾"，"寂寞河中府，颓垣绕古城"[②]，这也证明，当时的蒙古人从草原生活习惯与游牧生产方式出发，空其人，掠其物，毁其城，造成了严重的破坏，使西征所到之地经济、文化发展遭到一度挫折和损失，这是不必否认的事实。只是不应该脱离当

① 参见韩儒林：《论成吉思汗》，载《历史研究》1962 年 1 期。

② 《湛然居士文集》卷 6《西域河中十咏》。

时的时代去要求成吉思汗和他麾下的13世纪的将士,更不应该把造成欧洲文化中心拜占庭受到毁灭性破坏的十字军东征说成是文明的,把蒙古西征则说成是野蛮的。

我们还认为,一方面,1219年至1225年的成吉思汗西征中,蒙古军队的铁蹄践踏了黑海以东,从印度河到钦察草原的广大地区,使当地社会生产遭到严重破坏,城镇残破乃至被毁为废墟,人民的生命财产受到了巨大损失。马克思认为:"蒙古人把俄罗斯搞得一片荒凉,这样做是同他们的生产、同畜牧适应的……"[①]在评价成吉思汗时,不能不指出他的行为烙有游牧文化野蛮与落后的一面。但是,另一方面,这次西征诚然是由花拉子模沙摩诃末·穆罕默德挑起的,成吉思汗起初也曾遣使试图和平解决,避免诉诸武力,而后来西进的顺利及穷追敌人,却使他的军事行动超出了惩罚的界限。这样,他的向外扩张,就由"复仇"转为侵略扩张和掠夺,于是打上野蛮奴隶制烙印的复仇战争与中世纪的历史条件决定了西征的残酷。我们知道,甚至到1254年以后,被当时宗教统治者活活烧死的欧洲人士便达五百万之众![②] 何况比这更早的一场蒙古游牧

① 《马克思恩格斯选集》两卷集,卷2,中文版第311页《政治经济学批判》,人民出版社1955年版。马克思说:蒙古人曾经使俄罗斯荒芜,他们的那种做法是适合于他们的生产、适合于畜牧的。因为大块无人居住的空地对于畜牧是主要的条件(《政治经济学批判》,第160页)。这是就金帐汗国的情况说的。至于伊儿汗国的情况则有所不同。那里在初期虽也遭到残破,但以后就逐渐恢复,特别在合赞汗在位时期(1295—1304),他鼓励手工业,提倡医学、化学及天文学等科学,因而使伊儿汗国成为中世纪一个经济繁荣、文化兴盛的国家。因此,无分析地认为西征使一切被征服的国家社会倒退,也是不公允的。

② 转引自《自然辩证法讲义》第11页,人民出版社1979年版。

民族的复仇战争呢！同时，战争的残酷也反映成吉思汗所经历的奴隶制和早期封建社会的思想烙印，即成吉思汗当时的思想是他所经历的各种社会存在的一种综合产物。西征中，作为封建帝王的成吉思汗，其作用自然是举足轻重的。不过我们也认为，战争的残酷也与该时期成吉思汗身边的人物，甚至一般蒙古士兵的传统观念有关。

西征的扩张也超出了蒙古国的国力。世界历史证明，任何强大的国家都不可能靠世界征服者的权势走向繁荣，这正是帝国主义、扩张主义的悲剧。人对世界的管理能力所能达到的范围，毕竟是相对有限的。成吉思汗扩张的主要悲剧性影响不仅在于蒙古征服地的人民看到其兵力之不济便降而复叛，使蒙古军后期伤亡惨重，成吉思汗爱孙也战死，于是蒙古人的报复性屠杀也加剧；更在于成吉思汗的帝国观念使其后代仍沿袭他的做法，几次西征，最终使帝国因穷兵黩武而国力渐衰，且为忽必烈时代诸王之乱埋下惨痛分裂隐患。成吉思汗及其后继者对西征扩张的帝国部分的统治，虽比一般帝国寿命略长，然终究未能逃脱帝国较快灭亡的悲剧性结局。

二、成吉思汗成功的三大因素

关于成吉思汗的成功，过去一般认为是环境造成的，即时势造英雄论，或者认为仅仅是武力取得的胜利。而札奇斯钦全面阐述了成吉思汗种种优秀的个人素质后，认为他的超越他人的个人素质是成功的主要因素。他说："在那一个时代的游牧社会中，他的确是一位典型的人物。他敬天至诚，事母至孝，交友至忠，不用权术，信守诺言，恩仇必报，公正严明。这些德性就是到了20世纪的今天，也不能说完全变成历史上的陈迹。”[①] 这种看法比单纯的时势造英雄论或武力论似更深刻，挖掘到了成吉思汗成功的内在因素。

而我们强调成吉思汗的成功是一种合力的结果。

1. 苦难的磨练与乱世的实践造就了成吉思汗。

成吉思汗幼年丧父以后，一个汗室家族破落到只剩孤儿寡母，落到食不充饥，被人追杀的境地。九死一生的磨难和母亲诃额仑的谆谆教诲，终于使成吉思汗形成了杰出的个人素质。成吉思汗崛起时，正值金、宋、西辽、西夏分裂对峙之际，而广大蒙古地区生活着蒙古、塔塔儿、克烈、汪古、乃蛮、蔑儿乞、弘吉剌、斡亦剌等大小众多部落。据《元朝秘史》及波斯拉施特《史集》所著录的统计，差不多有近一百个部落。这些部落不仅强弱大小不一，而且语言、宗教、民族、文化水平也不完全相同。各部极端分散，“各有君长，不受一共主约束”[②]。12世纪后，蒙古地区已普遍出现“孛斡勒”（奴隶），后因畜牧业发展迅速，新兴“那颜”阶级因剥削的贪欲各部互相残杀，无休止的战争发展到“列国相攻，星天旋回”[③]，在这种时代背景下成吉思汗为恢复父、祖基业，参加争斗之实践，并取得了不少战役的胜利，才使他有了勇气与动力，立志统一蒙古，抵抗金朝。那个时代的乱世与战争实践决定了他的政治抱负和政治动力的内容，也为他提供了统一蒙古的机遇。这种乱世的实践也

① 札奇斯钦：《谈成吉思可汗的言行和他成功的因素》，载《蒙古史论丛》上册，台北学海出版社1970年版。

② 屠寄：《蒙兀儿史记·太祖纪》。

③ 道润梯步：《新译简注蒙古秘史》，第305页，内蒙古人民出版社1978年版。

造就了出类拔萃的成吉思汗，终于使他完成了建立统一的蒙古的历史使命。

统一的成功，使他走上觊觎中原的第二步。而这时中原也正处在四分五裂的形势下。南北相峙的宋朝与金朝划河为界；而河西是西夏的势力；西域地区有西辽；西南则有大理；吐蕃地区则小邦林立。而且金朝在处理与西夏和南宋的关系时，也恰恰是失败的。成吉思汗要南下伐金，金却不知团结西夏，反而与西夏争斗不休，因而“两国俱弊”①。而且金朝向南又开衅于宋，使成吉思汗得以施展其约宋攻金、各个击破的战略战术。正是这些实践使成吉思汗军事思想步步升华，也使知己知彼的成吉思汗认定可以乱世称雄，于是他雄心勃勃，挥戈南下。

而在遥远的西部边疆，由于乃蛮王子屈出律篡夺了西辽政权，又因以佛教压制伊斯兰教而民愤极大。善于洞察敌情的成吉思汗，便在派兵追击屈出律时宣布宗教自由政策，得到了畏兀儿、西辽等广大地区的自动归降，从而也为成吉思汗开创的蒙古族一贯的宗教自由政策和这类开放性思想文化传统奠定了基础。同时，有了畏兀儿、西辽这些地区作为后方和跳板，成吉思汗又依靠这种地利，远征欧亚，有了与中亚花拉子模一决胜负的可能，也成为他进入世界性人物的机遇。

可以说，上述苦难与实践、时势与机遇为成吉思汗的成功提供了动力，没有那种时势下的实践，就不能造就出成吉思汗这种世界性历史巨人，他本人也不一定有追求统一蒙古、统一中国、追求征服世界的动力与能力。

---

① 《金史》卷134《西夏传》。

2. 成吉思汗吸收多种文化形成了当时先进的思想观念，培养了本身的才能与素质。

如果把成吉思汗的成功只归结为单纯的“时势造英雄”，就无法解释在同一个客观时势下，为什么当时的其他枭雄没有成为威震欧亚的人物，为什么成吉思汗却能战胜远比他强大的札木合、王罕，甚至武器装备远比他先进、军队人数远比他众多的金朝和花拉子模国呢？所以，显然还有成吉思汗个人的内因，这就是成吉思汗的才能和思想素质超过了他的同时代人。我们认为，这是因为根植于蒙古游牧文化的成吉思汗的思想观念是发生了变迁的，即成吉思汗是靠广泛吸收各种文化和先进观念才成了超群的人物，这也是他成功的主要因素之一。

如果深入研究，就会发现成吉思汗的全面成功绝非偶然，更不能简单地认为他不过是个“文盲”，偶然地、或靠武力成了“天之骄子”。成吉思汗实际上是一个吸收和融合了多种优秀文化传统，因而具有当时较先进的思想和非凡人格素质的天才人物。他成年以后的言行与思想反映出，他敬天崇祖，讲忠孝信义，坚毅骁勇，恩仇必报；他纪律严明，执法公正，知人善任，惜人才，能纳谏。他的军事思想与战略战术、政治思想与有效的治国治军制度，随地域扩大而不断发展，堪称一代治国天才；他的经济思想与学习农工商贸先进经济与技术的措施，保证了治国治军的物质基础；他具有政治家的革新头脑；他的札撒与法律思想使社会秩序的井然为其时所罕见；他的尊重与兼容各种宗教的思想与受欢迎的宗教自由政策，使西进大军在各族地区创造了势如破竹的进军奇迹。凡此种种，都证明这种深邃的思想和品德不是单纯蒙古式游牧文化的产物，而是不同文化荟萃的代表，即使论游牧文化传统，成吉思汗也是吸收了漠北历史上各游牧民族的共同精神遗产。这里还必须指出，成吉思汗通过契丹人、穆斯林人才而对汉文化和中亚文化的吸收，虽是比较隐蔽，却也学到了一些精华。他并不像有的学者所说，“他的一生从始至终都是一草原人，既不为绚丽的中国文明所诱惑，也不屈从于畏吾儿文明，更不醉心于西方伊斯兰文明。终生没学外国语，按生来的原样信仰萨满教”①。成吉思汗的思想是开放型的，不是封闭型的，他不是那种固守草原旧传统的封闭式人物。成吉思汗看到蒙古除了畜牧、狩猎和简单手工业外，技术及有关人才极为缺乏，所以他千方百计从中原和中亚等地搜集大批工业技术人才，如造弓的、造甲的、造火炮的、造云梯的。② 他从中原输入了造桥、造船技术与驿站制度，命啗木海、张荣建了炮兵、水兵等其他各兵种，③大大改进了兵力及交通状况。成吉思汗除了吸收中原兵种，还从金人处学习了一些汉官制。④ 成吉思汗对待

① 小林高四郎著、阿奇尔译：《成吉思汗》，第217—218页，内蒙古人民出版社1983年版。

② 《金史》卷149《郭侃、石天应传》。

③ 史载：“啗木海……与父孛合出俱事太祖，征伐有功。帝尝问攻城略地，兵仗何先，对曰：‘故城以炮石为先，力重而能及远故也’，帝悦，即命为炮手。岁甲戌，太师国王木华黎南伐，帝谕之曰：‘啗木海言，攻城用炮之策甚善，汝能任之，何城不破。’即授金符，使为随路炮手达鲁花赤。啗木海选五百余人教习之，后定诸国，多赖其力”（《元史》卷122《啗木海传》）。张荣是归降汉将，当出征花拉子模“至西域莫兰河，不能涉，”是时，太祖召问济河之策，荣请造舟。后“造船百艘，遂济河”（《元史》卷151《张荣传》）。

④ 《蒙鞑备录》第14页载：“鞑人袭金虏之制，亦置导录尚书令、左右丞相、左右平章官等，亦置太师、元帅等”，“皆金虏儿臣教之”。

异族宗教和异族文化的政策，在蒙古族的传统文化中打下了深深的烙印，他的后继人，尤其至忽必烈时，基本上都继承了这种传统。

成吉思汗主动吸收先进的观念与思想主张的积极性是非同一般的，对任何人、任何有见地的看法都不放过。成吉思汗伐金时，每得一位契丹人、汉人或女真人的降将，他都要亲自召见，细询金国虚实及取金之策。而先进的思想观念，在变革时代，与实践结合，又与骁勇善战的游牧民族优秀传统精神结合，便转化为巨大的生产力和扭转乾坤的力量，正因此，成吉思汗才能所向披靡，取得“灭国四十”的“奇勋伟绩”①。

3. 各族奇才在成吉思汗麾下大展宏图。

成吉思汗成功的第三个重要因素，是他善于使用与爱惜各族人才，并通过他们吸收各族优秀文化，从而在他周围形成了一个体现多元文化内涵、在当时可称为一流的精华荟萃的智囊团，完全弥补了成吉思汗本人作为“文盲”的缺陷。

成吉思汗用人思想的特色，是不分族属、不看亲疏关系，甚至不论原来是敌是友，他唯才是用，唯忠是用。他在征战中广泛对各民族的有识之士千方百计地网罗，引为己用。在成吉思汗人才政策感召下，忠心耿耿地与他共同创业的，有大量的中亚人、契丹人、西夏人、畏兀儿人，也有些汉人。他们为蒙古汗国的政治、经济、军事、文化等方面作出了杰出的贡献。这在今天，也有很大的研究价值。在成吉思汗战功卓著的文臣武将中，塔塔统阿、阿剌瓦而思、哈剌亦哈赤北鲁、燕真、塔本、巴尔术阿而忒的斤、札八儿火者、曷思麦里、岳璘兵帖穆尔

---

① 《元史》卷1《太祖本纪》。

等人是中亚人；耶律阿海、耶律留哥、石抹也先、高奴、耶律秃花、耶律楚材等是契丹人；郭宝玉、张柔、史天倪、刘伯林、石天应、张荣、谢睦欢等是汉人；昔里钤部、察罕、也蒲甘卜、小丑等是西夏人；还有拓跋人按札儿；女真人粘合重山等，均很著名，称成吉思汗左右"猛将如云"、"谋臣如雨"，确不过分。

这三个主要因素如同三大合力结合到一起，产生了巨大的推进力与前进的惯性，使成吉思汗的事业势如破竹，一往直前。

三、蒙古族优秀思想文化对中华文化的贡献

中国优秀传统思想文化是中华各族在漫长历史过程中共同创造的。各民族文化之中有进步积极的方面，也有落后消极的方面。民族文化内部所包含的思想意识是民族向前发展的内在契机，这种民族文化的精华，是民族文化的生命力之所在。而一定历史阶层中创新的思想意识和民族文化的生命力与活力，又往往是与当时的历史事件和历史人物的重大功绩不可分的，需要人们去发掘，去认识，才能发挥传统文化的精华。本书主人公，这位中国蒙古族的领袖——叱咤风云的成吉思汗，就以他的杰出的业绩证明了：中国少数民族也曾以其思想文化的精华丰富了中华传统文化。只是历史上由于种种原因，对少数民族的思想文化，包括其代表人物的思想记载很少，因此要挖掘出少数民族代表人物留给我们的精神财富及代表其民族文化的思想精萃，就有相当的难度。只能通过他的思想脉络和业绩，反映出中国少数民族在塑造中华民族优

秀思想文化中的功勋。应该说,成吉思汗天才的治军、治国和法律思想、用人思想、宗教思想等一系列思想观念丰富了中华优秀文化宝库,这是无庸置疑的。

按历史唯物主义的观点,人无完人,人生无时无刻不在犯大大小小的错误。只不过碌碌无为者的过错,往往因其默默无闻而无人过问,而名位显赫或执掌大权的人物,其错误必然影响巨大,后果严重。但是有错误的人物,并不排斥他们可能是功业卓著、值得研究的重要人物。以成吉思汗为例,自古至今他一直是一个毁誉纷纭的历史巨人。笔者以为,无论是毁是誉,是褒是贬,都无法否认一个事实:一个带有奴隶社会,甚至氏族社会烙印的"野蛮人",竟能从一个走投无路的少年,历尽无比坎坷的人生道路,终于奋斗成为一位蜚声中外的人物,一位世界征服者。仅凭他这种奇迹般的成功史就对人们有无法抗拒的魔力。显然,这里也确实有值得探讨的思想精华,确实存在谱写人类胜利史的奥秘。为了搜集人类可以借鉴的精神财富,我们以为,发掘那蕴藏在成功者非凡业绩中的精思睿智,以及这中间所体现的思想文化的精萃,可能比无休止地争论他们的历史功罪更为重要。成吉思汗的成功是与其思想紧密不可分的,而他的当时超前的思想观念,不仅仅是根植于蒙古文化的深层之中,而且吸收了当时邻族和邻国的一些先进的思想观念,从而使他不仅能驾驭本族群众,谱写胜利史篇,取得成功,而且由于其威望而流传于以后的蒙古族,丰富了中华文化。

中华民族文化传统是一个枝叶扶疏的宏大体系,在它的优秀传统形成过程中,都发生过对各族文化以至外国文化的批判吸收与相辅相成的关系。成吉思汗时期,促进了这种关系的发展。他为元朝成为我国历史上武功文治俱强的多民族大一统的封建集权国家奠定了基础。他扶助多种经济,开辟驿站交通,驿站多达万处,最大的驿站所备马匹 400 匹,这不仅保证了通讯和行旅安全,而且对东西方经济文化交流起了积极作用,使唐朝以来的丝绸之路得以全线恢复,欧亚两洲的商贸往来与使节互访也因此逐渐频繁。加之,在成吉思汗周围,中亚各族和汉、女真、契丹、畏兀尔等各族的贤才济济,他们代表着当时东西方文明的先进水平,推动了蒙古民族发展的飞跃进程,也促进了其世界性胜利的进程,体现了优秀文化的巨大威力。如果深入探讨各民族的代表人物的成功,就会发现,他们功业的背后,一般都包含有各族文化对中华传统文化的丰富与缔造。成吉思汗根植于游牧文化而又吸收了异族文化的天才治国治军的思想观念,使中华优秀思想文化得以注入新血液,得以丰富、升华。这类少数民族杰出人物的成功史,能帮助我们认识中华各族多元文化的精华,就在于吸收与荟萃了国际与族际的先进文化,是各种文化融合、互补、共同发展的结果。

笔者认为,从思想角度来研究成吉思汗的生平业绩是对整个成吉思汗时期以及蒙元时期历史与文化研究的重要组成部分:其一,成吉思汗的思想观念是指导蒙古民众四处征战,创建帝国的精神武器,他的思想、观念、行为准则代表着该时期蒙古社会思想意识进步的主流,并深刻影响着蒙古社会与蒙古文化的发展进程。因而,这方面的研究是我们认识蒙古传统文化发展的突破口;其二,成吉思汗的思想观念形成于蒙古民族由氏族制、奴隶制向封建制突变和向外发展的伟大历史变革时期,是中西交通畅通、文化交流发达的开创时期,在蒙古族思想文化交流史上占重要的历史地位。因而,这方面的研究对推进蒙古族思想史、文化史的研究有着特别重要的意义;其三,成吉思汗的思想观念也是我国北方少数民族,特别是游牧民族思想宝库中的重要内容,因而,这方面的研究也有助于我们探讨我国北方游牧民族思想的形成、发展、变化的规律,及其在中华传统文化中的地位。

忽必烈评传

杨建新　著

绪　论

忽必烈的一生，可以分执政前和执政时两个阶段。从其政治活动中发生的一些标志性事件和变化来看，忽必烈的整个政治生涯可以划分为四个时期。

第一个时期是从贵由汗去世(1248 年)后，他公开出面支持他的兄长蒙哥为汗开始，到他即汗位(1260 年)。这十年期间，是忽必烈在蒙古贵族中崭露头角、展现其政治军事才能于世之时，也是他独树一帜，诚心接纳汉族知识分子，虚心学习"汉法"，了解汉人思想和心理，了解中原社会政治、经济、文化情况的时期。这一时期，他在诸多蒙古贵族中显得十分突出，他的活动体现了他是一位积极学习农业民族社会的统治经验，力图改变其草原蒙古贵族传统思维方式和统治方式的杰出人物。

第二个时期，大约从 1260 年到 1271 年。在这十年期间，他集中精力，努力调动一切力量来巩固自己的统治。首先的一大要务,就是平定蒙古贵族反对其继承大汗地位的反抗活动。他一即位,首先遇到的是他的弟弟阿里不哥的武装反抗。这次武装叛乱虽然在1264年阿里不哥归降后结束了,但以阿里不哥为代表的蒙古部分贵族反对他的活动,却持续了多年,甚至可以说与忽必烈在位相始终。其次就是铲平了以李璮为首的汉族军阀的叛变,并以此为契机,忽必烈采取措施削弱了归降的汉族军阀官员们的割据势力,进一步加强了中央集权。其三是以中原地区的历史与现实为基础和主要依据,建立各级官制,制定各种制度,完善管理体制。在这一时期,忽必烈表现出他的聪明才智和雄才大略,反映了他敢作敢为、刚毅豁达的气度,同时也是他虚心吸取汉族谋士的智慧,大量采用汉法的阶段。这一时期的一系列措施,为蒙古族贵族和元朝的统治,打下了坚实的基础。

忽必烈政治活动的第三个时期,大约从正式建立元朝(1271年)到1281年,也是十年。这十年的主要活动,是聚集力量,出兵消灭南宋,实现中国统一和治理江南,进一步巩固政权。这十年应该说是忽必烈一生中最辉煌的时期,也是元朝的鼎盛时期。由于全国统一,社会生产得到恢复和发展,科学技术、文化艺术在这样的沃土上,也得到了发展,形成了元朝独特的文化风格。同时,中国境内各民族社会经济生活更加接近,各民族关系日益密切,民族融合和同化现象日益明显,特别是大量的蒙古人、女真人、契丹人、党项人日益汉化,大量的色目人或汉化或发生新的融合,为我国回族和其他一些民族的形成奠定了基础,使我国的民族格局基本形成。这个时期是中国历史上一个重要的历史时期。

忽必烈政治活动的第四个时期,是从至元十九年(1282

年)到他去世,又是十年时间。这期间,在军事上统一全国的胜利,使他飘飘然,特别是国内经济有了一定的基础和发展,南宋军队投降,也使他猛然间增加了大量水军,于是他有意无意地继承其先辈们的作法,穷兵黩武,对外扩张,对日本和东南亚发动了多次武装侵略,而且这些侵略活动,基本上以失败而告终。这些扩张活动,不仅给被征伐的国家和地区造成严重的损害,更重要的是给刚刚得到一定恢复的元朝社会,带来了严重的灾难。忽必烈为了维持东侵南伐的大规模军事活动,就需要大量征兵,更需要大量的财力,于是支持和督责其臣下想尽办法向老百姓搜刮财富、开辟新的财源、增加赋税等聚敛财富的作法,就成为这时期元朝国内政治的重要特征,而这一切必然引起元朝各地,特别是直接受征兵、征赋之苦的南方各省农民的反抗。在忽必烈眼里,这不仅是乱民造反,而且是汉族反对蒙古族统治的一种表现,于是进一步在国内强化了对汉族,特别是对南方汉族的防范和压迫,这又造成和进一步激化了国内民族矛盾的尖锐。再加上忽必烈在当时虽然只有67岁,但长年酗酒,身体肥胖,行动不便,记忆衰退,思考问题已经很感吃力。而且这时期的他,身边已经没有多少汉族大臣,他所信任的一批蒙古族贵族和色目商人出身的大臣以及番僧所行政策,远离儒家思想,也就远离广大中原地区的实际,使忽必烈陷入了恶性循环的政治漩涡而难于自拔。

忽必烈是一个很复杂的历史人物,因此,对他的评价,可以有许多角度,也有很多说法。近几年来,对他的评价,主要集中在所谓"改行汉法"、"附会汉法"的问题上。

忽必烈在"藩府"以一个蒙古族亲王的身份从事政治活动

以来，就以尊重汉族士人、推行“汉法”的面目出现于世，到他称汗、当了皇帝、建立元朝后，更是适应中原广大地区的实际和汉族社会的传统思想文化，在中原地区恢复和实行了自古以来的“汉法”。应该说，从蒙古汗国建立以来，这是忽必烈对蒙古汗国的统治思想和他们所施行的蒙古传统制度的一种改革，这种改革是需要极大勇气和魄力的，也是忽必烈本身的伟大之处。但是，在充分肯定这一点的同时，许多人过高地估计了忽必烈实行“汉法”的深度及其作用，把忽必烈抬高到一个完全离开蒙古贵族传统思想和地位的一位超人，或把他与汉族出身的封建帝王相提并论。我认为，这是不符合实际的。

不错，历史上确曾有过一些少数民族的统治者，尊奉汉文化和“汉法”，极力推行过一些汉化政策，如由氐族建立的前秦皇帝苻坚，羌族建立的后秦皇帝姚兴，北魏皇帝拓跋宏等。特别是拓跋宏，不仅采用汉法，而且在鲜卑中提倡汉文化，改革鲜卑风俗，令鲜卑人使用汉语，与汉族通婚等。他的这种政策，显然是一种汉化政策。清朝的玄烨、胤禛、弘历也都是实行汉化的著名人物。但是忽必烈与他们，绝对不能同日而语。忽必烈只是根据他所处地位和面临的问题，在统治汉地中，采用汉法，对他来说，在面对汉族人为主的中原地区，也是一种“因俗而治”的政策和思想。他虽然对汉文化很推崇，对汉族知识分子很尊重，然而他自己作为一个蒙古贵族，几乎不懂得几个汉字，不会说几句汉话，汉族大臣虽然喋喋不休地给他讲孔孟之道和修身、齐家、治国、平天下的道理，但对他来说，仍是囫囵吞枣，一知半解。凭着他对汉族知识分子们的信任，以及当时面临的实际问题，采取了一系列的汉法，他并不着意追求汉族的文化和制度，特别是他并不主张用汉族的传统思想和习俗,来改变蒙古族的传统和习俗,甚至在某种程度上,采取一切办法来阻止这类事情的发生。因此,他所谓行“汉法”,与汉化是完全不同的,在他的行为中并不排斥他遵行一系列传统的蒙古草原游牧贵族所惯行的制度和作法。

忽必烈是一位敢于突破某些游牧草原贵族制度和传统的改革者,但同时,从骨子里他仍是一位蒙古人,是在蒙古草原上长大的,有头脑,勇于进取,敢于改革的蒙古族的伟大人物,正因为如此,他比那些所谓完全汉化的人更伟大,更有智谋。这样看,也就能更好理解他的所作所为,更便于确定他在中国历史上应有的崇高地位。

忽必烈是研究蒙古族和元朝历史所必须加以研究的人物,因此,关于研究忽必烈的论著,是十分丰富的。在我写本评传的过程中,韩儒林先生主编的《元朝史》、周良霄先生所著的《忽必烈传》以及其他先生所写的有关忽必烈和元朝史的著作,给了我许多宝贵的思想和资料。我在充分吸取诸位先生成就的基础上,用我的感觉,我的看法,对忽必烈和与他有关的一些事和人,提出了自己的看法。而且由于有了许多先生的论著,所以我也并不着意事无巨细地介绍忽必烈的一生,而只是从“评传”的角度,来评述他一生中可评之处。

这就是我写忽必烈的一些基本想法,作为引子,供读者评阅。

第一章　锋芒毕露的亲王

一、忽必烈的出身

忽必烈出生于蒙古成吉思汗十年(宋嘉定八年、金贞祐三年)八月乙亥(1215 年 9 月 23 日),其父为成吉思汗第四子拖雷,其母唆鲁和帖尼[①]是客列亦惕部(怯烈部)王罕的侄女。拖雷有 11 子[②],忽必烈排行第四,他与蒙哥(排行老大)、旭烈兀(排行第五)、阿里不哥(排行第六)均为唆鲁和帖尼所生。

忽必烈出生之时,成吉思汗已经建立起了统一的蒙古政权,西域亦都护归降,西夏王称臣,并已大规模伐金,迫使金主迁都求

---

① 又作莎儿合塔泥、唆儿忽塔尼等。

② 拉施特主编,余大钧、周建奇译:《史集》第二卷,商务印书馆 1985 年版第 190 页作 10 人。

和，山东、河北大片中原领土已为蒙古所有。忽必烈出生后，在他12岁以前，成吉思汗就统帅蒙古铁蹄横扫中亚，深处斡罗斯，取河西，灭西夏，建立起了威震欧亚的强大汗国。他的英雄祖、父辈们，在他幼小的心灵深处，留下了永远磨灭不了的印象。

忽必烈12岁时(公元1227年)，他的祖父成吉思汗去世，他的伯父窝阔台继承了大汗的位置。窝阔台在位的13年，是蒙古汗国继续发展壮大的时期。在这13年中，蒙古汗国完成了灭金大业，占领了中国北方的中原、西北和东北广大地区。在西方，拔都等人在中亚、钦察草原广大地区，建立了稳定的蒙古政权；同时，窝阔台在耶律楚材等人帮助下，在北部中国初步建立和恢复了适合管理汉族农业地区的政治、经济制度，在武功和文治方面，都取得了超过成吉思汗时期的重大成就。在窝阔台统治的13年里，也是忽必烈一生中的重要时期，这个时期对形成他的世界观、人生观、价值观和性格方面，都有着极大的影响。

从窝阔台去世到蒙哥汗即位为汗的10年，是蒙古汗国历史上统治集团内部最为动荡的10年，蒙古贵族的各个集团围绕汗位继承，拉帮结派，明争暗斗，剑拔弩张，最终使蒙古大汗的继承权由窝阔台系转入了拖雷系。做为拖雷的一个儿子，忽必烈也必然卷入这场你死我活的政治阴谋和争权夺利的斗争中。这10年是忽必烈由青年进入壮年的时期，蒙古汗国统治集团内的权力派系之争，无疑为他的成长、成熟创造了极好的条件，促使他走出狭隘的宗族、民族圈子，最终成为一个多谋善断、广纳博采、雄心勃勃的人，这对他以后的政治素质和领导才能的形成，起了重大的作用。

对忽必烈的成长起重大作用的，最主要还是蒙古社会物质、文化生活条件的巨大的变化。40岁以前的忽必烈,主要生活在蒙古地区。然而在他青壮年时期,蒙古社会就已经与他的祖父辈们长期生活过的蒙古社会,有了天壤之别。且不说生产关系、社会性质的重大变化,仅就物质、文化生活条件的变化也是巨大的。从成吉思汗后期,蒙古大汗所在地就已经改变了天苍苍、野茫茫的景象。在辽阔的草原上已经出现了金碧辉煌的幕帐,内地和中亚各地的商贾云集在大汗和各亲王贵族的帐幕周围,各种商品琳琅满目,应有尽有;汉人、契丹人、女真人、色目人,甚至欧洲人,投靠于大汗和各亲王贵族,为他们出谋献策,讲说世界各地情况和风土人情。到窝阔台和贵由时期,随着军事征伐的胜利,蒙古族活动和控制地区扩大到了中亚、西亚、东欧和中国北部大部分地区,蒙古大汗牙帐所在地——哈剌和林不仅建起了相当规模的城市,而且已经成为世界性的政治、经济城市和聚点。[①] 在过去以游牧为主的草原上,不仅出现了城镇,而且出现了农业和手工业。在这种情况下,大汗及其家属虽然仍生活在浓郁的草原生活气息中,但其文化教育、娱乐饮食、起居交往已经与纯粹的游牧生活和环境有很大区别。忽必烈的青壮年时期,就是在这

① 在蒙哥时期到过哈剌和林的法国传教士鲁不鲁乞在他的游纪中说,在哈剌和林,他看到大批基督教徒,其中有东欧、西欧及印度等各族人,还有各地的建筑师、金匠、织布工人等。他还说哈剌和林"城里有两个地区,一个是萨拉森人区,市场就在这个区里,许多商人聚集在这里。……另一个是契丹人区,这些契丹人都是工匠。除这些地区外,还有宫廷书记们的若干座巨大宫殿,十二座属于各个不同民族的异教徒的庙宇,两座伊斯兰寺院,一座基督教徒的教堂。城的周围环绕着土墙,并有四个城门。东门出售小米和其它谷物,西门出售绵羊和山羊,南门出售牛和车辆,北门出售马匹。"见吕浦译、周良霄注《出使蒙古记》,中国社会科学出版社1983年版,第175—197页。

种迥然不同于乃祖乃父的环境中渡过的。而且从记载中看，他不像他的父亲那样，长年在外率兵打仗，这就使他有更多时间和机会在哈剌和林参与各种交往，从各地各种人处了解世界的情况，得到更多知识，特别是从各种文人儒士处吸收知识和了解情况。正因为如此，所以人们评价他早就“胸怀大志，思大有为于天下”。

忽必烈的成长和以后的发展，还受到他的家庭的重大影响，并为他提供了良好的机遇。许多研究者认为，忽必烈的母亲对他的成长起了很大的作用。从一些记载来看，这个说法是十分有道理的。

忽必烈的母亲唆鲁和帖尼是一位智勇双全而又善于教育子女的母亲，在她所生的四个儿子中，有三位后来成了蒙古大汗、元朝皇帝和伊儿汗国的汗。仅就这一点，唆鲁和帖尼也可算是世界历史上少有的妇女了。

拖雷作为成吉思汗的幼子，直接继承了成吉思汗所拥有的根据地，即以其牙帐为中心的三河流域[①]。窝阔台四年(1232年，忽必烈16岁)，时年40的拖雷去世，根据窝阔台的旨意，拖雷的全部兀鲁思——封地、百姓和军队交由唆鲁和帖尼管理。拖雷及其妻子唆鲁和帖尼在蒙古汗国中，实际上是除了大汗以外，最有权势和威望的人物。他们两位也都最坚决、最积极的支持窝阔台继承大汗汗位。[②] 在拖雷去世后，窝

① 土拉河、鄂嫩河与克鲁伦河上游广大地区。

② 对此学者们有不同意见。有人根据一些情况推论，拖雷是窝阔台继承汗位的反对者，并进一步推论窝阔台用毒药害死了拖雷。见元史研究会编、中华书局出版《元史论丛》第一辑载《从窝阔台到蒙哥的蒙古宫廷斗争》。此说虽有新意，但根据并不充分，主观分析成分太多。

阔台"实施任何政事时,不管是关系到帝国的前程还是关系到军队的布置,他(窝阔台——引者)总首先跟她(唆鲁和帖尼——引者)商讨,并且不允许改动她提出的一切建议"[①]。她在拖雷去世后,也全力维持窝阔台的地位。窝阔台曾将应属于拖雷系的两个千户拨给了自己的儿子阔端,引起拖雷系贵族不满,唆鲁和帖尼却心平气和劝大家冷静,服从大汗安排。[②] 她的这一作为,维护了大汗权威,博得了有实力的阔端王子的好感和感激,显示出她是一个心怀全局、目光远大、很有心计的妇女,也为她的儿子们处理复杂关系树立了良好的榜样。唆鲁和帖尼除了在处事为人方面对忽必烈有直接重大的影响以外,特别是在为把大汗地位从窝阔台系转入拖雷系的手中,立下了汗马功劳,为以后忽必烈继承汗位,奠定了基础。

唆鲁和帖尼及其诸子,虽然对窝阔台全力支持,但是对大汗的位置并非无觊觎之意。在窝阔台时期,唆鲁和帖尼就"获得了各方面的拥戴,因此使所有的人听从她的旨意"[③]。但是在窝阔台去世后,他的妻子脱列哥那哈敦却牢牢地掌握了大权。脱列哥那是蔑儿乞惕人,由于他是窝阔台五个最有权势的儿子[④] 的生母,又"生来好用权势"[⑤],而且她也许早已察觉到其他人对汗位的觊觎,所以利用各种方便条件和优势,牢牢

① 志费尼著、何高济注译:《世界征服者史》下册,内蒙古人民出版社 1980 年版,第 655—656 页。

② 参见《史集》第 2 卷,第 204—205 页。

③ 《世界征服者史》下册,第 657 页。

④ 贵由、阔端、阔出、哈剌察儿、合失。

⑤ 《史集》第 2 卷,第 7 页。

地把权力抓在自己手中，一方面以大汗皇后的身份，排斥异己，安置亲信；一方面向各路宗室亲王发出召开忽里勒台的通知，等待其长子贵由返回。显然是由于脱列哥那的有意安排，经过了近三年时间，贵由才由钦察草原回到和林，并于1246年秋正式召开了忽里勒台。参加这次忽里勒台的宗室亲王很多，但当时在西方势力最强大、地位最崇高的术赤的儿子拔都，却托故不参加会议。唆鲁和帖尼及其诸子，一方面都积极参加了忽里勒台，并支持和拥护贵由继承汗位；另一方面，唆鲁和帖尼却在观察动静，并未停止为其子争夺汗位的活动。她终于看到拔都与贵由之间的矛盾日益尖锐，已经到了可以利用的程度，而拔都则是她实现夺取汗权的依靠力量。终于机会来了。当1248年春，贵由汗由和林向西进发，准备回到他的斡耳朵叶密立养病时，唆鲁和帖尼暗中向拔都告密，说贵由汗率众西行，目的是要消灭拔都的势力。对此事的可信度至今应该说还是一个谜，① 但可以肯定的是，唆鲁和帖尼利用拔都对贵由继承汗位的不满，有意加剧或利用两者之间的矛盾，以从中取利。拔都这时也许是接到唆鲁和帖尼的消息，率军东迎。贵由行至中途病死，拔都行至阿剌豁马里② 听到此消息，遂于该地驻军。

拔都在贵由汗去世后，采取了一项非常措施，他以当时各宗王的长兄的身份，召集各宗王贵戚到他那里举行忽里勒

① 《史集》第2卷第205、221页有贵由西进的目的是消灭拔都之意，而《元史》及《世界征服者史》中却无此意。格鲁塞著、魏英邦译《草原帝国》认为当时拔都与贵由“都在准备斗争。贵由借口他的在额敏河流域的世袭领地受到威胁，从和林向西方进军。”青海人民出版社1996年版，第303页。

② 又作阿剌脱忽剌兀，在今伊塞克湖和伊犁河之间的阿拉套山中。

台，推举新的大汗。虽然此举受到察合台、窝阔台系的反对，但在唆鲁和帖尼及其诸子的支持下，拔都在自己的属地强行举行了忽里勒台，推举蒙哥为大汗。蒙古大汗位置由窝阔台系转入拖雷系这一重大事件，虽有许多条件促成，但唆鲁和帖尼的活动，确实起了重大作用，是她善于利用各宗室之间的矛盾，善于团结各方面的贵族，并善于观察形势，不失时机地促使自己的目的得以实现。当蒙哥汗继位的第二年(1252 年)唆鲁和帖尼安心地去世时，忽必烈已经是 37 岁的成年人了。

二、初治汉地

蒙哥在以拔都为代表的术赤王系和拖雷系诸王的支持下继承大汗后，反对他的力量还是很强大的。他一方面用各种办法镇压诸王的反对和阴谋，另一方面起用自己的兄弟及支持者，以巩固蒙古汗国的已有成果。1251 年，也即在正式推举蒙哥即汗位的忽里勒台上，“命皇弟忽必烈领治蒙古、汉地民户”①。这是史料中所记忽必烈在政治舞台上的第一次露面，而且一露面就成为“领治蒙古、汉地民户”的亲王。②

对这个任命，许多研究者只注意了他在“汉地”的权力，其

① 《元史》卷 3，《宪宗本纪》。

② 许多研究者在说到蒙哥继位后对忽必烈的任命时，用《元史》卷四“宪宗尽属以漠南汉地军国庶事”一说。似乎从一开始，忽必烈就掌握了汉地的全部军政大权。这一点，下面我们将会作进一步说明。这里所说“宪宗尽属以漠南汉地军国庶事”，是一个从时间上没有限制的概括性的词，究竟是指什么时间，这是需要进一步研究的。

实,汉地仅是这一任命的一部分地区,另一部分地区则在蒙古。也就是说,是任命忽必烈管理蒙古和汉地两处的民户。这里所说蒙古,实际上主要指以后的漠南蒙古。至于"民户"的含意,也有探讨的必要。"民户"在《元史》中是一个专用名词,是一种交纳赋税的计算单位,其始于耶律楚材建议窝阔台"河北汉民以户计","西域人以人计",而蒙古人并不在"民户"之内。所谓将"中原诸州民户分赐诸王"、禁"诸王不得擅招民户"、"籍汉地民户"等等,都是指中原汉族而言。蒙古人均属于一定的宗王,从无让别人管理一说。此外,"民户"是与"封户"相对而言的。"民户"主要是指经政府登记,由大汗直接控制其税役的居民。"封户"则是分给诸王的投下户。例如:"甲午年(1234年——引者)钦奉合罕皇帝圣旨:不认达达、回回、契丹、女真、汉儿人等,如是军前掳到人口,在家住坐做驱口(由贵族私人所有——引者);因而在外住坐,于随处附籍,便系是皇帝民户,应当随处差发,主人见更不得认识。"① 又如:"民户内续数出来底漏籍民户有呵,只教都属那见住州城田地里有者,有原招收来底人不须管领。"② 这里所说的"民户",主要是三种含义,一是指以农业为主的农耕住户,二是指非蒙古人以外的汉人、契丹人、女真人等,三是指由大汗直接控制的居民。当时蒙古南部,即今内蒙古不少地区,长期是辽、金统治地区,这里农业已有相当发展,而且有大量契丹、女真和汉人居住,这些人被称为民户,以与蒙古人相区别。所谓命忽必烈领治蒙古民户,就是指这部分地区的"民户"。命他设衙

---

① 《元典章》卷17,《户部》三"户口条画"。

② 《元典章》卷17,《户部》三"户口条画"。

帐的金莲川,[①] 地处漠南汉地与蒙古交接处,这里对他领治蒙古、汉地民户,无疑是最为合适的地区。

蒙哥为什么要让忽必烈管理蒙古、汉地民户?这表明了蒙哥对忽必烈的一种看法,应该说,蒙哥对忽必烈是很了解的。

忽必烈确实与他的其他兄弟们有所不同。在窝阔台刚去世时(1242年),忽必烈就召请在蒙古汗国有很大声誉和影响的山西和尚海云到他的驻地,向他请教和学习。[②] 忽必烈曾问海云:"佛法中有安天下之法否?"海云建议他"求天下大贤硕人,问以古今兴亡之事。"[③] 同时,海云又将同他一起到和林的刘秉忠,推荐给忽必烈做谋士。从这时开始,忽必烈不仅向汉族人士请教,学习"安天下之法",而且身边有了像刘秉忠这样的人才为他出谋划策,并开始大规模招览汉族有识之士。后来又有云中县(今山西大同)儒士赵璧应召成为忽必烈的幕僚,忽必烈对他很尊重,"呼秀才而不名",1244年命他到中原各地为忽必烈招聘"名士"。王鹗等一批"名士"应召前来,教蒙古子弟学汉文,或翻译儒家经典,在忽必烈住地,兴起了一股学习汉文化的小热潮。[④] 对这些情况,蒙哥当然是了解的。派一个对汉地和农业社会有一定了解和兴趣,有汉族人士帮

---

① 原金桓州地,西北路招讨司所在地西北,即以后的开平。

② 海云,今山西五寨北人,禅宗和尚,曾为成吉思汗召见,称为小长老,后在北方各地活动,深得木华黎赏识,在燕京庆寿寺掌书记。窝阔台七年即1235年,奉命主考僧官,主持庆寿寺。贵由汗时,至和林,居太平兴国禅寺,蒙哥时奉旨领天下佛教事。

③ 《佛祖历代通载》卷21。

④ 《元史》卷160王鹗传、卷159赵璧传。

助的亲王来管理"蒙古、汉地民户",这当然非忽必烈莫属。此外,当时蒙古统治下的北方,有史天倪、严实、张柔以及汉化很深的汪世显等一批手握重兵、统治一方的汉族世侯,这些人大多都养有一批金朝汉族"名士"为其幕僚,控制和驾御这样一批有"名士"辅佐的军阀,也必须要有懂得他们,受他们欢迎的人。这些因素就促使蒙哥任命忽必烈担当了领治汉地的重任。应该说,这一举措是十分正确和英明的,也是具有历史意义的。

忽必烈被任命领治蒙古、汉地民户后，更感到有必要大量招募流落于中原各地的有识之士，他或派人四处招幕，或亲自指名召请，公开打出"延藩府旧臣及四方文学之士"的旗号。

在忽必烈初登蒙古汗国政治舞台最初的三年中,做了两方面的大事,而且都做得十分完满,影响巨大。第一方面就是他在治理汉地民事方面的成就,第二是他率军征服大理的军事方面的成就。

从窝阔台时期起,蒙古统治者就逐渐在其所占领的中原农业地区,开展清查和登记户口,按户制定了税制。对封给各亲王贵族的地区和农户,一改过去由亲王贵族直接派人管理和收取贡赋,变成由政府按统一标准收取,再交给受封亲王和贵族的办法,使老百姓统一由地方政府管理,受封亲王和贵族不能直接管理自己封地上的百姓。这项措施无疑是一大进步。忽必烈受命领治汉地民户,其管理的范围当然就十分广大,也包括对这部分人户和地方的"领治"。忽必烈领治汉地民户后做的第一件事,是对邢州(今河北邢台)地区的整顿。邢州在窝阔台七年(1235 年)曾封给亲王孛鲁带,蒙哥即位时,由两位答剌罕(有贡勋者的封号)掌管。[①] 受封时邢州有民一万余户,由于管理不善,至蒙哥即位时,只剩几百户。这两位答剌罕要求忽必烈对邢州的吏治加以整顿,“选良吏抚循之”[②]。谋士张文谦、刘秉忠也向忽必烈建议,认为“今民生困弊,莫邢为甚。盍择人往治之,责其成效,使四方取法,则天下均受赐矣”[③]。忽必烈遂任命脱兀脱[④]、张耕为邢州安抚使,刘肃为商榷使[⑤],赵良弼为幕长,共同治邢。刘肃在金朝曾当过县令、尚书省令史等官,颇有政声,后为严实所用,忽必烈于蒙哥二年调刘肃治邢州。赵良弼为女真人,汉化很深,窝阔台九年曾“试诸路儒士”,从中擢选官员,[⑥] 赵良弼身列其中。他们到邢州后,依靠忽必烈的支持,整饬吏治,清除聚敛,“兴铁冶,以足公用;造楮币,以通民货;车编甲乙,受顾而传;马给圉户,

---

① 《元史》卷2《太宗本纪》。《元朝史》(韩儒林主编)认为邢州是忽必烈的封地(该书上册第257页),似乎有些不妥。关于此事,《元史》有三处记载:一处即本书所依据的记载;二是《世祖本纪》一:“邢州有两答剌罕言于帝曰:‘邢吾分地也,……’”;三是《张文谦传》(157卷):“世祖居潜邸,受邢州分地”。但蒙哥时期,忽必烈只被授予京兆为封地。在此以前,其父拖雷曾受真定府(治所在今正定)为封地(《史集》第二卷第198页),在拖雷死后,由唆鲁和帖尼掌管(《史集》第2卷第235页)。因此,把邢州列入忽必烈的封地是不准确的。惟一明确指出忽必烈在潜邸“受刑州分地”的是《元史·张文谦传》,然而,张文谦《神道碑》却又说:“邢初分隶勋臣二千户为食邑,岁遣人更迭监收……”(《元朝名臣事略》卷7)。可见,说邢州是忽必烈的封地,证据似嫌不足。忽必烈治邢,实际是他受命“领治蒙古、汉地民户”的一项治理活动。

② 《元史》卷4《世祖本纪》一。

③ 《元史》卷157《张文谦传》。

④ 《元史》卷159《赵良弼传》。脱兀脱原以断事官镇邢,此人可能是留任官员,因其阻挠政事,后为忽必烈罢黜。

⑤ 《元史》卷160《刘肃传》以刘肃为安抚使。

⑥ 《元史》卷2《太宗本纪》。

恒奉而驲;官舍既修,宾馆得所;川梁仓庾,簿书期会"[1],使邢州在两三年之内,情况大有好转。

在治邢的同时,他又抓了保证军用粮秣供给的事。

窝阔台时,为了能从中原地区获取更多粮秣以保证军需,在新卫(疑即卫县,今河南汲县)设军储所,征收山东河北的粮秣。到蒙哥时,此项制度逐渐改变成由纳粮各地人户,按粮价折款,向军储所交银帛。这不仅影响军需的供应,而且也为管理此事的官员贪赃枉法提供了方便条件。忽必烈对此进行整顿,在黄河沿岸漕运方便之处,构筑五处粮仓,收购各地粮食。此举不仅满足了军需,博得蒙哥的欢心,而且整顿了吏治,方便了百姓。

在这段时期,忽必烈还整顿了河南地区。灭金后,蒙古在原金都汴京(今河南开封)设河南道总管府,以监河桥万户刘福为河南道总管,此人控制河南20余年,专横拔扈,贪鄙残酷,使河南地区民不聊生。忽必烈遂以"领治蒙古、汉地民户"的身份,在汴梁设立河南经略司,以忙哥、史天泽、杨惟中、赵璧为使,又令陈纪、杨果为参议,并在唐(治所在今河南唐河县)、邓(今河南邓州市)开设屯田,官给牛种,在邓州设屯田万户。南宋北犯,就守边御敌,平时屯种牧养,既解决了流民问题,又增添了守边的兵丁,同时亦可提供一定数量的粮秣,一举三得。而这一举措最重要的意义则在于,在中原要地安置了自己的亲信,使忽必烈的势力立足于中原,形成不败之势。任河南经略司使中的赵璧,是忽必烈未执政时"闻其名召见"的儒士,曾受到"呼秀才而不名"的待遇,长期追随忽必烈,是其得力助手。杨惟中等人,也都是颇有政绩的几代老臣。忽

① 《元朝名臣事略》卷10《尚书刘文献公·墓碑》。

必烈任命这些人来为他经营中原,是十分英明之举。

蒙哥三年(1253年),即忽必烈领命出征大理之前,蒙哥按旧制给宗室亲王人等分封土地人民,曾以南京[1]和关中两地区命忽必烈任择一处,作为他的封地,忽必烈最后选择关中为自己的封地。此决策出之汉族谋士王府尚书姚枢,他认为:"南京河徙无常,土薄水浅,舄卤生之,不若关中厥田上上,古名天府陆海"[2]。关中地区,向来是历史上王霸必争之地,是创业的战略要地,忽必烈选择此地为自己的封地,实际上正暗含了他远大的抱负。领关中后,他立即将自己的亲兵众将,分别屯戍于兴元(今陕西汉中一带)一线,以防止南宋兵力北上。相继任命孛兰、杨惟中、廉希宪为京兆(关西道)宣抚司使,以姚枢为劝农使,以许衡为京兆提学使[3],屯田于凤翔,"募民受盐入粟,转漕嘉陵","又立交钞提举司,印钞以佐经用,""关陇大治。"[4]关中地区的治理,给忽必烈提供了极其宝贵的经验,使他进一步认识到收揽汉族人才的重要。

三、征伐大理

忽必烈在蒙哥汗在位前三年中所做的第二方面的大事,就是征伐大理。这方面的成就,同样显示了他的雄才大略,同时在军事方面培植了自己的势力,为他以后的发展提供了坚

① 此处指以原金都汴梁为中心的中原地区。
② 《元史》卷158《姚枢传》
③ 《元史》卷158《许衡传》。
④ 《元史》卷4《世祖本纪》。

实的基础。

蒙哥二年(1252 年)秋,蒙哥汗任命旭烈兀“征西域素丹诸国”,同时命忽必烈“征大理”①。

征大理,在当时对蒙古灭宋,有重大的战略意义。

大理是当时以云南大理为中心建立的以白族为主的地方民族政权。在这个政权之前,这里曾以乌蛮为主建立的南昭政权,几乎与唐朝相始终。到五代初,由白族人段思平建立了大理政权。这两个政权,名义上虽然都曾经是唐、宋各中央王朝的臣属,但实际上对中央王朝叛服无常,中央王朝对其也只是羁縻而已。因此,自南昭以来,云南大部分地区,实际摆脱了中原王朝的控制达五百多年之久。忽必烈征大理之前,统治大理的是白族首领段兴智,其所控制的地区以今云南为主,其势力曾达到今贵州、广西西部,四川南部,以及缅甸、泰国、老挝的一些地区。蒙哥命令忽必烈进兵大理,其主要目的仍然在于灭宋。因为当时宋朝政府退据江南,在东部沿江(中下游)一带,有重兵把守,防御力量较强,而且沿江汉族老百姓,对蒙古大军自然产生一种对抗情绪,使蒙古军向南宋的进攻,多次失利。而蒙古军当时早已控制中国西北广大地区,兵力达到金朝临洮路、凤翔路(今甘肃东南),接近今川北,再加上当时蒙古已基本控制吐蕃,川西一带藏族也早与蒙古有密切联系,而川滇一带民族众多,大理段氏政权十分虚弱,蒙古进军川滇,除地形险要复杂难于行走外,不会遇到十分强大的抵抗。大理政权以东即为南宋疆域,而南宋西部民族众多,蒙古

① 《元史》卷 3《宪宗本纪》。按《史集》所载,征大理是忽必烈自己的要求。见该书下册第 265、289 页。

正可利用他们使南宋腹背受敌。利用西南少数民族的力量，攻取中原汉地，是当时蒙古上层的一种共识，也是进攻南宋的最佳选择。早在成吉思汗攻取金朝时，郭宝玉就曾献计说："中原势力，不可忽也。西南诸蕃，勇悍可用，宜先取之，藉以图金，必得志焉。"①蒙哥攻取大理，正是这个意图。此外南宋为了对付蒙古骑兵，也须有精良的骑兵，马匹就成为其重要的战略资源。南宋战马长期依赖于西南少数民族供应，大理是供应南宋战马的主要地区。南宋在西边黎州（今四川汉原），南边邕州（今广西南宁市南郁江南岸）设市，置"买马司"，招徕大理等地少数民族市马，每年可收购战马万匹以上。同时南宋与大理和西南少数民族的贸易联系，已成为南宋对外经贸活动的一条重要通道。由此可知，蒙古军攻取大理，不仅是一条进攻南宋时可能遇到抵抗最小的路线，而且可以切断南宋战马的来源，切断南宋战略资源的供应，打击南宋经济。因此，蒙哥一上台，立即命忽必烈率军进攻大理，以便从侧腹部进攻南宋。

1252 年，忽必烈受命征讨大理。此次出征所统军队数量，史无记载，但其规模十分巨大。佐忽必烈领兵的是著名将领速不台之子兀良哈台，他长期随从拔都在西方征战，屡建战功，蒙哥挑选他佐助忽必烈，可见蒙哥对此役之重视。随从忽必烈出征的，还有许多为忽必烈重用的汉族知识分子，如窦默、姚枢、刘秉忠、张文谦、董文用、董文忠等人。此外还有许多色目人，如维吾尔人叶仙鼐、阿速人月鲁达某等。

出征大理，这是史书中第一次出现的有关忽必烈攻城掠

---

① 《元史》卷 149《郭宝玉传》。

地的记载,很可能也就是他第一次独立指挥的大规模军事行动,因此,他对这项使命十分重视。

这次出征大理的军事路线,主要是以今甘宁地区为基地,南下四川和吐蕃交界地区,进入大理。

以今甘肃(包括宁夏)作为这次军事行动的基地,是当时的最好选择。从13世纪初,成吉思汗第一次征西夏(1205年),蒙古军队就曾进入今甘肃山丹县以北龙首山一带,驻军半年有余。此后,蒙古军队又曾两次伐夏。1226年,成吉思汗趁攻灭西辽和花剌子模的余威,回军途中南下侵入西夏,攻取西夏所属河西诸城,并进入今青海、临洮、临夏、静宁等地,1227年,西夏终于为成吉思汗所灭,今甘肃中西部,包括今宁夏,完全落入蒙古人之手。窝阔台时,将原西夏(即唐兀之地)等地分给阔端为封地。

1234年金亡,但金镇远军节度使、巩昌便宜总帅汪世显,仍固守甘肃东部。汪世显本是汪古部人,金时,其部人多被派至甘肃陇西一带驻守,汪世显屡建战功,被委任为一方主帅。1235年窝阔台命阔端、穆直等进攻秦(治所在今甘肃天水)、巩(治所在今甘肃陇西县)诸地,阔端兵至巩昌城下,汪世显率众出降,秦、巩等地皆归降蒙古。穆直率蒙古军继续南下,攻取了阶(今甘肃武都县东南)、岷(今甘肃岷县)、叠(今甘肃迭部县)、宕(今甘肃宕昌县)诸地,当地吐蕃十八族归降。蒙古军还进入龙州(今四川平武县)。至此,整个甘肃均为蒙古所统治,阔端承制授汪世显为便宜总帅,秦、巩二十余州事,“皆听裁决”①。汪家军多次奉命出征,战功卓著,成为蒙古汗国

---

① 《元史》卷155《汪世显传》。

在甘肃地区的重要支柱。忽必烈征大理时,汪世显已去世,其子汪田哥(又称汪德臣)继为巩昌二十四路便宜都总帅,这里地广兵强,是蒙古军南下征大理最好的军事基地。

至于进军大理必经之四川,情况虽然比较复杂,但总的情况,也有利于进军大理。

四川由于其独特的地理位置,在金朝灭亡之前,一直在南宋的统治之下,北部有所谓三关五州的阻挡。三关即兴元府(今陕西汉中)所管的武林关(今留坝南)、沔州(今略阳)所管的仙人关(今甘肃徽县东南)和七方关(今康县东北)。五州是阶州(今武都)、成州(今成县)、西和州(今西和)、凤州(今陕西凤县东)和天水军(今甘肃天水西南)。[①] 但自1234年金朝灭亡,汪世显以秦、巩20余州归降阔端后,四川盆地北部屏障尽失,完全显露在蒙古强大兵力下。1236年,阔端与按竺迩相会于龙州,合兵南下,曾进入成都。不久,蒙古军主动北撤。1238年、1241年蒙古军都曾深入四川,汉州(今四川广汉)、遂宁(今四川遂宁县)、叙州(今宜宾市)、泸州(今泸州市)、资州(今资阳县)等城均曾落入蒙古军之手。在余玠等人极力抵抗下,收回一部分地区,但川西、川北许多地区,实际上处于蒙、宋势力拉锯的状况。而且由于这里与吐蕃地区相接,对南宋来说,又是边远之地,为了减少与吐蕃之间的冲突与矛盾,南宋也把川西、川北许多地方看作是"瓯脱"之地,兵力很弱。所有这些,为蒙古军经四川进入大理,提供了方便,若大理平定了,四川也就实际上成为蒙古控制的地区。

至于吐蕃地区,由于早在窝阔台时期,经营甘川一带的阔

① 参见陈世松《蒙古入蜀初探》,载《元史论丛》第二辑。

端就曾于1239年派兵入藏，又于1244年召请萨迦班智达贡噶坚赞来到凉州，他代表西藏各地方、各教派，正式归服于蒙古政权，从此，吐蕃各地多臣属于蒙古。蒙哥即位之初，即“以和里解统土蕃等处蒙古、汉军，皆仍前征进”[①]。这些情况也都表明，蒙古在吐蕃许多地方，都有较大影响，与之有较密切的关系。

此外，当时吐蕃地区，特别是今四川阿坝、甘孜一带，地方势力、宗教集团各自为政，相互之间矛盾尖锐，无力量、也不可能联合起来抗拒蒙古大军。因此，四川西部从各方面来说，都是蒙古进军大理最理想、阻力最小的一条进军路线。

忽必烈对出征大理，十分重视。他于七月受命出征[②]，立即率部行动，于八月即抵达临洮（今甘肃临洮）筹备和布置南征诸事。他首先命巩昌等二十四路便宜都总帅汪田哥，率部进入利州（今四川广元县），修缮城池，屯兵兴农，作为重要的兵站。又由汪田哥之兄汪忠臣筹措粮饷，督管嘉陵漕运，“忠臣造舟为梁，修栈道，水陆兼行，馈运不绝”[③]。

忽必烈对大理的出兵，经过了近一年的准备始得成行，这一方面说明此事较难，因为蒙古此时尚未完全控制四川，所以需要充分的准备。此外，蒙哥1252年冬狩猎时堕马受伤，不能视朝，需要留忽必烈于和林附近，以防不测，所以推迟了征大理的时间。

1253年秋，蒙哥身体康复后，忽必烈经过充分准备，即出

① 《元史》卷3《宪宗本纪》。
② 《元史》卷3《宪宗本纪》为七月，《世祖本纪》为六月。
③ 《蒙兀儿史记》，第456页，中国书店1984年版。

兵进攻大理。

云南地区自后晋天福二年(937 年)段思平击灭杨氏的"大义宁"政权,建立大理政权后,历经三百年,到忽必烈进军之前,已有几代大理国王位形同虚设,权臣"高氏世为相国执政,赏罚、政令皆出其门,国人称为高国主"[①]。在这种情况下,大理国统治阶级之间,矛盾重重,国力受到很大削弱,忽必烈在这时期出兵大理,应该说是正逢其时。

1253 年 7 月,忽必烈首先在六盘山区聚集兵马,[②] 然后西南下至临洮府,大军于九月进至甘川交界的忒剌[③],在这里调整兵力,分兵三路南下。忽必烈命大将兀良哈台率右手军,由西道进军;抄合、也只里率左手军,由东道进军;忽必烈亲率中军由中道,三路大军并进。

忽必烈所统中路军,进军神速,十月越过大渡河,又在山地行军二千余里,抵金沙江。这一带的摩些蛮(今纳西族先民)、白蛮(今白族先民之一)等相继归降,十二月进抵大理国都太和城下(今大理南大和村),用时仅三个多月。忽必烈派

① 杨慎撰:《南诏野史·段宝传》。

② 六盘山一带,曾是蒙古进入西北地区的重要据点,成吉思汗时,曾为其避暑之地,也是征西夏、进兵甘青的重要军事据点。贵由汗时,蒙哥曾以此地作为进攻四川的军事据点。

③ 《元朝史》上册(第 184 页)认为在今四川松潘;《蒙兀儿史记》认为:"疑即秃剌蛮之地,在叙州西。"(见该书第 6 卷)叙州治所在今四川宜宾,其西即四川甘孜与凉山之间,似太靠南。忒剌为蒙古军由甘肃进入四川之交通要地,当在甘川之间,以松潘为忒剌,就地理位置来说,虽相差不远,但此推测缺乏根据。今甘肃迭部白龙江支流有达拉沟水,南入四川若尔盖,达拉沟水西有打拉地区,若尔盖有达札寺。打拉、打扎与忒剌音极相近,疑达拉沟至若尔盖即为忒剌地区,忽必烈驻军之忒剌,即今之若尔盖。

玉律术、玉君侯、王铿等入城劝降，为大理王所杀。此时兀良哈台所率右手军（左路）亦经激战，越金沙江，与忽必烈大军会于太和城下。两军会合，攻陷太和城，大理国王段兴智与权臣高祥、高和等弃城逃遁。因大理杀玉律术等蒙古使人，诸将多要求屠大理城内百姓，为蒙古使人报仇。张文谦力呈屠城之非，为忽必烈所接受，大理城遂免遭屠戮之灾。忽必烈命大将也古拔都儿率兵，穷追大理国王等人，在姚府①擒获高祥，其国王段兴智继续逃逸。忽必烈遂命兀良哈台总督军事，继续征讨云南其它各地，他自己由龙尾关②班师回朝。兀良哈台率军直赴大理别都善阐府（今云南昆明），攻克乌蛮重镇押赤城③，在昆泽（今云南宜良）擒获大理国王段兴智，至乾德哥城（今云南澄江），兀良哈台病，委军事于其子阿术。在阿术率领下，蒙古军相继攻下乾德哥城，"凡二年（1253 年 8 月—1254 年秋），平大理五城八府四郡，洎乌、白等蛮三十七部，兵威所加，无不款附"④。忽必烈受命征大理之役，胜利完成。忽必烈虽早于 1254 年春班师，但其部下效命疆场，完成统一云南大业，也与他能放手使用部下，调度有方分不开。

这次征大理之役，由于四川、云南地形险恶，交通不便，且

---

① 《元史》等均作姚州。按，姚州为唐所置，至大理段氏，立为统矢府，又称姚府，为大理国八大府之一。元初设统矢千户，后罢统矢，设姚州。此时应作姚府，在今云南姚安县境。

② "郭松年《大理行记》曰：'龙尾关，即蒙氏所筑。西扼苍山，东属洱水，其高壁危构，巍然犹存。'今下关城垣临洱海，依天然形势，即阁罗凤筑城故址也。南诏以来，龙尾城为大理重地"（见方国瑜著《中国西南历史地理考释》上册，中华书局 1987 年版，第 440 页）。

③ 押赤城即善阐府，善阐蒙古语音即押赤，在滇池旁。

④ 《元史》卷 121《速不台传》。

民族众多,部落繁杂,所以行军打仗十分艰苦。姚燧概括这次行军说:蒙古大军“经吐蕃、曼陀,涉大泸水(怒江和澜沧江),入不毛瘴喘沮泽之乡,深林盲壑,绝崖狭蹊,马相縻以颠死,万里而至大理。归由来涂,前行者雪深三尺,后至及丈,峻阪踏木为梯,卫士多徒行,有远逾千里者,比饮至略畔,最诸军失马几四十万匹。”① 这次战争不仅结束了云南地区五百余年与中央王朝若即若离的半独立状态,恢复了中央王朝的管辖,而且锻炼和提高了忽必烈的军事指挥能力,为他培植了一批军政骨干,提高了他在蒙古军中的威望。

四、配合蒙哥征宋

从大理回师后,根据蒙哥汗的指令,忽必烈仍然驻守于金莲川。但这时他的地位又有了很大的变化,一方面他继续得到蒙哥的重视和支持,另一方面,征伐大理的成功,使他的政治声望进一步提高,实际力量也有了很大的充实。他开始埋头于积蓄自己的势力,以利将来的发展。

他的驻地金莲川,地扼蒙古进入中原的要道,是蒙哥中央政府与中原地区的联结点,占有十分重要的战略地位。1256年初,他又在桓州(今内蒙古正兰旗西北)东,滦水北岸的龙岗,兴建城池,屯驻兵民,修成后命名开平,这一举措实际上是忽必烈巩固自己的根据地,扩大势力的重大步骤。

忽必烈在蒙哥即位后短短的六年中,经过讨平大理,在军

① 姚燧:《牧庵集》卷17《光禄大夫平章政事商议陕西等处行中书省事赠恭勤竭力功臣仪同三司太保封雍国公谥忠贞贺公神道碑》。

事上拥有了重兵,掌握了部分军事大权;在管理中原民事,特别是在管理和经营自己的关中封地中,取得了明显的成绩;笼络了一批汉族知识分子,获得了很高的威望,拥有了雄厚、广大的势力范围。这一方面为忽必烈今后的发展,创造了条件,同时也招来了统治阶层内其他集团的嫉恨。一些亲贵传言忽必烈"深得汉土人心,财赋尽入王府,恐支大于本,不利朝廷"①。蒙哥听信谗言,竟于1257年派阿兰答儿及刘太平,在长安设钩考局,审查忽必烈封地关中,以及由史天泽为经略使的河南地区的财赋,"大开告讦,志倾藩邸"②。忽必烈对此十分恼怒,但最终仍听从姚枢之策,将妻儿老小尽数送往和林居住,并亲自朝见蒙哥,表明自己的清白和无辜。忽必烈此举,得到蒙哥的谅解,遂解散钩考局,而忽必烈也从中吸取了教训,将自己在河南和关中所立各种官府大量缩减,以释蒙哥的疑心。一场统治集团内部的矛盾,显然得以缓解和消除。但忽必烈与其它觊觎皇位的诸王贵族之间的明争暗斗,仍在或明或暗地继续进行。

自蒙哥继承大汗后,右手诸王中,除拔都之外,察合台系、窝阔台系诸王对他继承汗位虽仍是愤愤不平,但矛盾并未激化,只是对他敬而远之,从总体上还能保持平稳;蒙哥的弟弟旭烈兀根据他的命令,对西亚的征伐,一路顺风,不断取得胜利;1254年忽必烈伐大理也取得决定性胜利。在这个形势下,实际上为蒙古汗国统治者最不能安心,感到威胁最大的,还是当时中国南方,也即南宋政权的存在和反抗。所以从

① 《蒙兀儿史记》卷6,第62页。
② 《蒙兀儿史记》卷6,第62页。

1254年(蒙哥四年)开始,有迹象表明,蒙哥逐渐将其注意的重点转向了对南宋的战争。

1254年底,他将一批“可以慎固封守,闲(娴)于将略”的汉族将领的防务,进行了调整,进一步加强了中原地区与南宋接界地区的防务,其中如“擢史枢征行万户,配以真定(今河北正定县)、相(今河南安阳市南)、卫(今河南汲县)、怀(今河南沁阳县)、孟(今河南孟县)诸军,驻唐(今河南唐河县)、邓(今河南邓县);张柔移镇亳州(今安徽亳县);权万户史权屯邓州;张柔遣张信将八汉军戍颍州(今安徽阜阳)”等,已经为向南宋发起进攻,作了军事上的布置。

1256年(蒙哥六年)诸王亦孙哥(拙赤合撒儿之子)、驸马也速儿等建议伐南宋,蒙哥遂决定大规模伐宋。1257年,蒙哥命两路大军伐宋,一路由宗王塔察儿统帅,由河南南下攻打樊城,当时正值霖雨连月,难于作战,无功而返。另一路由元帅卜邻吉解统帅,自邓州南下,攻过汉江,但遭遇宋军顽强抵抗,攻势受阻。

1258年(蒙哥八年),蒙哥的弟弟旭烈兀攻入八格达,消灭阿拔斯王朝哈里发攻权,“禽其王,遣使来献”。西方战事的顺利进展,鼓舞了蒙哥的雄心,遂决定亲征南宋,并决定由他自己率大军入西川向东进击,由忽必烈率张柔等军由河南攻鄂,由塔察儿率军一支攻荆山。这年夏四月,蒙哥汗离开和林南下,由东胜(今内蒙古托克托,古云中)过黄河,驻跸于六盘山,集中兵力后,分三道入蜀。到年底,西蜀战事虽有进展,但塔察儿一军却未能过江。于是蒙哥命忽必烈“统诸路蒙古、汉军伐宋”①,把伐宋的东路各路大军,都交由

① 以上均见《元史》卷3《宪宗本纪》。

忽必烈统帅。

蒙哥的这一举措，对忽必烈以后的发展，关系十分重大。因为自蒙哥继汗位后，虽令忽必烈“领治蒙古、汉地民户”，并未让他管军。征大理时，忽必烈虽曾一度掌握有一定数量的军队，但大理平定后，这部分军队的指挥权，也是很有限的。这一次，拥有了伐南宋东路诸军的总指挥权，这给以后忽必烈与阿里不哥争夺汗位，打下了坚实的基础。同时也表明，蒙哥对忽必烈是信任的，而且寄以很大希望。

这里有必要对自忽必烈征大理获胜之后，到蒙哥去世这一段时间内，忽必烈与蒙哥之间的关系，进行一些探讨。在研究者中有一种比较普遍的看法，认为在这一段时期中，忽必烈与蒙哥之间，存在着尖锐的矛盾和斗争。这种矛盾是“蒙哥与忽必烈争夺汉地的矛盾”，特别表现在蒙哥命阿兰答儿在陕西、河南等地“钩考”钱谷和不让忽必烈参加伐南宋之役这两件事上。①

对这两件事，我们在前面已做了叙述，并分别表达了看法，由于问题涉及面广，仍有必要再进一步综合起来加以探讨。

我认为，“钩考”一事，反映了蒙古贵族中一部分守旧派，对忽必烈重视和依重汉族儒生官员的不满，甚至可以将其看作是“反映了蒙古统治者在如何统治中原汉地问题上的两种

---

① 陈得芝、王颋：《忽必烈与蒙哥的一场斗争》，载《元史论丛》第一辑，中华书局1982年版。《元朝史》亦持此说（见该书上册第180页）。周良霄著《忽必烈》（吉林教育出版社1986年版）、周良霄、顾菊英著《元代史》（上海人民出版社1993年版）均认为不仅有矛盾，而且忽必烈“被褫夺了军权”。

态度。”但将其夸大为“蒙哥与忽必烈争夺汉地的矛盾”的大暴露，根据并不充分。而对所谓蒙哥伐南宋之役不让忽必烈参加一事是否确实，首先需要搞清楚。至于将此事引申成蒙哥“解除忽必烈兵权”，是“夺回中原军政权力的努力的一个重要步骤”[①]之说，我认为也有过分之处。

1.《史集》曾有一段记载，认为蒙哥亲征南宋时，起初并未用忽必烈统兵，后来塔察儿战败，始任命忽必烈领军。[②]《元朝史》亦采用此说。[③] 但是《史集》此说太笼统，不甚确切。按《元史》所记，蒙哥六年（1256年）决定大规模伐宋，次年蒙哥并未亲征，只是派出塔察儿等两支部队攻宋。虽战而无功，却无以忽必烈代塔察儿之事，而且无任何理由非要忽必烈率军出征才算合理。1258年蒙哥亲征，同时命忽必烈和塔察儿各率军从东路攻宋，不存在蒙哥亲征时不让忽必烈率军之事。此次亲征中，塔察儿无功，始命忽必烈指挥东路各军。这个记载时间具体，层次分明，较之《史集》，其可信程度更大。而且《史集》只是说，在决定南征的忽里勒台上，别勒古台那颜建议，由于忽必烈已经出征过一次，“如今他正患脚疾，若蒙降旨，他就可以回家去了”[④]，仅此而已，并无任何夺他兵权之意。

《元史·不忽木传》记载：“世祖威名日盛，宪宗将伐宋，命以居守。燕真（不忽木之子——引者）曰：‘主上素有疑志，今

① 《忽必烈与蒙哥的一场斗争》，载《元史论丛》第一辑。
② 参见《史集》下册，第269页。
③ 参见《元朝史》上册，第180页。
④ 《史集》第2卷，第268页。

乘舆远涉危难之地,殿下以皇弟独处安全,可乎?'世祖然之,因请从南征。宪宗喜,即分兵命趋鄂州。"① 这一段记载,虽提到蒙哥曾有让忽必烈"居守"之意,但未曾实现,对《史集》之说是一个否定。这段记载还说,当忽必烈要求随大汗南征后,蒙哥汗"喜",其中并未暗含蒙哥不许他参加南征是因为不让他掌握兵权,或有"解除忽必烈兵权"之意。

2. 有人认为忽必烈征大理后,被蒙哥解除了兵权。此说也不全面。从蒙哥方面来看,蒙哥汗对忽必烈是信任的。在他即位的第一年即任命忽必烈"领治蒙古、汉地民户"②,这个权力虽带有一定的封爵的意味,但这毕竟是蒙哥汗相信忽必烈适合于管理汉地民户的一个重大举措,反映了对忽必烈的信任。次年又命忽必烈征大理,并调拔以大量军队,从此忽必烈即在中原地区掌握了一定兵权。平定大理后,根据惯例,蒙古军各回所部,不存在追回忽必烈兵权的问题。而且,一般情况下蒙古亲王在当时均有属于自己的一定部曲,实际就是自己的军事力量,不存在忽必烈在征大理后被解除了兵权的问题。

此外,蒙哥与以前各蒙古汗一样,都以和林作为自己的都城,而且都以大蒙古国的可汗自居,汉地在他们看来,仅是其统治下的一部分。蒙哥与窝阔台有点相似,都很重视对汉地的管理,这也主要是把汉地做为其重要财源。忽必烈虽被任命"领治蒙古、汉地民户",其权力却不比拔都等西部诸王。西部诸王既管军,也管民,而忽必烈在汉地则只管民,军事的直

① 《元史》卷130《不忽木传》。
② 《元史》卷3《宪宗本纪》。

接指挥权,仍然在大汗即蒙哥汗手中。[①] 燕京等处行尚书省事的官员,均为蒙哥直接任命;军事指挥权也在他手中。例如他直接任命"茶寒、叶了干统两淮等处蒙古、汉军,以带答儿统四川等处蒙古、汉军,以和里斛统土蕃等处蒙古、汉军"。这些都与忽必烈同时任命,而且管军与管民,职责十分清楚。就是在忽必烈征讨大理时,也并未将整个汉地的兵权及行政权交给忽必烈,忽必烈这时的身份,仍是在汉地有直接封地并对中原汉地民户有一定管理责任的一位亲王。再如前面曾提到过的,1254 年蒙哥直接"擢史枢征行万户,配以真定、相、卫、怀、孟诸军,驻唐、邓。张柔移镇亳州。权万户史权屯邓州"等。这些针对南宋的军事调遣和行动,均由蒙哥亲自掌握。这也说明,当时的忽必烈并未掌握汉地的蒙古军队。即使存在蒙哥汗最初未让忽必烈参予南征之事,那也是完全正常的一种安排,说不上是蒙哥"夺回中原军政权力"的"重要步骤"。

根据以上分析,我认为不存在忽必烈掌管"蒙古汉军镇中原"或蒙哥把"漠南军事经营完全交由忽必烈"的史实,因而也就不存在蒙哥要与忽必烈"争汉地"的问题。

3. 至于对忽必烈封地陕西行省财务钱粮的理算,不无蒙古贵族们忌恨和诬陷的因素。但是第一,对地方钱粮的理算,是蒙哥上台后的一项重要措施。从记载看,蒙哥此人较之其他蒙古可汗比较注重俭朴廉洁,《元史》说他"不乐燕饮,不好

---

① 《元朝史》将蒙哥"命皇弟忽必烈领治蒙古,汉地民户"一事,直接说成是"命忽必烈统蒙古、汉军镇中原",见该书上册第 179 页。也有说"蒙哥把漠南的军事经营完全交由忽必烈",见《元史论丛》第一辑,第 55 页。这些说法是不确切的,两者差别是很大的。

侈靡,虽后妃不许之过制"。他的主要支持者拔都向他要银万锭购置珠宝,他只给了千锭,并将此千锭充年终的岁赐。蒙哥六年,他所亲信的诸王塔察儿、附马帖里垓"率军过东平诸处,掠民羊豕。帝闻,遣使问罪"。蒙哥八年"皇子阿速带因猎独骑伤民稼,帝见让之,遂挞近侍数人"①。《史集》也记载蒙哥命令地方"收税人和文牍吏,不得徇私徧袒,不得收受贿赂"②。可见他的俭朴是真的,他对贵族官员的要求是严格的、一贯的,并不是专对忽必烈及其手下。早在蒙哥四年,他就开始对一些部门和地方进行"理算"。七月曾"诏官吏之赴朝理算钱粮者,许自首不公,仍禁以后浮费"③。至蒙哥七年,有官员检举忽必烈封地财务钱粮有问题,蒙哥遂派阿兰答儿等到京兆、河南理算钱谷。这次理算钱谷应该说是几年来蒙哥进行的范围极广的理算活动的一次正常运作。何况这次钩考范围,既有忽必烈的封地京兆,还有不是忽必烈封地的河南,而清查的对象,主要是忽必烈所重用的汉族大臣们,即所谓"入谗者言,谓王府诸臣多擅权为奸利事"④,并非把矛头对准忽必烈。当然按照打狗看主人的观点来审视这件事,似也有对准忽必烈之意。但是,根据当时忽必烈的地位来看,即使理出了很大问题,按蒙古贵族当时的行事准则,对忽必烈本人的政治地位,也不会有任何影响。但由于阿兰答儿等对汉族官员们的偏见和忌恨,他们对京兆、河南官员大加钩考,涉及和打击面过宽,

---

① 以上均见《元史》卷3《宪宗本纪》。
② 《史集》第2卷,第260页。
③ 《元史》卷3《宪宗本纪》。
④ 《元朝名臣事略》卷7《平章廉文正王》。

而挨整的京兆、河南等地的官员，都是以后忽必烈的重臣，对此他们当然耿耿于怀，将其严重性大加渲染。所以我认为，所谓“蒙哥与忽必烈争汉地”之说，显然是忽必烈左右的汉族知识分子夸大自己的作用和功劳的不实之词。

总之，蒙哥即位后，对忽必烈是信任的、重用的，所谓解除忽必烈的兵权一事，并不存在；所谓阿兰答儿理算京兆、河南钱粮一事，最多只是在蒙古统治集团内，一部分贵族反对忽必烈的斗争，或者是反映了蒙古贵族与汉族官吏、儒士之间的矛盾和斗争，算不上是蒙古统治集团内最高统治者之间的矛盾和斗争。

如果真如有些人所说，蒙哥与忽必烈有很大矛盾，则蒙哥就不会在短短的在位八年多的时间中，任忽必烈由掌管民户，到掌握了兵、政、财各方面的大权；不会听任他笼络一批文臣武将和私属、智囊；如果真有很大的矛盾，绝不是靠忽必烈“尽王邸妃主自归朝廷”[①] 就能消除的；也不会准许他在战略要地修建基地——开平；也不会到死也没有指定自己的子孙和其他人为大汗法定继承人。这一切都说明，蒙哥对忽必烈是坦然相待的。

总之，蒙哥与忽必烈之间，并无重大矛盾，更难说有什么斗争。也正因为如此，蒙哥亲自率兵入川伐宋，而将东部战线全部交给了忽必烈，并且在相互协调和支持下，忽必烈的东路诸军取得了重大进展。

1250 年初，忽必烈命张柔率军出虎头关（今湖北麻城县东北）南下，由东北攻鄂，忽必烈亲率大军出大胜关（今河南罗

---

① 《元史》卷 158《姚枢传》。

山县南)南下,从西北攻鄂。

此次进兵,忽必烈严令军士不得滥施屠杀、骚扰居民,命杨惟中、郝经等名士,宣抚江淮,稳定人心,又命必阇赤孙贞为督军,监察军纪,“有军士犯法者,贞缚致有司,白于帝,命戮以徇,诸军凛然,无敢犯令者”[①]。忽必烈还将沿途所俘淮南军民,悉数放归,深得淮南民心。因此,忽必烈所率大军,进展十分顺利,自入大胜关,攻占黄陂,由阳逻渡江,只用了10天时间,先张柔军进至鄂州城下。鄂州城南守城军民拼死抵抗,正在此时,蒙哥在攻宋前线合州钓鱼山(今四川合川县东)病逝。

① 《元史》卷4《世祖本纪》一。

第二章　为巩固政权而斗

一、自 立 为 汗

蒙哥的死，给忽必烈提供了极好的发展机遇，为他的一生带来了重大的转折，也可以说，使他进入夺取皇位的一场激烈的斗争漩涡之中。

1258 年夏，蒙哥亲统大军离开和林南下入川时，命另一弟阿里不哥(排行第 7)留守和林，并命老臣孛鲁欢、阿兰答儿为辅。一些研究者认为，命阿里不哥留守和林就是让他当“蒙廷监国者”①，表明蒙哥有意以阿里不哥为继承人。此说很是偏颇。

留阿里不哥守卫和林，并不意味着蒙哥有意让阿里不

---

① 李治者：《忽必烈削弱宗藩实行中央集权》，载《南开学报》1985 年 3 期。

哥做自己的继承人。其理由是:1.蒙哥离开和林南下伐宋之时,刚好50岁,虽说年事不轻,但还算不上耄耋年迈,且无病症,谁继承他汗位之事,还提不到日程。阿里不哥长期在漠北,大汗离开和林后,让他守在和林,并无特别含义。2.蒙古汗位继承与以往游牧民族的汗位继承基本一致,并无特别明确的制度,但根据实际继位的情况看,有三种办法可供选择,而且都是合法的:一是残余的军事民主主义的忽里勒台的推举,这种制度虽然曾长期坚持,但名存实亡,越来越成为一种形式,其作用与其说是推举,不如说是一种宣告的形式。二是长子继承权,这是一种自然和社会两种因素决定的惯例。以前的游牧民族如此,到蒙古时期,长子依然有着继承方面的优先权。如铁木真称汗后,给诸王贵族分封土地百姓,对待他的四个儿子就有所区别,长子术赤所分得的百姓最多(9000帐),拖雷最少(4000帐),[①] 这就是长子的特权。在成吉思汗确立自己的继承人时,首先提出了长子术赤来征求意见。[②] 这也体现了长子的优先权。三是兄终弟继。这也是游牧民族中广为留传的一种继承制度,但从命阿里不哥留守和林一事,却很难看出有让他按兄终弟继的传统继承汗位的意思。至于游牧民族汗位继承中,幼子继承首领的虽有,但从习惯上并未形成制度。至于幼子在父亲离开老营或去世后,守护和继承老营一事,这在成吉思汗去世后,拖雷的地位就是例证。但是,政治上首领地位的继承和父亲的封地由幼子继承,这是完全不同的两

① 道润梯步:《新译简注蒙古秘史》,内蒙古人民出版社1978年版,第273页。
② 同上书,第304页。

件事，不能，也不应混淆。3.许多研究者把蒙哥留阿里不哥于老营一事，看作是蒙哥有意让他将来继承汗位的表示，是缺乏证据的。而且蒙哥汗自己有儿子，如果说蒙古汗位继承是幼子优先，那么蒙哥就该选自己的幼子为汗位继承人，或他自己老营的继承人，而不是弟弟阿里不哥。况且阿里不哥也不是拖雷的幼子，只是他的长妻唆鲁和帖尼的最后一个儿子。所以用所谓幼子继承制来解释这件事，也是说不清楚的。

蒙哥南下入川留阿里不哥一事，与蒙哥关于将来汗位的继承的想法，是没有任何联系的，但这一举措，在当时的情况下，确实在客观上为阿里不哥在和林自立为汗，与忽必烈争夺汗位，创造了条件。

蒙哥汗在位时，充分信任忽必烈，命其掌握蒙、汉民户，最后命其掌握大量军队，给他很高的权威。蒙哥的这些作法，实际上早已引起部分蒙古贵族的忌恨。再加忽必烈广揽各族人才，特别是对汉族士大夫以及史天泽、张柔、董俊等汉族武将，多加重用，这更引起蒙古守旧大臣王公的不满和忌恨。辅佐阿里不哥的阿兰答儿等人，就曾向蒙哥进谗，并亲自主持“钩考”忽必烈所辖陕西、河南财赋，蒙哥并未受他们的迷惑，仍对忽必烈倍加信任。但是，这些人做贼心虚，他们怕忽必烈掌握政权，对己不利。于是在蒙哥死后，漠北诸蒙古老臣，亦积极开展拥立阿里不哥为蒙古大汗的活动。

1259年秋七月，蒙哥汗在四川钩鱼山去世的消息传出后，在和林的阿里不哥和在襄樊前线的忽必烈，都开始了夺取大汗地位的活动和准备。

阿里不哥在其身边的诸王贵族支持下，向漠北蒙古部和漠南各州征调军队,其亲信脱里赤到燕京进行活动,阿里不哥的一部分军队已南下,距离开平仅百里之遥,并邀忽必烈回蒙古,召开忽里勒台,以商定大汗人选。

忽必烈在鄂州前线得知蒙哥死讯,接着又从皇后处得知阿里不哥的活动,遂与诸谋士商议对策。汉族诸谋士,大多是为了攀龙附凤而来的,他们当然希望忽必烈早登大位,以使他们施展自己的“经国安民之道”,于是积极建议忽必烈立即班师。但当时蒙古大军进至江北,战事正在紧要关头,如撤军北归,将前功尽弃。忽必烈过人之处就在于,在这种关键时刻,心怀大局,眼光深远,他没有匆忙撤兵,而是加快进攻步伐,取得大胜后,再行班师,这将更有利于谋取汗位。忽必烈遂加强攻城力度,大兵渡江至南岸,忽必烈指挥大营亦随进至浒黄洲,大军兵临城下,多次登城攻击。九月底,宋将吕文德率兵自重庆赶来营救鄂州,并冲开重围,进入鄂城,宋兵得到救援,气势再度旺盛。整个十月份,攻鄂战事又处于胶着状态。十一月,阿里不哥在蒙古贵族的支持下,在和林积极筹备谋取汗位的消息再次传至鄂州前线,他又召集谋士商议。一向主张“遣使喻宋,示以大信,令降名进币,割地纳质。……偃兵息民,以全吾力,而图后举”的郝经,上书埋怨说:兵至汝南,“既闻凶讣,即当遣使偏告诸帅各以次退,修好于宋,归定大事,不当复进也而遽进。”他又分析当时的形势说:“第吾国内空虚,塔察国王与李行省肱髀相依,在于背协;西域诸胡窥占关陇,隔绝旭烈大王;病民诸奸各持两端,观望所立,莫不觊觎神器,染指垂涎。……且阿里不哥已行赦令,令脱里赤为断事官、行尚书省,据燕都,按图籍,号令诸道,行皇帝事矣。……若彼果决,称受遗诏,便正位号,下诏中原,行赦江上,欲归得呼?”因此,他要求忽必烈“断然班师,亟定大计,销祸于未然”。他甚至建议:“遣一军逆蒙哥罕灵舆,收皇帝玺。遣使召旭烈、阿里不哥、摩哥及诸王驸马,会丧和林。……则大宝有归,而社稷安矣。”①他的建议引起了忽必烈的重视。于是决定留大将拔突儿等率诸军继续围攻鄂州,他自己则率重兵摆出一副直趋南宋临安城的架势,暗中却做好迅速北撤的准备。早已吓破了胆的南宋官僚,被蒙古兵攻取临安的假象所蒙蔽,南宋首辅贾似道立即派遣宋京前往蒙军大营请和。这正合了忽必烈的心意。他一面命人与宋京谈判,另一方面急率大军北还,十余日抵燕京。在燕京忽必烈仔细了解了阿里不哥的活动,于1260年春三月北上开平,抢先召集忽里勒台,参加者有以亲王合丹(窝阔台庶长子)、阿只吉(察合台孙)为首的西道诸王,以塔察儿(成吉思汗弟斡赤斤之孙)、也先哥(合撒儿之子)等为首的东道诸王等“亲王四十余人及藩方侯伯”,推举忽必烈即大汗位。

即位之初,即命汉族知识分子刘秉忠、许衡等制定官职及各种制度,确定在中央设中书省、枢密院、御史台以及吏、户、礼、兵、工五部,地方设行中书省、肃政廉访司,一些地区根据需要设行枢密院等。任命王文统为中书省平章政事,张文谦为左丞,以祃祃、赵璧、董文炳为燕京路宣慰使,以八春、廉希宪、商挺为陕西、四川等路宣慰使,粘合南合、张启元为西京等处宣抚使,建立起了从中央到地方的管理机构,完全控制了广大中原地区。他即位后向全国颁发即位诏书,诏书中说:“求之今日,太祖嫡孙之中,先皇母弟之列,以贤以长,止予一人”,

① 《元史》157卷《郝经传》。

宣告自己继承大汗之合法性，并且宣告："朕惟祖宗肇造区宇，奄有四方，武功迭兴，文治多缺，五十余年于此矣"，"爰当临御之始，宜新弘远之规。祖述变通，正在今日。务施实德，不尚虚文。虽承平未易遽臻，而饥渴所当先务"[①]，表示出要关心民瘼，致力于承平盛世的意愿，并建元中统，以是年为中统元年。忽必烈的即位诏，有三点特别值得注意，一是他明确指出，从成吉思汗以来"武功迭兴，文治多缺"，他今后要多致力于文治；二是他申明"祖述变通，正在今日"，要适应中原地区和汉族群众的实际，进行改革，建立起适应新形势的制度；三是表示当前最迫切的问题是老百姓的温饱问题，即所谓"饥渴所当先务"，要优先解决老百姓吃饱肚子的问题。这三点，对争取广大汉族群众及汉族知识分子和各种汉族官吏，都有极大的吸引力，同时也是对守旧蒙古贵族的一个打击，并与他们划清了界线。忽必烈在开平自立为汗的这些举动，在和林引起极大的震动，早欲自立为汗的阿里不哥在诸王贵族的拥戴下，急急在和林宣告继承汗位。[②] 当时拥戴阿里不哥的势力十分强大，有窝阔台嫡孙海都，有蒙哥之子阿速台、玉龙答失、昔里吉，有察合台之孙阿鲁忽，有旭烈兀之子出木哈儿以及术赤的遗孀、拔都（此时已去世）之母库托克台可敦等，即所谓西部诸王。此外，做为蒙古大汗经营西北、两川重要军事基地的六盘山，其守将浑都海，掌握着大量军队（约 4 万），在这场斗争中，浑都海完全站到了阿里不哥一边。蒙哥所任戍守川东、川西的大将怯的不花、明里火者等，在浑都海影响下，也站在

① 《元史》卷 4《世祖本纪》一。

② 《史集》认为阿里不哥在忽必烈之前即大汗位。

了阿里不哥一边。也就是说,拥立阿里不哥的势力,控制了漠北至中亚、西亚的广大地区,而且在陕甘川等地,也有很强大的势力。

二、征讨阿里不哥

刚刚强大起来的蒙古大帝国,遇到了严重的内部分裂危机,到了大规模内战不可避免的时刻。而在这场不可避免的内战中,从形势上看,阿里不哥在军事上、在政治上都占有优势,忽必烈的地位却显得十分不利。这应该说是忽必烈一生中,遇到的最严重的挑战。忽必烈能面对如此严重的局面,从容不迫,毫不退缩,转劣势为优势,并战而胜之,也确实反映了忽必烈的雄才大略。

忽必烈对阿里不哥自立为汗的活动,立即作出了明确而坚定的反应,他立即以大汗身份,公开宣告阿里不哥谋反,然后从实际出发,首先巩固自己的后方和基本立足点,采取了一系列措施,整顿中原地区。他把自己的亲信任命为十路宣抚司,分别派到自己所控制的中原各地。在他所任命的十路宣抚司正副使和巩昌地区的官员中,全都使用了汉人和色目人,其中多为官声清廉,政绩卓著,而且是几代老臣,在蒙汉官员和百姓中,都有相当高的声望。这一招本身,就收到了收揽和安定人心的良好效果。

忽必烈在初步安定中原地区之后,将侵宋战争暂时搁置一旁,尽力缓和与南宋的矛盾,集中全力,开始消灭阿里不哥的势力。

平叛活动首先是从陕西、四川地区阿里不哥的势力开刀的。京兆是忽必烈的封地,是他的势力最雄厚的地区,同时也是作为政敌的阿里不哥十分关注的地区,在这里,阿里不哥早就安置了一批支持自己的官员,并收到了良好效果。例如陕川地区的蒙古官员刘太平、浑都海、明里火者、乞带不花等,都是阿里不哥的拥护者和支持者。忽必烈对自己的封地,当然更加重视,早在蒙哥时期(1254 年),忽必烈即派自己的亲信廉希宪为关西道宣抚使,管理京兆封地。蒙哥去世、忽必烈尚未在开平即位之前,曾命廉希宪、赵良弼等了解关中地区蒙汉官员们的政治态度,赵良弼认为:"宗王穆哥[①]无他心,宜以西南六盘悉委属之。浑都海屯军六盘,士马精强,咸思北归,恐事有不意。纽邻总秦川蒙古诸军,多得秦、蜀民心,年少骜勇,轻去就,当宠以重职,疾解其兵柄。刘太平、霍鲁怀,今行尚书省事,声言办集粮饷,阴有据秦、蜀志。百家奴、刘黑马、汪惟正兄弟,蒙被德惠,俱悉心俟命。"[②]赵良弼的这份报告,几乎将川、陕各地主要政府官员的政治态度,作了全面的调查和分析,深得忽必烈的赞同,并立即命令廉希宪,将刘太平、霍鲁怀等以谋反罪处死。手握重兵的浑都海,立即以六盘山为据点,打起反对忽必烈、拥护阿里不哥的旗号。阿里不哥派阿兰答儿率兵自和林南下支援,河西一带蒙古官员纷纷响应,声势十分浩大,"西垂骚动"[③]。忽必烈命便宜巩昌总帅府事汪良臣,率部平叛,在山丹耀碑谷获得大胜,擒杀阿兰答儿、浑都海,陕甘川一带阿里不哥的势力被平定。

① 又作末哥,拖雷第九子,忽必烈之弟。
② 《元史》卷159《赵良弼传》。
③ 《元史》卷155《汪良臣传》。

关于阿兰答儿、浑都海被杀之地,有的研究者仅从《元史》中就收集到九种说法①,其实只有姑臧、山丹之耀碑谷和合纳忽石温三说②。根据《元史》商挺和廉希宪传所记,占据六盘(今宁夏固原地区)的浑都海,见忽必烈的势力在东部巩昌一带已严阵以待,遂西渡黄河,拟自武威以北,沿石羊河北上,恰与由漠北率军南来的阿兰答儿在凉州(今武威)会合,遂合兵一处,声势浩大,"河右(指河西——引者)大震"③。当时廉希宪与商挺为陕西行省正副安抚使,虽参与军事,但并未亲赴前线。直接与阿兰客儿、浑都海作战的是诸王合丹、驻蜀(节制诸军)蒙古官八春及汪良臣。他们兵分三路,在凉州大败浑都海、阿兰答儿军,又西北追至龙首山(又称阿拉克鄂拉),汪良臣等在山丹安营堵截,两军于耀碑谷大战,北军大败,擒获并斩杀阿兰答儿、浑都海。耀碑谷一战,乃汪良臣部所为,汪良臣传中所述,当更加具体、可信。按竺迩也是这次参战的主要蒙古将领,他传中所记与汪良臣传所记一致。也正因为如此,山丹耀碑谷被研究者一致确认为该战发生之地。山丹耀碑谷何在?有人考证耀碑谷俗名"东乐大口子",在故东乐县城十里龙头山一带。东乐及龙头山均在今甘肃山丹县境内。④有研究者将耀碑谷置于"甘州东焉支山"则错甚。焉支山在山丹县东南,龙头山在山丹县西北,耀碑谷只可能在山丹、张掖之

① 《试论忽必烈与阿里不哥之争》,载《元史论丛》第二辑第169页注④。

② 其他如《元史·阿剌罕传》所说之昔门秃,《元史·赵阿哥潘传》所说之拔沙河内火石,均非确指阿兰答儿被杀之地,甘州、甘州东意思相同,西凉乃泛指,习惯上甘州亦在西凉地区。

③ 《元史》卷126《廉希宪传》。

④ 《甘宁青史略》正编卷十三。

北，不可能在其南。

中统元年(1260年)年底，忽必烈决定亲自率军进讨阿里不哥。阿里不哥抢先引军南下，兵锋直指开平。忽必烈命亦孙哥率军北上，与阿里不哥的前锋出木哈尔、合剌札所率大军相遇，双方激战，亦孙哥大胜，给阿里不哥以沉重的打击。忽必烈军乘胜追击，于十一月底抵达和林，阿里不哥率众西逃至叶尼塞河上游唐努山一带，向忽必烈遣使表示："俟马肥入觐"，并"愿约伯勒克、旭烈兀、阿鲁忽三王同入朝"[①]。忽必烈应允，命亦孙哥率军驻守和林，自己于十二月返回燕京，并对拥护自己的诸亲王、皇戚大行赏赐，以庆贺成功。但是，阿里不哥归顺之言，显然是缓兵之计。拥戴阿里不哥的诸王多在中亚，并未受到任何打击，只是当时忽必烈势大，阿里不哥拥护者的兵力难于即时会齐，才有归附忽必烈的托词，以便会集力量。果然，到中统二年，阿里不哥迟迟不来归降，他等到各路蒙古援军会合后，于是年秋天，以归降为名，突袭亦孙哥，夺回和林，并乘胜南下。十一月忽必烈亲率大军从开平启程，再次迎击阿里不哥，双方大军在昔木土脑儿或称"石木谩都"、"失门秃"(今蒙古国札尔加兰图东)会战。被阿里不哥征调来参战的斡亦剌惕部众，斗志不旺，遇有小挫，即先溃退，阿里不哥军败，忽必烈北追，十日后，双方又在失烈延塔兀鏖战经日，不分胜负，但阿里不哥军队不稳。原来支持阿里不哥的察合台系汗王阿鲁忽，因阿里不哥多次向其征兵征粮，十分不满，得知忽必烈大军进占和林，阿里不哥形势不妙，遂囚禁阿里不哥使者。消息传来，阿里不哥被迫北退。其将领阿脱等率部

① 《新元史》卷110《阿里不哥传》。

投降,使阿里不哥军处于十分不利的地位。此时,忽必烈本欲乘势北追,因有消息说益都行省李璮有异志,他自己不得不率兵南返,命尚书怯烈门、平章赵璧兼行大都督事,率诸军从宗王塔察儿北上,至和林,宣告免征和林当年租赋,受到和林及其周围蒙古部落的拥戴。阿里不哥退至叶尼塞河唐努山一带后,看到忽必烈势力无法抗拒,于是收集兵力,开始向察合台汗王阿鲁忽进兵,企图在西部取得立足之地。中统三年(1262年),他命哈剌不花为前锋,进军察合台汗国,在博落脱儿(今博乐)与莎勒坦阔勒(今赛里木湖)之间(即今新疆博尔塔拉蒙古族自治州境内),与阿鲁忽军相遇,结果大败,哈剌不花被杀。阿里不哥又命阿速歹王率军继进,突破铁门(在今赛里木湖以南,霍城一带),占领察合台汗王牙帐所在地阿力麻里①。阿鲁忽被迫亲率大军迎战,被阿里不哥战败,乃退据天山以南阿克苏一带,阿里不哥占据了伊犁河流域。中统四年,阿里不哥率军越天山,攻阿鲁忽,占据浑八升(今阿克苏南)等地,阿鲁忽不敌,西退至薛米思坚(即今撒马尔罕)。阿里不哥军在察合台汗王境内,大肆杀掠,使当地蒙古部落流离失所,引起中亚诸王不满和反对,日益孤立无援,被迫表示愿意归降忽必烈。至元元年(1264年),阿里不哥等回至上都,为忽必烈赦免,但一月后即病故。忽必烈即位后最严重的一场斗争,历时五年,总算以忽必烈的胜利而告终,这对巩固忽必烈的皇位,当然是最重要的一件事。忽必烈遂改中统五年为至元元年,

① 遗址在今霍城东。《蒙兀儿史记》卷74记"掩入铁门,涉伊犁河,出不意袭夺阿力麻里克",此处有误。西域称铁门者有多处,此铁门在伊犁河北。伊犁河在霍城以南,由铁门南下不越伊犁河,即可达阿力麻里,即霍城。

以资庆贺。

阿里不哥与忽必烈之间的斗争，是蒙古统治集团内部争夺皇位的一场斗争，同时也是蒙古统治集团为争夺皇位早已开展的你死我活斗争的继续。这场斗争还可以进一步概括为是草原游牧贵族集团，与极力想摆脱草原游牧贵族传统，以适应农业文化的贵族集团之间的斗争，是一场力图维护落后传统与企图改革创新者之间的斗争。

蒙哥汗时期，蒙哥汗对忽必烈是抱有很大期望的。他一即位，立即任命忽必烈管理漠南汉地之事，又令他征大理，并将关中划为他的封地，最后又任他为攻鄂前线总指挥，使他逐渐掌握了大漠以南蒙古军队的指挥权及地方行政权，蒙哥的这一系列举措，说明他认为忽必烈是统治和管理大漠以南广大地区最合适的人选。漠北地区是蒙古统治集团的老营，是他们的根本之地，蒙哥在离开漠北亲率大军攻宋时，命阿里不哥驻守哈剌和林，也是对阿里不哥的信任，但，只是信任而已。在蒙哥眼里，阿里不哥只不过是一位爱弟，这里表现不出蒙哥汗认为阿里不哥是一位能继承汗位的合适人选，而蒙哥也未曾给阿里不哥以重要的军事指挥权和政治处置权，只是遵守让幼子、幼弟据守老营的游牧民族的成俗而已。因此蒙哥对忽必烈和阿里不哥的态度和使用，已经为他们两人斗争的胜负，创造了一定的条件和优劣的态势。

这场斗争也反映出，蒙古贵族集团，已经有了很深刻的变化和分化。一部分在漠南地区长期活动的蒙古贵族，受汉地文化的影响，早从窝阔台时期起就认识到，可以马上取天下，不可马上治天下的道理，从生活习惯到思维方法，逐渐与中原汉族日益接近，特别是其中一部分有远见的蒙古贵族，他们放眼于蒙古草原以外的世界,已经把汉地做为其统治的基地和立足点,他们认识到,要想巩固对广大中原地区的统治,必须改变蒙古贵族传统的统治思想和办法,依靠汉族知识分子和原辽金官员,吸纳汉族统治经验和制度,这是从窝阔台就开始的一种趋势和潮流,坚持和推进这股潮流的蒙古贵族的代表和首领,就是忽必烈。另一部分长期生活于漠北的蒙古贵族,却仍然坚持以蒙古草原为自己的立脚点和统治中心,依恋和保存着传统的草原游牧贵族的生活习气、思维方式和统治方法,这部分贵族,可以叫做草原游牧贵族集团,阿里不哥就是他们的代表和首领。还有一部分蒙古贵族,他们在中亚、西亚、东欧各地已经建立了巩固的统治地区,当然希望取得更大的自由和自主权,不希望有一个势力强大的,控制和统治所有蒙古统治地区的中央集权的政权,因此分离的要求和趋势日益明显,他们也形成为一个蒙古贵族集团,我们可称他们为中亚贵族集团。

在蒙哥汗去世前,这三部分蒙古贵族集团,实际上已经形成,而且从蒙哥的所做所为看,他的思想、感情和措施,更倾向于以中原汉地做为他最主要的基地,因而也就倾向于那些有远见的蒙古贵族,他把最器重的弟弟封于中原,他自己亲临中原,亲自进行伐宋战争,都有力地说明了这一点。在蒙哥去世前,后两部分贵族虽想搞垮以忽必烈为首的贵族集团,但在蒙哥调和与维持下,这种矛盾并未激化。在蒙哥汗去世后,这三部分蒙古贵族集团之间的斗争就明显起来,阿里不哥与忽必烈之间的斗争,正是这三个蒙古贵族集团之间的斗争,在当时的情况下,草原游牧贵族集团和中亚贵族集团利益基本一致,中亚贵族集团在阿里不哥与忽必烈的斗争中,站在阿里不哥一边，当然是合乎情理的。

这场斗争从形式上看，阿里不哥集团声势浩大，控制地区广阔，而且忽必烈腹背有南宋势力的威胁，似乎比阿里不哥贵族集团势力要弱。但阿里不哥集团内部派系纷杂，缺乏统一的思想和认识，再加蒙古兵大多南征西讨，留在蒙古地区的兵力并不多，所以阿里不哥本身并无多少兵力。在漠南地区他虽然控制一部分兵力，有几个死党，但实际上他们也都在忽必烈控制的范围之内，很容易就为忽必烈所击败和消灭。

而忽必烈的情况则大不一样，他在中原经营数年，已经有了很好的政治、经济基础，并得到蒙汉各阶层人士的拥护。支持忽必烈的首先是投靠于蒙古国的汉族军阀们，这是一支实力十分强大的力量；第二是大部分在中原有重大利益，并随同蒙哥和忽必烈镇守中原、攻伐南宋的东部蒙古贵族和军队；第三部分就是以汉族为主的高中级官吏和谋士集团。这些人的支持就保证了中原地区可以成为忽必烈反击阿里不哥的基地，即使在中原有些支持阿里不哥的势力，也很快遭到覆灭。忽必烈征大理、攻鄂州，直接控制数万装备优良、战斗经验丰富的蒙汉各族军队，他有汉族谋士为之出谋献计，他本人又能真心吸纳丰富的统治经验和方法，上下一心，统治集团团结一致等等。所有这些情况，都显现出忽必烈的势力实际比阿里不哥强大许多。在这种势力对比下，忽必烈的胜利就成为必然之势。

虽然如此，这仅是从道理上说忽必烈可能胜、必然胜。但是要把这种可能、必然变成现实，还要忽必烈的主观努力和客观条件的允许。因此，忽必烈最终能战胜阿里不哥，也应该说是忽必烈主观努力的结果，也是客观环境为他提供了胜利的条件。对这一点,可以从三方面加以分析。一,忽必烈在战争前,在经济上做了充分的准备。中原地区经过忽必烈的经营,生产已经初步得到恢复,比漠北的游牧经济本来就富有得多。但忽必烈为了战胜阿里不哥,还是做了充分的准备。中统元年(1260年)五月"命诸路市马万匹送开平府"。六月"诏燕京、西京、北京三路宣抚司运米十万石,输开平、抚州(今河北张北县)、沙井、净州(今内蒙古四王子旗西北)、鱼儿泺(今内蒙古克什克腾旗西部达来诺尔),以备军储",即在以开平为中心,及其东西两翼储备了大量军粮。这为保证北伐,起了重要的作用。同时从中原各地急调军队到开平。六月"诏东平路万户严忠济等发精兵一万五千人赴开平"。这年冬天,"命给官钱,雇在京橐驼,运米万石,输行在所"。在这期间,又两次命十路宣抚司以及燕京、北京、西京、真定、平阳、大名等地"造羊裘、皮帽、裤、靴以万计,输开平。"① 在战事进行期间,从中原向开平等地调拨军需物资及派遣人力,始终未断。而与此相反,阿里不哥在漠北只能依靠蒙哥时期运往和林和漠北其他地区的物资,自给力极弱,与忽必烈相比,"以众则寡,以地则偏,兵食不足,素无人望"②。二,忽必烈采取了一系列稳定内部、解除后顾之忧和分化瓦解敌人的政策。如在出征之前,他对拥有大量军队的汉族世侯史天泽、李璮多次提升重用,表彰赏赐,对诸王贵族如塔察儿、穆哥、白虎按只带、忽剌忽儿、合丹等,有的增加封邑,有的给以封赏,岁末仍然给诸王贵族

---

① 以上均见《元史》卷4《世祖本纪》一。

② 郝经:《复与宋国丞相论本朝兵乱书》,载《郝文忠公陵川文集》卷38。

以大量金银、丝绢等物的赏赐，[1] 团结了一大批诸王贵族，使忽必烈的地位更加稳定。对南宋也采取主动和好的政策，以翰林侍读学士郝经为"国信使"，出使南宋，与南宋进行和平谈判[2]，解除了南顾之忧，腾出手来专门对付阿里不哥。忽必烈军队攻下和林后，立即对城内居民进行了"慰抚"，并让城内各贵族"按照旧例享有答剌罕权利"[3]。而阿里不哥在军事上抵不住忽必烈，败后又妄杀被忽必烈派去继承察合台汗国王位的诸王阿不失合哈萨儿。退守唐努山后，又派人向察合台汗国等地大征人畜粮械，尽失人心，包括他所任命的察合台汗王阿鲁忽，后来也成为他的对手。1264 年阿里不哥逃到阿力麻里后，仍然"肆无忌惮地无故杀害合罕的军民并凌辱他们，他的异密们便离开他"，"春天到来时，阿力麻里发生了饥荒"[4]。阿里不哥所执行的政策，使他众叛亲离，最终走向失败。第三，忽必烈在与阿里不哥斗争中，充分发挥了他"素有人望"的优势，[5] 广泛采纳和充分发挥了一批谋士、诸王的作用。廉希宪、赵良弼、商挺、汪良臣等一批各族大臣，为他剪除和打败了川陕甘一带的阿里不哥的势力，稳定了中原局势。在向漠北和林等地进攻中，诸王合丹、拔绰、塔察儿以及博罗欢、史天泽等，率领各族军队奋勇作战，很快击破了阿里不哥的军队。忽必烈亲征阿里不哥时，术赤台之后哈答与忽都忽向忽必烈

---

① 《元史》卷 4《世祖本纪》一。
② 《元史》卷 4《世祖本纪》一。
③ 《史集》第 2 卷，第 303 页。
④ 《史集》第 2 卷，第 304 页。
⑤ 《郝文忠公陵川文集·班师议》。

要求："今王师北征，臣等幸少壮，愿如父祖，以力战自效。"[①]燕之大兴人虎林赤主动出其家名马以助忽必烈军。[②]净州天山汪古部人月合乃，"出私财，市马五百以助军"[③]。耶律楚材之子耶律铸，听到阿里不哥反，即"弃妻子，挺身自朔方来归"[④]。这些都说明，忽必烈很得蒙汉贵族、士人的拥护。而"素无人望"的阿里不哥，他所依赖的阿兰答儿等均有勇无谋，不可依仗。阿里不哥曾遣使召请真定人张楚，遭到拒绝，[⑤]反而效忠于忽必烈。阿里不哥的"讲读"真定名士李槃也不愿跟随阿里不哥反对忽必烈。[⑥]耶律铸逃归忽必烈时，其子耶律希亮被浑都海扣押，并裹胁至河西，浑都海等被杀，耶律希亮等流落于北庭、中亚四五年，始终不附从阿里不哥，最终回到大都，得到忽必烈的召见和嘉奖。[⑦]这都反映了两者用人、待人等方面的优劣，这也就决定了这场战争的胜负。

忽必烈与阿里不哥的斗争，以忽必烈胜利和阿里不哥的失败而告终，就其直接的意义来说，使忽必烈巩固了大汗的地位，使早已开始的蒙古贵族适应中原地区政治、经济、文化的趋势得以继续，也阻止了守旧的蒙古贵族在中原继续推行草原游牧习俗和制度的灾难。另一方面，这场战争和内讧也大大推进了蒙古汗国的瓦解，促进了中亚、西亚、钦察草原蒙古

① 《元史》卷120《术赤台传》。
② 《道园学古录》卷17《宣政院使贾公神道碑》。
③ 《元史》卷134《月合乃传》。
④ 《元史》卷146《耶律楚材传》。
⑤ 《元史》卷67《张楚传》。
⑥ 《元史》卷126《廉希宪传》。
⑦ 《元史》卷180《耶律希亮传》。

贵族统治政治实体的形成,促进了以元朝为称号的中国与其他蒙古贵族统治政治实体的分离。

从成吉思汗开始创建的大蒙古汗国,到窝阔台时达到它的鼎盛时期,也就是说,在这个时期,不仅大汗所控制的地区扩大了,而且政令统一,大汗在所有大蒙古国的领土上,有绝对的权力。到蒙哥汗时期,情况有了变化,由于旭烈兀的西征,大蒙古国的领土在西亚得到了扩大。但是,察合台、窝阔台两系贵族所控制的一些地区,已经开始离心离德,出现了某种裂痕,但大汗仍拥有巨大的权力,各系贵族在各地虽有很大权力,仍要受到大汗的节制。忽必烈的继位本身,已经不为西方大多数蒙古贵族所首肯,而阿里不哥的武力反抗,更彻底撕破了蒙古贵族之间用宗法、血缘和成吉思汗札撒所维系的联系,形成了支持忽必烈与支持阿里不哥的敌对的两个政治集团,另外也形成了既不支持阿里不哥,也不拥护忽必烈的第三种政治力量。这三股力量最终把大蒙古国撕开了一条难于弥合的大裂口。阿里不哥虽然战败投降了,但忽必烈时期的大汗,实际上已经没有窝阔台大汗的地位和权力,甚至没有蒙哥大汗那样的权力和地位。应该说忽必烈与阿里不哥的内讧和战争,实际上是一件划时代的事件,它结束了大蒙古国作为一个统一的政治实体的存在。它既是忽必烈实行适应中原和汉族文化、政治、经济政策的结果,又为忽必烈适应中原和汉族文化、政治、经济政策进一步的推行,创造了条件。

三、平定李璮之乱

在平定阿里不哥的斗争中,中原地区掀起了一次威胁极大的叛乱活动,其为首者是李璮。

李璮是益都(今山东青州市)潍州人李全之养子。金宣宗贞祐(1214—1217年)、兴定(1217—1221年)年间,乘山东大乱之际,李全等聚众剽掠,拉起了一支队伍,后又渡淮附于南宋,被授于京东副总管,称所部为忠义军,后累授遥领广州观察使、京东总管,以及招信军节度使等官,驻扎于楚州山阳(今江苏淮安一带)。但李全此人匪性不改,打着南宋官员旗号,祸害百姓,欺凌同僚,又利用蒙古势力,要挟南宋朝廷,扩大自己的势力,实际上把持了山东、苏北的广大地区。李全的跋扈,早已引起南宋朝廷的不满,只是迫于当时形势,只能忍气吞声,容其所为。1226年(南宋理宗宝庆2年),蒙古大军进攻益都,李全累战不利,缨城自守,屡向南宋朝廷求救,南宋朝廷正欲利用蒙古力量翦弱李全势力,故而不仅不派兵增援,反而派战舰在淮河阻其南下归路。至1227年四月,李全一怒之下,乃率军举山东州郡投降蒙古。当时蒙军统帅孛鲁,承制授其为山东、淮南、楚州行省事,开府益都,仍统帅其所部,可以专制山东,每年向蒙古贡奉金帛。至此,李全虽投降蒙古,实际独霸山东,并依恃蒙古势力,向南侵袭南宋江淮各地。1231年,李全在扬州战败,被南宋所杀,由其夫人杨妙真继领行省事,但不久即死,李璮始承袭其父之职。李璮是一个更加有心计,更加有野心的军阀,他一上台即开始以山东为后盾,扩充自己的势力,坐观蒙古与南宋的斗争。窝阔台、贵由汗时,曾多次征调其兵马,他都巧言推托,保存自己的势力。蒙哥汗伐蜀,曾令其派兵随征,他亲自去觐见蒙哥,以"益都当宋航海要津,分兵不便"为由,获蒙哥允准,免其随征之役,命其不断骚扰南宋淮东,以配合征蜀之战。李璮归镇所后,真的出兵南下,并夺取涟水(今江苏涟水县)四城,给南宋以很大威胁。忽必烈即位时,为了拉拢李璮,特任他为江淮大都督,发给他金符二十,银符五,由他赏赐将士,并且干脆命所有在山东的蒙古、汉军皆听其调遣和指挥。但忽必烈对李璮始终怀有戒心。

阿里不哥公开即位和林与忽必烈对抗之势形成后,李璮又借口南宋聚集兵力欲攻涟水,以及贾似道、吕文德来书,"辞甚悖傲"为由,要求给自己增加兵力,愿意率兵渡淮攻宋。这一建议看起来是效忠于忽必烈,实际上是利用阿里不哥事件,增强自己势力的一个步骤。忽必烈当然也是很清楚的,他早在从鄂州退兵时,已决定与南宋保持和局,因此在当时要求渡淮攻宋,并不合忽必烈的战略布置。而且当时阿里不哥咄咄逼人,忽必烈汗位并不稳固,李璮在这种形势下要求增兵、南进,其乘乱扩大自己的势力的阴谋,怎能瞒得过忽必烈的眼睛,这一计划当然为忽必烈所拒绝,令其"毋妄动"[①]。但李璮另有所谋,一方面以"宋人聚兵粮数十万,列舰万三千艘于许浦,以侵内郡"为由,要求忽必烈"选精骑,倍道来援,表里协攻,乘机深入,江淮可图",另一方面亲自率兵攻宋,以造成既成事实。对此,忽必烈佯装糊涂,虚于委蛇,对他的战功,给"金符十七、银符二十九"以示奖励;"中书省议与(李璮军)矢三万",忽必烈"诏给矢十万",极力稳住李璮。从正统元年到正统三年,李璮连年以防御南宋为由,修缮益都城池,要求增调兵马,扩大自己的军权,向忽必烈要求调拨大量兵器粮食和赏赐。中统三年初,李璮自认反蒙自立的准备已经充分,令其

① 《元史》卷206《李璮传》。

留于上都做人质的儿子李彦简逃回益都，四月突然起军，尽杀蒙古戍军，将涟（水）、海（宁）三城献于南宋，以换取南宋的中立，自率大军浮海北上，陷淄州（今临淄），攻蒲台（今宾州市境），山东全境震动。但老百姓对这位向来横行霸道的军阀并不欣赏。"民闻璮反，皆入保城郭，或奔窜山谷，由是自益都至临淄数百里，寂无人声"①。

忽必烈早在中统二年末亲征阿里不哥时，就得知李璮心怀不轨的情报，在昔木土纳战役中取得胜利后，乘阿里不哥北退之时，班师南归，回到燕京，准备应付李璮的叛乱。中统三年二月，李璮正式举起反旗，消息传到燕京，忽必烈立即向全国诏告李璮反叛罪行，派军征讨。命水军万户解成、张荣实，大名万户王文幹，万户严忠范率军会于东平（今山东东平县）；归德万户邸浃、砲手元帅薛军胜会于滨棣（今山东滨县）；以亲王不者总督诸军，征讨李璮。经数十战，围李璮于济南，同时增派左丞相史天泽赶赴前线，总督诸军，任总指挥之责，又任命不只儿也不干及平章赵璧为山东行中书省事。李璮在诸路大军包围下，坚守三月，城中食尽，人心离散，军士纷纷缒城而出，城破在即，李璮被迫投大明湖自杀未遂被擒，为史天泽斩首于军前。

李璮之变，其影响远远大于阿里不哥之乱。为了镇压李璮，动用了自潼关以东、黄河以南所有蒙汉军队，几乎动用了当时忽必烈所掌握总兵力的十之六七，战事长达半年之久，南宋乘机夺去城池七座，山东、河北、辽西数千里，均为之震动。这是忽必烈即位后遇到的又一大考验和斗争。

---

① 《元史》卷206《李璮传》。

李璮变乱事件,牵涉到了当时的平章政事、行中书省事王文统。王文统益都人,是李全的同乡,早年"遍于诸侯,无所遇",乃投靠于李璮,为李璮子李彦简的老师,后王文统以女妻李璮,成为李璮的岳父兼谋士。忽必烈未即位之前,已听到他的大名,即位之初,即召见王文统并十分信任。当时初设中书省,以总内外百司之政,竟任命王文统为首任中书省平章政事,全面负责行政事务。诸凡当时蒙古中央政府的一切设施,均由王文统负责和参与,史称"元之立国,其规模法度,世谓出于文统之功为多"①。但此人虽颇有才能,却野心太大,不能容人,窦默等在忽必烈面前曾说"此人学术不正,必祸天下,不可处以相位"。而忽必烈却恪尊用人不疑,疑人不用的原则,对其深信不疑,并委以行政大权。李璮叛后,朝廷内外皆传言是王文统教唆李璮反叛,忽必烈亲自审问,王文统矢口否认,但承认他知道李璮欲反,而且有心要检举此事。忽必烈最后向其他汉臣征求对王文统的处理意见,窦默、姚枢等皆主张处死,王文统遂被杀头。李璮有反心,王文统是清楚的,但是否参与了他的叛乱活动,似乎仍可讨论,②是否就应论死,亦显

① 《元史》卷206《李璮传》。

② 关于王文统与李璮共同谋反一事,史家似已定论,然疑点仍然不少。其一,李璮叛乱之前,其子彦简由京师逃归,如果王文统是同谋,即使李璮不帮助其岳父、谋士从京师逃出,王文统自己也会逃出京师,不可能在京师等死。其二,在难于给王文统定罪时,"会璮遣人持文统三书自洺水至",王文统的罪名主要是根据这三封信定的。然而《元史》说这三封信是由李璮派人送到朝廷的,这就使人百思不得其解,李璮为什么会在起事不久,好端端出卖他的岳父和同谋呢?其三,这三封信中只有一句涉及谋反的话,即"期甲子",对此,王文统有解释,根据他的解释,只能说他知道李璮要谋反,还难以确定他是这次叛乱的同谋。

得有些草率。王文统最后落此下场,与他不能容人有很大关系,落井下石的可能是很大的。这样一位深受忽必烈信任的人,被确认是李璮叛乱的同谋,对当时刚刚建立政权的蒙古统治者,无疑是非常巨大的震动,这对忽必烈以后对汉人的任用和看法,都有很大的影响。

李璮的叛乱,是忽必烈即汗位后遇到的第二个沉重的打击,其严重性并不比阿里不哥的叛乱轻。这是因为阿里不哥叛乱的据点在漠北,本身经济基础差,兵力弱,支持他的各亲王地处偏远,不可能短期调集大量军队前来支援,他在中原势力很小。而忽必烈依靠中原雄厚的经济实力,充足的兵源和大批能征惯战的部队,特别是有大批对各方情况均十分了解的汉族谋士,在这一点上,优劣是很明显的。而李璮叛乱就不一样。李璮有苦心经营几十年的根据地——山东,和装备精良的几十万大军,他可以利用对忽必烈威胁最大的南宋,给忽必烈造成巨大的损害,他的叛乱还可能引起汉族世侯们的观望、效尤,甚至煽起内地汉族的民族情绪和骚动,引起连锁反应,使忽必烈后院起火。因此忽必烈对此十分重视,并有几分担心。但是这一切没有发生,反而是在汉族世侯为主的兵力镇压下,在不到半年的时间,李璮的叛乱就被消灭了。这就不能不探讨一下它的深层次的原因。

李璮的叛乱活动,在当时情况下是一种反动,即逆历史潮流而动的行为。

这场叛乱虽然主要是汉人领导,汉人为主,但它没有民族性,它没有提出任何民族方面的要求。因为李璮从其祖父辈起,就是在女真族的统治之下成长的,他们虽曾投靠于南宋,但那并不是基于民族愿望和利益的行为,而是为了自己的权势。以后弃南宋投蒙古,那更是为了保存自家的势力,寻找机会以求更大发展。所以他虽投靠蒙古政权,实际上却利用南宋压蒙古,利用蒙古压南宋,从中渔利,以保存和扩大自己的势力。因此,他们本身就不具备代表汉民族的性质。他们的行为当然也不具有反对蒙古政权压迫、剥削的性质,因为他们本身就是剥削者、压迫者,他们称霸山东,对当地百姓和其他居民的压迫、剥削,一点也不比其他蒙古官员轻。他们起兵反抗忽必烈的惟一目的,就是想摆脱蒙古政权的束缚,进一步扩大自己的势力,称王称帝而已。他们这样做,在当时只能对刚刚趋于稳定的中原政治局面,造成更大的震荡,对刚刚有一定秩序的社会经济和生活,再一次带来更大破坏和紊乱。因此,他们的叛乱活动,得不到社会各阶层的支持,也得不到汉族官员、世侯们的支持,其失败当然也就是必然的了。

四、消除汉族世侯势力

李璮之乱带来的一个有深远意义的事件,就是促使忽必烈下决心消除汉族世侯的势力。在窝阔台、贵由、蒙哥时期,为了更多招来金朝、南宋官员,对拥有重兵的降将,皆允其保留兵权,占据地盘,甚至可以世袭其位。当时在山东益都的李全、济南的张宏、东平的严忠济就是这种称霸一方的降将,他们握有重兵,各据一方,设有行省,世袭其职。这实际上也是蒙古草原贵族在中原地区沿习分封诸贵族的传统观念,进行统治的一种老办法,当然也是尽力争取各种势力归附蒙古,为其所用的一种策略。而忽必烈一方面在无可奈何的情况下,承认现实,另一方面也在伺机废除。因此当李璮叛乱被平定后,忽必烈乘乱取消了山东三家军阀的世袭特权,削弱了一部分地方势力。王文统事件,也给忽必烈留下了强烈的不良印象,此后他任命中央和地方官员时,民族成分越来越受到重视,汉族官员的地位和权力,受到很大影响和限制。

史天泽是当时汉族世侯中势力最大的一个家族。他是今河北永清人,其父史秉直,家室富有,木华黎南征时,率乡里归服。后其长子史天倪被授以万户,"统诸降卒",并选"壮勇万人为义兵,号清乐军",随木华黎南征北战,多有功绩,命为河北西路兵马都元帅,后被叛将所杀。史天泽承其兄职为都元帅。窝阔台时,史天泽被任为"真定、河间、大名、东平、济南五路万户"[①],是当时汉军三万户之一,开府真定。至蒙哥时,赐卫州(今河南汲县)五城为分邑。忽必烈未即位之前,就十分赏识其才干,推荐他为河南、陕西经略使,对拥立忽必烈为帝,起了举足轻重的作用。忽必烈曾任其为中书右丞相,以后在平定阿里不哥和李璮的叛乱中,都起了重大的作用。当时史氏家族成员,以史天泽为首,数十人列位朝中,掌握着中央和许多地方的军政大权。李璮事件发生,当时一般认为是由于汉族诸将权太重、兵太专所致。忽必烈亦决意削弱诸汉族世侯的兵权,遂起用无世侯背景的董文炳,"代史氏两万户为邓州光化行军万户、河南等路统军副使"[②]。史天泽也已窥视到忽必烈的心意,为了使忽必烈放心,主动提出"兵民之官,不可并在一门",并要求从史氏家族开始实行,当时主动解除兵权

① 《元史》卷155《史天泽传》。
② 《元史》卷156《董文炳传》。

的史家子弟就达十七人之多。[①] 与史天泽同时被逐渐削去世侯地位的,还有几位汉族世侯,其中比较重要的有:

在今河南东部、山东西部地区是汉族世侯严忠济家族。严忠济是今山东泰安长清人,其父严实,在金朝时"不治生产,喜交结,落魄里社间"[②]。后从军,为百户,在抗击南宋和蒙古的战事中立功,被任命为长清尉、长清令。后归降南宋,被任命为济南治中,因武功,屡被升迁,于是太行以东,皆受其节制。1220年,蒙古军在木华黎统帅下,在中原地区屡屡获胜,严实"知宋不可恃",挈所部以彰德(今河南安阳)、大名(河北大名)等河北、河南交界处三十余万户,投降于木华黎军前,被授于金紫光禄大夫、行尚书省事。后觐见窝阔台于和林,授东平路(治所在今山东东平县)行军万户。严实死后,由二子严忠济袭职,其弟忠嗣、忠范亦被任命为万户,于是在河南、山东之间,形成了严氏家族世侯集团。李璮叛乱被平定后,忽必烈将严忠济调入大都做寓公,又免了其弟忠嗣的万户,只留忠范

① 明代人祝允明著《前闻记》"李璮"条中记载,李璮被捉后,对审问他的张宏(张荣之孙)、严忠范(严实之子)及史天泽等说:"你每与我相约,却又不来。"特别对史天泽说:"你有文书约俺起兵,何故背盟?"如果真有其事,史天泽等人就有瞒天过海之术,也无法掩盖此事,忽必烈肚量再大也不可能继续让史天泽等人执掌兵权。因此,明人所记,违反常理,是不可信的。全面考察史天泽父子所行所为,他们对蒙古统治者的态度与李璮父子对蒙古统治者的态度和关系,完全不同。史氏虽有权势,但与蒙古统治者从无隔阂,南征北战,令行禁止,并未形成独霸一方、尾大不掉的割据态势,他们与蒙古人,利益一致,休戚与共。而李璮自其父李全以来,虽臣蒙古,却与南宋藕断丝连,拥兵自重,独霸一方,以蒙古打南宋,挟南宋以威蒙古,并不与蒙古休戚与共,最后能起兵造反,正是他这一系列活动的必然结果。

② 《元史》卷148《严实传》。

代其为万户，实际已将严家势力剪弱。

在今河北地区的汉族世侯是张柔家族。张柔易州定兴人，金贞祐(1214—1217年)年间在河北聚结队伍，保卫乡里。后被擢为定兴令，累迁至昭毅大将军、遥领永定军节度使(今河北蠡县)，兼雄州(今河北雄县)管内观察使，权元帅左都监，行元帅府事，其政治、军事地位已经很高。后更升至骠骑将军、中都留守兼大兴府尹、本路经略使、行元帅事。1218年与木华黎战，兵败被俘，遂以众降，成吉思汗复其旧职。张柔率部南征北战，不几年，攻克“深(今河北深县南)、冀(今河北冀县)以北，真定(今河北正定)以东三十余城”[①]，被授于荣禄大夫、河北东西等路都元帅，号拔都鲁，置官属，世侯的地位已完全形成。此后随窝阔台、贵由在灭金及平定中原各地的战斗中，确实起过重大作用。蒙哥即位后，移镇亳州。忽必烈征南宋时，随同攻鄂。忽必烈回师北上，命张柔统领前线蒙古、汉军俟命。应该说，蒙古历代大汗及忽必烈对他都十分信任，他也为蒙古统治者立过很大战功。李璮叛后，张柔被召，入卫京师。中统二年他自己请“致仕”，由其第八子弘略袭职。次年也被解除兵权，宿卫京师。河北张柔家族世侯地位，实际上被取消。

在今山西、河北北部及四川成都，是刘柏林、刘黑马家族的力量。刘柏林是济南人，金末为威宁防城千户。1212年降成吉思汗后，攻金西京有功，授西京留守，兼兵马副元帅。以威宁(今内蒙古兴和县，与河北、山西相邻)为驻地。其子刘黑马，1222年袭父职，至窝阔台时，“充管把平阳(今山西临汾)、

---

① 《元史》卷147《张柔传》。

宣德(今河北宣化)等路管军万户仍佥太傅府事,总管汉军”,是当时汉族三万户之首,深受窝阔台信任。1241年“改授都总管万户,统西京、河东、陕西诸军万户”。1257年蒙哥设成都路,并命刘黑马“管领新旧军民小大诸务,赐号也可秃立”①。中统元年为“成都路军民经略使总管万户”。李璮叛变时,刘黑马亦病故。其子刘元振袭世职后,被逐渐削去兵权,“降为成都副万户”②。这是汉族世侯中最早被授万户的家族,也是被最早解除兵权的一个。

① 《元史》卷149《刘伯林·刘黑马传》。
② 《元史》卷149《刘元振传》。

第三章　建立元朝，消灭南宋，实现全中国的统一

一、消灭南宋

忽必烈即汗位后所做的另一件大事，是继续完成其先辈未完成的消灭南宋，占领江南，统一中国的大业。

1259年蒙哥去世，阿里不哥争夺汗位的活动在和林积极展开时，在鄂州前线的忽必烈，也处于进退维谷的局面。但腐朽的南宋政权，却主动提出和议，忽必烈顺水推舟，遂以南宋向蒙古岁奉币为条件，准许南宋议和。忽必烈摆脱困境，匆忙从鄂州攻宋前线北返。即汗位后，一直忙于集中力量对付阿里不哥和李璮的叛乱，以及建立和巩固政权的其它事务，对

南宋基本上采取了维持和平局面的方针,并派出以郝经为首的使者,前往南宋首都传递修好的信息。其间李璮等为了扩大自己的地盘和势力,曾从山东南下淮南、两浙,多次挑起与南宋的战事,南宋亦将蒙古使臣郝经扣押。对这些局部军事进攻和扣押使臣之事,忽必烈虽曾向南宋多次提出警告和交涉,但他的基本态度仍是不想扩大事态,尽力息事宁人,以求相对平稳。不过对宋战事的准备从来也未懈怠,特别是忽必烈大军从鄂州前线撤退时,仍留有部分军队坚持围鄂,各地与宋兵的战事也时有发生。

而南宋政权并未充分利用蒙古统治集团内乱不息、各地义兵不时起义的大好机会,整顿内政,励精图治,相反,南宋最高统治集团,却借机喘息,仍然歌舞升平,吏治腐败,贿赂公行。特别是在贾似道等人把持下,大地主、官僚集团利用自己手中的权利,不顾人民死活,公然行所谓"公田"法,剥夺百姓的财产,满足少数官僚大地主的欲壑,致使江南各地,民怨沸腾,民不聊生。

从中统二年、四年相继平定李璮、阿里不哥的叛乱后,忽必烈一方面继续平定诸王的叛乱,剪除其余党,另一方面加紧整顿吏治,健全各项制度,发展社会经济。经四五年休养生息,到至元四年(1267 年),当时任南京路宣抚使的刘整建议:"宋主弱臣悖,立国一隅,今天启混一之机。臣愿效犬马劳,先攻襄阳,撤其杆蔽。"

刘整曾仕金,金末归于南宋,曾任宋潼川(在今四川三台)十五军州安抚使,知泸州军事。后因遭同僚忌恨,不自安,于中统二年以泸州十五郡、户三十万归附忽必烈,深受忽必烈器重,授行中书省于成都、潼川,兼都元帅。至元三年又升任昭武大将军、南京路(今河南开封)宣慰使,遂对忽必烈感恩戴德,忠心耿耿。刘整的建议曾遭到朝中诸大臣的反对。但刘整并不甘心,再次上奏,建议抓住机遇,大规模伐宋,并指出:"自古帝王,非四海一家,不为正统。圣朝有天下十七八,何置一隅不问,而自弃正统邪。"①此奏一上,忽必烈遂下决心大规模伐宋。可见争取"正统",达到"四海一家",对忽必烈有十分巨大的吸引力,说明忽必烈当时在政治上更加成熟,也说明他认识到,伐宋、统一中国的时机成熟了,而且他也把伐宋当作巩固自己政权的重要手段。

襄阳是江汉平原的战略要地,金亡后,宋蒙之间对这一城池曾多次展开争夺,并曾一度为蒙古军占领。1239 年宋孟珙再次收复襄阳后,蒙古军虽经多次攻取,终在南宋手中,并成为阻遏蒙古军南下的重要城池。刘整未降之前,多年在荆湖川东任职,深知襄樊对南宋防务的重要,所以他提出"攻宋方略,宜先从事襄阳","如覆襄阳,浮汉入江则宋可平也"。② 他对守卫襄、樊地区的宋将十分熟悉。他深知宋文武官员贪婪成性,遂啖以厚利,取得京湖安抚副使吕文德的同意,在樊城置榷场,后又借口榷场货物为盗所掠,遂起围墙,渐渐扩大成为土堡,造成宋境内有蒙古军据点的局面,甚至遏制和切断了宋军南北之援。这一措施,为蒙军围攻襄樊起了很大的作用。

至元五年③七月,经过充分准备,忽必烈任著名将领兀良哈台之子、对宋有长期作战经验的阿术为蒙古元帅,任刘整

① 《元史》卷 161《刘整传》。

② 《蒙兀儿史记》本传,第 538 页。

③ 《元朝史》下册,第 281 页说是四年八月。

为镇国上将军、汉军都元帅，共同督率水陆大军进攻襄阳。但当时忽必烈仍感力量不足，有内顾之忧，因此指示刘整等，“毋攻城，但围之，以俟其自降。”① 在这个思想指导下，围攻樊阳之役，进行了五年之久。当然襄阳能坚持如此之久，与守城官员吕文焕也有关。当时吕文焕为襄阳知府、兼京西安抚副使，守卫襄阳。此人虽最后投降于蒙古，但投降以前，却对蒙古作战十分英勇顽强，在蒙古大军围困之下，坚守襄阳近六个年头。蒙古军数十万大军，在阿术、刘整指挥下，步步为营，从水上、陆上包围了襄阳。最初，宋军还能依靠水军优势坚守阵地，蒙古军屡攻不下。至元七年，刘整亲自督造战船 5000 艘，“简诸翼汉军健捷者，日教以水战之法……不数月得练卒七万”②，进一步加强了对襄阳的围困和进攻。吕文焕多次向南宋朝廷告急，至元八年，宋帅范文虎派都统张顺、张贵率水军十万来援，蒙古军从水陆两路阻击，在湍滩大败宋军，张顺战死，张贵率少数兵丁入城，但对解除襄阳之围，只是杯水车薪，无济于事。至元九年，宋廷为除去刘整，特设离间计，由宋荆湖制置李庭芝以金印牙符，授刘整汉军都元帅、卢龙军节度使，又封他为燕郡王，命永宁的一位和尚暗中传书，又故意使永宁县令抓获传书僧人。永宁县令立即将所获印符书信呈送忽必烈。可贵的是，忽必烈令张易、姚枢调查此事，并允许刘整自辩，而且很快判断出，此乃南宋离间之计，对刘整仍信任如初。为了进一步孤立襄阳，忽必烈采纳阿里海牙的建议，先攻取樊城。当时樊城外城已被攻破，但守卫者在樊城周围树

---

① 《元史》卷 128《阿里海牙传》。

② 《元史》卷 128《阿术传》、《阿里海牙传》，卷 161《刘整传》。

起木栅,在水中埋置木桩,水下木桩连以铁索,防御十分严密牢固。蒙古军招募善水士卒,泅入水底,断木沉索,使战船强行驶入樊城城下。当时正好有西域人亦思马因所制威力更大的新炮法,遂以新造的“回回炮”,轰毁木栅、浮桥,接着猛攻樊城。至元十年初,樊城为元军占领,城中居民惨遭屠戮。樊城失守,襄阳失去屏障,更加孤立无援。阿里海牙又以回回炮轰击襄阳,“一炮中其谯楼,声如雷霆,震城中,城中汹汹,诸将多逾城降者”①。刘整本欲乘城中人心不稳之时,强攻襄阳,活捉吕文焕,但阿里海牙也许出于不让刘整取得攻襄阳全胜的心理,也许是为了卫护忽必烈对襄阳围而不攻的指示,不同意刘整的意见,而主张劝降吕文焕。忽必烈显然偏向于阿里海牙的意见,将围攻襄阳城主将刘整调至正阳(今安徽寿阳西南淮河南岸正阳关),行淮西等路枢密院事,而以阿里海牙继续围攻襄阳。阿里海牙请忽必烈下诏劝吕元焕归降,并免其抗拒之罪,“且加迁擢”。此建议得到忽必烈的同意。阿里海牙遂亲至城下,向吕文焕传达忽必烈旨意。当时襄阳城中,弹尽粮绝,军心动摇,而南宋朝廷,支援不力,吕文焕遂开城投降。南宋与元朝之间,坚持六年之久的襄阳战役,终以南宋失败而告终。阿里海牙是维兀儿族人,忽必烈为藩王时召至藩府,这次先攻取樊城以破除襄阳之藩障,就是他向忽必烈建议的。对吕文焕的态度,他与刘整也有分歧。刘整一意要炮轰襄阳,活捉吕文焕,其中很可能与他在南宋朝廷为官时,为“吕文德所忌”有关,所以他坚持要强攻,“立碎其城,执文焕以快其

① 《元史》卷128《阿里海牙传》。

意”[1]。在这一点上，阿里海牙比较公允，他坚持劝降，并且收到了良好效果，忽必烈赞成他的主张，甚至因此而撤换了刘整，以利阿里海牙行事，这不能不说是忽必烈用人之聪明处。

襄樊失守，对南宋是一个严重的打击，元朝在地理上占据了灭宋的优势，也极大地鼓舞和坚定了元朝最后灭宋的信心和勇气。但忽必烈仍在犹豫，他对南宋的势力还有戒心。当时许多大臣奏请忽必烈乘势发兵灭宋。阿里海牙奏称：“襄阳，自昔用武之地也，今天助顺而克之，宜乘胜顺流长驱，宋可必平”[2]。刘整建议：“襄阳破则临安摇矣。若将所练水军，乘胜长驱，长江必皆非宋所有。”[3] 阿术也认为：“臣久在行间，备见宋兵弱于往昔，失今不取，时不再来。”[4] 忽必烈又召姚枢、许衡、徒单公履等老练重臣问计，也都以为灭宋时机已到，“乘破竹之势，席卷三吴，此其时矣”[5]。于是，忽必烈征调大军，着手对宋发动总进攻的准备。

元朝在攻宋前线，原设有荆湖、淮西两个行枢密院，为了从东西两处分兵进击，将两个行枢密院升级为行中书省，并以伯颜、史天泽为左右丞相、阿术为平章政事、阿里海牙为右丞、吕文焕为参知政事，掌荆湖行中书省；以合答为左丞相，刘整为左丞，塔出、董文炳为参知政事，掌淮西行中书省，形成地位相等、平行的两路大军指挥中心。这种设置，显然有兵力分

① 《元史》卷 161《刘整传》。
② 《元史》卷 128《阿里海牙传》。
③ 《元史》卷 161《刘整传》。
④ 《元史》卷 128《阿术传》。
⑤ 《元史》卷 8《世祖本纪》。

散,号令不一,调动不灵之虞。后经史天泽建议,淮西仍为行枢密院,以伯颜领河南等路行中书省,总领诸路大军,荆湖、淮西诸路皆受其节制。

忽必烈在这次攻宋中,也充分利用了吕文焕的影响。吕文焕投降后,忽必烈立即命阿里海牙陪同他入京,授他昭勇大将军、侍卫亲军都指挥使、襄汉大都督。至元十一年征宋大军组成后,任他为荆湖行中书省参知政事,率所部为前锋,招谕沿江未下诸城。至此,征南宋的准备和军事调配,已经大致完成。但早在此两个月前,即至元十一年六月,忽必烈就诏告天下伐宋。诏告中历数南宋扣押使臣,破坏和平,特别指出:"襄阳既降之后,冀宋悔祸,或起令图,而乃执迷,罔有悛心,所以问罪之师,有不能已者。"这段话已经完全自认是中国的正统,有吊民伐罪之意,而且似乎是出于被迫。同时宣告"无辜之民,初无预焉,将士毋得妄加杀掠"①。

至元十一年七月,伯颜向忽必烈辞行时,忽必烈特别叮嘱伯颜:"昔曹彬以不嗜杀,平江南,汝其体朕心,为吾曹彬可也"②。从这句话可以看出,这时的忽必烈,较之即位时的忽必烈,在政治上更加成熟了。

从至元十一年七月伯颜上任,到至元十三年正月(南宋恭帝德祐二年,1276年)元军兵临临安城下,南宋谢太后、恭帝赵㬎奉表称臣,总共只用了一年半的时间,南宋政权就被消灭了。之所以能如此迅速地取得这样大的胜利,原因可以归纳为三个方面,一方面是由于南宋政权实在太腐败、无能。在大

① 《元史》卷8《世祖本纪》。
② 《元史》卷127《伯颜传》。

敌当前的情况下,南宋统治集团内部尔虞我诈,派系纷争,因循守旧,不思进取,官员贿赂公行,武将贪生怕死,已达到不可救药的地步。这为元朝获胜,创造了极好的客观条件。另一方面是忽必烈灭宋的方针,基本是采取积极稳妥,不急于求成,不冒然进兵。从他即位,到正式下诏伐宋,经过了十四年的准备,其间虽有阿里不哥、海都、李璮等大规模的叛乱,除海都之外,均早已消灭,始下决心,集中力量一举成功。这种老成持重,不急于统一全国的态度,做为一个生长于游牧草原的贵族来说,是十分难能可贵的,也说明他在政治上、军事上都是很成熟的。第三,是他成功地执行了优待和重用宋朝降臣,正确执行在政治上重用汉人,以及改变了对攻下城池肆行掳掠烧杀的政策。

李璮叛变之后,忽必烈在对待汉人官员的态度上,虽有一定的变化,但总的方面,仍坚持了蒙汉官员并重的政策。在伐宋的过程中,由于客观条件的要求,在重用汉官方面,特别是在重用南宋降官方面,是十分成功的。从吕文焕开始,以后的宋淮西制置使夏贵、朱焕、范文虎等等,都被忽必烈重用,成为灭宋的重要力量。而且一改过去对顽强抵抗的城市,一旦攻下,即纵军大肆杀掠的政策,这对灭宋战事的顺利完成,都起了十分重要的作用。那么忽必烈即位以后,在十四年的漫长岁月中,他始终不急于发动对南宋的决战,甚至不同意一些要求灭宋的建议,而是经过了漫长的等待和准备,这是为什么呢?这也反映了忽必烈的深思熟虑。

中国历史上改朝换代的战争,一般是在几年,甚至两三年之内就完成了的。北宋时期,辽、西夏虽然与北宋是对立的政权,但西夏割据于甘宁,远离北宋腹地,辽朝虽然地域广阔,也只是北部边疆的边患，均不具备与宋朝在中原争夺统治全国的资格。南宋时，金朝虽气势汹汹，将宋朝皇帝赶过了淮河流域，构成了对南宋的威胁，但金朝所面对的南宋，其势力从总体上，仍超过了金朝，而且西夏在其西侧，也给他以威胁，金朝统治者虽有夺取全国政权的意愿，却是可望而不可及，且不久即受到蒙古的打击，并最终为蒙古所灭。而忽必烈时期的蒙古与南宋的态势，与辽、西夏、金朝与宋的态势，却大不相同。忽必烈即位时，蒙古不仅据有了西亚、中亚、新疆、蒙古、西藏，统一了除江淮以南四川中部以东地区之外的广大中原地区，而且蒙古人在江淮之间，也有很大的势力。但是忽必烈在即位之后，并不急于对南宋发动大规模决战，不急于统一全国，而是在与南宋不战不和、时战时停的状态中，拖延了十四年之久，然后发动了大规模的决战，并仅仅在一年多的时间，以摧枯拉朽之势，消灭了南宋政权，实现了全国的统一。忽必烈即位后不能即时向南宋展开进攻，首先是因为阿里不哥、海都以及李璮等的相继叛乱，迫使他不得不首先全力对付内部的威胁和心腹之患。同时他也认识到，巩固他的政权，首先是要得到中原广大人民的认可，而中原地区所需要的，是恢复生产、发展经济、健全各种制度、建立各种机构，使中原各地政治、经济走上正轨，社会得到安定，有了这个基础，才能有力量与南宋抗衡。忽必烈屡屡不敢冒然向南宋发动决战的另一个潜在的重要因素，是民族关系问题。南宋政权，在当时的情况下，并不仅仅是一个一般的政权，实际上，从金朝到忽必烈建立蒙古政权，南宋政权始终是中国的正统，是汉族的代表，是汉族保卫家园，抗拒北方游牧民族南侵的指挥中心，所以江南广大群众，首先是把南宋政权当做一个民族的象征来保护的。从金朝到蒙古时期，南方的民族意识得到空前加强，汉族的反抗也是十分激烈的。而且南宋政权的存在，对北方的汉族，有形无形也有很大的影响，对这一点的认识和了解，也是使忽必烈不敢轻易与南宋进行决战的重要因素，也是他长期以来一直力主与南宋签定合约，而不大规模诉诸武力的重要原因。只是在他所控制地区的经济有了一定发展，社会比较安定以后，特别是在以吕文焕等为首的抗蒙英雄投降后，才将灭宋任务提了出来。而且他的伐宋诏书中特别宣告："襄阳既降之后，冀宋悔祸，或起令图，而乃执迷，罔有悛心，所以问罪之师，有不能已者。"直捣临安的决策首先是由汉族官员提出来的，他在接受这一建议时，又反复征求了汉族诸大臣的意见，并且在战争过程，特别重用汉族大臣，特别优待投降的汉族将领。这一点，反映出忽必烈是一个很能掌握当时的民心、民意，善于处理民族关系的少数民族政治家。

二、建立元朝

1206年铁木真在斡难河源被推为成吉思汗，当时所建立的政权称作"也客·蒙古·兀鲁思 Yeke Mongghol Ulus"即大蒙古国，我们也可以称之为蒙古汗国。这种汗国，实际上是自匈奴以来蒙古高原的游牧民族，所建立的以单于(或可汗)为首领的游牧草原贵族分封制政权的继续，这类政权的特点，就在于它的松散性、游移性，并保存有一定的军事民主主义，机构简单而适用。经过窝阔台、贵由、蒙哥，特别是在窝阔台时期，由于蒙古消灭了金朝，而且占据了南宋大片领土，势力扩张至广大农业和汉族地区。为了适应这种状况，蒙古继承和吸收了金朝和中原的统治机构和法律，以治理和统治广大农业区。但从这种政权的总体看，仍是一种以草原游牧贵族为主导的、军事民主主义的汗国政权，它的总的趋向，还是想使广大农业和汉族地区适应草原游牧贵族的需要。1260 年忽必烈即汗位于开平，标志着以草原游牧贵族为主导的军事民主主义的分封制汗国政权，已经发生了某些实质性的转变，而且从忽必烈所实行的政策看，这个政权正朝着由草原游牧贵族汗国型，向封建地主中央集权帝国型转变。在忽必烈即皇帝位的诏书中就指出："朕惟祖宗肇造区宇，奄有四方，武功迭兴，文治多缺，五十余年于此矣。"这表明忽必烈已经认识到，过去的政权、法制已不适宜于当前的需要，所以他主张"祖述变通，正在今日"，并建元"中统"，"法春秋之正始，体大易之乾元"。实际上在忽必烈建元后，即按刘秉忠、张文谦、王磐等诸儒生的建议，设立朝纲、法制、官制，应该说，蒙古政权发展到这个时期，其政权由草原游牧贵族军事民主主义汗国型，向封建地主中央专制帝国型的转变，已经实现了，但是，这个政权仍然保持了"蒙古国"的民族色彩。1271 年，也就是忽必烈接受刘整等围攻襄樊，为消灭南宋做最后准备的时刻，为了以更加正统的、全中国政权的面目出现于南宋百姓面前，接受刘秉忠、王磐、徒单公履等的建议，避免了国号中的蒙古字样，减少了民族色彩，改国号为"大元"，以强化汉文化和正统地位的色彩。他在建国号诏书中称："诞膺景命，奄四海以宅尊；必有美名，绍百王而纪统。肇从隆古，匪独我家。且唐之为言荡也，尧以之而著称；虞之为言乐也，舜因之而作号。驯至禹兴而汤造，互名夏大以殷中。世降以还，事殊非古。虽乘时而有国，不以义而制称。为秦为汉者，著从初起之地名；曰隋曰唐者，因即所封之爵邑。是皆徇百姓见闻之狃习，要一时经制之权宜，概以至公，不无少贬。我太祖圣武皇帝，握乾符而起朔土，以神武而膺帝图，四震天声，大恢土宇，舆图之广，历古所无。顷者，耆宿诣庭，奏章申请，谓既成于大业，宜早定于鸿名。在古制以当然，于朕心乎何有。可建国号曰大元，盖取《易经》'乾元'之义。兹大冶流形于庶品，孰名资始之功；予一人底宁于万邦，尤切体仁之要。事从因革，道协天人。於戏！称义而名，固匪为之溢美；孚休惟永，尚不负于投艰。嘉与敷天，共隆大号。"

这篇诏告集中反映了忽必烈图整个中国之统一，以自己为中国正统法制继承人的思想。诏书中暗含着对原来使用"蒙古"一词的解释，他认为原称"蒙古"，就如"为秦为汉者，著从初起之地名，曰隋曰唐者，因即所封之爵邑。是皆徇百姓见闻之狃习，要一时经制之权宜"，并不完善。而"元"则取《易经》"乾元"之义，表示蒙古所建新朝至大无比，"奄四海以尊"，"绍百王而纪统"，自认是中国历代王朝的正统继承者。

忽必烈正式改大蒙古国号为元，这当然是汉族大臣们的策划和建议，但同时也反映出了一个事实，即由成吉思汗开始建立的蒙古国，经窝阔台、贵由、蒙哥的统治，到忽必烈时，正式瓦解，忽必烈正式承认自己仅仅是元朝即中国的皇帝。这个过程实际上从贵由汗时就开始了，到蒙哥汗时，加快了这个步伐，而忽必烈从即汗位开始，原来的大蒙古国就处于瓦解状态，改国号为大元，实际上就是承认了这个事实。

三、完善和创建各种管理制度

自铁木真被立为汗之后，向西向南进行了大规模的扩张活动,蒙古国的官制为适应其发展,特别是适应向汉族中原地区的发展,逐渐由简到繁,由单一到复杂,并吸收中原制度,最后使用继承和发展了中原历朝官制。

在忽必烈之前,蒙古国的行政官制的发展可分三个阶段。初期阶段是1206年铁木真被立为汗时,为了适应当时草原贵族统治的需要,只设各级札鲁花赤,即各级断事官,掌握民事诉讼、刑狱,此外是各种各类的"怯薛",即亲信内臣分管各项事务。而军事组织,则主要是草原游牧部落传统的兵民合一的千百户制。实际上在成吉思汗后期,特别是在窝阔台即位后,官制发生了大的变化。灭金以后,为了适应新的情况,蒙古国的行政和军事制度,也做了适当的调整,并且在原金朝统治地区和其他汉族地区,保持了金朝和汉族的州县行政设施。大断事官在窝阔台时,仍是中央主持政务的主官,"凡军国机务,悉决于断事官"。1234年,窝阔台命失吉忽为中州断事官,"主治汉民"①,设治于燕京,"鸾舆尚在和宁,中原数十百州命系焉"②。以后窝阔台又曾任命汉人刘敏行尚书省,与牙剌瓦赤同治汉民。③ 1231年窝阔台采用汉官制,"始立中书省",以耶律楚材为中书令,镇海为左丞相,粘合重山为右丞相,但中书令却仍然位于大断事官之下,同时设立十路课税所,"凡州郡宜令长吏专理民事,万户府总军政,课税所掌钱谷,各不相统摄"。④

---

① 《圣武亲征录》。

② 马祖常:《萨法礼碑铭》,《石田集》卷14。

③ 《元史》卷153《刘敏传》。

④ 《元史》卷146《耶律楚材传》。

至蒙哥汗时，蒙古国官制的建设进入第三个阶段，除蒙古本土外，在蒙古大汗统治下，分为三个大行政区，即燕京等地行尚书省，治中原汉地；别失八里等处行尚书省，治畏兀儿至河中地区；阿姆河等处行尚书省，治阿姆河以西波斯等地。在中原地区，也即燕京等地行尚书省所辖地区，地方行政管理机构有路、道，而且各路遍置达鲁花赤，以行监察。

总之，在忽必烈之前，蒙古国的军事、行政管理机构，由适应草原贵族统治游牧民的简单型、原始型，逐渐向统治中原农业民族的复合型、复杂型过渡。既保留了原蒙古的主要官职，又大量采用了辽金朝的各项官职，而且“草创之初，固未暇为经久之规”[①]，因事设职，因人而官，对投降者，因其故官而授之，以示崇荣，并不一定有实职，官职正处于新旧交替时期，应该说，还没有形成完整的体系和制度。

忽必烈即位之初，虽然无暇顾及官职制度的厘定，但一开始他就十分重视行政官吏的配备。中统元年即立行中书省，以王文统为平章政事，张文谦为左丞，“以总内外百官之政”。中书省下设左三部、右三部，将中原各地划分为十路，即燕京路、益都济南路、河南路、北京路等、平阳太原路、真定路、东平路、大名彰德路、西京路、京兆路等，设十路宣抚司，“以总天下之政”。随着统治地区的扩大，以及注意力遂渐集中于内政和地方治理，行政管理和职官的设置愈来愈显得重要。到至元八年，正式建国号为元，同时命刘秉忠、许衡等厘定行政体制和官职，使忽必烈时期元朝的行政体制和官职，更加规范和完善。

---

① 《元史》卷85《百官志》。

忽必烈根据多年来的经验和历代行政制度，在中央一级设立中书省、枢密院和御史台，分别管理全国行政、军事和监察。中书省下又设立各部。部的数量有过很大的变动，中统六年时，以吏、户、礼为左三部，兵、刑、工为右三部，左右部各设尚书二员、侍郎二员等，实际是合署办公。至元元年，左三部中分出户部，右三部中分出工部，各单独为一部，中央分为四部。立国号后，中央始为六部。中书省设中书令，由皇太子兼任。设右丞相、左丞相各一人，由他们总领省事；设平章政事四员，右丞、左丞各一员，参知政事二员，以及其它各种官员。枢密院掌管军事机密及宫禁宿卫军官选授简阅等，设知院六员，同知四员，副使二员等官员。御史台设置较晚，至元五年经高智耀建议，始"置御史台以纠肃官常"①。御史台掌管纠察百官善恶、政治得失，设大夫二员，中丞二员，侍御史二员，治书侍御史二员等官员。

在中央行政机构中，比较具有特殊意义的是总制院的设置。西藏从贵由汗时就归附于蒙古。1252年忽必烈奉命征伐大理，途中须经过吐蕃之地，遂命人前往凉州（今甘肃武威）召请已在那里的藏传佛教萨迦派班智达贡噶坚赞，欲利用其威望，帮助蒙军顺利经过吐蕃。但当时贡噶坚赞已死，其侄八思巴应召于1253年谒见忽必烈，遂被留于王府。忽必烈即位后，于中统元年尊其为国师，授玉印，并命其管理西藏地区。后忽必烈委托他用藏文字母创制蒙古文字，这就是所谓"八思巴蒙古新字"。在忽必烈时期，这种文字主要用于官方的诏诰公文等。到至元初年，由于西藏事务日益繁忙，遂设总制院，

① 《元史》卷125《高智耀传》。

由国师八思巴直接领管，设总制院使1人，正二品，同知1人正三品等及其它官员。至元二十五年，改总制院为宣政院，设院使10员，从一品。其任务是“掌释教徒及吐蕃诸族之事，遇吐蕃有事，则设分院往莅”①。这一官职的设立，反映忽必烈对佛教和西藏的重视，也是中国历代官职中的一个创举。

中央其他办事机构仍以寺、以监、以卫、以府为名。中统年间，中央政府又根据各地情况和事情的性质，以中书省、枢密院、御史台的名义在各地区设办事机构，即所谓行中书省事（简称行省）、行枢密院事（简称行院）、行御史台事（简称行台）。元朝建国号后，地方官职和机构进一步规范，将原来十路宣慰使改为行中书省（简称行省），在行省之下设路、府、州、县。行省数量在建国号之前，并不固定，建国号后，逐渐确定为十三个左右，但仍时有变动，再加上各种各样的宣慰使都元帅府等，使地方行政设施与官员，事出而立，事息而撤，纵横交错，难于理清。但大体的框架，是忽必烈时期奠定的。

忽必烈时所设中央机构和地方行政机构，虽不完整，但对统一政事和军务，消除草原游牧贵族领主势力和中原地区武装集团的割据，起了很好的作用，对元朝中央政令的推行和国家的统一，都是十分必要的。当时人评论忽必烈对中原政治上的统一说：“盖岭北、辽阳与甘肃、四川、云南、湖广之边，唐所谓羁縻之州往往在是，今皆赋役之，比于内地”，“汉唐极盛之际，有不及焉。”②

---

① 《元史》卷58《地理志》一。

② 许有壬：《至正集》卷32《送蔡子华·序》。

四、进一步削弱和淡化亲王贵族分封制

作为一个草原游牧民族，一旦建立政权，他们所采取的基本的行政制度，就是贵族领主分封制度，即对可汗或首领的子弟、有功大臣，按其地位和功劳，分给他们一定数量的土地及人民，作为他们的“汤沐”之地，这块土地和附着于其上的牧民，就成为这位贵族的领地和属民。这是古代游牧草原民族政权行政制度的通例，也是草原游牧经济所需要的基本管理形式。蒙古作为游牧草原部落民族，在其建立政权后，对土地和人民的管理，也无例外地采取了这种制度。正如史籍所记，成吉思汗即位后，说：“哥哥弟弟们商量定，取天下了呵，各分地土共享富贵”①，这是他们跟随成吉思汗出征打仗的目的，因此也是取胜后必然获得的结果。在成吉思汗即汗位时，他的兄弟、诸妻子都得到了一块封地和一定数量的属民。到成吉思汗后期，又给其四个儿子划分了封地。经过窝阔台、贵由和蒙哥汗，这些封地又有了许多新的变动和新的分配，但就其范围来说，蒙古贵族所占封地，主要是当时蒙古汗国所控制的适合游牧的地区，包括蒙古本部及其西北地区和今新疆北部、中亚以及大兴安岭东西等地。

随着蒙古扩张战争进入中原金朝领域，蒙古贵族在战争中所占的土地和居民，除大部分为蒙古大汗所有外，各贵族将领也均有自己的私属，所谓“国初方事进取，所降下者，因以与

① 《元典章》卷9《吏部》三，《改正投下达鲁花赤》。

之，自一社一民，各有所主，不相统属”[①]。窝阔台时，命耶律楚材为“中书令”，耶律楚材根据中原情况，提出一系列限制诸王贵族抢掠土地、百姓和财赋的政策，加强中央政府对州县的管理。1234年，窝阔台根据耶律楚材的建议下令：“不论达达、回回、契丹、女真、汉儿人等，如是军前掳到人口，在家住坐做驱口；因而在处住坐，于随处附籍，系是皇帝民户，应当随处发差”[②]，限制了诸王贵族对新占州县百姓的随意霸占。1235年，窝阔台又将中原诸州和民户分封给诸王贵族。按以往惯例，分封给诸王贵族的州县百姓，诸王贵族就有权派官管理，直接收取和勒索贡物，征发各种杂役。这一惯例，极不利于中原地区社会安定、经济发展，也是对蒙古中央政府权力的极大削弱。耶律楚材立即向窝阔台建议，认为这样做“‘尾大不掉，易以生隙，不如多与金帛，足以为恩。’上曰：‘业已许之’，复曰：‘若树置官吏，必自朝命，除恒赋外，不令擅自征敛，差可久矣。’从之。”[③]“命各位止设达鲁花赤，朝廷置官吏收其租颁之，非奉诏不得征兵赋”[④]。从此后，给诸王贵族封赐州县百姓的事，虽然年年都有，但对这些分地的管辖权，却逐渐转归中央政府，诸王贵族只是按一定数量——即五户丝，从州郡政府处领取赋税，大大地减弱了百姓对诸王贵族的人身依附。

忽必烈即位之初，于中统元年对五户丝制，即诸王贵族按封地大小所得的收入，进行了改革。原来“五户丝”从州郡官

① 《元文类》卷57，宋子贞：《中书令耶律公神道碑》。

② 《元典章》卷17，《户部》三“户口条画”。

③ 《元文类》卷57，宋子贞：《中书令耶律公神道碑》。

④ 《元史》卷2《太宗本纪》。

员处领取,汉族诸大臣认为:“如此是恩不上出,事又不一,于政体未便”,要求今后“五户丝”都上交“大都总藏,每岁令各投下差官赴省,验数关支”①。这又进一步加强了中央集权,进一步拉大了诸王贵族与其封地之间的距离。至元元年,又颁圣旨,“切禁约投下人员,无得似前乱行招收(民户)”,而且罢除了由诸王贵族在各封地所设达鲁花赤。平定李璮后,对各路汉族军阀,忽必烈乘机“罢诸侯世守,立迁转法”,所有汉族世侯的封邑,被迫自动邀还、撤消,即所谓“改隶民籍”。对一些宗王的封地,也作了调整,并“敕诸投下官,隶中书省”,把诸王贵族在自己封地上的代表,全部撤消,大大削弱了诸王贵族封建割据的势力。

忽必烈毕竟还是一个长期在游牧贵族分封制下生活的蒙古贵族,他当然不可能对分封制撤底废除,所以他尽管对分封制进行了许多改革和限制,但他仍然多次进行分封,即所谓分授“汤沐邑”于诸王。除此而外,他还先后把自己的儿子封为王,使其镇抚一方。其中如忙哥剌被封为安西王,镇关中;南合木为北平王,镇阿力麻里;阔阔出为宁远王,镇漠北;奥鲁赤为西平王,镇河西;脱欢为镇南王,驻扬州;忽哥赤为云南王,驻昆明;“汴梁以南至江,以亲王镇之”,“依安西王故事”。这些王虽然与以前各蒙古大汗所封诸王对封地所拥有权力的性质,已大不相同,但是,其权力依然很大。如安西王,有自己的王府,有自己的官员,拥有重兵,“凡河东、河南、山之南与陕西食解池盐地,皆置吏督其赋入,悉输王府”②,“凡官关中者,职

① 王恽:《秋涧先生大全文集》卷80《中堂记事》。
② 《牧庵集》卷18《提举太原盐使司徐君神道碑》。

与不职，听其承制迁黜"①，"其大如军旅之振治，爵赏之予夺，威刑之宽猛，承制行之。自余商贾之征，农亩之赋，山泽之产，盐铁之利，不入王府，悉邸自有"②。其中一些权力，按规定并不属亲王，但这些亲王驻守地方，对当地各项行政、税收之事，不可能不插手，也不可能不将地方财税攫为己有。但他们毕竟不同于封建割据的草原贵族。因为按规定，他们是不能干涉地方州县的行政和财赋，一般也不许设立王府及其官员，他所镇抚地区的老百姓，更不是他的投下户，所镇地区也不是他的"兀鲁斯"。镇抚亲王的职能，实际上主要是一种直属于忽必烈的、有超过一般监督权力的特殊监督机构。

① 同上书，卷23《高良弼神道碑》。

② 同上书，卷10《延釐赤碑》。

第四章　击退西北诸王的东侵及对边疆地区的经营

一、平定西北诸王

窝阔台去世之后，由于在汗位继承上的争执，蒙古各贵族集团之间，已有了不少或明或暗的斗争，但由于老一辈贵族们多方斡旋和维持，这些争执一直未发展到大规模动武的地步。自从忽必烈即位之后，矛盾激化，并发展成为大规模武装斗争。首先是以他的亲弟弟阿里不哥为首的贵族集团，公然掀起的武装斗争。在阿里不哥为首的贵族被武装平定后，其他贵族藩王的反抗，接二连三，终忽必烈之世未断。

在阿里不哥之后，反抗忽必烈最有力的藩王是窝阔台的孙子海都。窝阔台原来的封地，大约在额尔齐斯河上游、巴尔喀什湖以东、伊犁河以北至卡通河的地区，主帐设在叶密立(即今新疆额敏)。窝阔台即位后，实际上据有了拖雷封地，把自己的封地交贵由管理。贵由即大汗位，封地由其三子忽察、脑忽、禾忽管理。蒙哥即汗位，忽察、脑忽心怀不满，带兵东进，为蒙哥所擒。蒙哥为了加剧窝阔台一系诸王内部的矛盾，消灭贵由的势力，遂将窝阔台汗国封地分割给窝阔台系诸王。其中窝阔台孙海都被封于海押立(今哈萨克斯坦塔尔迪库尔干东南库加雷)。阿里不哥称汗，海都立即拥载，与之相呼应，反对忽必烈。但忽必烈一再忍让，未使矛盾激化，使海都保持了一定程度的中立。阿里不哥归降后，忽必烈立即对海都进行拉拢，派铁连为使，赴海都处传达忽必烈希望与海都和好的意愿，说服海都放弃反抗立场。海都当然不会为一使所动，但铁连却受到海都优厚的接待，被赠予皮衣等物。铁连回朝后，忽必烈令将此皮衣全饰以金，凡有朝会，铁连可穿此衣，以示忽必烈对海都的思念和尊敬。以后铁连还多次出使海都处，忽必烈曾赞扬铁连说："有铁连，则朕之宗族将不失和也。"① 可见忽必烈对海都的处理，是十分慎重的。但海都并未为之所动，反而在阿里不哥失败后，联络术赤后王别儿哥，以及察合台汗诸王、钦差等地蒙古诸王，与忽必烈对抗。

察合台汗国的疆域，最初北以伊犁阿与窝阔台汗国相邻，西至锡尔河中游，南达阿姆河，包括楚河、锡尔河、阿姆河上游、河中地区及天山南北西部地区，察合台去世(约 1242 年)后，乃蛮真可敦以察合台孙哈喇旭烈兀监国。贵由汗即位后，

---

① 《元史》卷 134《铁连传》。

立察合台次子也速蒙哥为察合台汗。后因也速蒙哥反对蒙哥汗即位，蒙哥汗命哈喇旭烈兀为察合台汗国可汗，并下令处死也速蒙哥。哈喇旭烈兀病死，其妃倭耳干纳代行使命，杀了也速蒙哥，自为监国。忽必烈即位后，察合台汗国诸王成为忽必烈和阿里不哥争取的重要对象，各自派拥护自己的察合台后裔，去主持察合台汗国的汗位。结果，忽必烈所派察合台之孙阿卜失合，为阿里不哥属下捉获，送往和林。阿里不哥所遣察合台之孙阿鲁忽到达察合台汗国，迫使倭耳干纳交出政权，成为察合台汗国之汗。

但阿鲁忽即察合台汗位之后，对求索无厌、节节败退的阿里不哥，并未伸出援助之手，反而于中统三年(1262 年)，一方面派人向忽必烈表示效忠，一方面率军东向，袭击阿里不哥的军队，并与窝阔台汗国后王禾忽联军，在窝阔台境内叶密立水(额敏河)及伊犁河地区，与阿里不哥军展开激战。结果阿鲁忽军反被击溃，阿里不哥军追至天山以南浑八升(今阿克苏)，互相混战，阿鲁忽被迫西逃至察合台汗国西部的薛米思坚(今撒马尔汗一带)，阿里不哥占据察合台汗国中心。此时的阿里不哥，实际上已经占据了窝阔台汗国、察合台汗国的大部分地区。但是由于阿里不哥对这里的诸王聚敛无度，又不知依靠和拉拢两汗国诸王，再加忽必烈军事上的胜利，原支持他的海都、别儿哥(拔都之弟、钦差汗国之汗)都改变了态度，阿里不哥只好投降忽必烈。而海都此时乘机占据察合台汗国大部分地区，察合台汗八剌(当时已继阿鲁忽为汗)归附于海都，远居于汗国西部河中地区，察合台汗国实际成为窝阔台汗海都的附庸。

至元十一年(1274 年)，海都拥立原察合台汗八剌之子笃哇为察合台汗，笃哇死心踏地听从海都的意志，与他联合起来公开反对忽必烈，并于当年进兵畏兀儿地区进行骚扰。

早在至元五年，忽必烈为了抵御海都侵占窝阔台汗国以东地区，就派皇子北安王那木罕出镇西域，建牙于阿力麻里。[①] 随那木罕镇戍阿里麻里的还有皇子阔阔出、昔里吉、脱黑铁木儿等亲王七八人，各率所部相从，对海都的东侵，起了很大的遏制和威慑作用。至元十二年元军集中力量于灭宋，中原空虚，海都、都哇联军在西北地区大举东进。而同那木罕一起镇抚西域地区的亲贵大臣、诸王之间，时间一长，出现了一系列矛盾，那木罕大有难于驾御之虞。忽必烈为了加强边防，巩固那木罕的地位，遂派中书右丞相安童，以行中书省枢密院事，到阿力麻里协助那木罕。安童虽为木华黎之孙，受有良好的教育，但却无指挥战争的实际经验，也缺乏处理边疆军政事务的能力，年纪又轻(时年 30 左右)，更不为各位手握重兵的亲贵大臣所重视，所以安童的到来，不仅未能加强边防，反而加剧了诸贵族之间的矛盾。至元十三年八、九月间，随那木罕率军驻守阿力麻里的脱里帖木儿(成吉思汗弟斡赤斤之曾孙)，勾结阿里不哥子药不忽儿、玉龙答失(蒙哥汗子，从那木罕镇戍阿力麻里)之子撒里蛮等，拥立蒙哥汗子昔里吉(蒙哥汗第四子，玉龙答失之弟，亦随那木罕镇戍阿力麻里)为汗，发动叛变，劫持北平王那木罕、安童等，企图与海都结盟，共同抗拒忽必烈。但此一阴谋并未得逞，海都坚持窝阔台、察合台后裔共同反对拖雷后裔主政的狭隘观念，不愿与以拖雷后裔

① 《蒙兀儿史记》认为此为察合台汗国夏牙之地，有误。实际是窝阔台汗国夏牙之地，在今霍城一带。

为主的反忽必烈的势力合流，昔里吉等只好纠合其部，东进侵犯和林。当时，翁吉剌部首领只儿斡带，在应昌（今内蒙古克什克腾旗西达来诺尔西南）起兵响应。忽必烈急命刚从平宋前线归来的伯颜，率兵北上平叛。叛军在元军攻击下，退守叶尼塞河上游吉尔吉斯地，不久，昔里吉叛变集团矛盾尖锐，撒里蛮分裂出来，严重削弱了昔里吉的势力。昔里吉被迫率部南退额尔齐斯河上游一带，被各个击破。至元十九年，昔里吉破俘，押送上都，被流放于海南岛而死。而撒里蛮等扣押那木罕，依附于海都对抗朝廷，直至至元二十二年，那木罕等始被释放，忽必烈改赐他为北安王，仍镇戍于别失八里地区。

在昔里吉叛乱后，海都虽不愿与之合作，但却乘元朝政府集中力量平定昔里吉集团的大好机遇，"侵扰天山南北，殆无虚岁"，今新疆各地连年遭受海都兵燹之苦，同时也迫使忽必烈加强了对今新疆一带的防务。至元十五年起，先后设置别失八里、哈剌火者（今新疆吐鲁番东南）、兀丹等处宣慰司都元帅府，又命阿老瓦丁、忽必来、别速台、忽都鲁迷失等先后戍兀丹（今新疆和田）、阿塔海戍曲先（今新疆库车）、綦公直戍别失八里（今新疆吉木萨尔县北破城子）等重要战略要地。在那木罕被劫持的情况下，命亲王合班阿只吉节度诸军。至元十八年，又改畏兀儿断事官为北庭都护，以脱脱木儿领都护职。

海都当时虽可号令大部分窝阔台、察合台诸后王，声势十分浩大，而且企图控制整个新疆，但在戍守天山南北诸将及畏兀儿亦都护的合力抗击下，其图谋始终未能得逞。在海都对西部侵扰十多年的过程中，畏兀儿亦都护在抗击海都的侵扰中，有过突出的表现。

元代畏兀儿亦都护所控制的地区，主要在以吐鲁番盆地为中心的今新疆东部地区。海都和昔里吉之乱,其主要活动地区虽在吐鲁番盆地以西,但对亦都护控制地区的骚扰,也时有发生,致使"种人不安其业,多所流亡"。忽必烈曾下旨,命亦都护将流散于各宗王地区的维吾尔族群众,招回本地加以安置。① 至元十二年(1275 年)附于海都的都哇等,率兵再一次侵扰吐鲁番盆地,亦都护火赤哈儿的斤退守哈喇火州(今吐鲁番县),为都哇 12 万大军围困,逼亦都护投降。火赤哈儿的斤率全城居民,拼死守城,被围达半年之久。都哇见久攻不下,遂射书于城上,提出:"尔能以女与我,我则休兵,不然则急攻尔。"② 当时城中粮秣将尽,人心不稳,为了顾全大局,保全全城居民,火赤哈儿答应都哇的要求,将女儿也立亦黑迷失别乞周身用厚毡包裹,用绳索从城上吊出城外。都哇久攻不下,又惧忽必烈的援军,在得到此女后,也只好收军西撤。其后火赤哈儿到大都觐见忽必烈,受到忽必烈的嘉奖,并将贵由汗的公主巴哈儿嫁给他为妻,发钞十万锭,恢复火州城的生产和生活,同时批准将火州城的居民暂时迁徙到辟展(今鄯善)居住。不久火赤哈儿在抗击海都、都哇的战斗中牺牲。

至元二十三年,海都、都哇联军进攻别失八里,大败元军于洪水山,俘辅国上将军、都元帅、宣慰使綦公直及怀远大将军、管军总管李进,于是海都、都哇声势大振。至元二十四年,乃颜在辽东叛乱,海都欲千里应援,使东西两股叛乱力量相连。幸有伯颜奉命驻镇和林,遮断海都东进与乃颜联兵的通道,再加乃颜迅速被平定,海都遂打消东进的企图。但海都势

① 《蒙兀儿史记》,第 316 页。
② 《元史》卷 122《火赤哈儿的斤传》。

力得以越过阿尔泰山东扩，至元二十五年侵袭甘肃北部，次年入蒙古中部杭爱山一带，长期驻守沿边的皇孙甘麻剌率军迎战，结果被围于薛凉格河(今色楞格河)一带，幸有援军及时赶到，始得解围。海都此次东进，在蒙古地区扩大了自己的影响和声势，和林宣慰使怯伯、同知乃满带等，竟率军响应海都，“漠北大震”，一时间，整个漠北似有被海都占有的危险。在这种情况下，忽必烈于至元二十六年秋七月北上亲征，大军至和林以北，海都有意回避，忽必烈未能找到海都大军，于十月无功而还。至元二十九年，岭北枢密院副使、钦差亲军卫都指挥使土土哈率军征讨海都，在金山(阿尔泰山)一带大败海都，俘获海都部兵三千余户还和林。至元三十年，土土哈又率军进入叶尼塞河上游吉尔吉斯地区，收复唐努山以北吉利吉思、乌斯、撼合纳、谦州、益兰州五部之地，并在此处屯兵驻守，给海都以巨大打击。

海都自至元七年以窝阔台汗国汗王身份，起兵反抗忽必烈，后又联合察合台汗国后王都哇等，一起联兵在天山南北、大漠以北以及中亚一带，骚扰二十余年，使这一带社会、经济遭受破坏，给忽必烈的统治以很大打击。到至元三十年，在多年的反复战争中，海都势力受到削弱，甚至包括金山以北窝阔台汗国的基地，都遭到元军的打击。但在西域及金山以南和察合台汗国其它地区，反抗忽必烈的势力仍很强大，原来属于蒙古大汗管辖的各汗国，已完全脱离了蒙古大汗，即元朝皇帝的管辖，而窝阔台汗国诸后王、察合台汗国东部诸后王，反而成为忽必烈的敌对势力，给元朝西部、北部边疆造成严重威胁。忽必烈就是带着这一遗憾，于1294年去世了。

忽必烈去世后，海都之乱并未平息，元成宗铁穆耳即位之后，防御海都仍是其西部大事，双方之间曾多次发生大战，互有胜负。大德五年（1301 年），海都、都哇召集两汗国四十王，与元朝军队在金山以东激战数十日，都哇膝部受伤先退，海都亦只好西还，途中病死，时年约 60 岁。在都哇主持下，立海都子察八儿为窝阔台汗。长年征战，使蒙古西部、金山南北、天山南北部落分散，人民贫困，就连一部分诸王贵族亦厌恶战争，希望和平。海都死后，诸王贵族中要求和平的人数增多。察合台汗都哇首先向察八儿建议，向元朝中央政府“遣使请命，彼此罢兵，通一家之好”①。察八儿欣然同意，遂于大德七年（1303 年）遣使元朝中央，表示归附。但不久，都哇、察八儿失和，并于大德十年（1306 年）双方大战于忽毡（今塔吉克斯坦苦盏，原列宁纳巴德）、薛米思坚（今乌兹别克斯坦撒马尔罕），最后都哇偷袭察八儿成功，同时元成宗亦命元朝军队逾阿勒台山，袭击察八儿后方，进军至额尔齐斯河，配合都哇对察八儿的进攻。察八儿由此一蹶不振，只好归附于都哇。都哇乘机不仅将海都所占察合台汗国领土全部收回，而且将窝阔台汗国大部领土兼并。不久都哇死（约在大德十年），察八儿于至大三年（1310 年）至上都投降元朝政府。从此整个西域为察合台汗国所占有，窝阔台汗国实际消失。对元朝来说，首先由窝阔台汗国汗王海都所发动，以后又有察合台汗国后王都哇参加的反对忽必烈的叛乱活动，延续近五十年，在忽必烈去世 15 年后，终于基本结束。但这场战争却使漠北、新疆及中亚一带，社会经济遭到很大破坏。都哇死后，长子宽阇即察合台汗位，他继续执行都哇最后与元朝中央政府和好的政

---

① 《蒙兀儿史记》卷 74《昔里吉传》。

策,在武宗时,宽阇"将成吉思汗时所造户口青册进于朝"①,表示服从元朝中央政府。此后诸察合台后王与元朝政府的关系时好时坏,但隶属关系始终未断,中央在察合台汗国境内的官员、屯兵也维持了很长时间。以后随着元中央政府的腐败、中原地区的动乱以及察合台后王内讧的加剧,察合台各后王独自为政,互相攻伐,一直延续到明朝建立。

二、对西北边疆地区的经营和管理

元朝西北边疆,主要指今新疆地区。这里最早与蒙古发生关系的是高昌回鹘王国。高昌回鹘王国是9世纪60年代由回鹘人以高昌(今吐鲁番)为中心建立起来的地区政权。其范围大约东起哈密,西到阿克苏、温宿,北至伊犁河,南与吐蕃势力相接,即达今若羌、且未一带。11世纪初,高昌回鹘王国归附于哈喇汗王朝。12世纪,西辽建立后,高昌回鹘又归附于西辽,受西辽所派"少监"控制,向西辽缴纳大量贡赋。13世纪初,蒙古在阿尔泰山一带连连取得重大胜利,声名远播天山南北,高昌回鹘亦都护巴尔术阿而忒的斤于1209年杀西辽"少监",归附于成吉思汗。1211年,亦都护还亲自到克鲁伦河畔觐见成吉思汗,成吉思汗封巴尔术阿而忒的斤为第五子,又以亲女嫁给亦都护。从此高昌回鹘与蒙古建立了密切关系,其首领世代与蒙古黄金贵族联姻,成为蒙古统治高昌地区的基本支柱。但在高昌回鹘西部的天山南北及中亚地区,仍是西辽的势力。在高昌回鹘政权归附蒙古政权后,成吉思汗

① 《蒙兀儿史记》卷32《察阿歹传》。

又派大军经阿尔泰地区，进入西辽境内，并占领原西辽的广大地区。

西辽是原辽朝契丹贵族耶律大石在今新疆西部和中亚东部建立的政权。1124 年，在辽朝即将灭亡的前夕，耶律大石自立为王，率部西遁，凭借辽朝的威望，组织了 10 多万人的军队，于 12 世纪 30 年代初，进入新疆西部地区，在当地回鹘政权和居民支持下，逐渐扩大势力，并趁喀喇汗朝内部矛盾，消灭喀喇汗王朝，建立起以虎思斡耳朵（又称八剌沙衮，今吉尔吉斯斯坦托克马克西南布拉纳古城）为首都的西辽政权。

13 世纪初，以铁木真为首的蒙古部兴起，打败了强大的乃蛮部，乃蛮部首领屈出律逃到了西辽境内，为西辽国王直鲁古所接纳，并将女儿嫁给他，屈出律由一个逃亡者一跃而成为西辽国的驸马爷。1212 年屈出律趁西辽各部闹分裂之机，与西辽内部的反叛势力相勾结，篡夺了政权，成为西辽政权的国王。成吉思汗的宿敌乃蛮部首领屈出律的得势，对刚刚兴起的蒙古来说，当然是心腹之患。1218 年，成吉思汗命大将哲别率军进攻屈出律。不到一年时间，蒙古军队消灭屈出律的势力，占有了原西辽的广大地区。成吉思汗去世后，新疆西部地区分别成为察合台汗国和窝阔台汗国的重要组成部分。

忽必烈即位后，今新疆地区的形势发生了重大变化。在阿里不哥公开反对忽必烈后，窝阔台汗国后王海都以北疆为基地，首先打起拥载阿里不哥，反对忽必烈的旗号，接着，察合台后王阿鲁忽亦采取骑墙态度。阿里不哥投降后，窝阔台后裔海都实际控制了新疆西部大部分地区，并联合受其控制的察合台后裔笃哇，共同抗拒忽必烈，成为元朝西部的心腹大患。因此,治理今新疆地区就成为忽必烈抵御西部诸王叛乱,巩固元朝政权的重要一环。当时忽必烈一方面依靠高昌回鹘亦都护抵御笃哇的侵犯,同时采取一系列措施,治理天山南北。

1268年(至元五年)海都等率兵内侵,忽必烈率大军迎击,海都兵败,忽必烈大军追至阿力麻里,海都远遁。忽必烈为加强新疆地区抵御海都的力量,任命皇子北平王那木罕为首率亲王七人,兵马数千,建牙于阿力麻里①,作为元朝在西部边疆地区的最高军事长官。在这件事上,忽必烈很可能是想利用各路王子的身份和地位稳定那里的形势,结果事与愿违。那木罕、阔阔出虽是他的儿子,但并无多高威望,亦无统兵能力,对这些亲王并无多大约束力。其他几位亲王,如玉龙答失(蒙哥汗子)、昔里吉(蒙哥汗子)、药不忽儿(阿里不哥子)、撒里蛮(玉龙答失子)、阿速带(蒙哥汗子)、脱里帖木儿(铁木哥斡赤斤孙)虽都表示拥戴忽必烈,但大都曾跟随阿里不哥反对过忽必烈。何况七八个亲王各率所部驻守于阿力麻里,岂能长期相安无事,矛盾冲突必多有发生,最后必然导致发生严重分裂。在这件事上,显然是忽必烈的一个失误。1274年(至元十一年),海都拥立察合台后裔八剌之子笃哇为察合台汗国之汗,窝阔台后裔和察合台后裔这两股反忽必烈的势力在新疆联合,势力大增,给那木罕以很大压力。驻守阿力麻里的诸王开始动摇、分裂。至元十二年(1275年)海都、笃哇联军进攻高昌城,围城达半年之久,亦都护火赤哈儿的斤,被

① 《元史》卷63《西北地附录》。地在今新疆霍城县西北克干山南麓。《新元史》本传记此事于至元四年。《蒙兀儿史记》以为在至元八年。

迫将亲女献出，始得解围。在这次事件中，那木罕、安童竟未出兵相援，这也反映出当时驻守阿力麻里的元兵的形势十分险恶。至元十四年(1277年)①，驻阿力麻里各亲王之间发生分裂，蒙哥汗诸子昔里吉、玉龙答失及其子撒里蛮，阿里不哥之子药不忽儿等劫持那木罕、阔阔出及安童，推昔里吉为大汗，率众叛变，企图与海都联合，并率众东进和林。忽必烈在新疆地区的兵力和管理机构受到严重打击。此后，忽必烈逐步加强了对新疆地区的兵力和管理。在南疆地区，以斡端(和田)为中心，大量进驻军队和官员。至元十五年派西域人阿老瓦丁"将兵戍斡端"，抵御海都入侵。至元十六年(1279年初)海都部众又一次大规模东进，侵入南疆，形势危急，又以"忽必来、别速台为都元帅，将蒙古军两千人、河西军一千人戍斡端城"，正式设立斡端宣慰使都元帅府，任命川西道宣慰使刘恩为都元帅，率兵进驻斡端，元军大败海都部将玉伦亦撒，稳定了南疆局势。虽然如此，但由于对南疆地区缺乏长远而有力的治理措施，元朝在南疆的兵力毕竟难于长期维持。在海都等叛王的压迫下，忽必烈终于在至元二十六年撤消了斡端宣慰使都元帅府，这应该说是忽必烈对南疆政策的又一个失败。② 新疆北疆地区，一直是忽必烈心目中重点保护的地区。自阿力麻里失守，那木罕被俘，元朝在这里的统治也岌岌可危。在那木罕被俘后的第二年(至元十五年)，授八撒察里虎符，命其掌管别失八里和高昌城的军站事，保证新疆与内地的交通畅通。至元十七年，正式改畏兀儿断事官为北庭都护，都

---

① 《蒙兀儿史记》以为在十三年。

② 《蒙兀儿史记》卷100《李进传》。

护秩二品,置官十二员,驻别失八里。初以脱脱木儿等领其事①,至元十八年(1281),任万户綦公直为都元帅、宣慰使,任都护,镇别失八里。② 綦公直在别失八里镇戍五年,在他任内,忽必烈曾将北庭都护改为北庭大都护,以诸王阿只吉掌大都护事,以统管南北疆军事和元军。③ 至元二十二年,因"阿只吉失律"被撤消都护事,将当时驻守在和林的老帅伯颜调至别失八里,坐镇新疆,抵御海都。忽必烈时期,由于他认识到今新疆地区的特殊性,没有在这里设置像内地一样的管理机构,他主要是依靠和利用畏兀儿亦都护和当地原有地方机构和部落首领,进行管理。同时,在阿力麻里、别失八里、斡端等主要地区,驻守大量军队,并设置了宣慰司、都护府以及按察司等官员。但这些官府和官员,大多是因事而设,事毕即撤,并无完整和稳定的行政部门,在新疆所设官府,主要还是军事部门。这正是忽必烈继承历代王朝对西域边疆的统治经验,根据当时的实际情况,所采取的治理措施,应该说从整体上还是成功的,特别是对待高昌亦都护和当地各部、各地方首领的态度上,既继承了历史上各统治王朝因俗而治的羁縻政策,又派亲王、大将率兵戍边并设流官处理地方事务,这些政策对团结抵御海都等的侵袭,安定地方秩序,都起了积极作用。

此外,忽必烈在新疆地区大力推行屯田,发展当地经济,并十分重视这里驿站的建设。这既是管理和统治新疆的需要,也是御防海都等内侵的需要。这对加强新疆与内地的联

---

① 《元史》卷89《百官志》五。
② 《元史》卷11《世祖本纪》为十七年,《綦公直传》为十八年。
③ 《元史》卷89《百官志》五。

系,也起了很大作用。

早在至元三年,忽必烈就看中了和阗的丝绸生产,他设置了"忽丹八里局",以促进和田丝绸生产的发展。"和田绸"至今仍是闻名于中亚的土特产品。至元二十三年,又在别失八里设"别失八里局",负责当地丝绸纺织品等的生产。[①] 特别由"别失八里局""掌织造御用领袖纳失失等段"。"纳失失"为波斯语,是中亚、波斯等地生产的一种锦缎织品的名称,这个局的作用,就是组织该锦缎的生产和采购,而且还主要是供给朝廷皇室的需要。

当时的钞法亦行于新疆各地。至元十七年(1280 年),忽必烈下令"立畏吾境内交钞提举司",管理和负责新疆地区元钞的印制、发行和兑换事宜,这对推进新疆地区经济的发展,是十分有益的。

忽必烈时期为了沟通与伊儿汗国、中亚其他地区以及南北疆之间的联系,在新疆广设驿站。至元十一年(1274)在于阗(今和田)、鸦儿看(叶尔羌,今莎车)两地,共设水驿十三站。至元十八年(1281 年)又从太和岭(今外高加索山太和岭,非山西之太和岭)至别失八里(今新疆吉木萨尔破城子)修建新驿站 30 个,大大加强了元朝中央王朝与伊儿汗国之间的联系,新疆地区作为中间地带,起了重大作用。此条驿站线,虽然主要是为了方便伊儿汗国与元朝政府的联系,同时,它也加强了蒙古地区与内地的联系,是忽必烈为恢复和发展丝绸之路所采取的规模巨大的重要措施。至元十九年,忽必烈同意镇戍斡端的蒙古军将领别速台的建议,在新疆东部罗卜(今若

① 《元史》卷 85《百官志》一。

羌)、阇里辉(今且末)设立驿站,更便利了斡端地区与内地的联系。至元二十二年,忽必烈又批准诸王阿马吉的要求,设"别失八里站赤,置马六十匹,牛、驴各二十五只,岁支首思羊一百口,解喝酒一千五百升,各给价钱备买,仍与钞六百锭,以供后来之费"①。这都显示了忽必烈对新疆地区交通建设的重视。

忽必烈对在新疆地区的屯田,也十分重视,因为这不仅对发展当地经济有好处,特别对加强边疆地区的防务,有很大作用。

最初,忽必烈对新疆地区的官员、驻军的粮食等物,主要由内地供应,凡调入这里的部队,除拨调必须的粮秣兵饷外,还赐予大量用品,如阿老瓦丁率兵到斡端,一次拨给他米三千石,给綦公直一次赐钞一万二千五百锭。但并不能完全解决驻军的粮秣和需要。至元十六年,在新疆农业地区,开始实行计亩征税,以满足元朝在新疆地区的官员和驻兵的需要和供应。而真正能解决新疆地区戍军供应问题的,还要靠兵丁在当地的屯田。因此,忽必烈在新疆地区设立了许多屯田区。至元二十三年,派侍卫新附军千人屯田于别失八里,并在那里置元帅府总管屯田事宜。至元二十四年,又派军士在阇鄘(且末)屯田,而且屯田规模也日益扩大。斡端也是元代屯田要地。至元二十五年,"命斡端戍兵三百一十人屯田"。不仅将大量戍军转为屯田兵士,并逐渐由军屯发展到由移民进行的民屯。至元二十四年年底,发"河西、甘肃等处富民千人往阇鄘地,与汉军、新附军杂居耕植"。这一年"以忽撒马丁为管领甘肃、陕西等处屯田等户达鲁花赤,督斡端、可失合儿工匠千

---

① 《永乐大典》卷19418,第4页。

五十户屯田”。屯田的建立,对新疆地区农业生产的发展,起到了促进作用。

三、对西藏和藏族地区管理的加强

据许多藏文史籍记载,在成吉思汗第三次进攻西夏时期(1206年),就曾与藏族地区有过交往。1227年消灭西夏后,亦曾通过在西夏的喇嘛,向西藏发出诏令。[①]

但蒙古与西藏建立正式关系,是由窝阔台的第三子阔端打开的局面。

窝阔台即位初,分兵三路攻宋,阔端为右军,率部从西部攻取秦、巩,入四川向东攻宋。阔端在这一带征战十余年,今甘肃、宁夏、川西广大地区,均在其控制之下。在此期间(约在1239年),根据窝阔台的命令,阔端曾派以多达那波为首的一支蒙古军,由青海南下进入西藏,[②]在拉萨地区曾驻军两年。阔端进军西藏的目的,根据当时蒙古统治者的一贯想法,当然是为了征服一切还不曾臣服于蒙古的民族和地区,但进军西藏的艰险,蒙古统治者当然也是很清楚的。因此,了解西藏的状况,与西藏地区的地方势力建立友好关系,并使之亲自前来进谒,达成正式协议,是达到这一目的的最好方式。多达那波十分准确地领会了这一意图,他在西藏充分了解了西藏各教

---

① 王辅仁、陈庆英:《蒙藏民族关系史略》,中国社会科学出版社1985年版,第14—15页。

② 《史集》第2卷,第33页记窝阔台“派遣拖雷汗的侄子和儿子们带着两万[军队]穿过吐蕃”。此事,很可能即指多达那波进藏之役。

派、各地区的情况和势力，在给阔端的报告中说："在边地西藏，僧伽组织以噶当派的最大，顾惜脸面以达垅噶举派的领袖最甚，排场华丽以止贡噶举派的京俄为最，教法以萨迦班智达最精通，迎请何人请示明喻"。① 但此时，窝阔台已去世，阔端要回和林参加窝阔台的葬礼，他只好将多达那波及其所率部队撤回甘肃。

在和林期间，窝阔台的皇后脱列哥那（乃马真氏）称制摄国政，将唐兀之地（即原西夏地区，包括甘肃河西、湟水流域、洮水流域、宁夏以及陇右）作为阔端的封地，以西凉（今甘肃武威）为其王府所在地，② "承制得专封拜"③。1245年阔端遂派多达那波等人入藏，邀请实际控制以日喀则为中心的后藏地区并在全西藏有重大影响的藏传佛教萨迦派班智达（大学者之意）贡噶坚赞来凉州，商讨西藏归顺之事。阔端在给萨迦班智达贡噶坚赞的信中说："我召请你，文殊菩萨的化身，萨迦·班智达，请你不要踌躇的前来。假如拖延不肯前来，我将派大军去杀戮百姓，蹂躏西方的唐兀和土番。你的心不将[因此]大为伤痛吗？"④ 这封信最明显地体现了蒙古统治者对一切尚未臣属地区民族的态度。

1245年，年已63岁的贡噶坚赞，携带自己的两位侄

① 《西藏王臣记》。

② 《史集》称"蒙哥合罕把唐兀惕地区封给他作分地（禹儿惕），并把他和军队一起派遣到了那里"。见第2卷第10页。结合汉文史料，《史集》关于蒙哥把唐兀区封给阔端之说，显然是误记。

③ 《蒙兀儿史记》卷37《阔端传》。

④ 《金轮千辐》。转引自札奇斯钦《蒙古与西藏历史关系之研究》，正中书局1978年版，第24页。

子——10 岁的八思巴和 6 岁的恰那多吉，由萨迦起程，经拉萨，过青海，于 1246 年到达凉州。当时阔端因参加推举贵由为汗的忽里勒台，尚未从和林返回。1247 年阔端回到凉州，与贡噶坚赞见面，并达成了西藏归附蒙古汗国的协议。该协议宣告，西藏官员百姓都要承认自己是蒙古汗国的臣民，由蒙古汗国委派萨迦派领袖人物主持西藏事务，将西藏民户、贡赋登记成册，送交阔端。贡噶坚赞并向西藏各教派和各地首领写信通报这次会谈内容，劝告他们归附蒙古汗国。这封信被后人称作《萨迦班智达致蕃人书》①。

在阔端与贡噶坚赞会谈后不久，阔端就去世了②。萨加班智达贡噶坚赞也于 1252 年，即蒙哥汗二年，在凉州去世。蒙哥即汗位后，又派官员入藏清查户口，划定地界，八思巴亦受命派人随同前往，协助蒙古官员完成此项事务。③

在蒙哥时期，蒙哥以及忽必烈与西藏的另一藏传佛教教派——噶玛噶举派的领袖人物噶玛拔希，有密切的来往。蒙哥曾封他“国师”的称号，忽必烈在临洮和蒙古地区，会见

① 原文载贡噶索南札巴坚赞著、陈庆英等译：《萨迦世系史》，西藏人民出版社，1989 年版。

② 《史集》在“窝阔台合罕的儿子贵由汗纪”中记载：“当阔端的病加剧时，他派遣一名急使去告诉他的兄弟贵由汗说，病的发生是法提玛哈敦施行巫术的结果……接着就传来了阔端去世的消息。……贵由即位后，头一件事就是审讯法提玛。”见第二卷第 213 页。按此说法，阔端应在贵由即位(1264 年)前就去世了。这显然是误记。《世界征服者史》明确记述阔端出席了 1246 年推举贵由即位的忽里勒台，并“一心要获得这个(汗位——引者)荣誉”(见上册 294 页)。结合藏文史料，证明《史集》有关阔端去世的时间，也是误记。

③ 《萨迦五祖全集》，德格木刻版，b 函，第 320 页。

过他。[①]

忽必烈在即位前，亦曾两次会见过八思巴，此后八思巴又随忽必烈回开平，相处十分融洽。[②] 对西藏的情况，通过与八思巴等人的接触，忽必烈早已有所了解，所以他即位后，对西藏十分重视，采取的治藏政策，也比较符合实际。

忽必烈的治藏政策，《元史》有一段话概括得很好，即所谓："世祖以其地广而险远，民犷而好斗，思有以因其俗而柔其人，乃郡县土番之地，设官分职，而领之于帝师。"[③] 这个政策主要体现在以下三个方面：一是设立帝师，优宠喇嘛。十三世纪，元朝统治者根据藏族对藏传佛教的信仰，及藏传佛教在西藏所处地位，进一步强化和树立藏传佛教特别是藏传佛教萨迦派在全西藏的权威，来达到对西藏的直接治理。中统元年(1260 年)，忽必烈一即位，立即将八思巴封为国师；1270 年，忽必烈又赐其号为"皇天之下，一人之上，化身如来，宣文辅治，大圣大得，普觉其智，佐国如意，造字圣人，大元帝师"[④]，并赐玉印，帝师制度自此成为定制。忽必烈最初有意独宠萨迦派，但后因八思巴的奏议，始允许西藏各个教派自行发展，对其个别领袖人物，亦给予适当封号。从八思巴受封帝师直至元末，受封为帝师者共 14 人，历任帝师大都出自萨迦款氏家族，且帝师极受尊崇，"朝廷所以敬礼而尊信之者，无所不用

① 王辅仁、陈庆英：《蒙藏关系史略》，中国社会科学出版社 1985 年版，第 24 页。
② 同上书，第 26 页。
③ 《元史》卷 202《释老传》。
④ 转引自《论西藏政教合一制度》，东嘎·洛桑赤列著、唐景福译，甘肃人民出版社 1984 年 1 月版。

其至”，甚至“帝师之命，与诏敕并行于西土”[①]。帝师的职责，一是作为皇帝之师，向皇帝传授佛法，为皇帝举行传法授戒的灌顶仪式；二是统领天下僧尼，主管佛教事务，并负责弘扬佛法；三是作为元皇室的教祖和精神支柱，随时为皇帝和国家作佛事，以保障皇帝的平安和国家的兴盛。帝师之责既然如此之重，其备受尊崇和优礼，则是理所当然了。帝师甚至在死后都受到极高的礼仪。如八思巴死后，不仅受到加赐的封号，还在京城为其建造舍利塔。

除了专设帝师之外，还优宠一般的西藏僧人。这主要体现在以下几个方面：首先，对其赐官封号，使之获得巨大的政治利益。他们有的受封为王，有的尚公主，有的被皇子、宗王们奉为上师，有的在朝廷任职，取得各种封号，“(帝师)弟子之号司空、司徒、国公，佩金玉印者，前后相望”[②]。1264年，忽必烈颁行了《珍珠诏书》，规定：“对依律而行的僧人，无论军官、军人、守城官、达鲁花赤、金字使者皆不准欺凌，不准摊派兵差、赋税和劳役，……僧人之佛殿及僧舍，金字使者不可住宿，不可索取饮食及乌拉差役。寺庙所有之土地、河流和水磨等，无论如何不可夺占、收取，不可强迫售卖。”[③] 这不但使藏传佛教各教派势力在西藏本土的利益得到保障，同时也确立了他们在内地享有优越地位，不少西藏僧人，分别在内地和中央取得很大政治权力。如西藏僧人杨琏真伽，在任江南释教总统期间，即通过重赂桑哥，“发掘故宋赵氏诸陵之在钱塘、绍兴

① 《元史》卷202《释老传》。
② 《元史》卷202《释老传》。
③ 《萨迦世系史》，陈庆英等汉译，西藏人民出版社1989年版，第112—113页。

者及大臣冢墓，凡一百一所，戕杀平民四人，受人献美女宝物无算，且攘夺盗取财物。”[①] 他们之所以敢如此胡作非为，不能不说与忽必烈对西藏僧人的支持、纵容有关。他们甚至还有法律上的特权：“西僧为佛事，请释罪人祈福，谓之秃鲁麻。豪民犯法者，皆贿赂之以求免。有杀主、杀夫者，西僧请被以帝后御服，乘黄犊出宫门释之，云可得福。”其次，给予僧人丰厚的赏赐，使其在经济上大获其利。1270 年，忽必烈再次从八思巴受灌顶，“所奉献大供养为白银一千锭，绸缎五万九千匹。还有每次见面时所送的礼品及哈达、银币等。仅皇帝临时奉献的礼品，据说总计有黄金一百多锭、白银一千锭、绸缎四万多匹。”[②] 忽必烈给藏传佛教以很高的地位，在内地大力提倡和宣扬，并在京城和全国各地大量兴建佛教寺庙，大兴佛事。在忽必烈的推崇下，藏传佛教由西藏不断向全国传播、发展，并且因以帝师为首的西藏僧人拥有统领天下僧尼、主管佛教事务的权力，使之在西藏本土乃至全国，都享有了很大的宗教利益。

忽必烈治藏政策的第二方面，就是坚持和利用萨迦派政教合一的地方政权。

忽必烈对西藏寓政于教的统治和管理，主要是通过并依靠萨迦派势力实现的。忽必烈不仅在宗教上提高萨迦派的地位，而且在政治上大力扶持，从而在西藏境内建立起政教合一的强大地方政权——萨迦政权。有元一代，萨迦地方政权在元朝中央政府的授权下，对西藏本土实行具体管理，其第一任

---

① 《元史》卷 202《释老传》。

② 《萨迦世系史》，陈庆英等译，西藏人民出版社 1989 年版，第 147 页。

法王为八思巴，主持总制院（后改为宣政院），"掌释教僧徒及吐蕃之境而隶治之。"①"总其政于内外者，帅臣以下，亦必僧俗并用，军民通摄。"②通过萨迦政权，在西藏本土实行政教合一制。至元二年（1265），八思巴返回吐蕃，向忽必烈推荐本家族的释迦桑波担任萨迦本钦（即乌思藏宣慰使），获准为十三万户首领，赐予印鉴，主持当地政务。此后历任萨迦本钦都由帝师辟举，皇帝任命，并颁与印信。因此，萨迦本钦的主要职责，是代表元朝中央实行对西藏的行政管理和统治。而元朝在西藏推行的各项行政统治措施，包括清查户口、划分十三万户、建立驿站系统等，均是在萨迦本钦及其行政班子的协助下贯彻实施的。可见，从萨迦政权开始的这种以教派势力为基础而形成的政教结合的政权模式，已成为西藏政教合一制的开端，它的形成和确立，显然是忽必烈大力扶持和支持的结果。正如东嘎·洛桑赤列所论述："萨迦派的宗教上层人士，为了巩固和发展自己的势力，以元朝的政治力量为靠山，而元朝为了加强在西藏的统治，需要利用当时在西藏社会上有声望的萨迦派人士，在双方利益结合的情况下，萨迦派才能够成为西藏政教两方面的领主。"③所以，萨迦政权并非是一个独立自主的西藏政权，而是隶属于元朝，并由中央政权直接控制的地方政权。元朝中央政府赋予萨迦政权以巨大的政教权力，使之成为自己在西藏的行政代理人。

---

① 《元史》卷87《百官志》三。

② 《元史》卷202《释老传》。

③ 东嘎·洛桑赤列《论西藏政教合一制度》，陈庆英译，民族出版社1985年版，第46页。

忽必烈治藏政策的第三个方面是,一方面特别支持萨迦派,但并不忽视西藏的其它各教派和各种地方势力。他将西藏原有各教派和各地方势力的首领,封为万户,在西藏建立起包括萨迦派在内的十三万户。忽必烈虽然特别优待萨迦派的势力,封赐萨迦本钦为"乌思藏三路军民万户"的头衔,但实际上,萨迦派政权只不过是卫藏十三万户之一,八思巴所获得的卫藏十三万户的供养,也仅具有宗教象征意义,对卫藏十三万户的控制和管理权,仍属于元朝中央政府。

卫藏十三万户,实际上只是元代藏区的一部分。从蒙哥时期到忽必烈曾在藏区建立三个宣慰使司都元帅府(简称宣慰司),分别进行管理。即:

1. 吐蕃等处宣慰使司都元帅府,治所在河州(今甘肃省临夏市),设置于蒙哥汗时期(约 1253 年)。有宣慰使五员,下辖脱思麻(即安多)路军民万户府、河州等处军民总管府及元帅府、招讨司、军民安抚司、万户府、千户所等机构。管辖范围为今青海省东部和南部、甘肃省南部和四川省西北部,包括今青海省的海南、黄南、果洛藏族自治州和甘肃省的甘南藏族自治州、四川省的阿坝藏族羌族自治州的北部。因其主要辖地为脱思麻路,故又称脱思麻宣慰司。

2. 吐蕃等路宣慰使司都元帅府,治所不详,为忽必烈时期所置(约 1280 年前后),有宣慰使四员,下辖朵甘思(即多康)田地里管军民都元帅府、招讨使司、安抚使司、万户府等机构,其辖区在今四川西部、云南西北部、西藏自治区东部和青海省西南部,包括今四川省的甘孜藏族自治州、西藏自治区的昌都地区和那曲地区的一部分。该宣慰司亦称朵甘思宣慰司。

3. 乌思藏纳里速古鲁孙等三路宣慰使司都元帅府，设立于至元十七年(1280年)前后，当时称乌思藏宣慰使司都元帅府，后将阿里(即纳里速)地区划入，简称乌思藏宣慰司。有宣慰使五员，其下有都元帅府，招讨使、转运使、万户等官员。该地区即前面所说的卫藏十三万户的分布区域。其辖区包括今西藏自治区除昌都地区以外的大部分地区。

此即忽必烈时期整个藏区的行政区划。

忽必烈在至元元年就设立了总制院，命国师八思巴兼领，总管藏区事务。至元二十五年，将其改为宣政院，其职责为：(1)负责对藏区的军事管理。(2)荐举官员。藏族地区各机构中的高级官员的任命由宣政院或帝师荐举，皇帝授给他们金、银牌，宣敕委任为宣慰使司都元帅、元帅、招讨使、安抚使、达鲁花赤等。(3)管理驿站。(4)管理佛事。

元朝在藏族地区设置的三个宣慰使司都元帅府，具体实施宣政院的各项职能，或专管元朝驻军和地方军队，或负责驿站及军队后勤。对于民政，则主要委任地方首领担任。而在乌思藏宣慰司的辖区内，元朝则扶植萨迦派，由萨迦派的领袖及其属下的萨迦本钦负责民政和司法，管理各个万户府。

清查户口是中央政权对其管辖区体现主权的一项行政措施，忽必烈对西藏不止一次地清查户口，以此作为其征收贡赋和设立站赤的根据。1260年忽必烈即位之初，即派以达门为首的官员到西藏，清查西藏及沿途的户口。1268年，八思巴返回西藏时，忽必烈又派了阿衮、弥林等三位官员到卫藏，进行精确的人口调查，其目的在于确定乌思藏地区握有实权的人物，弄清人口多寡和资源丰瘠，以便设官征税和调发。这次人口调查，并不限于乌恩藏，还包括今青、康地区。由于中央和地方合作协调,对于建立地方行政体系以及安排驿站供应起了决定性作用。此后,在 1287 年(至元二十四年),忽必烈又派使者入藏,在 1268 年人口调查的基础上,进一步稽查户口、赋税,并作了一定的调整。

在 1268 年的人口调查之后,元朝即在萨迦设置了一名本钦,由中央授权萨迦本钦释迦桑布提名,确定了卫藏十三万户各自应纳贡品种类和质量。"万户"则成为中央任命的西藏地方官职,西藏的地方行政建制初步确定,也是西藏政教合一制的开始。

忽必烈为了加强对藏区直接治理,还设置了完备的驿站系统。清查户口和驿站的设置,总是同步进行的。1260 年第一次人口调查之后,就根据沿途各藏族地区人口及物产的不同,共设置了二十七个"甲姆",即驿站(汉语的"站",是一蒙语借词,源于"甲姆")。具体为:朵堆(甘孜、昌都)地区设置了七个甲姆;朵麦(甘肃、青海)地区设置了九个甲姆;各甲姆之间又设置若干小甲姆。驿路贯穿三个宣慰使司都元帅府的辖区,止于萨迦。规定沿途居民,负责传送公文,供给马匹,供应往来官员食宿。这种支应差役,突厥语称之为"乌拉",西藏的乌拉差役即始于北。这种完备的驿站系统,对于传达和贯彻中央政令,巩固元朝对藏区的直接统治,无疑具有重要意义。而且从元朝统治者设立驿站的初衷,及驿路在设立之后所起的作用,其意义显然已非仅限于交通方面,而是忽必烈所采取的一项集政治、经济、军事乃至文化意义于一体的、综合性的治藏措施。意大利藏学家毕达克认为:"蒙古在乌斯藏地区正式建立了行政统治,即建立了驿站,并进行了一次括户。这二项措施都是在从中原派往西藏的帝国官员和萨斯迦住持的行政班子通力合作下进行的。萨斯迦住持是蒙古忽必烈可汗选中的合作者和西藏新组织的工具。”①

四、对蒙古本土的治理

蒙古地区作为蒙古族兴盛之地，在忽必烈之前的诸蒙古汗的眼中，都是根本之地，也是政治中心。而忽必烈的即位，是在阿里不哥占据蒙古地区，并且把蒙古地区作为对抗忽必烈的基地的情况下实现的。这样就迫使忽必烈把蒙古地区作为在政治上的一种异己的，甚至是敌对的力量和地区看待。在阿里不哥之后，都哇又多次率军进入蒙古，而且每次都得到蒙古地区一些宗室亲王的支持和响应，这就更加强了忽必烈对蒙古的戒心。实际上，成吉思汗子弟及其遗孀的封地都在蒙古，一些留居蒙古的贵族，大都眼光短浅，守旧保守，对忽必烈的许多作为看不惯，而忽必烈也以远离他们最为省事。再加忽必烈的青年时代，虽然生活于大草原，但此人心胸广阔，并不留恋大草原。他清楚地懂得，蒙古族兴起于大草原，依托大草原进入了广大汉地，但不能依靠大草原的力量和资源来治理汉地。他并不欣赏大草原的生活、生产和贵族势力。因此，自从他即位以来，除了几次率兵打仗进入蒙古地区之外，没有再回到大草原。正是从这一点出发，在他眼里，蒙古地区与其它边疆地区没有两样，是他的一个边疆省，而且是一个经常出乱子的省。

① [意]毕达克：《蒙古在西藏在西藏的括户》，沈卫荣译，载《国外藏学研究译文集》第一辑，西藏人民出版社 1985 年版，第 207 页。

忽必烈即位之初，主要是从政治上考虑，为了保持其正统地位和团结、争取蒙古宗王贵族，还曾承认和林是首都，是政治中心。但阿里不哥归降后，忽必烈立即升开平为上都，至元二年又以燕京为中都，和林降至一般地区。至元九年，又在其前辈作为"大斡耳朵"的和林，设置转运司，[①]到后来又改署宣慰司都元帅府，作为中书省派出机构，使蒙古地区在政治上处于一般边疆的地位。[②]

忽必烈在蒙古地区建设中的最突出贡献，是在叶尼塞河上游地区。这里在蒙古时期分为五个部分，分别称益兰州（突厥语，意为蛇，在今叶尼塞河上游乌鲁克木河南）、吉利吉思（柯尔克孜语40个姑娘之意，在今叶尼塞河上游阿浦河及其以北）、谦谦州（叶尼塞河上游乌斯河流域，吉利吉斯以南）、乌斯（叶尼塞河上游，乌斯河流域，谦谦州以东）、撼合纳（今叶尼塞河上源贝克木河流域），都是拖雷长妻、忽必烈母亲唆鲁和帖尼的封地。唆鲁和帖尼死后，其封地由阿里不哥继承，阿里不哥降后，此地区宗王势力大大削弱。为了进一步控制阿里不哥的势力，忽必烈于至元七年，派汉人刘好礼担任益兰州等五部断事官，在益兰州设衙。忽必烈批准刘好礼的要求，派大量汉族工匠到这里，帮助当地居民建城郭、官署，兴修水利，发展农业、手工业，开通驿站，使之成为抵御海都、都哇的重要战略要地。至元十二年，驻阿力麻里的贵族昔里吉、脱里帖木儿叛，俘那木罕，又率兵东进，侵入吉利吉斯五部之地，刘好礼被俘。从此，吉利吉斯等五部即为叛王所据。当时攻南宋之役

---

① 《元史》卷7《世祖本纪》四。

② 《元史》卷58《地理志》一。

正在紧张进行,忽必烈一时不能北顾。至元十三年南宋投降后,于至元十四年(1277 年),命灭宋名将伯颜,率大军北入蒙古,一方面抵御海都、都哇,同时扑灭昔里吉等人的叛军。伯颜与叛军相遇于斡鲁欢河(鄂尔浑河),叛王昔里吉的部队被击溃,昔里吉被杀,叛军在蒙古地区受到严重打击。伯颜即驻军于蒙古,抵御叛王东犯。当时由于伯颜功大位高,手中握有重兵,经常遭到朝廷小人攻讦,诬他谋反。忽必烈对这类言传虽不相信,但实际上心中对伯颜仍有一定防范,调他到蒙古地区,就可能有防范之意。至元十八年,又命梁王甘麻剌(太子真金之子,成宗时封其子为燕王)坐镇和林,协调蒙古地区的各路军队。至元二十二年,坐镇阿力麻里的宗王阿只吉"失律",忽必烈命伯颜到别失八里统帅北疆各路元军,直到至元二十四年,乃颜叛事发生,忽必烈又调伯颜从别失八里移镇和林,专力切断海都与乃颜的联系。至元二十六年忽必烈始正式在和林设行枢密院,由伯颜知行枢密院事。此后伯颜坐镇和林,多次击溃海都东侵,保证了蒙古地区的安宁。至元二十九年,又有人潜告伯颜"久居北地,与海都通好"①,引起忽必烈的疑心,调伯颜至大同听命。改封梁王甘麻剌为晋王,将其由云南再调和林,代替伯颜,坐镇和林,而且明确命其"统领太祖四大斡耳朵及军马、达达国土"②,并准其设立王府,置王傅、内史等官,成为忽必烈时期在蒙古地区设立的最完备、权力最大的宗王官署。

忽必烈时期,由于蒙古地区是阿里不哥的领地,不少贵族

① 《元史》卷 127《伯颜传》。
② 《元史》卷 115《显宗传》。

亲王以蒙古地区为基地,反对他的统治,所以忽必烈在政治上有意冷淡、忽视和降低以和林为中心的蒙古地区的地位。但是,从另一方面来说,以和林为中心的蒙古地方势力,又是惟一有理由、有力量与他的正统地位相对抗的势力,如果蒙古地区一旦为海都等人所占据,必使忽必烈腹背受敌,使他的统治在战略上受到重大威胁。因此,对以和林为中心的蒙古地区,他又给予很大的重视,特别是平定南宋后,他调派伯颜长期驻守,也是这个意思。然而不管怎样重视,他都是从防范的角度出发,而不是从依靠、发展的角度来经营蒙古地区。因此,忽必烈时期在蒙古地区虽也设立了一些屯田,也调入了一些工匠,但社会经济并无多大起色,甚至可以说,较之窝阔台、贵由和蒙哥时期,蒙古地区的社会经济不仅没有前进,反而凋敝了许多。

五、对云南边疆的治理

云南是忽必烈率部攻取下来的,也是他初试自己力量的地方,应该说也是他特别对之有感情的地方,对云南的各方面,他也确实都给予了更大的关注。

忽必烈在攻取大理后,率军北上,留兀良哈台继续攻取大理各地。经过两年的征战,兀良哈台与其子阿术"平大理五城八府四郡洎乌、白等蛮三十七部",云南大部分地区为蒙古所控制。兀良哈台曾报请蒙哥"请依汉故事,以西南夷悉为郡县。从之"。郡县之事,可能当时由于条件并不成熟,所以难于执行。但当时依蒙古兵制,在各地设立了万户、千户、百户,并以其各地旧有首领为之长,实行了千百户制。同时设立大理等处三十七部宣慰使都元帅府,以当地首领宝合丁为都元帅。1255年(蒙哥五年),蒙哥加兀良哈台为大元帅,又命他"还镇大理"①,并率兵向东南亚扩张。在这时期,兀良哈台及其子统率蒙古军以及云南各族军队,在东南亚以及广西、贵州等地攻城掠地,同时镇抚云南。他又配合忽必烈征鄂之役,由南向北经湖南袭击南宋,至蒙哥汗去世,始率兵北归。他对云南的稳定和统一,起了很大的作用。

至元四年(1267年),忽必烈才又一次任命皇子忽哥赤为云南王,出镇云南,兼辖大理、善阐及察罕章、合剌章、赤秃哥儿、金齿等蛮,并为其立大理等处行六部,以阔阔带为尚书,兼云南王傅,柴桢为尚书兼府中尉。忽哥赤南下前,忽必烈对其面嘱:"大理朕手定,深爱其土风,向非历数在躬,将于彼分器焉,汝往,其善抚吏民",表达了他对云南地区的关心和重视。②

云南地区自兀良哈台北上之后,大权完全落入大理等处三十七部宣慰使都元帅宝合丁之手,他打着蒙古官员的旗号,以云南最高军政长官的身份,发号施令,统治云南达八九年之久。也可能是因为忽必烈发现了宝合丁"有窃据之志",所以才派自己的儿子忽哥赤为云南王,镇抚云南。这一措施当然使宝合丁的专制大权,受到极大削弱和束缚,也是宝合丁极不欢迎的。忽哥赤到大理后,与宝合丁矛盾日益尖锐,宝合丁用各种办法拉拢王府官员,王傅阔阔带等为其收卖。至元八年(1271年),宝合丁等竟设宴毒死忽哥赤,谎报忽哥赤暴病身

① 以上均见《元史》卷121《兀良哈台传》。
② 《蒙兀儿史记》卷76《忽哥赤传》。

亡。此事为王府中尉柴桢、文学张立道等发觉,并密报忽必烈。忽必烈闻讯,立即派断事官博罗欢、吏部尚书别帖木儿"驰驿往按",查清事实,将宝合丁及阔阔带等人处死,云南的一桩大案得以了结。但云南政事,引起忽必烈更大的注意和关心,他立即派遣阿鲁忒儿等赴大理参予治理,又派宗王脱忽鲁(又作秃鲁)镇抚云南。但他仍不放心,至元十一年(1274年),忽必烈决心派他十分赏识的赛典赤赡思丁去治理云南。

赛典赤赡思丁是中亚不花剌人,从其祖父时,就投归成吉思汗属下。[①] 忽必烈即位后,即任赛典赤赡思丁为燕京宣慰使,后任中书平章政事,又多次被委以重任,深受忽必烈器重。至元十一年委派他到云南去时,忽必烈面嘱他:"云南朕尝亲临,比因委任失宜,使远人不安,欲选谨厚者抚治之,无如卿者"[②]。遂在云南设立行省,命他为平章政事,主持云南行省之事。忽必烈对赛典赤赡思丁才智品德的认识,是十分正确的,任命他去治理远离中央政府的云南边疆,也是十分明智的。赛典赤在云南虽然只有六年(至元十六年在任上去世),但他对云南边疆的社会安定,生产发展,都起了重要作用。赛典赤到云南后,首先遇到的是与宗王脱忽鲁的关系问题。脱忽鲁怕赛典赤夺他的权,多方阻挠赛典赤入滇。赛典赤遂派其子纳速剌丁向脱忽鲁解释来意,并表示尊重他的地位,愿与他共治云南。脱忽鲁在诸王中,应该说还是一位明白人,他竟能信任赛典赤的解释,并确实在治理云南事务中,与赛典赤合舟共济。至元十二年,赛典赤向忽必烈上奏:"云南诸夷未附

---

① 参见邱树森主编《中国回族史》上册,宁夏人民出版社 1996 年版,第 178 页。

② 《元史》卷 125《赛典赤赡思丁传》。

者尚多,今拟宣慰司兼行元帅府事,并听行省节制。""哈剌章、云南壤地均也,而州县皆以万户、千户主之,宜改置令长。"[①]他的这些意见,均得到忽必烈的同意。从此,行中书省成为云南最高行政机关,但就云南全省的行政设置来说,仍是两套系统。一方面是郡县制,在大理国时,云南就有"八府四郡",经赛典赤的重建,在行省之下设路、府、州、县[②],收回了部分掌握在各族首领手中的郡县权,以流官充任郡、县长官,这是由行省直接领导的地方行政机构。此外大部分地区仍是非郡县地区,也即由当地少数民族担任首领的各级土司衙门。在忽必烈征大理时,就曾将内附的摩些(纳西族)首领麦良任命为察罕章管民官、副元帅,赐虎符金牌,从征大理,其职位世袭罔替。[③] 大理国国王段兴智,为蒙哥赦免,遂"献地图,请悉平诸部,并条奏治民立赋之法。宪宗大喜,赐兴智名摩诃罗嵯,命悉主诸蛮白爨等部"[④]。段兴智死后,其亲属信苴日于中统二年入觐,忽必烈将大理、善阐、威楚、统失、会川、建昌、腾越等城交给他管理。赛典赤在整顿云南行政制度时,遂以信苴日为大理总管。至元十八年,忽必烈又正式任命他为大理、威楚、金齿等处宣慰使、都元帅,实际上是当时云南地区的最大土司。[⑤] 此外,在由土司为安抚司、宣抚使所管辖的范围内,除了有"部"以外,也有"路"的设置。中统二年在滇西北(今德

① 《元史》卷125《赛典赤赡思丁传》。

② 《元史》卷61《地理志》四载:"云南诸路行中书省,为路三十七、府二、属府三、属州五十四、属县四十七。"并不是赛典赤初设之数,而是元末数字。

③ 《新纂云南通志》卷188《汉至元耆旧传》。

④ 《元史》卷166《信苴日传》。"摩诃罗嵯"梵语"大王"之意。

⑤ 《元史》卷166《信苴日传》。

宏等地)以当地少数民族首领设金齿安抚司。至元八年,应金齿(傣族先民)、白蛮(白族先民)各族首领的要求,以怒江为界,分设东、西两路安抚使。至元十二年时,曾改西路为建宁路,东路为镇康路。至至元十五年,又重新设宣慰使,立六路总管府。[①] 但不管是以当地少数民族为首领的安抚司、宣抚使等土司衙门,或以流官为首长的路州府县,自云南行省设立后,统归行省管辖。这就在政治上使云南地区进一步统一,也加强了中央政府对云南边疆的管辖和统治。

云南地区在历史上长期闭塞,交通十分不便。中统二年有两位金齿使者朝见忽必烈,竟走了整整两年才到达上都。[②] 忽必烈也亲自到过云南,对这里的交通困难状况,有亲身体验,所以忽必烈对云南地区的交通和开发十分重视。特别是忽必烈时期多次对东南亚地区用兵,所以他对云南的交通予以特别关注。到至元七年时,今昆明、大理、德宏、丽江等地,就都建立有驿站。云南建省后,更是广置驿传,逐渐形成了贯通全滇的驿站网。仅从省治中庆(今昆明市)向四处幅射的驿道就有:由中庆经乌蒙(今昭通)至叙州(今四川宜宾)道[③];中庆经建都(今武定、禄劝一带)等处至成都道[④];中庆达邕州(今广西南宁南郁江南岸)道[⑤];中庆经乌撒(今贵州威宁)达泸州道;中庆经大理过金具(指今德宏、保山地区)道,这条道

① 《元史》卷61《地理志》四。

② 王恽:《秋涧先生大全文集》卷81《中堂事纪》。

③ 姚燧:《牧庵集》卷19《李公神道碑》。

④ 《永乐大典》,站赤二、三。

⑤ 《永乐大典》,站赤八。

路在至元七年设驿12站,[①]大致是沿袭了汉蜀身毒道的南段。从腾冲南下,可经天部马(今瑞丽)、骠甸(在今陇川县)、阿郭地(在今盈江县)3道达江头城(在今缅甸杰沙)。[②]至元十六年,元在金齿入缅路段初置驿传,[③]从江头城沿伊洛瓦底江南下,可至蒲甘城(今缅甸蒲甘)和班加剌(今缅甸勃固)。由今缅甸北部向西,还可达今印度。《马可波罗行纪》说:今大理等地产良马,"贩售印度"[④]。元人述律杰说:云南盛行佛教,"由其地东连西竺,与佛国通,理势然也"[⑤]。中庆经蒙自达安南(今越南北部)道,在云南行省建立以前,这条道路已经通行,至元十二年正式设站,[⑥]可直达今越南河内。

忽必烈时期所建立起的这些道路和驿站,为当时加强对云南地区的管理,促进云南与其他地区的联系,促进云南经济的发展以及巩固云南边疆,都起到了重要的作用,这也应该是忽必烈在巩固中国西南边疆方面的一大贡献,具有较大的历史意义。

忽必烈时期,还很重视在云南边疆地区进行屯田。平定大理后,忽必烈深感云南地区地广人稀,生产落后。后来在治理云南中,又遇到驻军口粮和当地百姓食用的困难,因此对发展云南地区的生产,十分重视。至元四年(1267年)忽必烈以亲王忽哥赤镇抚云南时,特将自己身边的谋士张立道派给忽

---

① 《永乐大典》,站赤二。

② 《元文类》卷41《经世大典·征伐》条。

③ 《元史》卷10《世祖本纪》七。

④ 冯承钧译:《马可波罗行记》,中华书局1954年版,中册,466页。

⑤ 述律杰:《重修大胜寺碑铭》,《新纂云南通志》卷94《金石考》。

⑥ 《元史》卷8《世祖本纪》五。

哥赤为王府文学。忽哥赤到云南后，张立道劝他“务农以厚民”，忽哥赤遂任命他为“大理等处劝农官，兼领屯田事”[①]。但屯田尚未开展，忽哥赤即遭宝合丁之毒手。立道揭露宝合丁后，奉调至大都。至元十年，也就是在赛典赤行省云南之前，忽必烈又以立道熟习云南情况，任命他为“大理等处巡行劝农使，佩金印”。以后在赛典赤等人支持下，张立道在云南地区大力提倡农业和蚕桑，收到很好效果。他在云南看到昆明池（今滇池）经常闹水灾，淹没城镇，危害甚大，遂决心治理，“役丁夫二千人治之，洩其水，得壤地万余顷，皆为良田。爨、僰之人虽知蚕桑，而未得其法，立道始教之饲养，收利十倍于旧，云南之人由是益富庶”[②]。中庆达鲁花赤爱鲁，亦在云南农业发展中起了很大作用。云南行省建立后，赛典赤令他“疆理永昌（今云南保山县），增田为多”。至元十一年“阅中庆版籍，得隐户万余，以四千户即其地屯田”[③]。在忽必烈时期，云南行省的屯田有很大增长，有威楚（今云南楚雄县）提举司屯田，有大理金齿等处宣慰司都元帅府军民屯田，有鹤庆路（今鹤庆县）、武定路（今武定县东）、威楚路军民屯田，有中庆路军民屯田，有曲靖（今曲靖县）等处宣慰司兼管军万户府军民屯田，有乌撒宣慰司军民屯田，有临安（今通海县北）宣慰司军民屯田，有临安（今通海县北）宣慰司兼管军万户府军民屯田，有梁千户翼军屯等。[④] 这些屯田对云南的农业开发，起了非常

① 《元史》卷167《张立道传》。
② 《元史》卷167《张立道传》。
③ 《元史》卷122《爱鲁传》。
④ 《元史》卷100《兵志》三。

重要的作用。

中国边疆地区政治状况的发展,是十分复杂的,它与中国中原地区的政治状况的发展,有极密切的联系。汉、唐在中国中原地区建立起强大的中央政权,其幅射力达到边疆地区,使中原地区与边疆的政治关系密切,并形成了大统一的局面。自唐代后期直至忽必烈消灭南宋统一中国之前,近300多年的时间,在中原和东南沿海一带,相继出现"五代十国"、辽、金、北宋、南宋,边远和边疆地区则出现有西夏、回鹘各部、哈喇汗朝、哈剌契丹、吐蕃诸部、蒙兀、大理等等政权,其中有的在蒙古统一前虽然已经被取代了,但总的形势是分裂割据状况十分严重。从历史上看,统一中原地区于一个政权之下是困难的,但统一边疆民族地区于中原王朝的管辖之下,则更难;用武力统一各地,也是很难的,但要长期保持统一的稳定和巩固,则更困难。忽必烈在中国历史上的一大贡献,就是他既消灭了南宋朝廷,实现了中国政治上的统一,同时稳定和巩固了中国的统一,使中国在分裂300多年之后,又实现了将近一百年的大统一局面,这在中国历史发展上,是一个里程碑,它对以后中国历史的发展,都有重大影响。

忽必烈之所以能实现中国的统一,并在一定时期内稳定和巩固了这种统一,主要是他采取了与以往蒙古统治者所不同的三项措施。一,他彻底改变了以往蒙古贵族在征服中和征服以后所采取的屠杀、虏掠政策,代之以劝降、安抚、保民的政策,所以他能最终瓦解南宋军队,消灭南宋政权。二,他适应不同情况,建立起既保持其传统,保证其权力,又符合各地情况的管辖机构。他在中原地区采用汉法,建立起完整的中央和地方机构,同时,他并未彻底抛开蒙古传统,并用各种制度保证蒙古贵族的统治。三,对各边疆民族地区,他因俗而治,采取各种适应各地习惯和传统的统治措施,大量任用各民族首领,在边疆各地形成了一支维护忽必烈统治的土司队伍,建立了完整的土司制度。他重视各边疆地区的经济发展,大力推行屯田农业生产,发展边疆与内地的道路驿站,使各边疆地区与中原和中央王朝之间,建立起了中国历史上空前广泛的交通联系。

这三条,都是以前的蒙古统治者,甚至以前的一些汉族统治者,在对边疆地区的统治中没有做到,或没有完全做到的,而忽必烈在其前辈的基础上实现了,因而也就实现了对整个中国的统一,并能在相当长的一段时期,稳定和巩固这种统一。

第五章 忽必烈和他的理财大臣

阿合马、卢世荣、桑哥是元朝初期忽必烈重用过的三位人物,他们主要是以贪财聚敛、网络私党、祸乱朝纲等罪行而著名元朝历史。他们相继在忽必烈身边"理财"三十余年,也就是说,忽必烈在位的大部分时间,是由这三位人物相继为他"理财"的,他们与忽必烈时期的经济政策、财政制度、内外贸易等,都有直接的和重要的关系。对这三个人的评价,直接关系到对忽必烈时期中国社会经济的发展,也涉及到对忽必烈个人用人、理财、治国思想的评价。

蒙古建国后,并无完整的财政税收政策。成吉思汗时期,在蒙古人内部,完全沿用蒙古草原部落制度时期以农奴制为基础的"差役"和贡奉制度,而对被占领的地区,主要是通过抢掠、封赏的办法,将占领地区的财产、人口、土地按领主的等级瓜分、占有,各领主再根据自己抢占的多少,上缴中央汗廷一部分。以后随着蒙古占领区的扩大,在农业地区逐步改变单纯掠夺、破坏的做法,开始采取一些保护农民生产和居民安居的措施。窝阔台时期,随着灭金战争的胜利,中原大片领土逐渐转入蒙古统治者之手,同时大批契丹人、女真人及汉人归附于蒙古,在他们的帮助之下,蒙古统治者逐渐建立起了初步的财政和税务制度。在窝阔台时期,对蒙古财政和税务制度的建立起了重大作用的,首推契丹人耶律楚材。

耶律楚材曾任金宣宗时留守中都行尚书省左右司郎中,蒙古攻克金中都(后为燕京,即今北京西南隅),应成吉思汗之召,归附蒙古,得到成吉思汗的赏识。窝阔台继位后,又为窝阔台所重用,耶律楚材亦为窝阔台出谋划策,并参照辽、金旧制,制定了蒙古国的许多规章制度。在窝阔台灭金后,面对蒙古国财政空虚军用不继的情况,蒙古贵族中最守旧、最愚昧的贵族,如像中使别迭这种人竟然提出"汉人无补于国,可悉空其人以为牧地"的建议。耶律楚材等针对这种说法,建议窝阔台"均定中原地税、商税、盐酒铁冶山泽之利,岁可得银五十万两,帛八万匹,粟四十余万石,足以供给,何谓无补哉"。窝阔台听后十分欣喜,遂接受耶律楚材的建议,并命他按他的建议施行。耶律楚材根据他当时掌握的中原户口数字,最初规定汉族农民以户为单位,每户科粟二石;西域人多从事商业,以丁出赋,缴纳商税。他向当时的燕京、宣德、西京、太原、平阳、真定、东平、北京、平州、济南等处派出十路征收课税使,去按规定征税。他所派遣的这十路征税使,都启用懂得征收赋税、清正廉节的汉族士人充当,仅用时一年,"十路咸进廪籍及金帛陈于廷中”[1]。窝阔台十分欣喜。耶律楚材任中书令后，始逐步为蒙古统治者在中原地区，初步建立了赋税和财政制度。

至忽必烈即位后，基本上仍沿用着窝阔台以来，由耶律楚材初步建立起的赋税和财政制度。但忽必烈时期，他所统治的地区，毕竟有了很大的变化和发展，而且忽必烈时期，军需更加扩大，官僚机构日益庞杂，中央财政开支更加膨胀。在这种情况下，也需要更加严密、有序而又能收取更多赋税的制度和新的方法。面对这种形势，忽必烈更加重视赋税和理财的工作，一批以用各种合法手段、更多收取百姓财物为能事的“理财”官员涌现出来，并受到忽必烈的长期重用。

一、任用阿合马

中统三年(1262年)，忽必烈任命阿合马为领中书左右部兼诸路都转运使，专负财政赋税之责。阿合马是中亚费尔干纳一带的突厥人，幼时为蒙古军掠至蒙古，在弘吉剌部按陈(阿勒赤)那颜家为牧奴。中统初，按陈那颜之女察必被立为忽必烈的皇后，阿合马入后宫为察必之侍臣，因其办事勤谨，善解人意，狡黠多谋，被忽必烈看中，并被委以重任，让他想办法开辟增加国库收入的门路。

阿合马上任后，想出的第一个生财门路就是在钧(今河南开封)、徐(今江苏徐州)等州，开发铁矿，兴办冶铁业，将当时新括户3000户拨去专门从事该项事业。中统四年开始，一年

---

① 《元史》卷146《耶律楚材传》。

之内竟得铁1037000斤,铸农具20万件,为国库换得粮食4万石。又在东平(今山东东平县)等地组建巡禁私盐军,巡查私贩食盐的活动。由于食盐是每一个人都要消费的物品,所以利润十分丰厚,且中国许多地区,食盐产量并不丰富,所以它也是涉及国泰民安的大事,因此对食盐的生产和销售,从汉代起,就曾多次实行官营,禁止私贩。自耶律楚材建立税法,从窝阔台时开始,蒙古在中原地区加强了对食盐生产的控制和税收。窝阔台二年由河间(今河北河间县)税课所置办盐场,拨灶户2376户生产食盐,所产食盐由政府卖与盐商,每袋为一引,每引四百斤,卖银十两,年产约34700引。此后官办盐场日益扩大,又设有山东盐场、大都盐场、辽阳盐场、四川盐场等,所产食盐数量也有很大增长。管理盐政的机构,也屡有变更,蒙哥二年(1252年)改河间课程所为提举沧清深盐使所,专管盐政。至中统元年,又以宣抚司提领沧清深盐使所。这时,政府虽有专管盐政的机构,食盐不得私贩,但由于盐利甚丰,所以食盐私贩的活动十分严重,国家收入因而减少很多。就以河间盐场来说,"太原民煮小盐,越境私贩,民贪其价廉,竞相买食,解盐以故不售,沧清深盐使所盐课减至7500两"。为了增加中央政府财政收入,阿合马的第二项措施就是在主要产盐区的东平等地,建立巡查私盐的专门军队,同时还规定,在盐场区不问僧道军匠均征收盐税。

阿合马理财仅两年时间,竟为中央政府增加多项收入,深得忽必烈的欢心。至元元年八月,又加阿合马以中书平章政事之职,给以荣禄大夫之衔,专管财赋。至元三年,专门设立制国用使司,管理财赋,并由阿合马兼任。从设立此部门最初的活动看,对增加当时中央财政收入,还是起了良好的作用。

如开采别怯赤山的石棉、纺织防火布，这在世界历史上也是很先进的技术。至元七年，罢制国用使司，改立尚书省，以阿合马为平章政事，与中书省并立。尚书省职权较之制国用使司，扩大了许多，“凡铨选各官，吏部拟定资品，呈尚书省，由尚书省咨中书闻奏”，阿合马也随之逐渐掌握了用人大权。但尚书省只维持了两年，至元九年并于中书省，竟以阿合马为中书省平章政事。阿合马实际上不仅担负理财重任，而且掌握了很大一部分中央行政权力。

至元十二年忽必烈正式大规模伐宋，军费浩繁，理财一事更为重要，也更加倚重于阿合马。随着伐宋战事的顺利进展，江南大片领土归于元朝，阿合马建议，在江南各地统一货币和实行盐法。宋代所用交钞，分大钞、小钞两种，大钞以贯为单位，分一贯、二贯、三贯、五贯、十贯，小钞以百文为单位，分一百文、二百文、三百文、五百文、七百文等五种，均与铜钱一并使用。南宋末年，钞法败坏，不能继续使用。元统一江南后，也不拟再使用交钞，用元钞代替宋代交钞，势在必行。虽然有一部分朝臣反对，忽必烈还是支持了阿合马的建议。在换钞的过程中，江南老百姓当然也受到了一定的损害。在江南推行盐场，最主要的仍是禁止食盐私卖，这对江南老百姓，特别是一般盐户的损害，是十分大的。此外，对江南的药材买卖，也加以限制，百姓不得私相贸易。

至元十二年以前，由于征收税赋项目和数量日增，曾将专管税赋的转运司撤消，地方税赋盐铁诸事交由各地总管负责。到至元十二年，阿合马又以“国用不足”为由，建议恢复转运司，由中央直接委派官员为转运使，负责税赋及盐铁诸事，并直接向中央负责。忽必烈允准了这个建议，并由阿合马委任自己的亲信为各路转运使,实际上完全控制了全国的财政。至元十五年,忽必烈又命阿合马通过转运司广贮粮秣,管理国家在各地所设粮食仓库。财粮大权,完全落入阿合马之手。

从中统三年(1262 年)命阿合马领中书省左右部兼诸路都转运使,到至元十九年(1282 年)阿合马被杀,他执掌财粮大权达 20 年之久。期间正是平定阿里不哥、李璮之乱以后,忽必烈完全巩固了自己的地位和政权,急于整顿内政,恢复和发展经济,保持社会稳定,并在此基础上,实现了消灭南宋、统一中国的一个历史时期。忽必烈清楚地认识到,这时期的关键问题,是要保证中央政府手中握有大量的钱财和粮秣,财政和生产问题,是当时最大而且至关重要的问题。而阿合马的才能,适应了这时期的要求,也为忽必烈所发现和赏识。忽必烈明确表示:"夫宰相者,明天道,察地理,尽人事,兼此三者,乃为称职。……回回人中,阿合马才任宰相。"[①] 忽必烈正是有感于他当时所面临的形势,才说出这番话的。

应该说,阿合马的一系列理财措施,在当时情况下,是收到了可观的效果,对保证元朝社会的稳定和政权的巩固,起到了一定的作用,对伐灭南宋政权,在财政上提供了必要的条件。阿合马为了能顺利解决财政问题,需要有一定的人事和其它权力,忽必烈为了能使之为他聚敛到更多的经费,实际上也满足了他的各种权力需要和欲望,对此,不应被看做是什么过分的事。

但是,阿合马从小为奴,没有受到高深的教育,完全凭借他的聪明机灵,善于窥测主人的心理,满足主人的需要,而爬

---

① 《元史》卷 205《阿合马传》。

上了高层。此等人,毫无人品可言,一旦权力在手,当然也就成为其满足私利的工具。正因为如此,他利用忽必烈对他的信任,任人唯亲,不择手段排除异己,强夺民女,霸占田产,贪赃枉法,一些罪恶虽不是他亲自所为,但其子侄辈的恶行,与其也有密切关系。

对阿合马的任用,反映出忽必烈的实用主义用人思想,同时也反映了他做为蒙古贵族,把百姓看作聚敛对象的本性。但是,对阿合马在忽必烈时期财政经济建设和恢复中的作用,完全一笔抹杀,似乎也是不妥的。

阿合马被益都千户王著等设计杀害,其深层次的背景,元代史料中涉及甚少。《马可波罗行记》认为,这是一次民族反抗斗争,即汉人反对蒙古人和色目人盘剥的一次斗争。[①] 这也是有可能的。因为未见蒙古人和其他人参予此事。阿合马被杀后,忽必烈"犹不深知其奸……及询孛罗,乃尽得其罪恶,始大怒曰:'王著杀之,诚是也',乃命发墓剖棺,戮尸于通玄门外,纵犬啖其肉"。忽必烈此一作法,当然有惩罚阿合马贪残的因素,但其主要用心,很可能还是为了缓和汉人的反抗情绪,不然他为什么接着又任用了卢世荣、桑哥等人呢。

阿合马死了,但是元朝中央政府需要大量经费以供给军需、满足大量赐予和各种支出的事实,并未改变,而当时由于把阿合马理财、增加国库收入和他个人的贪残腐败混为一谈,所以在阿合马死后,"朝廷之臣讳言财利事,皆无以副世祖裕国足民之意"[②]。在这种情况下,另一个理财之臣,卢世荣应

① 冯承钧译:《马可波罗行记》,第342页。
② 《元史》卷205《阿合马传》。

运而出,被推上了历史舞台。

二、任用卢世荣

卢世荣是个汉人,在阿合马时期,被任命为江西榷茶运使,后因罪被罢官。阿合马死后,忽必烈深感理财大臣缺乏,当时任总制院使的桑哥向忽必烈推荐卢世荣“能救钞法,增课额,上可裕国,下不损民”。忽必烈亲自召见,“奏对称旨”,而且于至元二十一年(1284年)十一月,让中书省官员与卢世荣在朝廷就当前财政中的重大问题及应采取的对策,进行政策性辩论。结果右丞相和礼霍孙等辩论失败,并被罢除中书省官职,以多年被扣押在海都处的安童为右丞相,以卢世荣为右丞,其他中书省的左丞、参政等,均由卢世荣所推荐的人员担任,卢世荣实际上一上台就控制了中书省。卢世荣理财的措施主要有:1. 由于钞法日益紊乱,贬值十分严重,遂改变过去不准民间私相买卖金银的政策,准许民间可以私相交易和用金银作为交换辅助手段,以减轻钞币贬值所带来的不便。2. 阿合马时期在怀孟(治所在河内县,即今河南沁阳县)诸路设竹监,将民间所产竹货统一收购,由政府经营,禁止百姓私相买卖,给老百姓带来很大不便,致使“南北竹货不通”。卢世荣奏准忽必烈,废除竹监,“从民货卖收税”。3. 阿合马时期江南各地即定有渔税,却又不准渔民在湖泊中随意采捕,严重影响贫苦渔民的生活。卢世荣改变这种状况,奏准此后不得禁止渔民在江河湖泊中随意捕采。4. 减轻站赤户的负担。官差至站,站赤户除供应驿马外,饮食等均由公家负担。5. 阿合马时期原规定向商人出售食盐,每引(四百斤)售价十五两,但至元中期,商人、官吏用官价买来食盐后,“停货待价”,每引卖至八十贯(两贯抵一两),甚至有的高达一百二十贯,“贫者多不能食”。卢世荣经忽必烈同意,拔二百万引食盐卖给商人,再拔出一百万引食盐给诸路,设立常平盐局,向老百姓平价售盐,抑制盐价上涨。6. 卢世荣又建议:“京师富豪户酿酒酤卖,价高味薄,且课不时输,宜一切禁罢,官自酤卖。”这一措施对京师富豪,当然也包括与这些豪富有关联的官员,是一个严重打击。7. 卢世荣进一步实行酒税,设立四品提举司使,专司其事,一年可收入酒税 1440 锭。此项措施曾遭到官员们的坚决反对,卢世荣认为实行酒税,实际只是“裁抑权势所侵”,要求与反对的朝臣“面议上前”。忽必烈认为“便益之事,当速行之”,无须辩论,立即批准照行。8. 元朝实行钞法,主要是根据王文统的建议和筹划,自王文统被诛后,钞法弊坏。他建议铸造铜币及印制绫券,与钞同行。这对缓和钞法的混乱,还是起到了一定的作用。9. 他又于泉州、杭州设立市舶都转运司,禁止私营海上贸易,对海上私商的货物,由官方强行收买,然后由官方造船,招募商人经营,官给本钱,利润官商七三开。10. 忽必烈早期所设常平仓,仓储不足,多数形同虚设,卢世荣奏准忽必烈,“尽禁权势所擅产铁之所,官立炉鼓铸为器鬻之,以所得利合常平盐课,籴粟积于仓,待贵时粜之”,使国家所设常平仓,仓储增加,发挥更大的救灾作用。11. 卢世荣又提出整顿平准库措施。元代原设平准行钞库,只管发行钞币、买卖金银、收换昏钞等职能。他认为仅此并不能把死钱变活,“以致钞法虚弊,诸物踊贵”。他建议在各路设“平准周急库”,向急需钱用的老百姓,以低息贷款,把钱用活。这个建议得到了忽必烈的赞同,但是,在当时的条件下,这显然仅是一种空想,老百姓以低息贷款后,有什么条件能保证老百姓还款呢?又有什么能保证这些低息贷款不为官员豪绅所侵吞呢?12. 元代官员俸禄,始终是一个大问题,最初没有,设立后又不规范,中央官员还好办,地方官员俸禄更难保证。为了确保官员俸禄的正常供给,卢世荣又提出,于各都(即设治所在地)立市易司,管理各地市场的牙侩,由牙侩按照商人贸易额,四十分取一,其中四给牙侩,六给官府做为官俸。13. 他建议在中书省设立"规措所",从宏观上筹措和规划钱粮来源和使用。14. 他发现各地酒产量甚多,而各地官员为向中央少缴酒课,隐瞒产酒数量。他征得忽必烈同意,令各地一律按当时所缴酒课的 20 陪上缴,而且将其当作以后的定额。15. 为了加强对课税事项的管理,他在全国范围,由按察司兼管各路钱谷,立真定、济南、江淮等处宣慰司兼都转运司,管理课税诸事。此外,他还曾建议实行了免民间包银三年、官吏加俸,并免除民间带纳官俸,招抚流民等许多措施。

卢世荣所推行的各项财政措施,多是针对朝廷时弊,对发展元代社会生产,促使财源进一步集中于中央,抑制和堵塞官员豪绅巧取豪夺,整顿财经秩序,都是有一定作用的。但是此人急功近利,依恃忽必烈的信任,在朝堂上树敌过多,他又在许多地方,"禁诸司不得追摄管课官吏","按察司不得检察文卷",放纵办课人员,使之为所欲为,甚至要罢除御史台,改按察司为提刑转运司。所有这些做法,都引起更大反抗,而且为他属下各官员横行无忌,提供了条件。忽必烈虽然因中央财政困难,对卢世荣所提各种能增加收入的措施,都表示支持,同意实行,但是,忽必烈也不能不顾忌诸贵族、官员们的情绪和意见,他对卢世荣的信任,不能不有很大的局限性,而政治上的考虑当然是首位的。卢世荣对自己改革措施可能引起的结果,也是十分清楚的,他曾对忽必烈说:"臣之行事,多为人所怨,后必有谮臣者,臣实惧焉,请先言之。"忽必烈也是清楚的,他对卢世荣曾说:"疾足之犬,狐不爱焉,主人岂不爱之。汝之所行,朕自爱也,彼奸伪者则不爱耳。"①还叮嘱他要多加防卫,以免被人暗算。卢世荣显然过高估计了忽必烈对他支持的力度和持久性,再加上他排斥异己,枉杀与己见不合者,个人权力欲恶性澎涨,"肆无忌惮,视丞相犹虚位",又大量任用原在阿合马手下的一些品行很坏,声誉狼籍的贪官,终于引来杀身之祸。在卢世荣理财仅四个月之时,监察御史陈天祥上章弹劾他"为国敛怨","天下空虚","所为无非扰民之事"。诸蒙古贵族、大臣同起弹劾,说他越职擅权,引用憸人,经济改革亦无实效,并有仿效李璮的罪行。忽必烈只给了卢世荣不到半年的时间,就停止了他曾支持的这场财政改革,最终在至元二十二年十一月,即任命卢世荣理财整一年的时间,听从蒙古人忽剌出的意见,将卢世荣砍头,并将他身上的肉割下来喂禽獭。

三、任用桑哥

终忽必烈在位期间,中央财政收入不足,始终是困扰他最头痛的事情。正因为如此,他曾长期信任阿合马,阿合马死后,又代之以卢世荣。卢世荣被杀后,财政收入问题不仅没有缓解,反而日益严重,于是他又物色了第三位专理财政的大

---

① 以上均见《元史》卷20《卢世荣传》。

臣，这就是桑哥。

桑哥一般认为是畏吾儿人①，但从其曾师事瞻巴（吐蕃人）以及曾任专管释教僧徒西藏地方事务的总制院使等情况看，他应是吐蕃藏族。因为就一般情况来看，忽必烈绝不会任命一位信仰伊斯兰教的畏吾儿人去管理佛教事务。而当时的畏吾儿人，一般都是伊斯兰教徒。总制院设立后，一般由帝师“领院事”，另外设有院使（正二品）。桑哥任总制院使为至元中期之事，当时的国师应为八思巴之侄答耳麻八剌剌吉塔（1282—1286 年任国师）。至元二十五年（1288 年），桑哥为了提高总制院的地位，以唐太宗曾在宣政院接见吐蕃来使为由，建议改总制院为宣政院。

桑哥能任总制院使，说明他在忽必烈时期，在卢世荣任职以前，就有一定的地位和势力，而且早已得到忽必烈的赏识。卢世荣进入中书省，就是忽必烈听了桑哥的推荐而任命的。忽必烈任用桑哥，就是要让他想方设法多增加中央政府的财政收入。桑哥之受重用，据《元史》载，就是因为桑哥曾以“和卖”油万斤，为中书省获得暴利而受到忽必烈的重视，又因他推荐卢世荣等，忽必烈特许他参与人事任免。至元二十四年（1287 年）又恢复了尚书省，专门负责理财，忽必烈以桑哥与铁木儿为平章政事。他上台后，印行至元宝钞，使之与中统钞并用，企图以此整顿钞法，稳定货币。不久他升任尚书省右丞相，权力更大。但他在理财方面，并无多少新招，他把主要精力集中于整顿各种财经制度，打击官吏贪污等方面，即所谓

① 《中国历史大辞典·辽夏金元史》本条，上海辞书出版社 1986 年版，第 423 页。由该出版社出版的《民族词典》，亦主此说。

"专事理算"。他首先从检查中书省财务开端,检查出中书省仓欠钞4770锭(每锭50两),昏钞(即烂钞)1345锭,并对负责官员给予惩处。因湖广行省库仓短缺了钱谷,除处分当地官员外,桑哥奏准忽必烈,命中书平章要束木自己赔偿。仅至元二十六年一次就组织人员对江淮、江西、福建、四川、甘肃、安西六行省的钱粮进行了理算。桑哥执掌尚书省四年来,"钩考天下财谷","凡仓库诸司,无不钩考"。他自己认为,"国家经费既广,岁入恒不偿所出,以往岁计之,不足者余百万锭。……赖陛下福,以所征补之,未尝敛及百姓。"① 此说当然也有一定道理,在他执政期间,也确实使一些贪赃枉法之徒,受到很大打击。至元二十六年年底,他又奏请忽必烈准许官卖盐、茶之价各增加了一倍,对江南的酒、醋等税额增加十万锭,内地增加五万锭,对一些原征半额税赋的人户,也开始全额征收,以满足中央财政的需要。他的这些做法又引起了一部分人的不满。

至元二十八年(1291年)初,部分勋贵大臣趁忽必烈离京打猎之机,背后告发桑哥。忽必烈开始了对他的怀疑。经中书、尚书两省官员当庭揭发辩驳,忽必烈终于又确认桑哥有罪,至该年七月,桑哥被判处死刑。桑哥理财历时四年。

从阿合马,经卢世荣到桑哥,这三个人以理财为己任,延续29年,几乎占了忽必烈在位35年的大部分时间。也可以说,忽必烈在位时期的财政、经济以及政治活动,许多都与这三个人有密切关系。正确评价这三个人的功绩,不仅涉及到忽必烈的用人政策和眼光,也涉及到对忽必烈政绩的评价。

---

① 《元史》卷205《桑哥传》。

史学界历来对这三个人是否定的。明代修《元史》时，将他们列入所谓“奸臣传”，认为他们“挟其才术，以取富贵，窃威福，始则毒民误国而终至于殒身亡家者。”历来对此三人的评价，也非全无道理，但是，我认为，要进行具体分析，同时，对他们的评价，也涉及到忽必烈本身。

对这三个人的出现，首先要看到时代的需要。前面曾经说过，蒙古民族原是马背上的民族，进入中原之后，为了适应统治农业和城市居民的需要，始实行和采纳了一系列赋税、货币和户籍制度。但是由于蒙古贵族过惯了草原生活，对农业和城市一系列政策和管理措施，有一个适应过程，甚至自觉不自觉有一种抵触的情绪和行动。在这种情况下，就自然产生了一种既不是把中原地区的各种财经制度和政策完全搬来套用的做法，又不是完全按照蒙古贵族的愿望和习惯进行经济财政管理活动的办法，这就出现了如阿合马、卢世荣和桑哥这种人。他们一方面遵从了历代中原王朝的某些经济政策，以及适应于农业、城市经济生活的某些一般原则，又具有极大的随意性和掠夺性，他们的理财原则，介于中原农业、城市经济和蒙古草原游牧经济之间，是一种过渡的、混杂的理财思想。这种思想适应了忽必烈的愿望和需要，因而得到了他的重用和支持。这也反映了忽必烈既自觉适应中原社会要求，自觉接受诸儒臣给他的指导和影响，又具有草原贵族身份和心理的这种两重性格、两重思想的实际。

其次，对这三个人，就其理财思想来说，是有不同的，因此，也应给予具体的评价。

阿合马“为人多智巧言，以功利成效自负”。“与丞相线真、史天泽等争辨,屡有以诎之"[1]。可见其理财思想既不同于儒家传统观念,亦有别于蒙古贵族传统观念。他着重于整顿户籍,增加赋税,发展国家控制的商贸。此外,阿合马还很注意矿冶,他曾亲自过问一些地方的银矿、铁冶、石绒(石棉)等手工业的发展。

卢世荣又有不同,他是汉族,是长期在女真、契丹统治下生长的汉族,自与江南汉族有所不同。他也有一套理财思想,在与中书省"守正不挠"的汉、蒙大臣辨论中,屡屡获胜。卢世荣理财的特点是,从发展生产、增加税收和紧缩开支、"裁抑权势所侵"等几个方面增加收入,而且时时标榜"上可裕国,下不损民"。他恢复了铜钱的铸造,发行绫券,还恢复和发展了早已出现的"市舶司",为元朝海外贸易的发展打下基础。他还在中国历史上第一次设立了"规措所",以"规划钱谷"。卢世荣的这些措施,从理论上说,还是可行的,甚至可以说,在某种程度上,是一种改革活动。

桑哥长期担任总制院使,与佛教关系密切,在他们这三个人中,官位也最高,坐到了尚书省右丞相的位置。他理财并无多少良策和花样,在他看来,元朝财用不足主要是由于钱粮大量被管粮钱的各级官员所吞没,所以上台后,"凡仓库诸司,无不钩考,先摘委六部管,复以为不专,乃置征理司,以治财谷之当追者",等于在当时来了一次肃贪运动,使"天下骚然,江淮尤甚"。这种作为,对当时来说,也未尝不是一件好事。所以,当时有人曾为他立碑颂德。对当时官员们的贪风,也无疑是一剂苦药。

① 《元史》卷205《阿合马传》。

因此,上述三人的所作所为,其中不乏某些良策,也曾收到一定的效益。

第三,但是,他们都最终身败名裂,或死后“发墓剖棺,戮尸于通玄门外,纵犬啖其肉”,或被杀头,甚至“刲其肉以食禽獭”。他们之所以落到如此下场,原因主要在两方面,一方面是他们的一系列政策和措施,首先是严重损害和打击了元朝官员们和富豪们的私人利益,堵塞了他们把国家钱粮装入自己腰包的机会和漏洞,如严格盐铁设局专卖,酒类实行“榷酤之法”等,都损害了富商大贾们的利益。而普遍“理算”钱粮、严格税法等,更使朝中官员不敢随意侵吞国家钱粮,由此引起朝中勋旧大臣及与之有密切关系的富商大贾们的反对。对这种结果,他们自己也有所预料。如卢世荣就曾对忽必烈说:“臣之行事,多为人所怨,后必有谮臣者,臣实惧焉,请先言之。”可见,对他们所施行政策的后果,他们并非没有想到。

他们最后走上身败名裂的另一个重要因素,是他们自己。这三个人从个人素质来说,是很差的,特别是当他们手握大权,并得到忽必烈的信任后,贪权弄势,横行霸道,急功近利,苛索严酷,甚至结党营私,卖官鬻爵,贪脏枉法,即使在这些方面并不比其它官僚更为严重,但对他们来说,也是招致杀身之祸的基本因素。

这三个人的下场,反映了忽必烈在用人方面的实用主义思想。对三个人,特别是对阿合马和桑哥,忽必烈最初都给予很高评价和委以重任。忽必烈曾说:“夫宰相者,明天道,察地理,尽人事,兼此三者,乃为称职,阿里海牙、麦术丁等亦未可为相。回回人中,阿合马才任宰相。”对桑哥则不仅恢复尚书省以其以右丞相,而且以尚书省凌驾于中书省之上,成为实际上掌理各项行政事务的首相,给予了极大的权力。对卢世荣也曾说:"疾足之犬,狐不爱焉,主人岂不爱之。汝之所行,朕自爱也。"这就等于对他们所行诸事,听之任之,尽力支持。这种态度反映出忽必烈当时所想的,就是增加收入。只要能增加财政收入,能支付当时的急需,就绝对信任,绝对放手,甚至就是给桑哥立碑颂功,他不仅能容忍,而且表示极力支持。这种态度虽也使这三个人的许多理财措施得以实现,同时也助长了这些人权、财欲望的恶性膨胀。这可以说是这三个人的悲剧,也可以说是忽必烈用人方面的一场闹剧加悲剧。

第六章　为军事服务的经济政策

蒙古帝国在半个世纪的时期里，横扫东西数千里，建立了横跨亚欧的大帝国，靠的不是强大的经济渗透，而是凶猛的军事征服。忽必烈在治理汉地以及当了皇帝后，虽然比其祖先更自觉地意识到了发展经济对巩固政权的重要性，并在其统治初期实行了一些有利于经济发展的措施，但在其统治的中、后期，对老百姓却强行聚敛，对掳掠和剥夺更加重视，反映出在其思想深处，仍然继承和固守着蒙古草原贵族的传统思想，而且把发展经济、聚敛财富，用来为其进一步军事扩张服务。所以，从根本上说，他并没有把发展经济作为稳定社会、壮大国力、巩固政权的根本方针，而是以发展经济服务于军事扩张，把聚敛财富作为满足蒙古贵族的需要，换取蒙古贵族对他支持的重要手段。这种经济思想，就是使元朝在他统治的后期,很快就走上了衰落之路的根本原因。忽必烈的这种思想贯穿于他所采取的经济、财政政策和措施的各方面。

一、为军事服务的农、工政策

在农业方面,忽必烈确实实行了一系列鼓励农业,兴修水利的政策。忽必烈本身就是靠治理漠南汉地民户起家的,他深知发展农业经济,是获取中原民心,巩固蒙古汗国在中原地区统治的根本措施。于是在继位不久,就"命各路宣抚司择通晓农事者,充随处劝农司"。中统二年,又立劝农司,管理农桑水利。至元七年,立司农司,以左丞张文谦为卿,专掌农桑水利。有元一代所修水利工程,遍及大漠南北、黄河上下,其中规模较大,效益良好的如沁河、漳河、滏河及中兴、汉延、唐来等渠的工程,均为忽必烈时期所修。他还组织人力,不止一次地在漠北打井开河,如至元二十五年,发兵千五百人诣漠北浚井,第二年又派遣侍卫军千人,浚口温脑儿河渠。与此同时,禁止蒙古军队变农田为牧场,如中统四年,诏"阿术戒蒙古军,不得以民田为牧地"。这些政策,的确对恢复多年遭受辽、金、蒙古轮番进攻的北方地区的农业生产,起了重要的作用。但相比之下,实行得最好、效果最显著的当为屯田。

元代屯田大多都是在忽必烈统治时期设立的。早在蒙哥当政时期,忽必烈就"以忙哥、史天泽、杨惟中、赵璧为使,陈纪、杨果为参议,俾屯田唐(今河南唐河县)、邓(今河南邓县)等州,授之兵牛,敌至则御,敌去则耕,仍置屯田万户于邓,完城以备之"。继位之后,把屯田纳入各种管理机构之中,如枢密院管理前后左右中五卫屯田、左翼屯田万户府、右翼屯田万户府、忠翊侍卫屯田、左右钦察卫屯田，这些屯田都属于军屯，分布于大都附近的东安州(今河北安次县西)，南及永清县(今河北永情县)东，霸州、保定、沧州、昌平之太平庄、河间、大同、隆兴、太原、平阳、益津、香河、河西等等；大司农管理永平屯田总管府、营田提举司、广济署屯田，这些屯田属于民屯，分布于滦州、武清、崖黄口、济南、河间、真定、保定等地；宣徽院管理淮东淮西屯田打捕总管府、丰闰署、宝坻屯、尚珍署等屯田，这些屯田为军民合屯形式，分布于淮东淮西、蓟州的丰闰县、宝坻县、济宁路的兖州。另外，腹里、岭北、辽阳、河南、陕西、甘肃、江西、江浙、四川、云南、湖广等处行省，高丽国、谦谦州、称海、别失八里、和林等处也设置了不少屯田。可见忽必烈在东自高丽，西到别失八里，北自和林，南至江浙的广大地区内，都设置了屯田。这足以说明他对屯田的重视，有些屯田已收到良好的效果，如芍彼(在今安徽寿县南)，于至元二十一年收米二万余石。枢密院从至元二十三年蒙古军一万人的屯田中，除获岁费之外，粜钞三千锭。屯田极大的减轻了元朝的经济负担。但是，忽必烈之所以十分重视屯田，还因为屯田与军事有密切关系。屯田，尤其是军屯，敌至则御，敌去则耕，与蒙古的探马赤军“上马则备战斗，下马则屯聚牧养”① 的性质一样，既减轻了国家的军费开支，又可以部分解决士兵的军饷问题，同时也起到了防御敌人、保卫军事重地的作用。

从总的方面看，由于忽必烈受汉族知识分子的影响，确实施行了一系列发展农业的政策，但他的思想深处，与中国历史上历代皇帝重农的传统，还是有距离的。他虽口头上称“司农

① 《元史》卷98《兵志》。

非细事,朕深谕此”,却同时不顾大臣们的反对,把司农之事并入提刑按察司管理。他所颁布的一些农业政策,没有超过以前任何王朝所实施的农业政策。

他的农业思想和政策,较之其先辈虽有一定进步,然而他基本上仍然是沿着窝阔台时期农业政策的思路继续前进,虽有一定进步,但其重点仍在向农民勒索,并把发展农业的目的置于扩张战争的要求之下。

蒙古汗国从成吉思汗起就实行官营手工业、商业的政策,成吉思汗及其子孙将所俘获的中亚工匠,带回蒙古本土,以他们不同的技艺编入不同的手工作坊,并为他们建立“匠籍”。忽必烈继承了他祖先的传统,不断括匠户,不断设立新的匠局,如至元二十一年,他从江南括十一万户为匠户。[①] 在他的上都,各种官营手工作坊达一百二十余处,有毡局、异样毛子局、软皮局、靴子局、铁局、泥瓦局、织造局、器物局、葫芦局、金银器盒局、尚饮局、尚酝局,集聚的工匠有 2999 户。[②] 由于工匠人身严重受政府束缚,其所生产的产品自然由政府直接垄断,这本身就带有奴役的性质。

忽必烈时期,各种商人有很高的地位,“斡脱”制仍然十分盛行。他成立了斡脱局、斡脱所、斡脱总管府,发放高利贷,收取羊羔息。斡脱资本,主要由政府发放,少数由官僚、士人、百姓筹措,但商人从中牟利,特别是“官商”,得利最多。商人还享有与僧道、也里可温、答失蛮等的同等优待。他们还可以买办盐引,不预苦役,货币不纳税钱等等。他们还拥有承担为政

---

① 《元典章》卷 18,《记部》四,“不收继”。

② 《元典章》卷 30,《礼部》三,“婚配”。

府收取赋税及垄断茶、盐、醋、酒等经营的特权。他们为忽必烈聚敛民财起了很大作用。

上述一些政策,不管其目的如何,对发展生产还是有一定的积极意义。而忽必烈的赋税制度,其掠夺性就十分突出和明显了。

二、具有掠夺性的赋税政策

忽必烈时期的主要赋税有两项:科差和税粮,另外还有俸钞、商税、额外税、和雇、和买、椿配等。

忽必烈时期,对投下分封制,即蒙古贵族被封予土地和农户的农奴制,又进行了改革和限制,极大的削弱了中原农民对蒙古贵族的人身依附。按窝阔台时期五户丝制规定:投下州县(即属蒙古贵族的地区)"每户出丝一斤,并随路丝线、颜色输于官;五户出丝一斤,并随路丝线、颜色输于本位"[①]。忽必烈对此进行了改革,定二五户丝制,规定"每户科丝二十二两四钱,二户计该丝二斤一十二两八钱。其二斤即系纳官正丝,内正丝、色丝各半。外将每户剩余六两四钱攒至五户,满二斤数目,付本投下支用,谓之二五户丝。以十分论之,纳官者七分,投下得其三焉"[②]。这种二五户丝制与五户丝制比较,投下丝料由有司征收,受封贵族从中书省验数支取,改变了过去就征于州郡的办法,这对蒙古贵族的特权,无疑是又多了一些限制。但同时,较过去对投下户丝料的征收,增加了将近一

① 《元史》卷93《食货志》一,"科差"。

② 《秋涧先生大全文集》卷80。

倍，政府所收丝料也增加了一倍，只是增加了投下州郡百姓的负担。对一般民户，也规定“每十户输丝十四斤”，只是将包银由原来的白银四两，减为白银二两。对于丝料和包银的交纳日期，却不断提前。中统二年，丝料限八月，包银初限八月，中限十月，末限十二月。中统三年，又令丝料无过七月，包银无过九月。平定江南之后，科差制被推广。至元二十八年，制定《至元新格》，定科差法，“诸差税皆司县正官监视人吏置局均科”，进一步保证了国家对科差的征收权，所征丝料、包银，除了保证政府开支、岁赐之外，大部分充军费。

忽必烈所征税粮主要针对农业地区，税粮的征收南北异制。北方既有丁税，也有地税，而南方只征地税。北方的丁、地税分三种情况征收，第一，对僧、道、儒、也里可温、答失蛮等征收地税，白地每亩一升，水地五升。第二，对军户、站户按亩征，其中四顷以内免征，四顷以上按亩征。第三，对普通农民征收丁税，不计所种亩数，每丁二石。至元十七年，又令户部大定诸例：“全科户丁税，每丁粟三石，驱丁粟一石，地税每亩粟三升。减半科户丁税，每丁粟一石。新收交参户，第一年五斗，第三年一石二斗五升，第四年一石五斗，第五年一石七斗五升，第六年入丁税。协济户丁税，每丁粟一石，地税每亩粟三升。随路近仓输粟，远仓每粟一石，折纳轻赍钞二两。富户输远仓，下户输近仓……”虽然不断变化征收办法，但税额只增不减，最高的丁税从二石增至三石，加之包银、丝料，北方人民的负担比唐初的租庸调还沉重。从忽必烈对北方人民所实行的赋税制度来看，不仅数量增多，而且把宋代原有的两税法（以亩为主征收）制度，改为相当于隋唐的租庸调制度，这是经济史上的倒退，也充分反映了北方地区在经历长期战乱后的衰败。对于南方，从至元十五年征服之后，到至元十九年，“除江东、浙西之外，其余独征秋税。”至元十九年，忽必烈才下令“令江南税粮依宋旧例，折输绵绢杂物。”时隔不久，“又令输米三之一，其余并入钞以折”[①]。从表面上看，忽必烈对南宋原来地区，依宋旧制，征地税，但总以钞、绵、绢等折合，这之中又多了一层剥削，其聚敛性质不言而喻。忽必烈取得江南后，把江南看作是他的粮库，每次军事行动，都要从江南征调大量粮食。此外，大漠南北的粮食供应，都来自江南，他启用张清等负责南粮北运、修筑运河等，都是为了把江南的粮食运往北方。然而由于他连年征讨，致使国库空虚，运河的修复也半途而废。

忽必烈时期的商税也呈不断增长的趋势，如至元十三年平宋之后，定江南盐每引为中统钞九贯，至元二十六年增为五十贯。[②] 至元十三年，定茶长引、短引之法，以三分取一，一年之后，改为三分之半。[③] 酒税更重，如至元二十二年，定酒课每石取一十两，然而到至元二十九年，杭州酒课岁达二十七万锭，比湖广岁收九万锭多出十八万锭，可见其酒税远不至每石取一十两。[④] 商税也如此，至元七年定为三十分取一，到了至元二十六年，忽必烈批准桑哥的建议，“大增天下商税，腹里为二十万锭，江南为二十五万锭”[⑤]。江南成为忽必烈搜刮民财的重点。市舶税也呈直线上升。平定江南之后，“凡邻海诸郡

① 以上均见《元史》卷93《食货志》一，“科差”。
② 《元史》卷94，《食货志》二，“盐法”。
③ 《元史》卷14，《食货志》二，“茶法”。
④ 《元史》卷94，《食货志》二，“酒醋课”。
⑤ 《元史》卷93，《食货志》一，“税粮”。

与蕃国往还互易舶货者，其货以十分取一，粗者十五分取一”。至元二十一年，忽必烈垄断市舶贸易，定抽分之法，“其所获之息，以十分为率，官取其七，所易人得其三。”至元三十年，泉州货物除抽分外，又取三十分之一。[1] 真是雪上加霜，人民难以负担。尽管如此，忽必烈仍不满意，在他批准下，阿合马、卢世荣、桑哥先后三次实行垄断盐、酒、茶、醋、金银等的经营，致使全国上下，怨声载道，农民起义此起彼伏。

另外，额外税多达三十余种，门摊、池塘、食羊、鱼、漆、酵、山泽等都成为征税对象。和雇、和买、椿配也是变相的剥削。如忽必烈在山东境内修运河时，和买石材等物，“验户椿表，上户十段，中户不下五、七余一块”[2]。另外各种差役、力役频繁杂多。忽必烈虽在《至元新格》中规定：“诸夫役皆先富强，后贫弱；贫富等者，先多丁，后少丁”[3]，但《至元新格》于忽必烈统治末期的至元二十八年才颁布，此条例的颁布本身就说明，以前力役十分不均。忽必烈为军事扩张而制造海船，修筑运河，南粮北运，修建大都、上都等城，也免不了大量征发力役。

为了征收更多的赋税，征发更多的力役，忽必烈从中统元年至至元十三年，对广大北方地区进行每年一次的户口检籍。征服南宋之后，由于南方以亩征税，故很少进行户口检籍。但从至元二十七年开始，又因军事及朝廷财政需要，先后进行过三次户口检籍，根据所检户口，进行聚敛剥削。

从忽必烈所实行的赋役制度来看，在征收数量上，不断增

① 《元史》卷94《食货志》二，“市舶”。
② 王恽：《论开光济两河事状》，《秋涧文集》卷93。
③ 《元史》卷93《食货志》一，“科差”。

长,尤其是在至元十五年灭宋之后,赋税明显加重。对此,《元史·食货志》有详细的记载。再从《元史·食货志》所载内容来看,田亩、农桑所占篇幅仅有几页,而赋税所占篇幅却占食货志的大部分。而元朝的各种制度(包括赋役在内),都是在忽必烈统治时期奠定基础的。忽必烈使用竭泽而渔的办法搜刮民财,为其军事扩张服务,是显而易见的。与此同时,尽管因军事征战而财政困难,但忽必烈从未忘记每年赐予蒙古皇室、贵族、功臣、公主固定的财物。《元史·食货志》专门列举了忽必烈时期多如牛毛的岁赐封户。仅就给蒙古贵族的封户来说,当元军下江南时,所收诸路户口累计为9370472户,而给各蒙古贵族的封户,累计达1936946户,封户占当时所收人户总数20%强。岁赐的范围,在忽必烈时虽有所缩小,但总的数量并未减少。

忽必烈并不是不了解发展经济的重要性,但他考虑这个问题的角度不对,他首先考虑到的是发展经济对军事征服的重要性。他的以军事立国的思想,根深蒂固,他不顾财政困难,和他的祖先一样,试图以军事扩张的办法,解决财政危机以及由此带来的民族矛盾与阶级矛盾。忽必烈使用竭泽而渔的办法聚敛财物,最终使社会经济走上衰落之路,而他的对外扩张以缓和国内的各种危机不仅没有获得成功,相反,却损兵折将,寸土未得,最后连他自己也在失望与忧虑中去世。

三、治水成就

忽必烈对水利事业的发展,及其对黄河河源的探察,我认为有必要特别提及。

忽必烈重视农业,也必然要重视水利事业;蒙古人重视交通,对水运也必然给予一定的重视,所以忽必烈时期,"内立都水监,外设各处河渠司,以兴举水利、修理河堤为务"。《元史》又例举元代水利方面的几件大事说:"决双塔、白浮诸水为通惠河,以济漕运,而京师无转响之劳。导浑河,疏滦水,而武清、平滦无垫溺之虞。浚治河,障滹沱,而真定免决啮之患。开会通河于临清,以通南北之货。疏陕西之三白,以溉关中之田。泄江湖之淫潦,立捍海之横塘,而浙右之民得免于水患。"[①]这其中的大部分,都与忽必烈有一定关系,所以元代水利事业,大部分是忽必烈时期奠定的基础。

忽必烈时期元代水利事业的建树,与郭守敬有密切关系,也可以说,由于忽必烈能任用郭守敬这样的人才,所以在水利事业上,取得了许多显著的成绩。

郭守敬(1231—1316 年)顺德邢台(今河北邢台)人,受家传影响,又受教于刘秉忠,对天文、历算、水利工程等均颇有研究。中统三年,张文谦将 31 岁的郭守敬推荐给忽必烈,说他"习水利,巧思绝",忽必烈立即召见。血气方刚的郭守敬即向忽必烈面陈兴修水利的 6 条建议。忽必烈听后十分高兴,深为他这种主动进取、热心公益事业的精神感动,赞扬他说:"任事者如此人,不为素餐矣。"[②]立即任命他提举诸路河渠,参与元朝水利事业。次年又加授银符,任副河渠使,成为全国水利事业的负责人之一。

忽必烈时期有影响的大型水利工程之一是会通河。

---

① 《元史》卷 64《河渠志》。

② 《元史》卷 164《郭守敬传》。

会通河，是至元二十六年(1289)忽必烈采纳寿张县(今山东阳谷)尹韩仲晖等的建议开凿的河道，它从山东梁山县西南起，开通安氏山(今山东梁山县北的安氏山)，引汶水(今大汶水)西北经寿张县(今山东阳谷县)、东昌(今山东聊城县)、临清(今山东临清县)，与漳水汇合，聚流入御河(元朝御河即今南运河至卫河，自大都，经天津，入河南与黄河相接)。这条河全长二百五十余里，既与大运河相接，也与御河相接。此河开通后，"江淮湖广四川海外诸番土贡粮运，商旅懋迁，毕达京师"①，这是一条省工省费而效益很大的工程。

在忽必烈时期，还有其他一系列水利工程。在这个时期，大运河以及长江一直保持了畅通无阻，各种物资源源不断运至大都，既保持了江南繁荣，又保证了以大都为中心的北方物资的供应。《马可波罗行记》中记载了马可波罗当时所了解的长江航运情况，他说："此江甚长，经过土地城市甚众，其运载之船舶货物财富，虽合基督教民之一切江流海洋运载之数，尚不逮焉。虽为一江，实类一海。马可波罗阁下曾闻为大汗征收航税者言，每年溯江而上之船舶，至少有二十万艘，其循江而下者尚未计焉。可见其重要矣。沿此江流有大城四百，别有环以墙垣之城村不在数内，并有船舶停止。其船甚大，所载重量，核以吾人权量，每船足载一万一二千石，其上可盖席篷。"②

忽必烈在水利事业上最为突出的一件事，是对黄河源的调查。

---

① 《野斋李公文集》，引自《元朝名臣事略》卷2，第17页。

② 《马可波罗行记》中册，第554页。

黄河是我国第二大河，在我国历史上有重大的影响。它的源头在哪里？我国很早就有人对它进行过研究和考查。

两千多年前战国时期成书的著名地理著作《山海经·海内西经》指出："昆仑墟在西北，帝之下都，河水出其东北隅以行其北……又出海外，即西而北，入禹所导积石。"书中还认为："泑泽为河水所潜。"这里所说昆仑，虽有不同认识，但多数认为即指今昆仑山或葱岭。积石一般都认为在青海大积石山（即阿尼玛卿山），而泑泽即罗布泊。根据这个记载，似认为黄河发源于今昆仑山或葱岭，至罗布泊潜入地下，至青海积石山再次流出，即为黄河。《史记》也沿习了这一说法，认为"于阗西，则水皆西流，注西海；其东水东流，注盐泽（指罗布泊——引者），盐泽潜行地下，其南则河源出焉"①。《汉书》进一步指出，西域"南北有大山，中央有河（此应指今塔里木河——引者），东西六千余里，南北千余里，……其河有两源，一出葱岭山，一出于阗。于阗在南山（指今昆仑山——引者）下，其河北流与葱岭河合，东往蒲昌海。蒲昌海一名盐泽者也，去玉门、阳关三百余里，广袤三百里，其水停居，冬夏不增减，皆以为潜行地下，南出于积石，为中国河云"②。《汉书》这里并不十分肯定黄河就是由罗布泊水潜出形成的，它用了"皆以为"一词，然而以后的许多著作，又加以肯定。至北魏郦道元的《水经注》仍然维持旧说。河出昆仑，流入泑泽，重源于积石山一说，遂成为我国黄河源的正统看法。

至唐代，一般仍认为黄河源于昆仑，唐代人所修《隋书》就

---

① 《史记》卷123《大宛传》。

② 《汉书》卷96《西域传》。

认为疏勒南之今喀什噶尔河(今塔里木河北源)是黄河。[1]《北史》将计戍水,又称树技水(今塔里木河东源和田河)称之为"黄河"[2]。但是,从隋唐开始,对黄河河源问题有了新的说法。隋大业五年(609 年)炀帝就以吐谷浑的曼头、赤水二城设置河源郡(今青海兴海县东南)。唐贞观九年(635 年)唐将李靖、侯君集、李道宗等率兵进入吐谷浑,吐谷浑可汗伏允败走,不知去向,当时唐军马乏粮缺,李道宗认为再追下去就要到柏海,"柏海近河源,古未有至者",不如停止追击,[3]侯君集等力主乘胜追击。唐军遂分兵两路,由侯君集、李道宗所统率的一路唐军南下,"行空荒二千里,盛夏降霜,乏水草,士糜水,马秣雪,阅月,次星宿川,达柏海上,望积石山,览观河源"[4]。当时所说"柏海",一般认为即指今札陵湖与鄂陵湖,星宿川即今之星宿海。这虽是一次军事行动,但也是一次大规模的考察黄河河源的活动,并且肯定了这里是真正的黄河源。这比在此以前的黄河源的说法,应是一个大进步。到贞观八年,伏允的儿子诺曷钵即吐谷浑王位后,唐太宗又封诺曷钵为河源王。贞观十五年唐太宗将文成公主嫁给吐蕃赞普松赞干布,命李道宗送公主赴藏,松赞干布率众"次柏海亲迎,于河源见道宗"[5]。这是李道宗第二次到达柏海,进一步确认河源在柏海附近。唐长庆元年(821 年),唐蕃双方宰相大臣在长安会盟之后,唐穆宗又派大理卿兼御史大夫刘元鼎等到西藏拉萨,

① 《隋书》卷 83《疏勒传》。
② 《北史》卷 97"龟兹"条。
③ 《新唐书》卷 221 上《西域传》"吐谷浑"条。
④ 《新唐书》卷 221 上《西域传》"吐谷浑"条。
⑤ 《唐书》卷 196 上《吐蕃传》。

与吐蕃会盟。长庆二年刘元鼎回到长安后，对吐蕃沿途各地的情况，有很详细的报告，报告中说："河之上流繇洪济梁（又称洪济桥，在今青海贵德县西黄河上，唐置金天军于此地）西南行二千里，水益狭，春可涉，秋夏乃盛舟，其南三百里三山，中高而四下，曰紫山，直大羊同国，古所谓昆仑者也，虏曰闷摩黎山，东距长安五千里，河源其间。"① 此处所说紫山，即巴颜喀拉山（巴颜突厥语红色之意，喀喇突厥语黑色之意，当时译为紫，是十分恰当的），"闷摩黎"即巴颜喀喇的又一种汉字译音。关于紫山即古昆仑之说，显然是为了附和汉代以来河出于昆仑之旧说，更便于确定此处即为黄河之源。刘元鼎的这次考察，实际上是对河源的一次很科学的考察，其论断在当时的情况下，也是最接近于事实的结论。

刘元鼎的这次考察报告，保存在唐人杜佑的《通典》之中，在修《唐书》和《新唐书》时，虽被使用，但并未引起应有的注意和重视，同时，由于河源地区长期处于吐蕃统治之下，交通不便，很不便于前往考察，因此，唐以后的三四百年，河源于昆仑，没于泑泽，至积石重源之说，仍是河源问题上的主导说法。

元朝建立后，正如《元史·河源附录》所说："元有天下，薄海内外，人迹所及，皆置驿传，使驿往来，如行国中。"而且青海及西藏，皆在元朝版图之中，对了解河源的究竟，提供了方便。在这种情况下，黄河源于何处的老问题，引起了忽必烈很大的关注。他于至元十七年（1280），任都实为招付使，佩金虎符，命其"穷黄河源"。"都实既受命，是岁至河州。州之东六十里，有宁河驿。驿西南六十里，有山曰杀马关，林麓穹隘，举足

① 《新唐书》卷216下《吐蕃传》。

浸高,行一日至巅。西去愈高,四阅月,始抵河源。”一年后,都实考察河源归来,向忽必烈写了考察河流的专门报告,并画了河源图及沿途山川城镇图。他的报告中称:“河源在土蕃朵甘思西鄙,有泉百余泓,沮洳散焕,弗可逼视,方可七八十里,履高山下瞰,灿若列星,以故名火敦脑儿。火敦,译言星宿也。(思本曰:河源在中州西南,直四川马湖蛮部之正西三千余里,云南丽江宣慰司之西北一千五百余里,帝师撒思加地之西南二千余里。水从地涌出如井。其井百余,东北流百余里,汇为大泽,曰火敦脑儿)群流奔辏,近五七里,汇二巨泽,名阿剌脑儿。自西而东,连属吞噬。行一日,迤丽东骛成川,号赤宾河。又二三日,水西南来,名亦里出,与赤宾河合。又三四日,水南来,名忽阑。又水东南来,名也里术,合流入赤宾,其流浸大,始名黄河。”都实的考察是空前的,这次考察河源,与唐代刘元鼎等人不同,这是一次有目的、有计划的考察,而且是由当时的最高统治者——忽必烈亲自命令考察的,反映出这次考察不仅意义重大,而且组织严密,规划宏大。其次,由于是有组织、有目的的考察,因此其考察记录最完整,考察结果在当时条件下也最准确。这次考察活动是忽必烈亲自下令进行的,反映了他求知、求新、不囿于旧说的开放、进取心理,同时也是他对水利事业,对黄河开发的关心。另外,王莽时期在青海地区曾设置过河源郡,隋文帝在这里设过河源郡、西海郡、浇河郡、西平郡,但这仅是表示主权和管辖权的一种名义,实际并未设置任何官员和机构。北魏、唐、宋在今乐都设置过鄯州,此后,中央政府对这里的情况,很少问津。忽必烈作为一个出身游牧民族贵族的中国皇帝,他不仅实现了中国的大一统,而且很关心大一统领土上的情况,他曾经召请一些汉族知识分子到大都来编中国的地理书,但大部分没有敢来。也说明这些徒有其名的儒士们,不一定清楚中国大统一后的地理状况。大统一为探索著名的黄河源头创造了条件,同时也反映了忽必烈要了解大统一局面的强烈愿望。这也是他在中国历史上的一个贡献。

第七章　忽必烈与元代文化的发展

十三世纪崛起于中国北部的蒙古族，其文化类型属于北方草原民族游牧区域文化，然而蒙古人并没有把自己的视野仅仅局限于北方的蒙古草原，成吉思汗等人的西征，使蒙古草原的游牧区域文化，开始与中亚、东欧的绿州农业区域文化、城市商业文化相结合。蒙古在中原地区的统治，特别是忽必烈消灭南宋，使蒙古族的游牧区域文化与中原定居农业区域文化相结合。同时，他的祖先们用强制手段引进的中亚等地的绿洲农业、城市商业区域文化，也在中国的土地上生根、开花、结果，使元代的文化，具有了极其鲜明的时代特征。

忽必烈对元代文化的贡献，首先在于他建立了中国历史上统一范围最大的王朝，统一后的中国，虽然兵戈未息，但统一的环境，为中国文化的进一步交流与发展，奠定了一个良好的基础。

其次,忽必烈建立元朝后,兴屯田,办农业,鼓励畜牧业,利用中亚商人振兴元朝商业,虽然发展经济的目的是为军事扩张服务,所获财物大多用于军费,但发展经济本身,则为包括文化在内的上层建筑的发展,提供了有利的条件。特别是他大力进行驿站建设,四通八达的驿站,为元代境内各民族之间以及与国外民族之间的文化交流和联系,提供了极为方便的条件。第三,忽必烈创立蒙古文字,建立各种文化机构,既是他在文化建设上的重大贡献,也是他推动元朝文化事业向前发展的重大措施。忽必烈在创建新的蒙古文字的诏书中说:"今文治浸兴,而字书有阙,于一代制度,实为未备,故特命国师八思巴创为蒙古新字,译写一切文字,期于顺言达事而已。"经过中统元年(1260)至至元六年(1269)的九年努力,八思巴按照印度天竺字母、藏文字母,创制了由四十一个字母组成的方形蒙古新文字——八思巴文,忽必烈"诏以新制蒙古文字颁行天下"。为了推广新蒙古文字,忽必烈专门设立蒙古国子学。文字的创建,使元朝文化的交流更为方便。另外,忽必烈为医学、天文学的发展也设立了相应的机构,如在医药方面,中统元年(1260)设立太医院,掌管一切医药,领导所属医官,后于至元二十一年(1284)曾改称尚医监,在大都设惠民局,上都设立惠民司,"市药修剂,以惠贫民"①,还设有回回药物院等。在天文学方面,设立回回司天监,掌观象衍历,至元十年,南北天文台合并,统归秘书监管理。这些文化机构的设立,直接为元代文化事业的蓬勃发展,注入了生机与活力。

忽必烈为元代文化的发展创造了良好的条件和坚实的基础,但他并没有对文化的发展采取放任自流的态度,而是按照

① 《元史》卷88《百官志》。

自己的统治思想及实践,指导文化的发展,具体表现在如下几个方面。

一、实用科学的发展

在物质文化建设方面,忽必烈重视发展自然科学及与人民生活息息相关的物质文化。首先,他比较重视与畜牧业、农业生产发展密切相关的天文学的发展。忽必烈早在潜邸之时,“有旨征回回为星学者,札马剌丁等人以其艺进。”① 以后札马剌丁在上都建立了一座天文台,制成多环仪(浑天仪)、方位仪(测验周天星曜之器)、斜纬仪(春秋分晷影堂)、平纬仪(冬夏至晷影堂)、天球仪(浑天图)、地球仪(地理志)、观象仪(昼夜时刻之器)。这些仪器的制作,综合数学、天文、地理等科学技术于一身,依靠这些精确的仪器,元代人掌握了有用的天文学知识。同时,忽必烈引进万年历(回回历),吸收中亚天文学中的精华。至元十六年,他任用郭守敬为同知太史院事。根据郭守敬的建议,“设监候官一十四员,分道而出,东至高丽,西极滇池,南逾朱崖,北尽铁勒”②,进行了一次全国性的天文气象观测。又准许他在前代天文仪表基础上,吸收回回天文仪表的优点,创制和改进十三种天文观测仪器,主要仪器有简仪、仰仪、圭表、景符、窥儿等。这些仪器曾在全国二十七座天文台使用过,经过大规模的观测后,取得了大量天文科学资料。至元十七年,终于精确地测量出冬至的时刻,对旧历进

① 《元史》卷90《百官志》。

② 《元史》卷164《郭守敬传》。

行了七项重要的改正，编出了新的历法，“历成，诏赐名曰授时历”①。至元十八年，授时历开始使用，它成为中国古代最卓越的历法之一。这部历法由于能精确地测量节气的变化，所以给严重受自然灾害影响的畜牧业，带来方便，农业生产也从中受益匪浅。其次，忽必烈重视与人类生存居住环境有密切关系的建筑业的发展。他任用西域人也黑迭儿，管理宫殿和城市建设。为了完成元大都的设计和建造，也黑迭儿“心讲目算”，吸收中国建筑技术与中亚建筑技术精华，终于完成了以皇城为中心，前为朝廷宫阙，后为商业市场，左为祖庙，右为社稷坛的大都设计与建造。其中的太液池、琼华岛是这座建筑群的精华所在。上都则是一座聚汉、蒙及其它建筑精华于一身的建筑群，从遗址发掘和文献资料记载来看，全城由皇城、宫城和外城构成，皇城在全城的东南面，城墙夯土外砌砖石，东西各二门，南北各一门，每面墙长1400米，皇城东北为华严寺，西北为乾元寺，东南、西南各有一座庙宇；宫城城墙夯土外包以青砖，东西宽570米，南北长620米，东、西、南三面有门，宫殿建筑各自成群，泉池穿缀其间，宫城四角均设角楼；外城全系黄色夯土，北开二门，南开一门，西开二门，为养花木禽兽的御园，宫殿之中，最著名的为棕毛殿，这座宫殿以竹作架，柱用金龙饰物缠绕，劈竹成瓦，瓦上以金泥通涂，周围以彩绳牵固。可以看出，此城既有汉族建筑中的园林风光，也含有蒙古包的风格。再次，与军事征战、人民生活有关的手工业文化，也得到充分发展。如蒙古军队所使用的刀、矛、铁甲、铁链、皮囊、马具、铁鼎等器具，轻便实用，被当时的欧洲人称赞不已。

① 《元史》卷52《历志》一。

历来为中国手工业品中的代表——瓷器，在元代也得到进一步发展，但比以前各朝代不同的是，元代多生产人们日常所必需的瓷碗、瓷盆、瓷罐，专门用来观赏的瓷器，数目不多。

忽必烈之所以重视发展自然科学和与人民生活有密切关系的物质文化，与他的民族出身有关。处于13世纪的蒙古民族，是一个顽强、勇敢、求实的民族，他们世代居住的蒙古高原，多沙，少草，天灾人祸层出不穷，物质资源比较匮乏。忽必烈即位后，他不止一次地说过“拯民莫如实惠”、“施实德”等话语。根据美国人罗莎比所写的《忽必烈汗传》一书记载，虽然中国儒学家总是为忽必烈讲解一些深奥的哲学思想，由于其深奥，忽必烈难以理解，相反，他对一些比较实际的问题比较感兴趣。这说明蒙古人在长期的生产生活实践中形成的实用主义哲学思想，已经深深地植根于忽必烈的脑海中，这种实用主义哲学思想，反映在文化建设方面，便是对物质文化的高度重视。忽必烈作为一国之君，他的统治思想体现着整个时代的思想，而他重视物质文化的发展，引导着整个社会对物质文化建设的重视。

物质文化的迅速发展，也对整个社会风气及人的价值观产生了重大影响，人们赤裸裸地追逐功名利禄，社会风气也随之世俗化。元以前的中国社会，虽然也因古典商品经济的发展而出现过几次“天下攘攘，皆为住利，天下熙熙，皆为利来”的追求功利的高潮，但这种功利思想大部分时期都以隐蔽的方法表达出来，领导文化潮流的人，多是在小农经济社会中成长起来的、以清高自居的士大夫。政府选择人才，也以科举考试为惟一途径，而科举考试的内容，以人文科学为主，所以担任封建政权的各级官吏，多为文人出身，他们和文化界的士大夫们一起，引导着文化向人文科学的纵深方向前进，社会上因而有了遁世、隐退的思想。而元代不同,作为统治阶级的代表,忽必烈重视物质文化发展,而政权的政治基础,即各级官吏,不是靠科举考试,而是靠自己实际解决问题的能力而受重用,这些官吏成为政权的支柱后,和忽必烈一样,以实用主义哲学思想看待整个世界。他们是元代社会的统治阶级,他们的思想,代表着整个社会的思想,他们重视物质文化,追逐名利与财富,结果整个社会风气向世俗化方向发展,人们注重现实生活,如元代杂剧的出现和兴盛,就是社会风气世俗化的反映。当然杂剧的兴盛与整个中国古代文学发展规律有关,但也不能不体现出元代的时代特征。从杂剧所反映的内容来看,多为反映普通人民悲欢离合的生活,可以说,这与整个社会重视物质文化建设密不可分。

二、宗教文化的发展

在精神文化方面,忽必烈重视宗教文化的发展。忽必烈和他的祖先们一样,对各种宗教持平等对待的态度。这种态度非常有利于各种宗教及其文化的发展。在忽必烈统治时期,佛教、伊斯兰教、基督教、萨满教、道教及其它一些多神教,同时在中国兴盛,忽必烈不仅对它们采取平等对待的态度,而且支持他们在元朝境内修建寺院,作为他们传播宗教和宗教文化的基地。根据《蒙古族文化》一书的统计,仅上都的佛教寺庙就有 165 所,①其中乾元寺、华严寺是最著名的两座。在南方,忽必烈的理财大臣桑哥指示杨链真伽在毁宋陵的基础上,建立了几座华丽的佛教寺院。道教院、观也比比皆是。

① 蔡志纯等主编:《蒙古族文化》,中国社会科学出版社 1993 年 8 月第 1 版,第 162 页。

和林、上都均有道院，汪古部领地丰州有道教的天宫院、兴福院，喀喇沁左翼有栖真观、昭惠显真君庙、天成观等等。[①] 基督教堂在元朝境内也有分布，如在今内蒙古达茂联合旗阿伦斯木遗址中发现了不少十字架遗物，其地原来可能是一座基督教堂，因为当时统治这里的是忽必烈的驸马、信奉聂思脱里派的阔里吉思。伊斯兰教的清真寺也有分布，如也黑迭儿修建的元大都城中就有清真寺大殿，泉州也有清真寺，甚至用清真寺一词代表中国伊斯兰教堂的作法，也始于忽必烈统治元朝的13世纪中叶。[②] 这些宗教场所，以传教为宗旨，但他们的经典，如《圣经》、《古兰经》、佛经、《道德经》等所包含的内容，不仅有教义，也有文学、寓言、哲学思想、道德规范等，他们传教的同时，也传播了不同国家和民族的文化。再从各种宗教教堂建筑来看，它们聚集了不同国家、不同民族的建筑风格与技术，如基督教堂代表欧洲建筑风范，清真寺则代表中亚建筑风格，佛教寺院则体现中国汉族、藏族和印度的建筑特色，它们在中国的土地上成长起来，构成中国文化的一部分。这是忽必烈尊重宗教、重视发展宗教文化的结果。

三、重视蒙古族文化及多元文化的发展

忽必烈重视蒙古族文化的发展。为了改变蒙古人“文治

---

① 蔡志纯等主编:《蒙古族文化》，中国社会科学出版社1993年8月第1版，第163页。

② 冯今源:《中国伊斯兰教》，宁夏人民出版社1993年7月第3版，第27页。

多缺”的状况，忽必烈下令把一些优秀的汉文典籍翻译成蒙古文，著名的汉文历史著作和儒家经典，如《资治通鉴》、《贞观政要》、《帝苑》、《孝经》、“四书”、“五经”等先后被译成蒙文，使蒙古人吸收了一些优秀的汉族文化精华，从而加速了蒙古族文化的发展。与此同时，忽必烈极力保存蒙古族传统的畜牧业文化。例如，在忽必烈统治时期，蒙古人已经在马、牛、羊、骆驼的训练，四季牧场的选择，优良畜种的繁殖、预防疾病等方面，积累了丰富的经验，形成以马文化为代表的畜牧业文化。在生活领域，则形成独特的草原饮食文化，奶、黄油、奶皮、奶酪、奶豆腐、奶油、奶渣、羊肉、牛肉、马肉等，不仅是他们的主要食品，而且创造出多种多样的炮制、食用、保存的方法。忽必烈本人就是一位典型的蒙古饮食文化的代表者。在宗教方面，虽然许多蒙古上层人物皈依各种宗教，但普通的蒙古牧民仍以萨满教为精神支柱。这些典型的蒙古族文化，不仅在有元一代得到保存，而且大部分一直保留至今。

由于忽必烈所建元代与中国历史上其它王朝相比，在民族、地域等方面存在显著的特点以及对发展文化所持的与众不同的态度，元代文化相应地也显示出了时代的特点。

第一，忽必烈时期元代的文化具有多民族性。元朝以前的中国封建王朝的文化，尽管也吸收了一些周边少数民族的文化，但汉族统治者却始终认为汉族文化最正统，最尊贵。而元代却不一样，在辽、金、西夏长期统治的广大中原和西北，以儒家思想为中心的文化，逐渐衰落下去，周边少数民族的文化，却迅速成长起来。这就使中国的文化在这一特定的历史时期，呈现出较强的多民族性。如藏传佛教的经典《甘珠尔》、《丹珠尔》在蒙古和中原各地得到了广泛的流传，藏文佛典中的科学知识，如天文、历算、医学、文学等被僧人所接受，西藏式的寺院、佛塔也先后在内地出现。在西南大理，元初开始流行白文，出现了白文撰写的《白古通》，地处中西交通要道的西北畏吾儿地区，出现了精通多种语言文字的学者。东北地区的契丹、女真人也把他们的文化输入内地。蒙古族语言广泛流行于中原汉族之中，至今仍被汉文所使用的“站”、“褡裢”、“胡同”、“把势”等词，都是从元代开始就被汉族所使用的蒙古语，在元曲中则可找到更多的蒙古语。[①] 所有这些，使忽必烈时期的元代文化，具有多民族的特点。

第二，忽必烈时期的文化具有世界性的特点。忽必烈以前的蒙古统治者，曾将中亚、西亚和东欧的大量工匠和知识分子虏掠到蒙古和中原广大地区。同时随着中西交通的畅通，大量西方色目人进入中原。到忽必烈统治时期，虽然兵戈未停，但相对而言，战争比蒙古时代少得多。从西方来到中国的色目人等，他们接受了中国的文化，同时也把中亚、东欧地区的文化传播到了中国，如回回乐中的“马黑某当当”，有人认为即今尚在新疆广为流传的木卡姆大曲，此曲是随着伊斯兰教传入新疆地区的阿拉伯和波斯音乐的变种。[②] 伊斯兰教虽然始传于中国的时间为唐贞观年间，但大规模传入中国则在蒙元时期。忽必烈还积极倡导引进外国文化，1275 年，他派拉班·扫马（1225—1294 年）和马可（1245—1317 年）两位基督教徒从大都出发，经山西、沙州、和阗、喀什噶尔，然后取道阿塞拜疆，到达伊儿汗国首都报达（今巴格达）。他们在伊儿汗国

① 方龄贵：《元明戏曲中的蒙古语》，汉语大词典出版社 1991 年版。
② 《蒙古族文化》，第 151 页。

居住了十二年之后，又于1287年从报达出发，沿古商路经黑海、君士坦丁堡，到达意大利首都罗马。由于红衣主教去世，他们在等待期间又去了法国巴黎，并在法国的加斯科尼（法国波尔多）拜见了英王爱德华一世。第二年，拜见了新当选的罗马红衣主教后，带着罗马主教的信件返回伊儿汗国。拉班·扫马、马可分别于1294年、1317年去世于巴格达和大不里士。1289年罗马教皇尼古拉斯四世派遣孟特戈维诺教士携带给伊儿汗国大汗阿鲁浑和中国皇帝忽必烈的信件前往东方，孟特戈维诺于1294年到达大都，后被罗马教皇任命为汗八里（大都）及东方总主教，在中国传教达三十四年。[①] 从此中国的基督教开始在聂斯脱里派之外和罗马教皇取得了联系，欧洲的基督教及其基督教文化逐渐传入中国。13世纪之际，世界文化均由宗教机构垄断，而基督教、伊斯兰教、佛教在经过长期斗争之后，已经发展成为世界三大宗教，此三种宗教都已经在忽必烈统治时期的元朝获得很大势力。

忽必烈为元代文化的发展奠定了物质基础，并引导了元代文化发展的方向。由于他的努力，元代出现了中国历史上从未有过的大规模的文化交流与发展，历来为西方人所仰慕的中国文化，虽也通过中亚、东欧诸汗国传至西方，但更多的则是中亚、东欧的一些文化传入中国。同时在国内，周边少数民族文化大量输入内地，形成你中有我、我中有你的文化涵化局面，中国文化因此更加绚丽多彩。可以说，忽必烈为元代文化所做出的贡献，丰富了中国文化史的内容。

① 王永生：《试论拉班·扫马出使欧洲及其影响》，《新疆大学学报》1988年3月版。

第八章　忽必烈的人才观

蒙古统治者从成吉思汗起,都是比较重视人才的。但由于各自所处时代不同,所面对的实际问题不同,所以对人才的要求也各不相同。但是,努力发现人才,并给予充分的信任,却是他们共同的自觉行为。正因为如此,蒙古征服事业兴旺发达,同时在逐渐统一中国的过程中,各族人才大量涌现。在蒙古汗国时期对人才的挑选和使用,以成吉思汗任用汉化契丹人耶律楚材为标志,是蒙古统治者用人方面的一个大转折。从此以后,非蒙古人又非武士的才智之士,大量为蒙古统治者所利用,在蒙古统治者决策集团中,占了很重要的地位,起了重要作用。耶律楚材在蒙古统治者用人政策的转变中,也起了很大作用。窝阔台初即位,设立燕京等十路征收课税使,根据耶律楚材的建议,"凡长贰悉用士人","极天下之选",原仕于金朝的一大批儒士，被任命为蒙古官员。他担任中书令后所任官员，“率用亲旧”，又“求孔子后，得五十一代孙元措，奏袭封衍圣公，付以林庙地”，“召名儒梁陟、王万庆、赵著等，使直译九经，进讲东宫”①，一时之间，在吵吵嚷嚷的草原贵族占绝大多数的蒙古汗廷中，凭空增添了大量儒士风采和文治的成分。

在乃蛮贞及贵由、蒙哥汗时，就十分重用汉人儒士杨惟中、姚枢等，并命杨惟中、姚枢“即军中求儒、道、释、医、卜者”②。大批汉族知识分子应召前来为蒙古统治者服务。其中如曾为建立元朝有过重要贡献的许衡、窦默、王磐等，均为这时期被任用的儒士。

任用汉族知识分子，这是从成吉思汗到蒙哥统治时期，蒙古统治者所面临的政治形势的需要，但同时也清楚地显示，对他们来说，这并不是最当务之急。吸引汉族知识分子对他们来说，主要还是一种风雅时髦的小事，而且由于他们主要作为草原游牧贵族领袖，也还不能充分发挥这些儒士的作用，不过毕竟在草原贵族轻视汉人儒士的传统思想中，吹进了一丝重视和使用汉族知识分子的春风。

忽必烈可贵之处，是他完全撕开了草原贵族轻视汉族知识分子的传统思维方式，发扬和光大了他以前各蒙古大汗使用汉人文人儒士的朦胧意识，开始真正尊重和重视汉族知识分子的价值和作用，使蒙古草原贵族用人之道发生了根本性的变化。但是，忽必烈对人才的使用，特别是对汉族文人、儒

① 《元史》卷146《耶律楚材传》。
② 《元史》卷158《姚枢传》。

士的任用,中间也有一些变化,这个变化体现在他整个统治思想的三阶段的变化之中。

一、用人态度的三次转变

忽必烈出现于中国历史记载时,就是以主管汉地和重用汉族知识分子的蒙古王子的身份和面貌出现的。从1236年他最初登上历史舞台,到1260年登上蒙古大汗的这一段时期,是他政治活动的第一阶段。在这个阶段,由于他授命治理汉地,所以他主要采取重点任用汉族和汉化知识分子参与治理汉地事务。他的这个政策,也是与其母亲的家庭教育有关。

忽必烈的母亲唆鲁和帖尼别吉非常推崇汉族文明。根据美国作者罗莎比的记载,她很早以前就反对以单纯的掠夺式的方法对待农业,并征召了很多汉族儒士、道士、和尚到漠北为她服务,而她对所有宗教一律平等对待的态度,使她得到许多汉族人才的忠诚。这无疑对她日益成长的儿子们,尤其是长期在她身边的忽必烈,产生了影响。1242年,忽必烈召海云禅师到漠北,问他"佛法中有安天下之法否?"海云建议他:"宜求天下大贤硕儒,问以古今治乱兴亡之事。"[①] 同年,他又召请通儒术的赵璧为谋士,"呼秀才而不名","命后亲制衣赐之,视其试服不称,辄为损益"[②]。1244年,他派赵璧请金末状元王鹗为谋士,"呼状元而不名","朝夕接见,问对非一,凡圣

① 《佛祖历代通载》卷21。
② 《元史》卷159《赵璧传》。

经所谓修身齐家治国平天下之道，无不陈于前，上为耸动。”[①] 1274年他又召见真定名士张德辉，问他辽金败亡的原因。窝阔台时召致的汉族儒士杨惟中、姚枢、许衡、窦默、李俊民、刘秉忠、张文谦、徐世隆、郝经等，忽必烈做亲王时即召请他们为自己的幕僚。他还从世侯严实的幕府中召请宋子贞、商挺、王磐、李昶、刘肃、孟祺、阎复等，并加以重用。他在藩府中还召请赵良弼、王鹗、李治等，由布衣授予官职。这一大批汉族知识分子在忽必烈的王府中，日夜帮他出谋划策，讲解儒家思想和历代典故，对忽必烈政治思想影响之大，是无法比拟的，因而在蒙古诸亲王中，也是很出名的。所以蒙哥继承汗位后，立即授命忽必烈总管漠南汉地民户，也主要是因为忽必烈拥有一大批汉族知识分子和谋士。忽必烈得以任命，对处理汉地各种事务当然是得心应手。他任命脱兀脱及张耕为邢州安抚使，刘肃为商榷使，“邢乃大治”[②]。又在蒙哥的允许下，不受断事官牙剌瓦赤的牵制，推荐史天泽、杨惟中、赵璧等设河南经略司于汴，经理河南之地。[③] 1253年，忽必烈又从蒙哥那里得到了“厥土上上，天府陆海”的京兆作为封地。不久，怀孟也成为他的封地。征服大理之后，他又在刘秉忠的参谋下，在恒、抚之间筑开平城，从此，忽必烈有了统治汉地的政治中心。[④] 又以姚枢为王府尚书、劝农使，以人称“廉孟子”的廉希宪为关西道宣抚使，[⑤] 治理中国北方诸汉地。经过几年努

① 《元朝名臣事略》卷12《内翰王文康公》。
② 《元史》卷4《世祖本纪》一。
③ 《元朝名臣事略》卷7《丞相史忠武王》。
④ 《牧庵道》卷15《姚枢神道碑》。
⑤ 《牧庵道》卷15《姚枢神道碑》。

力,在治理汉地方面收到了显著效果。忽必烈在征服南宋的过程中,也尽显他对汉化和汉族知识分子的重用和信任。他听从他们的劝告,禁止士兵烧、杀、抢、掠无辜百姓,在广大汉族人民中赢得了声誉,从而争取到了更多人的拥护。特别是蒙哥去世后,一批汉族知识分子为他出谋划策,帮助他有步骤、有计划的登上了大汗宝座。

综观忽必烈这一阶段的用人政策,可以说在重用汉族和汉化知识分子方面,是十分突出的。

从忽必烈即位到消灭南宋这段时间,是忽必烈用人政策发展的第二阶段。在这一阶段中,他已经从一个治理汉地的蒙古贵族变成了蒙古大汗,这种形势、环境及地位的变化,促使忽必烈在用人政策方面做出了一系列相应的调整。这个时期最明显的特点就是从主要重用汉族儒士,转到大量任用各民族的优秀人才,逐步扩大用人范围。中统四年四月,在立中书省时,就任命王文统为平章政事,张文谦为左丞,"以八春、廉希宪、商挺为陕西四川等路宣抚使、赵良弼为参议司马。粘合南合、张启元为西京等处宣抚使。"同年五月,设立十路宣抚司,任用赛典赤、李德辉、宋子贞、史天泽、杨果、赵炳、张德辉、孛鲁海牙、刘肃、姚枢等参与管辖。在蒙古本土,则有塔察儿、移相哥、未哥、拔绰、合丹等诸王领兵相助。这些人中,除了汉族人以外,蒙古人、色目人的比例也相当不小。忽必烈靠着这些人才的支持,打败了阿里不哥。在阿里不哥被彻底击败的同时,发生了李璮的叛变。这件事对忽必烈依重汉臣的思想,给予了很大打击。他吸取了李璮等人反叛的经验和教训,开始改变任用以汉人为主的用人思想,把用人的目光转向了更广的范围。他认识到,必须组建一支包括多民族人才在内的统治集团,才能牢固地统治这个由许多民族组成的王朝。首先,他任用蒙古人掌握重要官职,统率军队,以确保蒙古政权的巩国及蒙古人的特权。中统三年十二月甲寅,封皇太子真金为燕王,守中书令,后又兼枢密院事。至元五年成立御史台的同时,便以右丞相塔察儿为御史大夫,这样,中央的三个最高统治机构的权力全部为蒙古贵族把持,以保证蒙古政权的长治久安。同时,又任用一批蒙古人担任中书省要职,如伯颜,至元四年六月为中书左丞,到至元七年二月,升为枢密院使,至元十一年三月,升为左丞相,第二年升为右丞相。安童也曾居右丞相之位达数年之久。除此而外,阿里海牙、阿里、答合、合伯、阿塔海、博鲁欢、别乞里迷失、迷里忽辛、别都鲁丁等都先后在中书省任过职。在中书省、御史台担任要职的官吏,又大多为武将出身,如塔察儿、伯颜、阿里、阔阔、阿术等等。对地方政权,忽必烈早在至元二年就下诏:"以蒙古人充各路达鲁花赤,汉人充总管,回回人充同知,永为定制"。这样从中央到地方的军事行政大权,主要都掌握在蒙古人和非汉人的手中。

然而,忽必烈并没有因为强调蒙古人在行政及军事方面的特权,而忽视对其它民族人才的任用。他根据色目人擅长贸易的特长,任用他们管理财政,如色目人赛典赤,被忽必烈提升为中书省平章政事,总管全国财政,以清廉而闻名,四川行枢密院改为行省后,他佥行四川行省之事,至元十年,又以平章政事的身份行省云南,直到他去世为止。阿合马也是色目人,他继赛典赤后总管全国财政,直到至元二十年他被刺杀为止。以前在忽必烈藩府及中统年间得到重用的廉希宪,也继续留用。契丹人耶律铸也因有才而被忽必烈任用,他在至元元年八月任中书左丞相,至元十年,改任平章军国重事。可见忽必烈对有才能的人,不论什么民族,都一律量才使用。

由于这个时期对汉族知识分子的某种不信任,他把以前在藩府跟随他南征北战、出谋划策的大多数汉族人士,安置于翰林院管理文化事业,或作太子老师,名义、地位很尊贵,而实际上将他们排除于军事领导,甚至中央政府领导之外。如刘秉忠,虽在至元元年八月任命他同议枢密院事、兼中书省事,但据史料记载,他并没有起大的作用,于是做了太保。许衡被任命为翰林院的国子祭酒。窦默被任为翰林侍讲学士。王鹗被任为翰林学士承旨兼修国史。至元十五年,"置太史院,命太子赞善王恂掌院事,乙部郎中郭守敬副之,集贤大学士兼国子祭酒许衡领焉"。当然这也不是绝对的。对一些信得过而又有真才实学的汉人,忽必烈也仍然加以重任,如史天泽,从他父亲史秉直归降成吉思汗起,就为蒙古统治者出生入死,南征北战,中统元年即任河南等路宣抚使,兼江淮诸翼军马经略使,至元八年为平章军国重事。又如赵璧,至元二年任命为平章行省于南京等处,至元四年升为副枢密院使,至元八年为中书左丞。另外张易也从同平章政事升为平章政事,后又任枢密副使。刘整从一名降将升为参知政事,吕文焕、崔斌、张惠、范文虎等也先后得到重用。

有人认为,忽必烈在李璮叛乱后,便放弃了对汉人的重用,因为这些人使忽必烈腹背受敌。当然,我们不能否认李璮叛乱给忽必烈与阿里不哥争位的战争蒙上阴影,但即使不出现李璮之乱,忽必烈也必将改变其用人政策。如果仅以汉人、汉法统治整个元朝,那与以蒙古人、蒙古法统治整个元朝又有何异。忽必烈是一位思想敏锐的蒙古贵族,他不可能不意识到蒙古大汗与汉地君主的不同,改变主要用汉人的用人政策,对他来说是必然的,李璮事件只是这种必然性中的偶发事件,它起了加快忽必烈用人政策转变的作用。其实在此事件出现之前的中统二年,忽必烈已着手改革其用人政策。平定阿里不哥之后,他在维护蒙古人在蒙古政权中的特权的大前提下,任用擅长作战的蒙古人管理军事,以贸易见长的色目人掌财政,以通古今、多学识的汉人管理文化,使其政治、军事、经济、文化日益走上恢复与发展道路,在此基础上,于至元十六年(1279)彻底消灭了立国达三百多年的宋王朝。

第三,忽必烈第三阶段的用人政策。这一阶段,忽必烈除了继续保持蒙古人在军事和中央重要机构中的特权外,又任用蒙古人渗透至中央到地方的各个机构。灭亡南宋之后,忽必烈打通了从漠北到南海的道路,其疆域"北逾阴山,西极流沙,东尽辽左,南越海表",再也没有强大的敌人与蒙古人匹敌。同时从中统元年至至元十五年这19年的统治实践中,忽必烈已基本上确立了用各个民族人才统治元朝境内各个民族的思想。但是由于忽必烈的政权是一个民族政权,他所实行的民族等级制度(蒙古人为第一等,色目人为第二等,汉人为第三等,南人为第四等)以及为了进一步对外扩张而不断搜刮各族人民的做法,使民族矛盾和阶级矛盾日益尖锐,各族人民纷纷起义。为了控制、镇压各族人民,保证蒙古政权长治久安,忽必烈用人思想转向依靠蒙古人和色目人,最明显的标志就是忽必烈在刚刚平定南宋之后,于至元十五年六月甲戌诏谕中书省、枢密院、御史台:"翰林院及诸南儒今为宰相、宣慰及各路达鲁花赤佩虎符者,俱多缪滥",下令减汰。第二年冬十月,忽必烈又下诏:"皇太子燕王参决朝政,凡中书省、枢密院、御史台及百司之事,皆先启后闻。"对于刚刚征服的江南,则下令"江南州郡兼用蒙古、回回人"。在一些权威机构,如中书省,汉人明显减少,而蒙古人明显增加,如至元十八年三月任命的中书左丞相阿速罕、参知政事也的迷失,八月任命的右丞忙兀带等,都为蒙古人。至元十九年又先后任命麦术丁为中书左丞、耶律铸为中书左丞相,至元二十一年,任命安童为右丞相,至元二十三年,以瓮吉剌为中书左丞相、薛阇干为中书省平章政事。以后完泽、麦术丁、不忽木、铁哥、剌真等都历任中书要职。就在忽必烈去世前两个月,即至元三十年十一月,他再次任伯颜为平章政事,位居所有中书官之上。在御史台,忽必烈下令"用汉人十六员,用蒙古人十六员",甚至以前由汉人把持的国子监,其中的生员一百二十人,也是"蒙古、汉人各半"。经过此番调整,蒙古人逐渐渗透至从中央到地方的各个机构,并掌握了各方面的大权。

对于汉人,忽必烈不再像以前那样量才使用,除了在阿合马死后任用卢世荣管理财政之外,其余的汉人多位居于蒙古人之下。如在中书省,汉人只能任左、右丞。刘国杰、陈严就曾任左丞,洪茶丘曾为右丞。同时,从忽必烈的谈话中,也可以看出忽必烈对汉人态度的转变,如至元二十二年六月,忽必烈对一向仇视汉人的安童说:"朕左右复无汉人,可否皆自朕决,汝当尽心善治百姓,无使重困致乱,以为朕羞。"又如,当集贤直学士程文海建议在御史台按察司用南人时,忽必烈说:"汝汉人用事者,岂皆贤邪?"一语道出了他对汉人的不信任态度。对于其它民族的人才,忽必烈也不如前两个阶段时期那样信赖,有史记载的其它少数民族人才,除了桑哥之外,复无他人。可见忽必烈在其统治后期,在官员任用方面,已走上了蒙古化的道路。

为什么忽必烈在灭亡南宋之后,立刻改变了以前的用人政策呢? 最现实的原因是,蒙古人最顽固的敌人南宋,最终被彻底消灭,汉人的作用大大降低,而且必须加以防范,蒙古人的地位和特权,必须提高和加强,使元朝成为真正意义上的蒙古朝廷。除此而外,还应从忽必烈自身找原因。忽必烈时代,维护传统的蒙古贵族们,多认为忽必烈是一个汉化很深的贵族,后世许多学者也认为忽必烈汉化很深,并以其任用汉人作为依据。忽必烈的确采用了一些汉法,也使用了一些汉人,但同时他也采用了其他民族的制度,任用了一些其他民族的人才,如大理的土官制度,色目的税收制度以及任用色目人为理财大臣等。但是,考察忽必烈,包括其用人政策,不仅要从他某一阶段的表现来考察,同时也要把他的统治作为一个整体来考察。他在统治的第一、二阶段中,确实重用了许多汉人,但他只是根据当时他面临的任务及形势,利用汉人来解决他面临的问题。南宋灭亡后,民族矛盾、阶级矛盾的激化,使他不能不采取压制汉族,提高和加强蒙古人的地位和特权,来巩固蒙古贵族的统治。另外,我们从忽必烈的个人生活来说,他讲本民族的语言,创造本民族的文字,让别的民族学习蒙古语言;在饮食方面,他是蒙古传统上的暴食者,以致于晚年时变得奇胖无比;在婚姻方面,他严格遵守蒙古习惯,所娶四位主要妻子都为蒙古人,即使在他死后,也如同成吉思汗一样,埋入至今无人知晓的起辇谷。种种迹象表明,忽必烈并不是汉化儿,他在后期所采取的任用蒙古人统治元朝各个民族的作法,是完全可以理解的。

二、用人方针的一般特点

他的确是一个蒙古人，只是比别的蒙古大汗及贵族更开明、更有远见，更懂得如何使蒙古人立于不败之地。尽管忽必烈的用人政策因形势变化而变化，但综观其全部统治时期，其用人方针有一定的规律可寻，即形成了一定的使用人才的思想，具体表现在：

第一，重实才，轻学识。这可以从三个方面得到证实。首先，忽必烈废除了科举选士的选拔人才手段。中国自隋唐以来，历代封建王朝都是以科举考试作为选用人才的惟一手段，考试的内容也已经形成定式。这固然能选出一些通文化、政治、军事、经济等理论的人才，但理论并不等于实践，久而久之，在选举人才方面出现许多弊病。忽必烈亲眼目睹了以科举选人才的南宋如何腐败，同时又看到兴科举对维护蒙古人的特权地位十分不利，于是，以王鹗为首的汉族人士，虽三番五次请求立选举法，忽必烈也“有旨令议举行”，但“有司难之，事遂寝”[①]。虽然是有关部门不允许，但如果忽必烈真心想兴科举，又有谁敢“难之”呢？这从一个方面也表明，忽必烈在用人方面不看重学识深浅，而注重实际能力。其次，忽必烈的人才多由吏出身，以吏出职为官，即吏员脱离吏职为官员，如至元十三年规定：“各路司吏……历九十月，于都目内任用，六十月以上，于吏目内任用。”[②] 在地方上，散府和上州官吏一般

① 《元史》卷6《世祖本纪》三。

② 《元典章》卷12《路吏运司吏出身》。

出职任吏目，不符合任都吏目者，则出职为典吏，县、司和上、中州的司吏出职，均为典吏。[1] 在中书省、御史台和枢密院的吏员，有令史、译史、通事、知印等，他们的出职规则为“三考正七品，一考之上，验月日定条，一考之下，二十月以上，为从八品，十五月以上正九品，十五月以下，十月之上为九品，添一资，历十月以下为巡检”[2]。以吏出职，吏员经过基层锻炼，有丰富的实践经验，用此法选拔人才，也充分体现了忽必烈重实才的人才观。再次，从忽必烈及蒙古人的哲学思想来说，蒙古人对实实在在、客观存在的事物比较感兴趣。在古代，由于他们对有些自然现象无法理解，便产生了萨满教，以后之所以信仰藏传佛教，关键在于它既能以宗教笼络人心，又可以借助僧侣统治人民。在生产中，由于气候对他们的畜牧业至关重要，所以他们尤其注重对天文的研究，忽必烈时《授时历》的出现便是证据。忽必烈自己的哲学思想也是以实用主义为基础的，他曾说“拯民者莫如实惠”，又在继位诏书中表明“务施实德，不尚虚文”的观点，充分体现出他以“实”作为解决问题的基点。另外，从他所用人才来看，大都为具有实践经验的人，如伯颜、安童、史天泽等等。所以重实才轻学识是忽必烈最主要的人才观。

第二，重武将，轻文臣。在忽必烈的朝廷中，枢密院主管军事，所用人才都是武将，但在中书省、御史台等机构中，也大量任用武将或将帅出身的人才，这在其它朝代的朝廷中是少有的。如御史大夫塔察儿是蒙哥时期攻宋的主帅之一，也是

① 《元典章》卷 12《选取典吏司吏》。
② 《元史》卷 84《选举志》四。

跟随忽必烈打败阿里不哥，为忽必烈巩固汗位立下功劳的将军与宗王；历任中书省左、右丞相、平章政事的伯颜，也是灭宋、平叛的主要将军之一。其他中书省的要员如阔阔、阿里、阿术、阿里海牙、忙兀带等等，几乎都是清一色的武将。在汉人中，受到重用的也有许多武将，如史天泽，从中统元年被任命为宣抚使，到其病故，几乎每一次大的军事行动都少不了他。降将刘整，官至参知政事。守卫襄阳、后因城破而降的吕文焕，以及以后的武将范文虎，都曾在中书省任职。忽必烈之所以以武代文，不仅因为他吸取了南宋重文轻武而导致覆灭的历史教训，而且也因他深知蒙古人是以军事立国的，他的祖先们之所以能横扫东西，建立横跨亚欧两洲的大帝国，靠的就是武力。忽必烈时期，虽然对仅仅依靠军事立国的状况有所改变，但与元朝境内的其他民族相比，军事仍是他们的优势。于是他扬长避短，发挥优势，以军事力量、军人出身的人才治理国家，以巩固其得来不易的政权。

第三，重实用，轻品德。这一点，实际上也正是忽必烈在用人问题上很自然的一种态度。忽必烈在当时虽然对儒家文化很欣赏和尊重，但是作为一个蒙古贵族，他的伦理道德观念，与儒家的伦理道德观念，差距很大。特别是在用人这个问题上，表现十分明显。例如他先后任用阿合马、卢世荣、桑哥总领全国财政，他们以搜刮人民财物为己任，以满足忽必烈时期浩大的政治、军事费用。这些人卖官鬻爵、朋比营利、抢男霸女的行径，忽必烈也早有所闻，然而他从不以为是问题。这当然与忽必烈以经济为军事服务的指导思想密不可分，但他不听劝告，连续任用这类人，这正说明作为蒙古草原贵族与汉族大臣之间，在伦理道德标准方面的分歧。根据蒙古草原贵族伦理道德标准来看,作为属下只要不反对主人,作为官员和王公只要不反对可汗,不侵害大汗的利益,这就算维护了游牧社会伦理道德的基本原则,其它问题,都算是小事。

第九章 忽必烈的民族政策

忽必烈建立元朝之后,实行了四等级的民族分化政策及宗教平等政策。这两种政策对当时民族关系的发展,产生了深远的影响,因而构成元朝民族关系的特点。民族四等级分化政策,虽然在主观上是为了维护蒙古族的特权和优越地位,控制、分化其他各个民族而制定的,但是在客观上却加速了民族同化和融合进程。宗教平等政策,则无论在主观、客观上,对各个民族的自然融合,都创造了良好的条件。

一、民族分化政策

民族四等级分化政策,即众所周知的蒙古人第一,色目人第二,汉人第三,南人第四的民族不平等的等级政策,是忽必烈时期实行民族压迫政策的主要内容和表现。早在金朝,女真统治者在任用掌兵、掌钱粮官员时,就有先女真,次渤海,次契丹,次汉儿的规定。[①] 在忽必烈统治时期,面对复杂的中原形势,以及其他各族人员大量从政,在地方官员的任用方面,规定"以蒙古人充各路达鲁花赤,汉人充总管,回回人充同知,永为定制",并且在中央各部门,实际上也实行了以蒙古人为正首长的规定。消灭南宋后,以江南汉人称"南人"或"新附人",其政治待遇又较"汉人"为差,即就是三品以上的"南人"官员,也要"遣质子一人入侍",并将这种等级待遇贯穿于政治、法律、文化等各方面,逐渐形成了元朝民族四等级的不平等和分化政策。对蒙古人、色目人来说,这是一种维护其特权地位的政策,对汉族人来说,则是一种名副其实的民族歧视政策。然而从此类民族政策的实施效果来看,处于一、二等级的蒙古、色目人,往往比处于第三、四等级的汉、南人更快地受到削弱,并融合到其他民族之中。

蒙古人,在元朝是统治民族,他们是全国第一等公民,为了巩固蒙古政权的长治久安,他们有责任、有义务承担对其他民族的控制监督。因而第一等公民虽然拥有许多特权和优越地位,但荣誉背后却是沉重的责任和义务。蒙古军队、蒙古官吏被忽必烈派往各民族地区进行统治,而他们在治理各地的同时,也逐渐同化于其他民族之中。如进入中原的蒙古士兵,学会了农业生产。至元元年,忽必烈亲自下诏:"蒙古户种田,有马牛羊之家,其粮住支;无田者仍给之。"至元二年,又以河南北荒田拔给蒙古军耕种,以后中兴、大都、新城、清、沧、靖

① 徐梦莘:《三朝北盟会编》靖康中帙73。

海、云南、咸平、懿州、瓜、沙、甘等地,都分布有蒙古军的屯田。这些蒙古军队,在镇守各地区的同时,加强了与各族人民的经济、文化联系。各地镇守官——达鲁花赤,在至元二年被忽必烈定为由蒙古人充当之后,分布于全国各地的达鲁花赤逐渐由青一色的蒙古人垄断。按蒙古旧制,达鲁花赤与其它军职一样,父死子继,世代相袭,他们与驻扎地的民族互相通婚,交往频繁,久而久之,他们的家族逐渐同化于其驻扎地区的民族之中。河北真定世家史秉直的长女嫁给了蒙古大将木华黎,史天倪的长子史楫娶了北京路都元帅吾也儿的长女,史天倪的族兄史天祥之女嫁给了北京达鲁花赤之子。[①] 其结果当然是促进了相互融合,特别是蒙古人融入了汉人之中。另外,忽必烈实行的宗王出镇制度,也使一些宗王逐渐同化于其他民族之中,如忽必烈的第七子奥鲁赤被封为西平王后,出镇吐蕃,他死后,其子铁木儿不花、其孙搠思班继续镇守吐蕃,搠思班曾率一百名蒙古人前往藏地的沙鲁寺,请著名佛学大师布思端为他们灌顶授戒,[②] 最后搠思班及其属下同化于藏族之中。忽必烈的另一个孙子阿难答,承袭父职为安西王,由于他信仰了伊斯兰教,于是在他影响下他所率领的十五万士兵,多数皈依于伊斯兰教,并成为新形成的其他民族的重要来源。[③] 身为大汗的忽必烈,也无时无刻不受其他民族的影响,他建立的三权分立的中央行政制度,地方上的行省制度、土官制度都

① 池内功:《元代的蒙汉通婚及其背景》,《民族译丛》1992 年 3 月。

② D.S.Ruegg. The life of Bu-ston Rin Po Che. Roma. 1966.P.139.转引沈卫荣《元朝中央政府对西藏的统治》,《历史研究》1988 年 3 期。

③ 《东乡族简史》,甘肃人民出版社 1984 年版。

是吸收其他民族文明成果的结果。可以说,蒙古人为了巩固他们的政权,保持他们的特权,不得不统治、监督其他民族,而这样做的结果,则使他们自己的很大一部分,逐渐同化于其他民族之中。

色目人被忽必烈划为第二等级,他们是元朝的二等公民。二等公民对蒙古人来说,仍是处于一个受歧视的地位。例如回回人遵从伊斯兰教的习俗,“羊非自杀者不食”,忽必烈对此十分反感,竟然说:“彼吾奴也,饮食敢不随我朝乎。”[①] 在忽必烈眼里,回回人,即色目人,也不过是他的奴辈,当然比蒙古人要低下,但与汉人、南人相比,二等公民的地位不是歧视,而是优待。但优待的结果,也是更快地同化、融合于其他民族之中。色目人,并非专指西北某一民族,作为一个民族等级,它包括的民族很多,元末明初人陶宗仪在《南村缀耕录》中列举出三十一种色目人,清代乾隆时人钱大昕在《元史氏族志》中列出二十三种色目人,清末屠寄在《蒙兀儿史记》中又列出二十六种色目人。[②] 尽管统计数字并不一致,但色目人种族繁多的史实,无庸置疑。他们所来的地区“自唐兀(今河西地区)、畏吾儿(今新疆地区),历西北三藩所封地(察合台汗国在今新疆地区,钦察汗国在咸海、黑海以北地区,伊儿汗国在今伊朗和土耳其地区),以达于东欧皆属焉”[③]。忽必烈继位之后,西方三大汗国基本上处于独立状态,所以元朝的色目人,除了在河西、新疆形成一个小的聚居区外,其余多散居于中原

① 《元史》卷10《世祖本纪》七。

② 张永禄:《元代色目人与中西文化交流》,《西北大学学报》1986年2月。

③ 陈垣:《元西域人华化考》卷1。

各地。可以说,色目人在元代已形成大分散小聚居的局面。忽必烈把他们划分为第二等级,以他们分散在各地的优势,帮助蒙古人统治其他民族。忽必烈曾任用大批色目人为各级官吏,如廉希宪、赛典赤、阿合马、高智耀、察罕等。终元一代,任用色目人充达鲁花赤的人数有二十人之多。① 其次,把色目人编成军队,如质子军、宿卫军、镇守军等。再次,利用色目人善于经商的特点,让色目人总管财政,如忽必烈时期元朝的财政大权,从13世纪60年代至80年代,一直由色目人把持。善于经商的畏吾儿人"因需要在大都使用的钞锭"②,而变卖家产。前往大都做买卖的畏吾儿人,全部聚集在大都西部的畏吾村(在今北京西直门外的魏公村)。由于色目人充分参与元朝的政治、经济、军事等活动,也进一步加快了他们与其他民族融合的进程。正如明人田世成所说:"先是,宋室移桦,西域夷人安插中原者甚多,从驾而南。元时内附者,又往往编管江湖之内,杭州尤多,号色目种。隆准高眸,不食猪肉,婚姻丧葬,不与中国相通。"③ 这种散居于内地的情况,一直持续至明。《明律》记载:"胡元入中国,种族散处各地,难以遏绝,故凡蒙古人与色目人听与中国人相嫁娶为婚姻。"④ 当然其他民族也深受色目民族的影响,如中亚人制造的回回炮,被蒙古人所吸收,在灭亡南宋的战争中发挥了巨大的作用。一些著名的畏吾儿知识分子,如岳柱、全普俺撒目、廉惠山海牙、契哲笃、

① 箭内亘:《元代社会之三阶级》,《蒙古史研究》,第316页。
② 冯家升:《土地文书》,转引张承志《元代畏吾儿人内部状况》,《民族研究》1983年5月。
③ 田世成:《西湖游览志》。
④ 《明律》卷6《蒙古色目人婚姻条》。

沙剌班等，参与了宋、辽、金三史的编修工作。这样水乳交融，形成各种色目人与其他民族互相交流、互相杂居的局面。同时，由于所有色目人被划为同一等级，使他们对自己的共同命运有了新的认识，而元朝统一的大环境，又给他们创造了共同生产生活的条件。经过一百多年的发展之后，以色目人为主，终于在元末明初形成了我国的一个新的民族——回族。

汉人，被忽必烈定为第三等级。他们不仅指中国北方的汉人，也指东北地区的契丹、女真人。他们的分布比较集中，人口众多，经济、文化比较发达，互相之间交往频繁。这些民族在蒙古崛起之前，都曾使蒙古屈从过自己的统治，如辽、金政权。北宋王朝虽然没有直接与蒙古交锋，但历来视北方少数民族为"胡儿"。忽必烈登上汗位后，对"汉人"中归顺于蒙古人的高级军政人员以及知识分子，确实都采取了优待政策，委以高官，授予军权，有的甚至可以独霸一方，但对"汉人"总的政策，特别是对广大的老百姓，仍是采取了歧视、压迫政策。他在各地建立宣慰司、行省，又在州、府、路一级设立达鲁花赤，派军队镇守，以蒙古人统治、镇压他们。同时，为了分散、瓦解这些民族，他强制这些民族不断迁徙，如以签军的方式调集大批汉人参加蒙古人的对外扩张战争、守卫首都、镇守边关。至元三年，忽必烈就曾"选女直军二千为侍卫军"①，第二年，他又签太原、京兆、延安、河南等地以及女真、水达达一万余人，② 为进攻南宋作准备。根据陈高华先生的统计，仅忽

---

① 《元史》卷6《世祖本纪》三。

② 《元史》卷98《兵志》一"兵制"。

必烈一朝,共签汉军二十万。[①] 这之中包括汉、契丹、女真等民族的士兵。另外,忽必烈还大量派遣汉、契丹、女真工匠去漠北服务,哈剌和林、开平、大都集中了许多这些民族的工匠。而在漠北屯田的其他民族的士兵及农户也为数不少。忽必烈通过强制的手段,强迫汉人等级的人民离开故土,但客观上却加强了这一等级的民族与元朝境内其他民族的关系,蒙古人为了镇压这一等级的民族而派遣蒙古人进行政治、军事统治,客观上也加强了蒙古人与这些民族的融合。而且由于汉、女真、契丹人口众多,文化程度高,适应性强,他们并没有因大量迁徙而受损,相反,由于他们在元朝统治下都变成被统治民族,共同的命运使他们的联系更加紧密,互相通婚、互相交流的事屡见不鲜,如史天泽的两位夫人纳合氏、抹稔氏均为女真人。[②] 另外,从至元十四年顺天路管下百姓完颜恩政状告亲家徐旺一案中可知,这也是一桩女真与汉族通婚的事例。[③] 契丹族的优秀人才耶律楚材本人及其子耶律铸,其孙耶律希亮,都是有很高汉文化水平的汉化契丹人。可以说,忽必烈歧视汉人等级的政策,不仅强制包含在"汉人"这一范围内的各族人民走向同化,同时也促进汉人等级与各个民族的自然融合。

南人,是忽必烈灭亡南宋后所定的最后一个等级,它包括原南宋的汉人及南方、西南方的少数民族。为了彻底地用政治、军事手段统治这些顽强抵抗的民族,忽必烈把他所建立的

① 陈高华:《元代的军户》,载《元史论坛》第一辑。

② 《元文类》卷18《户部》四"不收继"。

③ 《元典章》卷30《礼部》三"婚配"。

军、政制度延伸至这里，蒙古、色目官吏相继成为这里的军、政长官。原南宋的军队被编成新附军，离开故乡，或守卫大都，或镇守边关，或屯田出征。仅屯田一项，就迁徙了难以数计的汉族士兵及农民（包括北方、南方）。如至元九年至至元三十年的二十二年中，他十多次调动大批汉军、新附军、南人，给予耕牛农具等，于怯鹿难、脱里北、吉利吉思、谦谦州、杭海、五条河、和林、上都等地开渠辟田，从事屯种。至元二十一年至三十年，四次调派乞里吉思、蒙古和汉族军民在东北忻都察、合思罕、瑞州咸平府、茶剌罕剌岭等处利用荒地屯田，① 与此同时，镇海、谦谦州、和林、上都、荨麻林、兴和路等地聚集了大批中亚、波斯、斡罗思及中国长城以南及西北各地的工匠。通过强行迁徙，大批汉人、南人以及其它民族的人来到蒙古，此后，便没有任何有关他们生产生活的记载，说明久而久之这些汉人也同化于蒙古族之中。对于西南方的少数民族，忽必烈在任用土官的同时，又命令“合剌章（元代指云南地区）酋长之子入质京师，千户百户子入质云南王所”，这些入质子弟从另一个角度说，也都是各民族文化交流的桥梁。另外先后派赛典赤及其子出镇云南，这个家族长期留住云南，其子孙逐渐演变为云南地区的回族。现在居住于云南省境内汉化很深的蒙古族，就是元代出镇云南的蒙古人的后裔。忽必烈用政治上的歧视政策，强制大批南人北迁蒙古东北地区，虽然不符合广大南人的利益，但客观上加强了汉族及其他民族与蒙古族的联系，促进了民族同化与融合。

总之，忽必烈的民族政策是以维护蒙古贵族统治为中心，

① 《元史》卷98《兵志》“屯田”。

在政治、法律、文化等各方面优待蒙古族，并对其他民族实际采取以分化为中心的民族压迫政策。但与其主观愿望相背，它也的确起了加速各个民族同化及融合的进程，可以说，一部元朝史，也就是各族人民互相融合、同化的历史。这种同化与融合，既有其强制性的一面，也有自然同化、融合的一面，最终形成“你中有我、我中有你”的杂居局面，从而为中国民族关系的新格局及其新发展，奠定了历史基础。

二、平等的宗教政策

许多学者认为，忽必烈没有继承他的先辈们对宗教的态度，在其统治境内，没有实行宗教平等的政策。如多桑认为，成吉思汗诸子孙中，首先偏重某一宗教者为忽必烈。[①] 这个看法是不够全面的。马可波罗记载忽必烈经常说：“全世界所崇奉之预言人有四，基督教徒谓其天主是耶苏基督，回教徒谓是摩诃末，犹太教徒谓是摩西，偶像教徒谓其第一神是释迦牟尼。我对于兹四人，皆致敬礼，由是其中在天居高位而最真实者受我崇奉，求其默佑。”[②] 马可波罗又说，忽必烈有时认为基督教是“最真最良之教”。但是，佛教徒，特别是藏传佛教的著作认为忽必烈最尊敬佛教，伊斯兰教的著作也认为忽必烈最尊重伊斯兰教。这都说明，忽必烈基本上实行了宗教平等政策。不错，忽必烈在 1257 年曾在主持佛道大辩论中，判定佛僧胜利，并烧毁道教经典，命令道教徒改信佛教。继位之

① 冯承钧译：《多桑蒙古史》上册，中华书局 1962 年版，第 296 页。
② 《马可波罗行记》中册，第 305 页。

后，又尊藏传佛教萨迦派高僧八思巴为国师、帝师，以后又禁止穆斯林用断喉法宰杀牲畜，从而使伊斯兰教徒心怀不满。但是我们必须对具体问题进行具体分析。忽必烈在主持佛道大辩论前，道教全真派盛极一时，教徒仗势欺人，“毁西京（大同）天城夫子庙为文城观。毁灭释迦佛像、白玉观音、舍利宝塔，谋占梵刹四百八十二所”[①]，并刊行《老子八十一化图》，散发给各大臣，贬低和排斥佛教。这当然引起佛教徒，甚至一部分儒士的不满。为了安定社会秩序，使佛、道两派相安无事，他决定给予道教徒一次轻微的打击，使佛道两教在当时求得一个平衡。于是他在道教徒无法辩解其经典著作来源的情况下，烧毁其中一些，然后按照事先规定的失败者皈依胜者的宗教辩论规则，使参加辩论的13位道教徒剃光头，穿僧衣。但他并没有对全国范围内的道教徒下过任何禁令。继位之后，他尊八思巴为国师、帝师，但这主要是利用佛教在藏族人民心目中的崇高地位，来控制广大藏区，使藏族拥护蒙古政权的一种措施，八思巴只是他手下的一位专管佛教和西藏地方的高级官吏。13世纪80年代，他虽禁止以断喉法屠杀牲畜，但这主要是由于两位中亚使者断然拒绝忽必烈盛情邀请他们享用“御肉”，使忽必烈大汗尊严受到严重伤害所致，当他听到因禁止用伊斯兰教法屠杀牲畜，而使中亚商人不愿来元朝进行贸易后，便下令取消此禁令。这些都表明，忽必烈并不是一贯有意压制某一种宗教，或特别抬高某一宗教，综观他35年的统治，基本上实行了一项宗教平等的政策。这种所谓宗教平等政策，当然首先是在维护蒙古统治的前提下实行的，而且这种

① 《至元辨伪录·张伯淳序》。

宗教平等政策,也是在他的民族四等级的民族分化政策的基础上实行的,是他稳定和巩固元朝政权的一项统治政策。他实行这一政策,当然也有他家庭传统的背景和政治背景。

忽必烈的祖父成吉思汗在他军事扩张的过程中,十分明智地"宣布信教自由"①,收到过良好的效果。其母唆鲁和帖尼,是一名虔诚的基督教徒,但她在自己的封地中,从未歧视过任何宗教,相反,她总是施予各种宗教信仰的下层人民礼物及急需品。其长兄蒙哥汗时期,在和林"有十二座各族的偶像寺庙,两座清真寺,念伊斯兰教的经卷。城的尽头有一座基督教的教堂"②,不歧视任何宗教。而"思大有为于天下"的忽必烈,他自己并不特别信仰某种宗教,而且在其先辈所执行的宗教平等的环境中成长起来,因此,他早在治理汉地时,就已经采取了宗教平等的政策。在他的藩府中,有佛僧海云、刘秉忠,儒士姚枢、许衡等,甚至还有一名藏传佛教噶当派僧人曾在他的藩府中服务过一段时间,这足以说明他对宗教的宽容态度。继位之后,信仰伊斯兰教的中亚人、维吾尔人,如赛典赤、阿合马、廉希宪等,信仰佛教的西夏人高智耀等,东欧的基督教徒爱薛、马可波罗等,藏族喇嘛八思巴等,先后服务于他的政权之下。这些人虽然属于不同民族,信仰不同的宗教,但由于他们直接参与元朝的政治活动,并以自己的民族立场处理各种事务,从而影响着当时的民族关系的发展。他们参与元朝事务,一方面说明当时的民族关系,另一方面说明,忽必烈并不问他们的宗教信仰,只是根据他们的实际才干分配不同的官职,也说明了他并不歧

① 《多桑蒙古史》上册,第 81 页。

② 耿昇等译:《鲁不鲁克东行记》,中华书局 1985 年出版,第 292 页。

视任何宗教。另外，忽必烈对不同宗教的特殊礼仪和习俗，也遵行“教诸色人户各依本俗行者”① 的原则，是十分宽容的。如基督教过复活节时，忽必烈“召大都之一切基教徒来前，并欲彼等携内容四种福音之圣经俱来。数命人焚香，大礼敬奉此经，本人并虔诚与经接吻，并欲在场之一切高官大臣举行同一敬礼……。对于回教徒、犹太教徒、偶像教徒之主要节庆，执礼亦同”②。这充分说明，他对任何宗教，基本上都持平等、尊重的态度，反映在政策方面，便是宗教平等政策。

对于藏传佛教的态度和政策，忽必烈是情有独钟的，这与八思巴为蒙古造字有关。更重要的是，藏传佛教与中原地区的道教、伊斯兰教和基督教不同，它涉及到整个藏族地区，关系到元朝对包括今西藏、四川、云南、青海、甘肃广大藏族地区统治的稳定和巩固的大事。正因为如此，他甚至对总摄江南诸路释教杨连真伽在江南抢男霸女、掳掠财物、盗掘宋室陵墓等重大罪行，也竟然加以赦免。但是，他对藏传佛教的态度，与对其它宗教和教派的态度和政策相比，在总体上仍是平等的。

道教在元代主要有全真、正一、太一、真大等派。忽必烈时，道教由中央所设集贤院管理，对地方上的各教派，各设道官一人，领其徒属，用五品印。宫观各置主掌。③ 道官主要由道士兼任，但一般由政府任命。④ 元代道教各派中，全真教势

① 《元典章新集》，《刑部》。
② 《马可波罗行记》中册，第 305 页。
③ 虞集：《兵德文碑》，《道园学古录》卷 50。
④ 虞集：《张留孙碑》，《道园学古录》卷 50。

力最大。全真教首丘处机曾应成吉思汗之召赴中亚,受到成吉思汗的器重。忽必烈时,其教首为丘处机四传弟子祁志诚。虽然由忽必烈组织的两次释道辩论中,以全真教为代表的道教徒遭到失败和打击,但忽必烈对全真教的政策,仍维持了宗教平等的政策,对其"醮、祈、禁、祝"等仪注,"仍得施行"①。对信奉其教派的人,也毫无歧视之处。如忽必烈的著名丞相安童,就是一个对全真教教主祁志诚十分尊敬,并受教于他的人。② 对道教的其它各派,忽必烈也以平等态度待之,而且给予一定的政府待遇,即所谓"国朝之制,凡为其教之师者,必得在禁近,号其人曰真人,给以印章,得行文书,视官府"。

早在1254年忽必烈未即位时,就曾派人往见天一派天师张宗演,询问天下大事。张宗演曾预言:"后二十年天下当混一。"至元十三年平江南后,忽必烈召见张宗演,"至则命廷臣郊劳,待以客礼,"亲自召见,"命主江南道教,仍赐银印"。将其徒张留孙留于宫中,封为天师,"留孙固辞不敢当,乃号之上卿",为他"建崇真宫于两京",并曾参与政事。

对太一、真大教派,亦同等对待。忽必烈封真大教首张志清为"演教大宗师、凝神冲妙玄应真人"。封太一派教首李居寿"太一掌教宗师",建太一宫于两京。③ 至元十六年,还特邀李居寿做醮事五昼夜。应该说,道教各派从总体上都受到忽必烈的平等对待。

忽必烈的宗教平等政策,很大地促进了元朝民族之间和

---

① 虞集:《张留孙墓志铭》,《道园学古录》卷50;姚燧《长春宫碑》,《牧庵集》卷11。
② 《元史》卷202《释老传》。
③ 以上均见虞集《岳德文碑》,《道园学古录》卷50。

平友好交往。如中亚穆斯林在元朝尊重他们的宗教信仰的前提下,通过丝绸之路,贩运西方珠宝、香料等奢侈品,供给元朝统治者享用。同时他们又将元朝的丝绸、瓷器及其它商品运至中亚、东欧等地。这样,不仅加强了中亚与元朝的经济联系,同时也促进了各族人民的融合与发展。在西藏,忽必烈正是由于采取尊重佛教政策,把藏族僧人摆在帝师的重要位置上,才使西藏人民心悦诚服地服从他的统治。西藏纳入元朝版图之后,使藏族加强了与内地各族的交往与联系,从而进一步密切了藏族与其他各民族的关系。可以说,忽必烈的宗教自由政策,不仅吸引了世界上不同宗教的民族来到中国,加强了中国与世界民族的往来,而且也使国内各民族的关系都得到进一步的发展。

第十章　忽必烈时期的对外关系

一、与钦察汗国的关系

钦察汗国的建立源于成吉思汗长子术赤。

1219年成吉思汗率诸子亲征花剌子模。此国位于阿姆河下游绿洲地区，是一个有悠久历史的古国，12世纪逐渐强大，至13世纪初，在摩诃末领导下，其势力西达波斯东部，东边到达葱岭，北部越过锡尔河，南部到达今阿富汗北部，成为当时伊斯兰世界势力最强大的君主。但是这个强大的统治者，在蒙古军的攻击下，却不堪一击，节节败退，溃不成军，中亚的许多名城大邑，一个个落入蒙古人之手。1221年成吉思汗率军南下以后，术赤率部驻守于花剌子模地区，以接应蒙古各路大军,并策划向北部钦察草原进军。

1223年成吉思汗率众东返,术赤遂留驻咸海至里海间。由于成吉思汗曾有言,将花剌子模以西蒙古马足所到之处,尽赐术赤为领地,所以他这时实际上成为西部蒙古军队的最高统帅。

术赤大约于1225年初去世。术赤病死后,成吉思汗命斡赤斤(成吉思汗弟)前往吊唁,并处理后事。1226年选定术赤次子拔都继承其封地。1229年窝阔台继大汗位后,虽曾发兵侵入钦察等地,但终未能占领这些地区。1235年,窝阔台召开诸王大会,决定再次出兵钦察、斡罗斯,议定各支宗室皆以长子率军参加此役,并以拔都为首,统帅诸军。这次出征一直持续到窝阔台死后,历时七八年之久,涉及到钦察、斡罗斯及东欧一些地区,给这些地区的人民带来极大的灾难。在这次出征中,拔都进一步在钦察和斡罗斯巩固和扩大了自己的势力,在术赤分地的基础上,真正建立起东逾乌拉尔山,西迄多瑙河,以萨莱(伏尔加河下游,今阿斯特拉罕)为政治中心的钦察汗国。在拔都时期,钦察汗国就分为三个部分。拔都当然是钦察汗国的大汗,以萨莱为冬牙,以伏尔加河中游的不里阿耳为夏牙,直接管辖伏尔加河中下游流域及其以西,直至多瑙河广大地区,由于其牙帐的白毡外罩以黄缎,又在顶端饰以金顶,所以一般称其为金帐汗国。拔都将锡尔河下游以北至鄂毕河以西广大地区,分给其兄斡鲁朵为封地,称白帐汗国。拔都又将乌拉尔河以东至斡鲁朵分地之间的咸海以北,至伊西姆河流域广大地区,分给其弟,称蓝帐汗国。1256年拔都死,其弟别儿哥由蒙哥汗册立为钦察汗国之汗。蒙哥去世后,别儿哥与术赤后王大多拥戴阿里不哥,但因东部有海都、都哇相隔,对忽必烈地位的巩固并未造成大的影响。而别儿哥与伊儿汗国旭烈兀,则关系十分紧张,并于中统二年派兵南下,与旭烈兀进行过激战。1264 年(至元元年)阿里不哥投降后,忽必烈曾致信召请别儿哥前来共商对阿里不哥的处理,但别儿哥并未前来。1266 年别儿哥死,拔都之孙忙哥贴木耳被立为钦察汗,得到忽必烈的正式册封,但忙哥贴木耳仍与海都结盟,并未改变其反对忽必烈的态度。其即位不久,忽必烈派遣铁连赴海都处为使,同时让铁连也到忙哥贴木耳处,劝说他不要与海都联合,忙哥贴木耳曾表示:"祖宗有训,叛者人得诛之。如通好不从,举师以行天罚,我即外应掩袭,剿绝不难矣。"[①] 据《多桑蒙古史》引瓦萨夫书,忙哥帖木耳于 1268 年曾出兵攻海都,后又与之和好。1276 年昔里吉叛乱,把那木罕扣为人质,原要送给海都,海都不愿接受,后来送交忙哥帖木耳处,拘留达 10 年之久。至 1282 年忙哥帖木耳死,脱脱蒙哥嗣位,那木罕等始被放归。但至忽必烈去世,钦察汗国与元朝大汗之间的关系无明显改善。

二、与伊儿汗国的关系

伊儿汗国的创建者是拖雷第六子、忽必烈之弟旭烈兀。在窝阔台时期(1230 年),旭烈兀曾率兵伐宋,攻陷安丰(今安徽寿县),窝阔台将河中及陕西诸路赐给他为分地。忽必烈即位后,由于均为拖雷系,所以他与旭烈兀及伊儿汗国的关系,比起与其它汗国诸后王的关系要亲密一些。

---

① 《元史》卷 134《铁连传》。

蒙哥即位前,蒙古贵族对西方的扩张战争已进行了30年,中亚、钦察草原、斡罗斯及东欧其他一些地区,已建立了蒙古的统治,但波斯西部及两河流域等伊斯兰教地区,虽经蒙古军队的征战,并未为蒙古所控制。贵由汗时,将察合台汗国以西蒙古所占领的西方地区,分为两部分,西部以角儿只(今高加索格鲁吉亚)为中心,由额勒知吉歹管辖,东部以呼拉商(今伊朗东北部)为中心,由阿儿浑管辖。但实际上波斯并未在蒙古汗国统治之下,而且以阿剌模忒堡(今伊朗加兹温东北)为中心的伊斯兰教伊斯马因派的势力,日益扩大,原花剌子模的西部也为其占据,蒙古在中亚和钦察草原的统治受到严重威胁。于是蒙哥汗将西方的军队和管辖重新加以调整,命旭烈兀率军西征波斯西部伊斯马因以及两河流域阿拔斯哈里发统治地区(当时塞尔柱突厥人早已占据两河流域,虽然仍保持了阿拔斯王朝哈里发的地位,但实际上,这里分布着一系列由塞尔柱突厥人建立的苏丹政权)。蒙哥二年(1252年),命"旭烈征西域素丹诸国"[①]。经一年的准备,旭烈兀于1253年率军西征。至蒙哥八年(1258年)已攻占伊朗西部、伊拉克和土耳其的一部分地区。1259年蒙哥死,旭烈兀亦停止西进,回军到阿马丹,建立起以低廉(今大不里士)为中心的伊儿汗国,其疆域最大时,东自阿姆河,西到地中海,北自高加索,南到阿拉伯海。中统初,察合台汗与伊儿汗国之间发生冲突,察合台汗别儿哥亲率大军越过阿姆河进入伊儿汗国境内,战争延续多年,给双方都造成很大损失。至元元年(1264年)忽必烈遣使册封旭烈兀为伊儿汗(意为各族人民的统治者,其封地包括阿姆

① 《元史》卷3《宪宗本纪》。

河以西至西里亚即叙利亚)，并给他增派三万军队。旭烈兀于次年去世。其长子阿八哈嗣汗位。但由于尚未得到忽必烈的正式册封，所以阿八哈虽嗣位执政，仍“自以未奉天子命，不敢遽践汗位，设小坐于下，以受朝”①，正式定都于台白利司(伊朗西北部大不里士)。至元二年，钦察汗别儿哥去世后，伊儿汗国与北部的长期战争，暂告一段落，但战争状态仍保持着，而且随时与察合台汗国有再次发生战争的危险。与此同时，伊儿汗国与西部埃及的战争也时有发生，埃及曾乘伊儿汗国与察合台汗国战争之机，夺回叙利亚沿海地区，并攻占小亚细亚东部一些城镇。阿八哈就是在与西部和北部敌人不断发生战争的情况下，维持着伊儿汗国。因此，他也极希望得到元朝大汗忽必烈的支持。至元七年，忽必烈册封阿八哈为伊儿汗的正式使者到达，阿八哈十分高兴，重新举行了隆重的即位典礼，表示伊儿汗国始终是元朝大汗的藩属。至元十九年(1282 年)阿八哈去世，众贵族推阿八哈之弟台古塔儿即位。台古塔儿是伊斯兰教的虔诚信徒，即位后不称汗，自称苏丹，改名为牙石摩特，并下令伊儿汗国境内居民一律改信伊斯兰教，与埃及议和。阿八哈之长子阿鲁浑，一方面由于没有得到汗位，又因不愿信奉伊斯兰教，遂联络部分贵族向忽必烈状告台古塔儿的所作所为。然而忽必烈本着成吉思汗以来，诸汗容忍各种宗教，不干涉贵族宗教信仰的一贯宗旨，对此事不加过问。阿鲁浑遂联合部分贵族，掀起反对台古塔儿的斗争，并于至元二十年杀台古塔儿，阿鲁浑被拥为可汗，并上报忽必烈。至元二十三年(1286 年)，忽必烈遣使正式册封阿鲁浑为伊儿汗，

① 《新元史》卷 108《拖雷列传附出伯传》。

任命布哈为丞相,并给予赦其九死罪的持权。忽必烈对布哈的任命和赦其九次死罪的决定,给伊儿汗国的内政造成很不好的后果。阿鲁浑即位不久,丞相布哈即凭借其特殊身份,专权自恣,对阿鲁浑的决定横加干涉,造成君臣不和。布哈甚至密谋推翻阿鲁浑,另立新汗。至元二十六年,阴谋泄露,布哈为阿鲁浑所杀,从此引发了伊儿汗国统治集团内部的一系列矛盾和斗争。

阿鲁浑于至元二十八年去世,其弟盖喀图即位。此人荒淫无度,政治黑暗,致使国库空虚,内乱不已。为了挽救财政危机,于至元三十一年,盖喀图搬用元朝制度,设交钞局,强行使用纸钞,结果使用不到两月,各地店铺关门,商贾罢市,引起更大的财政混乱,被迫废止纸钞,仍旧使用金银币。忽必烈死后一年,盖喀图众叛亲离,被人所杀。

在忽必烈时期,忽必烈与伊儿汗国创始人旭烈兀为兄弟,所以关系亲密,在很长一段时间仍保持着藩属关系。

旭烈兀诸子孙多在伊儿汗国境内,惟其孙出伯在元朝任职,被派往西域随那木罕防御海都之乱。特别是至元后期,在那木罕等被叛王劫持的情况下,他长期驻守于兀丹(今和田一带),率部屡次击败海都部众,被元朝封为王。

忽必烈在位期间,蒙古贵族在中亚、西亚和东欧所建诸汗国,均已形成独立的政权,忽必烈对他们采取不加干涉的政策,完全是从实际出发的英明之举。对奉他为大汗的,如伊儿汗国的汗,敬如宾朋,如期册封;对不奉他为大汗的,也不加谴责,更不会,也无能力加以威胁,完全听之任之,而把精力集中于传统的中国领土范围内。这是忽必烈政治思想更加成熟,更加理智的一个表现,也是忽必烈自觉继承中国皇帝传统对外态度的一个自觉行动。

三、与高丽的关系

高丽与我国有十分悠久的密切关系,从辽金至蒙古前期,高丽屡遭契丹、女真和蒙古贵族的侵袭,特别是成吉思汗、窝阔台、贵由及蒙哥汗在位时,每个蒙古大汗都曾派兵侵入高丽,迫其国王王瞮上降表,在其国内置监军,派兵驻守,征调其兵马,强索其赋税。尤以蒙哥汗时,多次派兵深入高丽,残破其城池,掳掠其人民,仅1254年札剌儿台军“所掳男女无虑二十万六千八百余人,杀戮者不可胜计。所经州县,皆为煨烬”[①]。蒙古贵族将掳掠来的高丽人“罗列入肆”,卖为奴婢,给高丽人民带来极大痛苦。

忽必烈即位后,改变了以往蒙古贵族对高丽的野蛮政策。1259年高丽王王瞮死,1260年忽必烈即位。早在王瞮去世之前,就曾派其世子王倎入质于蒙古,本欲往四川前线觐见蒙哥汗,行至六盘山得蒙哥汗死讯遂止。在得知忽必烈从鄂州前线北归后,遂迎谒忽必烈于信阳。对于正在多方寻求支持,准备抢先继位的忽必烈来说,高丽王子主动前来进谒,是一件大喜事。当时忽必烈的诸幕僚也建议,乘机改变对高丽的政策。江淮安抚使赵良弼就认为:“高丽虽名小国,依阻山海,国家用兵二十余年,尚未臣服。前岁世子王倎来朝,适銮辂西征,留滞者二年矣。供张疏薄,无以怀辑其心,一旦得归,将不复来,

① 引自《元朝史》下册,第408页。

宜厚其馆谷，待以藩王之礼。”① 忽必烈采纳赵良弼等人的建议，礼待王倎，并立即派人送王倎归国，继承王位。1260 年初，王倎行至今吉林浑江市一带，听说国内大臣已立其子王愖监国，遂逗留于当地。忽必烈闻讯，担心高丽国内对蒙古心怀疑虑，不准王倎返国，与蒙古再次发生对抗，即派荆节等 25 人，出使高丽，诏告高丽统治集团，明确支持王倎为国王，对以前与蒙古作过战的将领，对这次另立王愖监国的大臣，以及犯有各种罪行之人，一律赦免不加追问，对不听从诏命者，将于严惩。希望王倎归国，能“完复旧疆，安尔田畴，保尔家室，弘好生之大德，蠲宿构之细故”②。在忽必烈支持下，王倎归国即国王位。忽必烈下令从高丽撤出探马赤军，颁发玺书封册玉印虎符。中统二年王倎改名为王禃，此后往来频繁。至元元年王禃到上都觐见忽必烈，赐禃骆驼千头。在忽必烈时期，高丽虽然仍处于藩属地位，但完全改变了以往蒙古统治者对高丽的强暴政策。忽必烈在位期间，高丽派使臣 36 次，正式参加各种大典 20 次，关系十分密切。这是忽必烈对外政策方面的一个十分显著的成就。

四、与日本的关系

日本是中国的近邻，元以前，特别是唐代，与中国有十分密切的政治、经济、文化往来和交流。但蒙古兴起后，在对日本的关系方面，忽必烈以前的蒙古诸汗基本上是无所作为。

---

① 《元朝名臣事略》卷 11《枢密赵文正公》。

② 《蒙兀儿史记》，第 812 页。

正因为如此，为了做出其前辈没有做出的业绩，表示自己有能力、有资格继承大汗位置，继承和弘扬汉唐遗风扬威于海外，他对日本十分重视，希望自己在位时，能在对日本的关系上，取得突破，使蒙古能在海外得到一个藩属，因此，忽必烈时期，对日本关系十分紧张。

忽必烈重视高丽的重要原因之一，就是想通过控制高丽，进一步发展与日本的关系。至元三年秋，忽必烈想通过高丽，与日本建立关系，于是派兵部侍郎黑的、礼部侍郎殷弘为正副使，前往高丽。忽必烈在给高丽国王王禃的诏书中明确指出："日本与尔国为近邻，典章政治有足嘉者，汉唐而下，亦或通使中国，故今遣黑的等往日本，欲与通和，卿其导达去使，以撤彼疆，开悟东方，向风慕义，兹事之责，卿宜任之。"① 高丽国王立即派枢密院副使宋君裴、礼部侍郎金赞为元使向导，于至元四年（1267 年）初至巨济县松边浦，准备渡海赴日，但几位元朝使臣见风高浪大，海涛汹涌，一望无涯，心生惧怕，不敢渡海，仍返回高丽都城，并由高丽国王上书忽必烈，陈述海路艰险，日本国情况叵测，万一使者遇险，将无法交待。忽必烈得此回答，当然十分恼怒，严词诘责，并指出："今日本之事，一委于卿，卿其体朕此意，通输日本，以必得要领为期。"② 蒙古使臣黑的为蒙古人，很可能是因为此人惧怕海浪，不敢渡海，虽有忽必烈的严令，但他有恃无恐，在他的压力下，高丽国王不便硬逼他们出海，最后只好派其起居舍人潘阜代黑的携忽必烈玺书及王禃书信出海赴日。潘阜在日本逗留五个月，当时

① 《新元史》卷 250《外国传》二"日本条"。
② 《新元史》卷 250《外国传》二"日本条"。

统治日本的镰仓幕府和日本朝廷，对忽必烈的诏书和高丽国王的书信，认为多有失礼之处，莫如不答，潘阜无功而返。

忽必烈在打通与日本的关系方面，态度十分坚决。在这次失败之后，他一方面命高丽造战舰1000艘，准备渡海侵入日本，一方面又于至元五年，再次派黑的等从高丽出使日本。这次黑的等在高丽人的引导下，于至元六年春到达日本对马岛，岛民对他们进行了抵抗，黑的等俘获两个日本渔民而还。这两个日本人称塔次郎、弥四郎，被黑的等送至上都，忽必烈亲自召见，并向他们说："尔国朝觐中国其来尚矣。今朕欲尔国王来朝，非以逼汝也，欲垂名于后世耳"①，给这两位日本人以优厚待遇，送他们由高丽返回日本，并由他们把中书省的牒文带给日本朝廷。对忽必烈的诏书，日本朝廷仍沉默以对，未作任何反应和答复。从忽必烈对这件事的处理中可以看到，忽必烈坚持要日本成为他的藩属，一方面是继承和完成其先辈征服世界野心的一个步骤，同时也是因为在他脑海中始终有一个汉唐盛世、万国来朝的中国天子的形象，把自己塑造成这样一个形象，无疑是他追求的目标。

至元七年，忽必烈鉴于前两次所派使臣不堪重任，遂在朝中荐选能完成通使日本的大臣。忽必烈在藩邸时的旧臣赵良弼，自愿要求出使日本。忽必烈任他为秘书监，给三千兵为护卫，他坚辞不要，仅带书状官24人，于至元八年(1271年)夏末由高丽派人向导，渡海至日本金津岛，当即被日本当地官员扣押。次日日本太宰府官员讯问其来意，并索要国书。赵良弼坚持要向国王亲递国书，双方坚持多日，赵良弼始将国书抄本

① 《新元史》卷250《外国传》二"日本条"。

交日本官员,国书正本仍坚持要向国王或将军亲交。双方各持己见,几至动武。此次出使日本,本是赵良弼主动请命,一无所获,赵良弼也不甘心。于是与日本地方官吏商定,由他们派日本人,以日本国使臣的名义到大都,以表示赵良弼等人已达日本。当地政府遂派日人 12 人,充当所谓日本"使臣",由赵良弼派书状官张铎随同回国,觐见忽必烈,赵良弼仍在日本等候消息。日本使者起程后,赵良弼等被送至对马岛。日本使者到大都,张铎上报忽必烈,称赵良弼因所达地区距日本都城甚远,日本太宰府西守护所官员"愿先遣人从使者回"①。忽必烈也知此使者并非日本国王之使,虽"示之宽仁",如礼款待,但亦未曾接见。至元十年三月赵良弼从对马岛再次到达太宰府西守护所,仍为当地官员所阻,不得已于至元十年六月返回大都。② 赵良弼自至元八年秋至高丽,由高丽人引导至日本,至至元十年夏秋之交回国,前后约两年,在日本呆了一年多,他的墓碑称:"留居彼地者,几再岁。"在这一年多中,他尽力了解日本政治、地理、经济、风俗情况,回国后将所得记录整理成册,上报忽必烈。也许是日本国王拒绝接纳蒙古使者一事激怒了忽必烈,促使他决心用武力征服的手段,实现其让

---

① 《新元史》卷 250《外国传》二。

② 《元朝史》认为赵良弼也随日本使人回国,于至元九年第二次返回日本。见该书下册第 411 页。此说显然有误。《元史·日本传》明确说:至元九年"良弼乃遣铎同其使 26 人(《元史》赵良弼传为 12 人,《新元史·日本传》亦为 12 人)至京师求见"。可见赵良弼此时并未返国。《元史·日本传》所说"十年六月赵良弼复使日本,至太宰府而还"一句,亦有语病,从本传所记来看,这是指赵良弼由对马岛复至太宰府,又为所拒一事,不是说他曾随日本使人一同返国,十年六月又一次出使日本。

一切外国臣属于元朝的野心。他当时就征服日本一事，问计于赵良弼。赵良弼认为“舟师渡海，海风无期，祸害莫测”①，“百舟随波星散，寄命沧海，欲进退齐一协力成功难矣”②，“不宜以有用之民力，填无穷之巨豁”③，反对出兵日本。但忽必烈当时，在征服宋朝的战争中已取得决定性的胜利，在这种形势鼓舞下，一意孤行，决定出兵征服日本。

当时日本正值主龟山天皇传位于其太子俊宇于多天皇之时。至元十一年三月，忽必烈以凤州经略使忻都、高丽军民总管洪茶邱等率屯军及女真军、水军共一万五千人，战船九百艘，又命高丽发兵一千六百人，准备于七月攻日本。至元十一年八月正式任忽敦为元帅，洪茶丘为右副元帅，刘复亨为左副元帅，率兵抵达高丽，高丽派都督使金方庆率兵八千人随征。元兵由高丽渡海连续攻下日本对马岛、壹岐岛等地。元兵所到之处，肆行杀戮，元军虽连战皆捷，却遭到日本九州岛官兵的顽强抵抗，左都元帅刘复亨身负重伤，元军士兵处处受到攻击，再加渡海连续作战，官兵皆疲惫不堪，形势十分严重。忽敦被迫撤军，结果在海上遇大风浪，战船大部触礁沉没。这次入侵日本之役，以元军失败而告终。

经这次惨败，忽必烈改变了对日本的态度，于次年（至元十二年）春，派礼部侍郎杜世忠、兵部郎中何著以及高丽向导徐赞等，携国书再次通好日本。这次日本太宰府西守护所官员送元使至镰仓幕府，但元使于当年秋天全部被处死。当时

---

① 《元史》卷159《赵良弼传》。

② 《元朝名臣事略》卷11《枢密赵文正》。

③ 《新元史》卷250《外国传》二。

忽必烈并不知杜世忠等人的消息。至元十七年,也就是经过约四年多以后,元朝廷始知杜世忠等全部被日本人所杀。忽必烈十分震怒,他本来在至元十五年起,已经开始让高丽制造战舰,准备再次入侵日本,此事更促使他立即着手第二次出兵日本。这次出兵的具体布置是:东路由第一次出侵日本的主帅忻都、洪茶丘率领,经高丽渡海;一路由南宋降将范文虎为首,率十万原南宋投降水军,由浙江庆源(今宁波)渡海,又称江南军,两军会于一岐岛,然后直逼日本都城。

至元十八年夏,东路军由忻都、洪茶邱统帅蒙古、高丽、汉军四万人,战舰九百艘,从合浦(今朝鲜马山)出发,攻下对马岛、壹岐岛,岛上官兵居民进行了顽强抵抗,元军损失惨重。六月,元军军中发生了疫病,死者已达三千余人,而江南军迟迟不能到达,东路军处于十分危机的境地。

范文虎率江南军十余万,战舰三千五百艘,原计划先至平户岛,以此为基地,然后在壹岐岛与东路军会合。但范文虎军行迟缓,滞留于次能、志贺二岛,东路军只好主动前往会合。两军会合后,战斗仍多次失利,两军只好移师肥前鹰岛。此海域风恶浪大,遍藏暗礁,极不适于驻军。八月甲子朔,飓风大作,战舰大部破损覆没,元军官兵十余万人葬身于大海,范文虎、李庭等抱船板漂抵岸上,最后由高丽北部返回。

忽必烈第二次出兵日本之役,以全军覆没而结束。这次出兵给日本、给高丽都造成了极大的损害,而对中国,特别是给江南沿海各省所造成的损害,更加严重。我们甚至可以这样认识,忽必烈对日本的两次入侵,不仅反映了蒙古贵族对外扩张、残暴掠夺的本性,而且是忽必烈对曾经顽强抵抗蒙古贵族入侵的南方军民的报复,大量派他们远涉大海入侵日本,就是以他们的生命当儿戏,用他们的生命换取和满足其侵略欲望。在对日关系上,集中地反映了忽必烈作为蒙古草原贵族的凶残本质。

在第二次入侵日本失败后,忽必烈又曾多次提出出兵日本,但均为诸大臣冒死劝阻,再加至元后期“民间骚动,盗贼频发”[①],忽必烈不得不停止了他一生中最不光彩的一幕。

五、与东南亚各国的关系

在东南亚各国中,与蒙古发生关系最早的是安南(在今越南北部)。蒙哥时期,命忽必烈征大理,在消灭大理政权后,其大将兀良哈台率兵继续南下,直抵安南都城。宋所封安南国王陈光昺表示愿纳质称臣。忽必烈即位后,于中统初封光昺为安南国王,规定自中统四年始,每三年一贡,以纳剌丁为安南达鲁花赤。在光昺为安南国王前期,安南对蒙古朝贡不断,人员交往频繁。后期,光昺与蒙古之间,特别是与纳剌丁关系紧张,朝贡稀疏。至元七年,以叶式捏代纳剌丁为安南达鲁花赤,并曾多次命安南王光昺入觐,光昺托辞不至。至元十四年光昺去世,其子日烜立为国王,元朝又遣使促其入觐,日烜亦托辞不至。中书省“以其饰辞抗命”,主张“派兵境上,遣使问罪”[②],忽必烈未采此策,仍坚持要求日烜遣使朝贡。不得已,日烜派其叔父遗爱至元廷朝觐,与元朝关系有所缓和。至元十八年,为了加强对安南的控制,元朝设安南宣慰使,以卜颜

① 《新元史》卷250《外国传》二“日本条”。

② 《元史》卷209《外夷传》二“安南条”。

帖木耳为宣慰使前往安南，日烜拒不接纳。忽必烈震怒，以日烜长期患病，不能料理政务为由，下诏日烜养病，以其叔父遗爱为安南国王。此诏书当然又为日烜所拒绝。怒气冲天的忽必烈以柴椿为安南宣慰使都元帅、李振为副，率新附军千人，护送当时尚留居于元朝的遗爱归安南，结果为日烜所杀，但日烜对元朝的朝贡仍然未断，忽必烈亦未敢对安南贸然采取行动。至元二十一年，元朝派镇南王脱欢率大兵出征，又以当时已在占城的元军配合，开始对安南采取了军事行动。

占城又称贞腊，为今越南中南部地区的古国。至元十五年，驻泉州荆湖行省左丞唆都，为迎合和满足忽必烈对东南亚各地的兴趣，派人前往占城了解情况，返回后唆都报告忽必烈占城国王愿意“内附”。忽必烈遂下诏派遣侍郎教化迪总管孟庆元、万户孙胜夫与唆都等由海路赴占城，册封占城王为郡王，并招其来朝。至元十七年(1280年)，占城国王遣使来朝，并贡方物。此后双方关系密切，并在其国王孛由补剌者吾在位时，命唆都在占城设立占城行省。但不久，老国王去世，其子补的立，不听命于行省，反对元朝统治，公开扣押元朝使臣。至元十九年忽必烈下令，命唆都率兵征讨。唆都率海船百艘，战舰250艘，[①] 从广州出发，在占城登陆。占城国王亲率大军迎战(唆都传称20万大军)，唆都分兵两路夹击，占城兵大败，国王等逃入山中继续顽强抗击。元军亦伤亡惨重，不敢深入。忽必烈又派万户忽都虎、乌马儿率江淮军两万，渡海支援唆都。但唆都在占城军的反击下，行动困难，不得已退回

① 《元史》本传称千艘。

广州。[1] 忽都虎等在占城登陆后，再次招谕占城王投降。占城王遂纳款归顺。不久即派其孙奉表称臣。但当时由于海路险远，占城国王归顺的消息迟迟未达元朝。忽必烈遂于至元二十一年命脱欢率兵前往占城，支援忽都虎等。这次脱欢进兵，拟假道安南，从陆上进攻占城。忽必烈下诏命安南王假道、助粮。元军至安南边境，安南国王亦陈兵边境，声言"本国至占城水陆俱不便，愿献粮退军"[2]。元军强行进入安南境内，击破安南军多道防线，年底，一部分元军渡富良江(今红河)。至元二十二年初，安南国王日烜亲率十万大军与元军激战于排滩，日烜大败，退守泸江(今黑水河)，又为元军所破，元军兵临安南王都。安南国王日烜被迫传位于其子，自己位居太上皇，离京城南下，组织新的抵抗斗争，但屡屡失败，逃到清化再次向元军表示求和之意。当时元军深入安南，但安南军民抗战情绪高昂，元军又不适宜于安南气候，疫病流行，伤亡惨重，遂决计退兵。至册江，元兵遭安南兵伏击，唆都、李恒被杀，元军拼死战斗，脱欢等始得突围撤回国内，元军伤亡过半，损失惨重而一无所获。

忽必烈获知脱欢兵败，十分震怒，当时正在筹划征伐日本之役，得知此事，遂停止征伐日本，全力以赴准备再征安南。至元二十三年四月，忽必烈下令征安南，并封安南国王宗族陈益稷为安南国王，陈秀嵈为辅义公，由元军护送归国。当时湖南省臣线哥冒死上书，认为"连岁征日本及用兵占城，百姓罢

① 《元史》本传称"造木为城，辟田以耕，伐乌里、越里诸小夷，皆下之，积谷十五万以给军"。

② 《新元史》卷251《外国传》三"安南条"。

于转输，士卒触瘴疠多死伤，群臣愁叹，四民废业，今复有事交趾，动百万之众，非所以恤士民也”①。此奏折所举，是当时元朝政治生活中存在的一个沉重事实，也是忽必烈思想中最为难处理和最感头痛的一个重大问题。忽必烈被迫同意了线哥的奏章，暂不出兵。但忽必烈毕竟是一位继承了以武力征服世界为光荣的蒙古贵族，其统治一切、蔑视一切、企图征服一切的思想，仍是根深蒂固的。在经过充分准备后，于至元二十四年年底，再次派兵出征安南。这次元军仍由镇南王脱欢统率，以阿八赤为征交趾行省左丞，发江淮蒙汉诸军近十万，船500余艘，分道进军安南。最初战事进展比较顺利，于年终时，大军渡富良江，再次兵临安南都城，并攻取王都，安南太上皇日烜及其子逃入海岛。至元二十五年初，元军在军事上虽进展顺利，但后勤运粮船遇到安南水军顽强阻击，军粮损失严重，船只无法前进，运粮官万户张文虎等被迫沉粮于海，退回琼州，元军既受到安南军的顽强阻击，又缺粮食供应，处境十分艰难，只好退军。安南王日烜集中兵力三十万，连亘百余里，进行阻击。在撤退过程中，樊楫与乌马儿参政所率元军，在海上被截击，全军覆没。脱欢率其他元军且战且退，大败而还。元军退后，安南王日烜将被俘元军额头刺“天子兵”或“投南朝”字样，然后全部遣返，又派使者贡方物，进“代身金人”，向元朝“谢罪”。忽必烈在安南问题上屡遭挫折，虽然十分恼怒，恨不得再发大军出征，但当时兵力捉襟见肘，力不从心，而且安南气候炎热，交通不便，几次出征，水军损失严重，再加安南王日烜多次派使臣，一再表示臣服归顺，忽必烈也只好顺水

① 《新元史》卷251《外国传》三“安南条”。

推舟，放弃武力征讨，只是仍坚持安南王日烜必须亲自来朝，陛见忽必烈。而日烜仍以年老多病，路途难行，推辞不来。至元二十年安南王日烜死，其子日燇遣使告哀，并请元朝政府批准其继承王位，表称："六尺微孤，夙受父训，于臣事天朝，毋废岁贡一事，切切在怀。"[①] 忽必烈坚持要日燇亲自来朝。日燇仍严守其父的立场，可以称臣纳贡，进表谢罪，就是不愿亲自来朝。双方多次交涉，各持己见，无所进展。忽必烈恼怒非常，再次下令准备武力征讨安南。正在调兵遣将之时，忽必烈去世。这一场即将爆发的大战亦随即停止。此后，元朝与安南的关系虽仍然时好时坏，但从总的方面看，是处于和平相处的状况。应该说，元朝与安南、交趾之间战争的发生，是与忽必烈个人的气质和思想，有着很大的关系。

在忽必烈时期，与元朝关系密切的另一个东南亚国家是缅国，而元朝与缅国的关系，又主要是通过云南王和云南宣尉使来实现的。至元八年，大理宣慰使秉忽必烈旨意，派乞台脱因等为使，出使缅国，虽未能亲见其国王，但缅国仍派员前来联络，并提出观看元朝所保存的舍利，表达和好的愿望。使臣至京后，参观了京城的佛教寺院。至元十年初，元朝派乞台脱因以礼部郎中的身份，与工部郎中刘源等为使臣，同缅国使臣携忽必烈玺书，再次出使缅国，要求缅国王"遣子弟大臣来朝"。此次出使，为蒲人(古代活动于云南地区布郎族先民)所阻，未能达缅国都。至元十二年，建宁路(今福建瓯县)安抚使贺天爵上报说，听金齿(古代云南地区傣族先民的称呼)头目阿郭说，"入缅有三道，一由天部马，一由骠甸，一由阿郭地界，

① 《新元史》卷251《外国传》三"安南条"。

俱会缅之江头城”[1]，并报告说，阿郭的属民阿提范在缅掌管五“甸”，每“甸”有民户万余，欲内附元朝，并愿意作为元朝出兵缅国的向导。忽必烈未被所动。至元十四年，以千额总管阿禾为首的一部分金齿部落归附元朝，缅人又乘机攻击阿禾部，欲图在腾越和永昌（永昌府治在今云南保山县，其辖境约为今大理西南云南境内澜沧江以西，及萨尔温江以东地区，腾越为永昌府腾越厅）之间修筑堡寨。此时正值忽必烈命大理宣慰使，派万户忽都、总管信苴日等率兵征讨永昌以西腾越（今腾冲）、蒲骠（今保山西南）、金齿（今保山东南）等未降各部，驻兵于南甸（今云南梁河）。阿禾即向元军告急，忽都等以七百人紧急支援阿禾，与缅军在大盈河相遇，缅军约四五万人，有步卒、马队和象队，与元军隔河相望。忽都先发制人，分三队突击缅军，象、马失控，缅军大乱，元军大获全胜，连破缅军17寨。当年十月，云南宣慰使都元帅纳速剌丁率蒙古和爨（彝族先民）、僰（白族先民）、摩些（纳西族先民）等组成的军队三千多人征缅，至江头城（今缅甸伊洛瓦底江上游西岸杰沙），招降三百余寨、三万五千余户，因酷热难当，即班师而回。至元二十年，忽必烈准云南宣慰使纳速剌丁的请求，再次发兵征缅。元军由宗王相吾达尔、右丞太卜、参政也罕的斤等统率，分路西进。十一月也罕的斤取道阿昔江（今槟榔江）至镇西（今云南旧城），乘船顺流至江头城，断缅人水路。相吾答尔自率一军自骠甸（今缅甸马贝英）攻破江头城，再破其太公城（伊洛瓦底江东，今缅甸拉因公附近），建都及金齿十二部均归顺于元。至元二十二年缅王遣其盐井大官阿必立相至太公城，

---

① 《新元史》卷252《外国传》三“缅国条”。

通好于元,为当地头目阻挠,后经骠甸土官上报元镇西平缅丽川等路宣慰司沟通,忽必烈又派镇西平缅宣慰使达鲁花赤兼招讨使怯烈至缅国,图满带为都元帅、张成为征缅副都元帅、也先铁木耳为征缅招讨使,率兵六千,由中庆(今昆明)抵永昌,经阿昔甸至忙乃甸,实际控制了缅国大部分土地。至元二十四年,缅王庶子速速古里发动宫廷政变,国王为其所囚禁,代表云南王驻于缅国的元朝官员阿难答等被杀。忽必烈决意再次出兵缅国。这次出兵声势浩大,以脱满达尔为都元帅、李海剌孙为征缅行省参政,率新附军五千、探马赤军一千,又调四川湖广军五千,共一万余人,开赴缅国,深入蒲甘(今伊洛瓦底江中游蒲甘)。缅人凭借复杂地形和恶劣气候,诱敌深入,使元军四面受敌,粮、援无继,死伤七千余人,几乎全军覆没。缅王在取得大胜后,立即向元朝遣使谢罪,表示归附。云南王代表元朝政府接受缅王请求,遂定三年一贡。至元二十六年缅王遣委马拉菩提班来元朝朝贡。忽必烈死后,元朝与缅国关系日益密切,和平相处,互相支持。大德元年(1297年),元政府正式封的里普哇纳阿迪提牙为缅国王,赐银印,封其子僧哈八的为缅国世子,赐虎符,其它亲贵大臣亦有封赠。大德四年,缅国内乱,缅王被杀,元朝政府又派兵入缅,帮助恢复秩序,结果领军将领接受贿赂退兵,无功而还。此后关系逐渐好转,互派使臣,终元世不绝。

此外,在忽必烈时期,元朝与暹罗(今泰国)、八百媳妇国(今泰国北部)、流球群岛、爪哇岛等都有较密切的关系。这一方面是忽必烈继承其祖先衣钵,以向外扩张为其天赋责任和权力,并以其扩张成果来衡量其国力强弱、功业大小;同时也是在平宋后,南宋遗留下了大量降将和水军,对这些人,如果全部遣散，将给社会造成不稳定，只好收编为元军。而这部分元军，对蒙古人的统治始终是一个潜在的威协，最好的办法，是将其派往境外进行征讨，不断进行战争，这既可以满足蒙古贵族向外扩张的欲望和需要，又较好地处理了大量投降了的原南宋军队，一举两得。这应该是忽必烈时期对日本、东南亚各地多次用兵的主观原因中的一个重要因素。

附 录

一、成吉思汗陵的两座碑文*

成吉思汗(碑文)

(1162—1227)

杨 勇

成吉思汗,名铁木真,姓奇渥温氏。出生于蒙古部贵族世家,

---

* 1982年国务院批准公布的第二批全国重点文物保护单位成吉思汗陵的这两座碑文:《成吉思汗》、《成吉思汗陵》,是1987年经杨勇起草,内蒙古大学教授亦邻真先生审订,文化部国家文物局批准,在内蒙古自治区成立四十周年时刻碑,于1987年7月26日立。

父也速该,母月伦。铁木真九岁时,父遭世敌下毒身亡,家族势力顿衰。少年时代经历艰难坎坷,炼铸了他坚毅勇敢的性格。

其时,蒙古高原部落林立,塔塔儿人、蒙古人、克烈人、乃蛮人、篾儿乞人、斡亦剌人相互攻战杀伐不息。铁木真依靠亡父的盟友收集旧部,在十二世纪八十年代建立了斡耳朵,称汗。历经多年征战。铁木真先后消灭了塔塔儿、篾儿乞、克烈、乃蛮等部。1206年,铁木真在斡难河源召开忽里台大会,建大蒙古国,即大汗位,号成吉思汗。

成吉思汗将整个蒙古国划分为九十五个千户,并建万人怯薛丹,作为政权的武力支柱。设扎鲁忽赤,掌管行政司法事务。他在全国推行维吾尔体蒙古文,使之成为本民族的文字。在成吉思汗的统治下,蒙古高原各部落之界限逐步消泯,蒙古民族共同体开始形成。

成吉思汗即位后,先后向西夏、西辽、金朝用兵。1215年蒙古军占领金中都。1218年灭西辽。1227年灭西夏。

1219年至1224年间成吉思汗大举进攻花剌子模,征服了大片领土,前锋部队曾远抵克里木半岛。

成吉思汗在攻灭西夏的战争中病逝于六盘山。临终提出了联宋灭金的战略。1265年,元朝追谥庙号,称元太祖。

成吉思汗以其卓越的军事才能,成为中国历史上杰出的军事家。他战略上重视联远攻近,力避树敌过多;用兵注重详探敌情,善于运用分割包围、远程奇袭、佯退诱敌、运动中歼敌等战法,史称“深沉有大略,用兵如神”。他知人善任,曾起用木华黎、博尔术、失吉忽秃忽、耶律楚材等一大批杰出的军事、政治人才。

成吉思汗统一蒙古各部,对蒙古民族的形成有巨大意义;攻金灭夏,为全中国一统王朝元朝的建立奠定了基础。

成吉思汗陵(碑文)

武占海

成吉思汗诞生于公元1162年，逝世于公元1227年，葬漠北起辇谷。元代曾建有大斡耳朵祭祀。明代，祭祀成吉思汗的斡耳朵称八白室——八顶白色蒙古包。

大约在十五世纪后半期，八白室迁于今内蒙古鄂尔多斯地区。清初，鄂尔多斯部实行盟旗制，八白室始移置伊克昭盟盟长兼鄂尔多斯济农额璘臣所封之郡王旗境内，即今之所在地，清朝文献谓之成吉思汗陵寝。

抗日战争初期，由于日本帝国主义入侵，在伊克昭盟之蒙古族爱国人士和广大群众纷纷要求下，为避战乱于一时，遂于1939年将成吉思汗陵寝西迁后方。曾取道延安抵甘肃榆中县兴隆山，1949年再迁青海湟中县塔尔寺。

1954年在中央人民政府的关怀下，内蒙古人民政府派出迎陵代表团前往青海，隆重迎接成吉思汗陵重返鄂尔多斯故地。1955年，国家拨专款兴建具有蒙古民族特色的寝殿，原内蒙古自治区人民政府主席乌兰夫亲自破土奠基，1956年寝殿落成，随之将由伊克昭盟各地陆续集中起来的忽兰皇后、郭勒布勒津高娃、拖雷、额锡哈屯、黑苏勒定、阿拉格苏勒定、景肯巴特尔、神马、弓箭、银马鞍、奶桶等一并供奉于斯。“文化大革命”期间，成吉思汗陵遭到了严重破坏。从1977年开始，国家文物局，内蒙古自治区人民政府，自治区民委，自治区文化厅，伊克昭盟行政公署先后多次拨出专款，用以维修、保护成吉思汗陵园。1982 年,国务院批准公布,将成吉思汗陵列为第二批全国重点文物保护单位。成吉思汗寝殿分为六个部分:正殿、后殿、东西殿、东西过厅。正殿高 24.81 米,东西殿均高 18 米。整个建筑参差错落,浑然一体。正殿塑有一尊高大的成吉思汗汉白玉座雕。后殿黄缎蒙古包内分别供奉着成吉思汗和大皇后孛儿帖及其另两位皇后、两位胞弟别勒古台和哈撒儿。西殿内供奉着成吉思汗的战神——苏勒定。东殿内供奉着元世祖忽必烈的父母拖雷、额锡哈屯唆鲁和帖尼,并有反映成吉思汗文治业绩的文物陈列。寝殿内绘有丰富多彩的壁画,介绍成吉思汗一生的丰功伟绩。

成吉思汗陵几个世纪以来,辗转大漠南北,历尽兵火战乱,直至新中国建立以来,经过三十多年不断修葺和扩建,这处庄严雄伟的建筑群,更具独特的风姿,巍然屹立在鄂尔多斯高原上。

二、《成吉思汗评传》参考书目

（一）中文书籍目录

《元朝秘史》十五卷（即蒙文"忙豁仑纽察脱卜察安"）
　　（元）　不著撰人姓名　（明）　洪武初史臣奉敕译
　　（据王国维考证）
　　明洪武年刊十二卷本（国立北平图书馆藏残本存四卷）
　　清光绪三十四年叶氏观古堂据影钞元十二卷本刊本
　　旧钞十五卷本（南京国学图书馆藏丁氏八千卷楼旧藏本）
　　连筠簃丛书本（十五卷本）
《元朝秘史》十五卷　（清）　李文田注
　　清光绪二十二年通隐堂刊本
　　渐西村舍丛刊本
　　皇朝藩属舆地丛书本（上海文瑞堂石印本）
《元秘史李注补正》十五卷　（清）　高宝铨撰
　　罗振玉氏刊本
《元朝秘史》十五卷　（日）　那珂通世校注
　　那珂通世博士遗书本

《蒙文元朝秘史跋》（民）王国维撰
海宁王忠悫公遗书观堂集林本
《皇元圣武亲征录》一卷（元）不著撰人姓名
旧钞本（南京国学图书馆藏丁氏八千卷楼旧藏本）
《元亲征录》一卷（元）不著撰人姓名（清）何秋涛校
缪氏艺风堂钞何秋涛校本（国立北平图书馆藏）
清刊本
渐西村舍丛刻本
知服斋丛书本
《元亲征录》一卷（元）不著撰人姓名（清）何秋涛校正 李文田 沈曾植校注
清光绪十九年顺武龙氏校刻本
《圣武亲征录校注》一卷（民）王国维撰
海宁王忠悫公遗书本
《元圣武亲征录地理考证》一卷（清）丁谦撰
浙江图书馆丛书本
《长春真人西游记》二卷（元）李志常撰
清钞朱笔校连筠移丛书本
道藏正乙部本
道藏举要本
道藏辑要本
道藏精华录本
指海本
连筠移丛书本
榕园丛书本
皇朝藩属舆地丛书本

《长春真人西游记注》二卷　（元）　李志常撰　（民）　王国维注
海宁王忠悫公遗书本
《元长春真人西游记地理考证》一卷　（清）　丁谦撰
浙江图书馆丛书
《蒙古源流》八卷　蒙古小彻辰萨囊台吉撰　清乾隆四十二年
陆锡熊奉敕译
四库全书本
清乾隆间刻本
旧钞本（国立北平图书馆藏；南京国学图书馆藏丁氏八千卷楼书藏本）
民国北京翰文斋刻本
《蒙古源流》八卷　（清）　汪睿昌译注
民国十六年北京蒙文书社铅印本
《蒙古源流笺》八卷　（清）　沈曾植笺　张尔田增补并校
民国二十年沈氏家刻本
《蒙古游牧记》十六卷　（清）　张穆撰　何涛秋校补
清同治六年寿阳祁氏刊本
皇朝藩属舆地丛书本
日本刊本　（附日文译本）
《元史译文证补》三十卷　（清）　洪钧撰
清光绪二十三年陆润庠刻本
广雅丛书本
皇朝藩属舆地丛书本
日本那珂通世博士排印本
《蒙兀儿史记》一百四十六卷　（民）　屠寄撰
民国间结一庐刻本

民国二十三年屠氏家刻本（此为足本）
《成吉思汗传》（民）冯承钧撰
民国二十三年上海商务印书馆出版
※　※
《成吉思汗传》余元盦著
1955年12月上海人民出版社出版
《成吉思汗》国庆基著
1955年9月上海新知识出版社出版
《成吉思汗新传》李则芬著
1970年台湾中华书局出版
《成吉思汗》韩儒林著
1982年5月江苏人民出版社出版
《一代天骄——成吉思汗》马曼丽
1983年河南人民出版社出版

（二）译著目录

《多桑蒙古史》法国 Ohsson, C.著（民）冯承钧译
民国二十五年上海商务印书馆出版二册
《蒙古史研究》日本箭内亘（民）陈捷译
民国二十一年上海商务印书馆出版
《成吉思汗帝国史》巴克亳森著　林孟工译
民国二十九年一月上海中华书局出版
《成吉思汗》布尔霖著　沈颖译　1948年铅印版
《成吉思汗》（俄）杨契维茨基著　邵循岱译

1955 年 4 月上海自由出版社出版
《成吉思汗传》（苏） 符拉基米尔索夫著 余元盦译
1950 年 1 月上海巨轮出版社
《成吉思汗》（日） 胜藤猛著 刘秋岳译
1979 年 8 月台湾平凡出版社出版
《成吉思汗》 小林高四郎著 阿奇尔译
1983 年 9 月内蒙古人民出版社出版

（三）西文书籍目录

Garrett, E. C: Jenghiz Khan. N. Y, Winston, 1924.

Grenard, Ferand: Gingis-Khan. Paris, Colin, 1935.

Hoyle: History of the Mongols. London, 1876 – 88.

Howorth, Sir Henry H: History of the Mongols. London, 1876 – 88.

Ivanin, M. I: Ovoennom iskusstvei zavoevanijach mongoiov. St. Petersburg, 1846(Text in Russian)

Krause. F. E. A: Cingis Ham. Die Geschichte seines lebensnach der chinesischen Reicheannalen. Heidolberg 1922.

Kulakov, P. E: Ol'chin: Chozjajstvo i byt Burjat Elacinskago i Kutul' skago vedomstv Vercholenskago okuga Irkutskoj gubernii. St. Petersburg, 1898. (Text in Russian)

Lamb, H: Genghis Khan, the emperor of all men. London, N. Y, Mebride, 1928.

Korostovetz, I. J. and Haver, E: Von Cinggis Khan zur Sowjetripublik. Nine Kurze Geschichte der Mongolei unter besonderer

Beruchtizungder neuesten Zeit. Berlin, W. De Gruyter, 1926.

Riasanovsky, V. A: Velikaja jasa Cingiz Chana. Charbin, 1933.（Text in Russian）

Stube, Rudolf: Tschingizchan: seine Staatsbildung und seine Perschnlichkeit. Neue Jahrbucher fur des Klassiche Altertum vol. 21, 1908.

Vladimirtsov, B. J: Life of Chingis-Khan. N. Y. Houghton, 1930.

Vladimirtov, B.J:Jenghis Khan. Moscow, 1922.

Potanin, G.N:Die Verehrung Tschingis-Chans bei den Ordos-Mongolen. Mit Einleitung and Anmerkungen Deutsch hrsg. Leipzig, 1927.

Эренжен Хара-Даван: Чингис-Хан, Қалмыцкое Қнижное Издательство 1991. г.

三、《忽必烈评传》参考书目

《元史》,1976 年中华书局版
《元史纪事本末》,中华书局标点本
《新元史》,开明书局《二十五史》本
《元典章》,沈家本刻本
《元文类》,《四部丛刊》本
《元朝明臣事略》,中华书局影印本
《明律》
《甘宁青史略》
《道园学古录》,元虞集,《四部丛刊初编》本
《郝文忠公陵川文集》,元郝经,清乾隆三年刻本
《石田集》,元马祖常
《至正集》,元许有壬
《牧庵集》,元姚燧
《秋涧先生大全文集》,元王恽
《永乐大典》,1960 年中华书局影印本
《萨迦五祖全集》,德格木刻版
《佛祖历代通载》,元释念常,《大正藏》本
《三朝北盟会编》,徐梦莘

《新纂云南通志》
《元西域人华化考》,陈垣
《马可波罗行记》,冯承钧译,1954 年中华书局版
《多桑蒙古史》,冯承钧译,1962 年中华书局版
《新译简注蒙古秘史》,道润梯步著,1978 年内蒙古人民出版社版
《世界征服者史》,志费尼著,何高济注译,1980 年内蒙古人民出版社版
《元史论丛》第一辑,元史研究会编,1982 年中华书局版
《出使蒙古记》,吕浦译,周良霄注,1983 年中国社会科学出版社版
《蒙兀儿史记》,屠寄,1984 年北京市中国书店版
《东乡族简史》,1984 年甘肃人民出版社版
《史集》第二卷,拉施特主编,余大钧、周建奇译,1985 年商务印书馆版
《鲁不鲁克东行记》,耿昇等译,1985 年中华书局版
《蒙藏民族关系史略》,王辅仁、陈庆英著,1985 年中国社会科学出版社版
《论西藏政教合一制度》,东嘎·洛桑赤列著、陈庆英译,1985 年民族出版社版
《国外藏学研究译文集》第一辑,1985 年西藏人民出版社版
《忽必烈》,周良霄著,1986 年吉林教育出版社版
《中国历史大辞典·辽夏金元史》,1986 年上海辞书出版社版
《中国西南历史地理考释》,方国瑜著,1987 年中华书局版
《萨迦世系史》,贡噶索南札巴坚赞著、陈庆英等译,1989 年西藏人民出版社版

《元明戏曲中的蒙古语》,方龄贵著,1991 年汉语大词典出版社版
《蒙古族文化》,蔡志纯等主编,1993 年中国社会科学出版社版
《元代史》,周良霄、顾菊英著,1993 年上海人民出版社版
《中国伊斯兰教》,冯今源,1993 年宁夏人民出版社版
《中国回族史》,邱树森主编,1996 年宁夏人民出版社版

索 引

人名索引

M

N

T

W

X

Y

Z

词语索引

C

D

N

P

Q

R

S

T

W

Z

后　记

《成吉思汗评传》第六章初稿由徐黎丽同志执笔，第九章由杨子民同志执笔，其余部分由马曼丽撰写并定稿。

《忽必烈评传》在写作过程中，徐黎丽博士做了不少工作，六、七、八、九、十诸章，均是她提供的初稿，在此特表谢意。

本书承蒋广学先生、陈振先生及其他有关先生的审阅，百忙中提出了不少宝贵的意见，对本书的修改帮助很大，在此特表谢意。

兰州大学、新疆大学西北少数民族研究中心　杨建新
马曼丽
2001 年

图书在版编目(CIP)数据

成吉思汗 忽必烈评传 / 杨建新,马曼丽著. —南京:
南京大学出版社,2002.5(2010.4 重印)
(中国思想家评传丛书/匡亚明主编)
ISBN 978-7-305-03799-3

Ⅰ.成… Ⅱ.①马…②杨… Ⅲ.①成吉思汗(1162~1227)—评传②忽必烈(1215~1294)—评传 Ⅳ.K827=47

中国版本图书馆 CIP 数据核字(2002)第 002383 号

中国思想家评传丛书
成吉思汗 忽必烈评传
杨建新 马曼丽 著

南京大学出版社出版
社址:南京市汉口路 22 号 邮编:210093
电话:025-83596923 025-83592317 传真:025-83328362
网址:http://www.NjupCo.com
电子邮箱:Press@NjupCo.com
Sales@NjupCo.com(市场部)
南京爱德印刷有限公司
开本 850×1168 1/32 印张 16.25 字数 350 千
2002 年 5 月第 1 版 2010 年 4 月第 3 次印刷
印 数 4001—5000
ISBN 978-7-305-03799-3

定价:49.00 元